本书是国家社科基金项目"基于手语语料库的中国手语'体范畴'特点及其语言学价值研究"（项目编号：18BYY081）的阶段性研究成果

# The Linguistics of Sign Languages: An Introduction

# 手语语言学引论

［英］安·贝克　　［荷］贝皮·范登博哈尔德
［德］罗兰·普福　［荷］特吕德·舍默尔　　编著

刘鸿宇　付继林　译

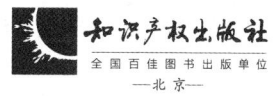

知识产权出版社
全国百佳图书出版单位
—北京—

**图书在版编目（CIP）数据**

手语语言学引论/(英)安·贝克等编著；刘鸿宇，付继林译.—北京：知识产权出版社，2022.8

书名原文：The Linguistics of Sign Languages:An Introduction

ISBN 978-7-5130-8319-5

Ⅰ.①手… Ⅱ.①安…②刘…③付… Ⅲ.①手势语 Ⅳ.① H026.3

中国版本图书馆 CIP 数据核字（2022）第 154313 号

Original edition: "*The Linguistics of Sign Languages. An introduction*" by Anne Baker et al. ©2016. John Benjamins Publishing Company, Amsterdam/Philadelphia.

**内容提要**

本书基于全球 30 多种手语和大量有声语言数据，全面介绍了手语的结构和用法、手语的语法和研究规范，包括手语的成分和词类、单句和复句、词汇和形态等重要普通语言学分支内容，还包括手语失语症、手语习得、手语的变异与标准化等交叉学科视角下的手语研究。本书通过翔实的例子，强调手语的自然语言属性，揭示手语和有声语言有趣的语言类型学的共性和差异。本书适合手语研究者、手语翻译员及对手语和语言学感兴趣的读者参考阅读。

责任编辑：李 叶　　　　　　　责任印制：刘译文

# 手语语言学引论
SHOUYU YUYANXUE YINLUN

[英]安·贝克　　[荷]贝皮·范登博哈尔德　　编著
[德]罗兰·普福　[荷]特吕德·舍默尔

刘鸿宇　付继林　译

| | | | |
|---|---|---|---|
| 出版发行：知识产权出版社 有限责任公司 | | 网　址：http://www.ipph.cn | |
| 电　话：010-82004826 | | http://www.laichushu.com | |
| 社　址：北京市海淀区气象路50号院 | | 邮　编：100081 | |
| 责编电话：010-82000860转8745 | | 责编邮箱：laichushu@cnipr.com | |
| 发行电话：010-82000860转8101 | | 发行传真：010-82000893 | |
| 印　刷：三河市国英印务有限公司 | | 经　销：新华书店、各大网上书店及相关专业书店 | |
| 开　本：720mm×1000mm　1/16 | | 印　张：27.75 | |
| 版　次：2022年8月第1版 | | 印　次：2022年8月第1次印刷 | |
| 字　数：483千字 | | 定　价：145.00元 | |
| ISBN 978-7-5130-8319-5 | | | |
| 京权图字 01-2022-4869 | | | |

出版权专有　侵权必究
如有印装质量问题，本社负责调换。

# 前言

《手语语言学引论》是一本介绍手语语言学研究的引导性教科书。读者需具有一定语言学基础知识。本书将向读者展示这些语言学基础知识应用到手语研究上所取得的丰硕成果。全书中的语言现象是通过手语例子来进行说明的，这些手语例子来自各大洲的不同国家与地区。本书旨在说明：不同手语不仅在很多重要方面彼此不同，在一些语法特征上它们还呈现出有趣的共性。当前已经出版的手语语言学教科书都是关于具体某一种手语，而本书则从语言类型学视角展开手语的研究与讨论，这显然是本书的独特优势。

本书是四位研究者的合著，这四位著者分别是安·贝克和罗兰·普福（来自阿姆斯特丹大学语言学系），贝皮·范登博哈尔德（来自乌得勒支应用科学大学/阿姆斯特丹大学语言学系），特吕德·舍默尔（来自荷兰手语中心）。他们所在的以上三所学校及机构资助了本书的撰写。本书四位著者及他们的其他科研合作伙伴共同完成了全书各个章节的撰写，这些合作研究者有赫伦·博斯、马尔约莱因·比雷（来自位于格罗宁根市的荷兰皇家听障人群支援机构）、康妮·福特根斯（来自位于鹿特丹市的荷兰皇家听障支持集团）、松亚·扬斯马（来自位于阿姆斯特丹市的荷兰皇家听障人群支援机构）、奥诺·克拉斯伯恩（来自位于奈梅亨市的拉德堡德大学），以及埃尔丝·范德科艾（来自位于奈梅亨市的拉德堡德大学）。

我们非常感谢以下同事和同行（手语）语言学家，感谢他们的无私建议与鼎力支持：来自乌得勒支应用科学大学的伊夫琳·伯尔斯-维斯克尔和扬·奈恩特维尔哈尔，来自阿姆斯特丹大学的约尼·奥伊瑟曼，马里克·舍芬纳和瓦季姆·基梅尔曼，来自鲁汶大学的米尔亚姆·维米尔贝根，来自荷兰手语中心的科琳·科尔霍夫，来自格罗宁根大学的马库斯·斯泰因巴赫，来自布莱顿大学的帕梅拉·佩尔尼斯，来自巴塞罗那庞培法布拉大学的何塞普·克尔，来自米兰比可卡大学的卡洛·切凯托，来自巴黎第七大学的卡泰丽娜·多纳蒂。丹尼·德韦尔特为本书提供了佛兰芒手语例子，布伦丹·科斯特洛为本书提供了西班牙手语例子，邓慧兰为本书提供了中国香港地区手语例子，安德里斯·尼凯克和娜奥米·扬瑟·范维伦为本书提供了南非手语例子。本书早期的荷兰语版本曾多年用于阿姆斯特丹大学手语语言学课程，以及乌得勒支应用科学大学的手语翻译和教师培训课程，感谢修读这些课程的学生为本书提出的批评与建议。另外，我们十分感谢德博拉·陈·皮希勒对本书初稿提出了非常有帮助的反馈意见。

绘制手势词简笔画的 Salute 程序软件，是由罗兰·普福及荷兰手语中心的马利斯·芬克开发和制作的。其他手势词的简笔画是由荷兰手语中心的巴尔特·科伦制作的。还有一些简笔画，以及大多数照片和视频的静态剪辑图，都是来自其他书籍或渠道。它们的出处均在它们各自的章节中加以说明。

我们假定本书读者具有基本语言学知识，但他们希望通过深入探究手语语言学来拓展其语言学知识。本书并未逐一解释所涉及的普通语言学术语，读者可参阅一些语言学导论书籍［如贝克和亨格维尔德（2012）的《语言学》，布莱克威尔威利出版社］或语言学词典［如奈恩特维尔哈尔和范登博哈尔德（2016）的《手语语言学简明术语》，约翰·本杰明出版社］。对一些重要的术语，其中有一些是手语所独有的，我们用黑体字标出，并作了解释。本书主要讨论手语语言学，但也经常将手语与有声语言进行比较，从类型学视角观察及讨论手语。

本书共 14 章，它们涵盖了手语语言学的不同方面。手语的标音转写及标注、缩略语的规则等，均列在附录中。第 1 章概述了研究手语语言所必需的基本概念。接下来的第 2 章到第 4 章是从手语使用者视角出发；第 2 章讨论手语语言产出和语言理解时的心理过程；第 3 章讨论聋童如何习得手语，他们把手语用作他们的第一语言；第 3 章还讨论成人如何习得手语，他们把手语用作他们的第二语言；第 4 章描写手语会话的结构特点。

接下来的 7 章讨论手语的语法和词汇：第 5 章介绍组成手语句子的手控成分，以及有时必不可少的非手控（即表情体态）成分；第 6 章讨论动词及其论元的特点，以及陈述句、疑问句、否定句等不同类型句子的语法规则。不同分句的组合搭配，主从句、并列句等话题是第 7 章所讨论的重点；第 8 章聚焦于手语词汇和词位的特点；第 9 章介绍手语不同类型的形态过程；第 10 章和第 11 章观察手势词的语音构成结构；第 10 章描写手势词的发音；第 11 章重点描写手势词的基本构成成分（音系参数）。

最后 3 章涉及手语的社会语言学研究：第 12 章分析手语中不同类型的变异，探讨语言政策问题；第 13 章讨论手语的历时演变对手势词的形式和功能的影响，以及语言之间的相互影响；第 14 章介绍聋人社群及聋人的教育政策和教育状况。

后面的章节都是基于前一章节讨论的内容逐步加深，所以读者可按章节顺序进行阅读。只有最后关于聋人教育的第 14 章例外，它相对独立，读者可提前跳读此章。每一章都有小结、自测、任务、参考文献和拓展阅读。小结总结本章的主要概念，与正文一样，重要概念采用黑体加粗形式。自测是读者用来自我检测对本章内容的理解，答案就在本章讨论内容之内。任务是鼓励读者对本章提出的概念做进一步的探讨。如果与同伴沟通讨论，那么这部分的学习将非常有效。每章的最后是本章参考文献和资料出处，以及为读者推荐的可进一步阅读的书目。本书末尾提供了两个附录，附录详细介绍了手语标音与转写规则、不同国家的手指字母打法举例等。

本书有补充阅读网站（http://dx.doi.org/10.1075/z.199），它提供了本书的辅助阅读信息。除了对补充资料的学习建议外，该网站还包含所有任务的答案。本书各章节都给出很多例子，包括词或句子的释义、手势词的简笔画，以及手语视频的静态截图等，这些例子都可以在网站上找到它们相应的动态视频，以帮助读者进一步阅读和理解。

安·贝克，<br>
贝皮·范登博哈尔德，<br>
罗兰·普福，<br>
特吕德·舍默尔<br>
2016 年 1 月

# 目录

## 第 1 章 手语是自然语言 / 1

1.1 引言 / 1

1.2 空间中的语言 / 2

1.3 聋人社群 / 6

1.4 手语和有声语言的关系 / 8

1.5 手语及语言共性 / 12

1.6 不同手语的区别 / 13

1.7 手语的标音与转写 / 16

1.8 手语语言学研究史概略 / 20

1.9 本书内容介绍 / 21

小结 / 23

自测 / 24

任务 / 25

参考文献和拓展阅读 / 25

## 第 2 章 心理语言学 / 27

2.1 引言 / 27

2.2 语言与大脑 / 28

2.3 语言理解 / 35

2.4 语言产出 / 42

小结 / 50

自测 / 52

任务 / 52

参考文献和拓展阅读 / 53

## 第 3 章　习得 / 55

3.1 引言 / 55

3.2 儿童如何学会一门手语？/ 57

3.3 手语语言发展路径 / 58

3.4 二语习得 / 67

3.5 双语发展 / 69

小结 / 73

自测 / 75

任务 / 75

参考文献和拓展阅读 / 76

## 第 4 章　沟通与会话 / 79

4.1 引言 / 79

4.2 会话中的合作 / 80

4.3 话论转换 / 84

4.4 连贯 / 86

4.5 言语行为 / 87

4.6 组织话语语篇 / 89

4.7 语用适当 / 96

小结 / 98

自测 / 99

任务 / 99

参考文献和拓展阅读 / 100

## 第 5 章　成分与词类 / 103

5.1　引言 / 103

5.2　成分 / 104

5.3　手语的短语结构 / 108

5.4　手语的实词 / 111

5.5　手语的功能词 / 116

小结 / 127

自测 / 128

任务 / 128

参考文献和拓展阅读 / 129

## 第 6 章　句法：单句 / 131

6.1　引言 / 131

6.2　不同句子成分的功能 / 132

6.3　价 / 134

6.4　语义角色和语法角色 / 137

6.5　语序 / 139

6.6　话题化 / 144

6.7　句子类型 / 146

6.8　否定与肯定 / 153

6.9　代词化与代词脱落 / 158

小结 / 162

自测 / 163

任务 / 164

参考文献和拓展阅读 / 165

**第 7 章　句法：复句 / 167**

7.1　引言 / 167

7.2　补语从句和直接引语 / 168

7.3　状语从句 / 172

7.4　关系从句 / 180

7.5　并列句 / 184

小结 / 190

自测 / 191

任务 / 192

参考文献和拓展阅读　/ 193

**第 8 章　词汇 / 195**

8.1　引言 / 195

8.2　什么可以称作"一个手势词"？/ 196

8.3　形式和意义：象似性 / 197

8.4　固定词汇与能产性词汇 / 200

8.5　手语词典 / 204

8.6　意义和意义关系 / 207

8.7　隐喻与习语 / 211

小结 / 215

自测 / 217

任务 / 217

参考文献和拓展阅读　/ 219

第 9 章　形态 / 221

    9.1　引言 / 221

    9.2　构词法：序列性和同时性 / 221

    9.3　合成 / 224

    9.4　派生 / 228

    9.5　屈折 / 231

    9.6　组并与分类 / 245

    小结 / 251

    自测 / 252

    任务 / 252

    参考文献和拓展阅读 / 254

第 10 章　语音学 / 257

    10.1　引言 / 257

    10.2　语音生成 / 259

    10.3　语音感知 / 264

    10.4　语音变异 / 266

    10.5　手语的标音系统 / 270

    10.6　语言技术 / 274

    小结 / 275

    自测 / 276

    任务 / 277

    参考文献和拓展阅读 / 278

第 11 章　音系学 / 279

    11.1　引言 / 279

11.2 手型 / 282

11.3 手部朝向 / 289

11.4 位置 / 291

11.5 运动 / 294

11.6 手语词汇中的非手控成分 / 296

11.7 双手手势词 / 298

11.8 音系过程 / 300

11.9 象似性与音系 / 301

11.10 韵律 / 302

小结 / 304

自测 / 305

任务 / 306

参考文献和拓展阅读 / 307

# 第 12 章 语言变异与标准化 / 309

12.1 引言 / 309

12.2 什么语言可以称作标准语？ / 310

12.3 什么可以算作是手语的一种方言？ / 310

12.4 手语中的变异现象 / 312

12.5 手语的语言地位与认可度 / 318

12.6 语言政治与语言政策 / 320

12.7 标准化 / 320

小结 / 325

自测 / 326

任务 / 326

参考文献和拓展阅读 / 327

## 第 13 章　语言接触与演变 / 329

13.1　引言 / 329

13.2　历史视角下的手语语言 / 330

13.3　手语的谱系 / 331

13.4　历时演变 / 332

13.5　语言接触 / 344

小结 / 354

自测 / 355

任务 / 355

参考文献和拓展阅读 / 356

## 第 14 章　双语制与聋人教育 / 359

14.1　引言 / 359

14.2　聋人双语社群 / 360

14.3　聋人教育 / 361

小结 / 369

自测 / 369

任务 / 370

参考文献和拓展阅读 / 370

**参考文献 / 373**

**附录一　标音与转写规则 / 417**

1. 手语例子的标音转写及标注 / 417

1.1　用 Salute 软件标音和转写手语例词 / 417

1.2　用有声语言转写和标注手语例句 / 418

2. 缩略语 / 421
    2.1   不同手语名称的首字母缩写形式 / 421
    2.2   行间标注中语法标记的缩略形式 / 423

# 附录二   手指字母举例 / 425

1. 荷兰手语：单手打出的《荷兰语手指字母表》/ 425
2. 英国手语：双手打出的《英语手指字母表》/ 426

**译者后记** / 429

# 第 1 章 手语是自然语言

安·贝克

## 1.1 引言

> 提到的这位托马斯没有用话语表示自己愿意,而是用了这样的手势:首先他拥抱了他的新娘,牵起她的手,把结婚戒指戴在她手指上,还把他自己的手放到她的心上,然后他的手举向天空;为了表达他要和她相伴终生直到死亡,他用手把自己的双眼合上,作出用脚挖掘地下泥土的动作,还打出似乎敲响教堂钟声的手势,他用不同的手势表达了"至死不渝"的结婚誓言。
>
> ——1575 年英国莱斯特圣马丁教区登记簿

依据教区登记簿的记载,托马斯·蒂尔赛是聋人,他用打手势的方法向厄休拉·罗素作出婚姻誓言。在其他国家也可以找到这类有关聋人手语使用的记录,但是却很少有描写得如此细致和准确的。直到 19 世纪 50 年代语言学家们才开始对手语感兴趣,对手语的研究也才真正兴起。他们想弄清这些语言有什么样的结构,怎样被使用。但是跳出手语语言学研究领域之外,其他领域还充斥着对手语的歧视和怪诞的看法。例如,有人认为手语是一种哑剧,这显然不正确。哑剧没有语法,而手语有语法。另外,公众的普遍误解是:全世界聋人都使用同一种手语。但是本书接下来的章节会澄清不同国家、地区的手语并不一样。哪里有聋人社群,哪里就可能会有新兴聋人手语出现。所以当前我们有美国手语、英国手语、中国手语、尼加拉瓜手语、马里手语等。这些手语并不是由听人发明的，也不是从有声语言派生出来的。手语是聋人之间沟通与交流的自然产物，有人甚至猜测手语是史前时期人类最早的交流形式，这就是所谓的"人类语言起源的手势说"。如果这种假说是真的，那么手语就应该是出现在有声语言之前，而且聋人和听人都使用手语。

读者或许会注意到上一段中的术语"聋人社群"，它的英文形式是"Deaf community"，其中英文单词"Deaf"的开头字母是大写的D。这是因为研究者有以下约定：开头字母是大写D的"Deaf"，它所代表的"聋"是专指那些认同自己是文化和语言上的少数派的这些聋人，它是从文化和语言角度去定义"聋"。然而，小写字母d的"deaf"，它所代表的"聋"则是指医学上听不到声音的这类状况，它是从医学角度去定义"聋"（详见本书第14章）。

本章将讨论手语的相关基本概念，它们对帮助读者理解接下来章节中方方面面的手语讨论非常重要。本章第1.2节简要介绍视觉模态和它对手语语言形式的影响。第1.3节讨论聋人社群如何形成。第1.4节调查与有声语言接触时手语会受到何种影响。第1.5节讨论手语与有声语言的共性规律。第1.6节分析手语与有声语言的不同，以及手语彼此间的差异。研究手语必须先记录转写手语，所以第1.7节介绍标音与转写规则（附录一将详细介绍）。正如前文所述，手语语言学是一个崭新的研究领域，它的历史还非常短。本书第1.8节将介绍手语语言学研究的不同视角。最后第1.9节简介全书的结构和章节安排。

## 1.2　空间中的语言

你可以在黑暗中打手语吗？当然可以，但是因为没有人可以看到你的手势，所以在黑暗中打手语并没有意义。手语者必须确保他们的会话对象能够看到他们，或者能感知到他们的双手。手语是**视觉 – 空间**语言，即手语是由双手、面部和其他身体部位"发音"而来的，所有这些"发音"器官都是可以看到的。手语可以打在身体上，或者打在接近身体的空间里。有声语言则不同，它是**口头 – 听觉**语言。手语与哑剧也不一样。哑剧可以利用身体周围所有的空间，使用整个身体；而手语是使用有限的**手势空间**，通常是手语者上半身的前方和头部周围。手语的发音空间,即手势空间可见图 1-1。

图 1-1　手势空间

除非有特别情况,手语者很少在手势空间之外打手语。假设有人站在你身后而你无法转过身和他交流,这时你只好在你身后打手语,显然这种打法是非常笨拙和少见的。

【甜的】和【残酷的】是来自英国手语的两个例词,图 1-2 给出了它们打法的简笔画。请注意本书的英文原版书对不同国家地区的手语名称都采用缩写形式,例如,英国手语的缩写形式是"BSL"。当手语名称的首字母缩写形式被引入后,接下来全章都采用该形式(不同手语名称的首字母缩写形式列表可见附录一)。图 1-2 及本书其他手势词的例图都遵循特定的标音和转写规则,例如,一个 X 号,表示(双)手和身体有接触。图 1-2a 和 b 中的 X 号,分别表示食指与面颊,食指和颈部有接触。而两个重叠起来的 X 号则表示反复接触,见图 1-4 的 a 和 b。另外,图 1-2a 和 b 中的箭头表示运动的路径,本例描绘的是手部轻微来回旋转的运动。有时手型会发生变化,那么变化出来的第二个手型也会被构画出来,见图 1-8b。本书手语标音与转写的符号列表可见附录一。

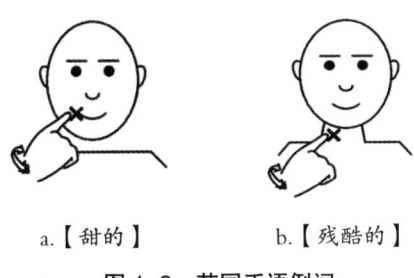

a.【甜的】　　　b.【残酷的】

图 1-2　英国手语例词

图 1-2 中的两个手势词是这两个词的基本形式，也称**词典形式**，即在没有任何语境情况下的词的原形打法。手势词的意义或**释义**，采用缩小的大写字母形式（在英语文献中），这样研究者可以把手势词和有声语言的单词区分开（相关规则请见附录一）（请注意：在此书，即原英文书的汉语译著版中，我们用黑色中括号把手语句子或手势词等手语数据框在内，以便与本书行文所用的汉语相区分）。

图 1-2 英国手语例词 a 和 b 打在两个不同的地方或**位置**，除此之外，两个手势词的其他组成要素都相同。这两个手势词有同样的**手型**：伸出的食指；有同样的**运动**：手部（或者说是前臂）作出旋转动作，**手部朝向**也是相同的：（最开始打手势词时）都是掌心向下。【甜的】是打在嘴角，而【残酷的】是打在脖子上。位置的不同使两个词具有了区别性，导致两个手势词的意义不同。在手语中，所有的手势词都可以用以上 4 种基本构成成分或**参数**来描写。手型、位置、运动和手部朝向是手控型参数。手控型参数经常同时出现，一起构成手语中一个手势词的内部结构。

图 1-3 和图 1-4 是来自荷兰手语（NGT）的例词，每例中的两个手势词相互成对。请问例子中成对的两个手势词，它们哪些参数是相同的，哪些参数是不同的？显然，图 1-3 中的两个手势词的手型（伸出食指和中指）、手部朝向（掌心朝向身体），以及位置（手势的起始位置贴近眼前）都相同，只有运动参数不同。图 1-3a【看见】的运动是直线，而 b【搜索】的运动参数是折线运动。图 1-4 中的两个例词的位置、手部朝向和运动都相同，但手型参数不同。图 1-4a【假期】除了拇指之外的 4 个手指都伸直了，但在图 1-4b【居住】中，拇指和食指指尖相捏轻触在面颊，其他手指都伸展开了。

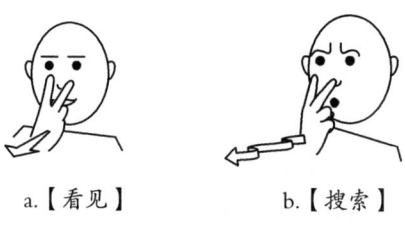

a.【看见】　　　　b.【搜索】

图 1-3　荷兰手语例词

a.【假期】　　b.【居住】

**图 1-4　荷兰手语例词**

　　手语者在用（双）手打出一些手势词的同时，他经常还会作出伴随手势的口部动作、面部表情或身体运动等，就像在打出图 1-3b【搜索】一词时，手语者眼眉下压。在手势词中，像这类用表情体态来展示的手势词的构成成分被称为**非手控成分**，因为这些表情变化和肢体运动都不是用手来控制的。以图 1-2 中的手势词为例，手语者可在打出这两个手势词的同时，分别作出模仿英语单词 "sweet" 或 "cruel" 发音的口部动作。这种基于手语周围有声语言的发音、伴随手势词而作出的口部动作，称为**仿话口型**。手语中还有跟有声语言单词发音无关的口部动作。以英国手语和荷兰手语中的手势词【出现】为例（见图 1-5），在打出【出现】手势词的同时，手语者还伴有口部动作 /sh/，只是这个口部动作与英语和荷兰语中表示"出现"的单词都毫无关系。这种口部动作称为**自然口动**。

【出现】

**图 1-5　英国手语和荷兰手语例词**

　　眉毛、眼睛、鼻子等部位的运动非常重要，它们可以用来表达特定意义和语法信息，如可标记手语疑问句。同样，头部和躯体部位的运动也非常重要。

　　目前我们所举出的例词都是脱离语境的手势词的词典形式。但是，手势词是可以互相搭配组成句子的，它们在互相搭配时必须遵守语法规则。以德国手语为例，例 1-1 的 a 句是一个符合德国手语语法的合格手语句子，但例 1-1 的 b 句却不符合语法，它是个病句（句子不符合语法时，需要在句子开头加 *

号，表示该句是病句）。

**例 1-1　德国手语例句**

　　a.【书　蓝色　掉落。】

　　　'蓝色的书掉落下来。'

　　b.*【书　掉落　蓝色。】

　　　'蓝色的书掉落下来。'

例 1-1 的 b 句说明：就像在其他手语和有声语言中一样，在德国手语句子中，手势词的前后语序也受到一定限制。当然，手语中的语法规则还有很多，不止语序规则这一种。

**例 1-2　德国手语例句**

　　a.【男人　老/旧　书　买。】

　　　'这位老年男士买一本书。'

　　b.【男人　书　老/旧　买。】

　　　'这位男士买一本旧书。'

例 1-2 的 a 和 b 句所包含的 4 个手势词完全相同，但词和词之间相互组织起来的顺序却不同，所以这两句的句义也不同。每个手势词有其各自的意义，当与其他手势词组合起来后，构成一个复杂的语言讯息。与在有声语言中一样，手语也具有**组构性**。也就是说，手语的基本构成成分可以相互组合，构成手势词；而手势词也可以相互组合，构成手语句子。

## 1.3　聋人社群

在**聋人社群**，手语是用来交际的。当聋人沟通历经足够长的时间后，一门新兴手语就会自然产生。中世纪，人们误以为聋人心智有残疾，那时聋人往往只接触他们最亲近的家人，有的聋人也可能是被禁锢在一些看护机构里。在这些情况下，聋人缺乏充分的交流，他们既听不到有声语言，又跟其他聋人相互隔离。尽管如此，仍有史料记载：在 17 世纪英格兰国王的宫廷上，以及 16 世纪土耳其苏丹王的宫廷上都曾出现打手语的聋人。

在每个家庭，当聋童与其他（听人）家庭成员交流时，他们都需要借助手势。这些手势并非国家通用手语里的手势词，而是一些人类共同的手势动作，或者家庭自创的手势。这种交流形式被称为**家庭手势**。家庭手势并不是发展完善的手语语言，因为它只被家庭内的有限成员所理解及使用，它几乎没有语法。当聋童的周围没有其他聋人，或与其他聋人接触十分有限时，手语不可能产生。

据估计，西方国家聋童出生率约为千分之一（即0.1%）。因为聋童出生率相对较低，所以聋童和其他成年聋人如果想要相互接触，我们就需要为他们提供一些帮助，把他们组织到一起。目前，在颇长一段时间内，聋校仍是聋童彼此相遇的主要场所。许多手语就是从这些聋校开始发展起来的。最近的一个典型例子就是尼加拉瓜手语（见本书第13章）。在尼加拉瓜首都马那瓜岛，20世纪70年代时，来自全国各地打家庭手势的聋人聚集到一所聋校，数年之内，一门崭新的但具有完备手语特征的新兴手语就逐步形成了。聋人之间经常见面交流，这是手语能够产生的重要条件。

在全世界不同地方的社群里，我们都发现了数目可观的基因致聋情况：例如，在一些村庄，聋人人口的数目可占全村人口的3%。在这种情况下，**乡村手语**（或村庄手语）会产生，尽管这种情况非常少见。**乡村手语**的典型例子有加纳南部的阿达莫罗贝手语，以及印度尼西亚北部巴厘岛的卡塔科洛克手语。有趣的是，在这些社群里"耳聋"通常不被或不那么被污名化，情况往往是社群中相当多的听人成员也会当地手语。

天生就听不到或出生后一年内变聋的，这样的聋童是**语前聋**，因为他们失聪时是零岁或年龄太小，这些聋童的有声语言基本就没有发展起来。出生在打手语聋人家庭中的聋童会自然习得手语，就像听童从听人父母那里自然习得有声语言一样。手语是这些聋童的第一语言。在聋人家庭长大的听童通常可以学会手语，成为双语者。

但是大多数聋童（90%~95%）出生在听人家庭。聋童的父母选择是否为他们提供手语输入。这些父母可以下定决心去学手语并与聋童在家里用手语交流，他们也可以选择把聋童送到使用手语上课的学校。然而有些聋童父母更喜欢把聋童送到听童们去的普通学校，或者让聋童在家里接受私塾教育。现在在西方国家，许多父母选择给聋童植入人工耳蜗，这往往意味着聋童不再学手语了，所以耳聋并不意味着这个人就要学手语，或者他一定就是聋人社群中的一员。

那些学会手语并且经常使用手语的人组成了一个国家里的聋人社群。全国性的聋人机构，如土耳其聋人联盟、印度聋人协会，在很多国家中都成立起来。在欧洲，聋人还建立欧洲聋人联盟，以及国际化范围更广的世界聋人联合会。

## 1.4 手语和有声语言的关系

请比较例 1-3 的两个例句，a 句比 b 句包含更多的手势词，且 a 句所使用的手势词跟 b 句也不一样，请问您知道这是为什么吗？

▌例 1-3　美国手语例句

  a.【定冠词　　女性　　工作 -e-d　　介词　学校。】
  b.【以前　　　女性　　工作　　　　　　学校。】
  '这位女士以前在学校工作。'

一些聋校的教学重点一直放在传授有声语言上，它们很少和几乎不使用手语。虽然手语通常出现在聋生相互接触和交流的学校环境中，但是手语却往往不用于教学。许多学校用有声语言教学，同时辅以与有声语言的词逐一对应的、翻译出来的手势词。例 1-3a 句就是这样的句子。尽管它使用了一种手语中的手势词（此例中是美国手语，简称 ASL），但这句话的整个交流形式并不是自然的手语语言。这种形式被称为**手势符号系统**，或称为**用手势编码的手势语**。用手势编码的手势语是有声语言的视觉形式，它遵循有声语言的语法规则，例 1-3 的 a 句是遵循英语的语法规则，所以这里被打出的【定冠词】（英语用 "the"）是人们发明创造的手势，它并不是美国手语里自然出现的手势词。同样，连接在手势词【工作】之后标记过去时意义的指拼形式 "-e-d" 也不是美国手语中自然出现的手势词，它也是发明手势。与例 1-3a 句不同，例 1-3b 句是一个非常自然的美国手语句子，它的句首是表示过去的时间副词【以前】，句子中并没有定冠词、过去时屈折标记形式，也没有介词。

对比例 1-3 中的两个例句，显然手语有自己的语法规则，而手势符号系统则遵循有声语言语法。在手势符号系统中，组成成分是手语的词汇，即一个个手势词，但这些词是按有声语言的语法位置，一个一个插入到全句中。这是一种有声语言词汇重组的形式，这一过程同样也发生在克里奥尔语形成过程中。人们使用符号系统时，打手势符号和讲话同时进行。在这种情况下，自然口动通常都省略了，因为不可能一边讲话，一边作出自然的口部动作。许多有声语言都有其对应的手势编码系统，例如，英语有对应的手势英语，汉语有对应的文法手语或手势汉语，阿富汗语有对应的手势阿富汗语等。

用手势编码的手势语是有声语言的视觉形式。大多数用手势编码的手势语是使用全国通用的手语词汇，但是从例 1–3 可见，一些手势词是听人发明的。听人经常用以手势编码的手势语来教聋童，而且在与聋人交往时，他们通常也是打这种用手势编码的手势语。当遇到手语不好的听人时，聋人有时也会打这种用手势编码的有声语言手势符号。手语是自然语言，而用手势编码的有声语言这种手势符号系统并不是自然语言。表 1–1 列出了这两种交流系统的重要区别。

表 1–1　手语与用手势编码的手势语的重要区别

| 手语 | 用手势编码的手势语 |
| --- | --- |
| 是自然语言 | 不是自然语言 |
| 并不是从有声语言派生而来，有自己的词汇和语法 | 从有声语言中派生而来；遵循有声语言的语法，把手语词汇和发明的手势嵌入有声语言句子结构里 |
| 是语前聋人的第一语言 | 以视觉形式来支撑有声语言。在教学时使用，或与手语不好的人交流时使用 |

介于手语和用手势编码的手势语之间的交流形式也有。事实上，人们有时很难判断所观察到的手语受有声语言影响究竟有多大，所以人们有时也很难判定打出的一个手语句子是符合手语语法的，还是不符合。手语和有声语言的接触将在第 13 章讨论。

一些听人学会了手指字母的打法后，就认为自己学会了手语。通过打手指字母，的确是可以指拼出一个个有声语言单词的书面拼写形式，但显然这只是符号编码，只是对书面语单词的机械直译，并不是真正的独立语言。当聋人需要交流某个概念、谈论某个物体或人物时，如果词汇中并没有现成的手势词，聋人就会采用**手指字母**进行**指拼**。例如，赴美旅行的莫先生来自中国，他可能还没有手语名字,所以人们就会用指拼的形式打他的姓。图1-6a是用美国手语的手指字母来拼出莫先生的姓(附录二是手指字母举例)。

a. 美国手语中的英语手指字母

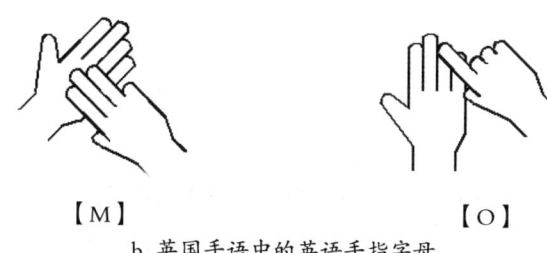

b. 英国手语中的英语手指字母

c. 日本手语中的日语手指字母:日语平假名"mo",以及它所对应的日语音节的打法

**图1-6 不同手语中的手指字母**

当莫先生去英国旅行时,他名字的打法要按照英国手语的《英语手指字母表》来打。从图1-6b可见,他的名字指拼是用双手打出的(《英语手指字母表》见附录二)。当莫先生去日本旅行时,他的名字则是按照日本手语里的《日语手指字母表》来打。有趣的是,在日本手语中,他的名字只有一个单一的形式(见图1-6c),因为在日本,日语手指字母源自日语的书写系统,一个平假名符号代表一个音节,而他的姓刚好是日语书写系统里的一个平假名符号。

有声语言是大多数人使用的语言,也是国民教育所使用的语言。有声语言对手语的影响非常大,这并不难理解,从上面的例子就可以看出来。当一个名字或一个概念没有现成的手势词时,人们必须按有声语言的词形,用指拼形式打出这个名字或概念。但是,如果这个名字或概念经常被用到,那么它们的语言形式通常会受手语音系规则制约而发生相应变化(见本书第11章),有时这一语言形式甚至被新词所取代。聋人的手语意识越强,他们会越反对把这种序列性的指拼当作手语的一部分,进而会发明出新的手势词来取代指拼。

图 1-7 是在不同文化中都可以看到的听人间约定俗成的一些**手势**,它常常伴随听人的口语表达。"手势"一词是专指这类手上的姿势动作,它并不是手语语言中的手势词。图 1-7a 的手势在全球很多文化中都有,它表达"好"这个意思。其他手势在不同文化中含义可能不同。图 1-7b 的手势在意大利是"吃"这个意思。在不同文化中,一些手势的意思会大相径庭。例如,在图 1-7c 中,此手势在约旦手语中的意思是"疯狂的",然而在荷兰手语中它的意思却是"可口的"。差别如此之大!这些约定俗成的手势经常被一个国家的聋人吸纳进他们的手语中成为一个真正的手势词,也就是说,这些手势可以成为手语词汇的一部分。

a. 手势"好"

b. 意大利手势"吃"

c. 约旦手势"疯狂的"/荷兰手势"可口的"

**图 1-7　不同国家的人所使用的手势及其含义**

所有语言中都有**指代手势**，人们对它的研究持续至今。这种手势形式是伸出食指，当然也可以伸出整个手掌。手语中对这一形式的释义是【**指代词**】。指代手势在不同手语中可以有不同的功能，如在会话中它可以指人或指物。【指代词】还可以指代地点，这些地点可以是空间中的真实位置，也可以是抽象位置（见本书第 5 章）。我们非常惊喜地发现手语者常常从自己的观察视角出发，在手势空间中对实体进行定位。例如，如果一个橱柜在一张桌子的右边，那么手语者会在身前打出桌子，在桌子的右边打出橱柜。而对他的会话对象来说，如果他在手语者的对面，这个橱柜则是在手语者的左边了。为了正确理解这一空间关系，会话对象必须在头脑中将空间布局旋转 180 度。也就是说，他需要改变一下自己脑海中的景象。这一认知任务对有经验的手语者来说毫无困难。

## 1.5 手语及语言共性

从表面上看，手语似乎与有声语言非常不同。手语的语言产出与语言感知是通过视觉-空间模态，这跟口头-听觉模态的有声语言形成鲜明对比。在语言学研究中，人们研究语言类型差别大的那些语言，以期发现所有语言的共同特征，即人们是为了找出**语言共性**。手语是否和有声语言有共同点，是否具有视觉-空间模态语言所特有的语法特征，也就是手语**语言模态所特有的共性特征**，这些都是有趣的问题。下文的规则一是一则语言共性，它用于解释有声语言的共性规律。

规则一：所有的语言都有辅音和元音。更大一些的语言单位都是基于这些微小的音素成分，这些更大一些的语言单位，进而再组成不同的句子。

显然这则共性不适用于手语——手语没有辅音和元音。规则一中的语言共性是口头-听觉模态语言的共性特征。然而别忘了，本章第 1.2 节提到手势词是由更小的构成成分所组成，即手型、手部朝向、位置、运动。如果我们把规则一中的"辅音和元音"去掉，用"小的无意义成分"替代，这则语言共性规则的模态专属意味就消失了，它可以应用于手语和有声语言两者。与有声语言不同，手语中的无意义成分是同时性地组合在一起，打出手型的同时，位置和手部朝向也肯定会同时存在，这三者的剥离是不可能的。而辅音和元音则具有序列性，它们是先后发出的一连串儿音素。当然，在手语中，手势词也是序列性地组成句子，这与有声语言单词是序列性地连接在一起组成句子一样。

规则二：在所有语言中，使用者可表达否定，可表达疑问，可表达命令。

以上是第二则语言共性。这则共性可以应用于手语吗？当然可以。许多手语的否定是通过面部表情表达出来的，如用摇头来表示否定。这个摇头的运动取自有声语言手势，它常常被用来表示否定意，无论是单独使用，还是伴随否定句一起使用。但是在一些文化里，否定手势是头往后仰。所以在这些文化中，如果在手语也出现了同样的头向后仰动作，那么人们并不会感到奇怪，因为这个头部动作也是这些手语的非手控型否定标记（如希腊手语和土耳其手语，详见本书第 6 章第 6.8 节）。

那么手语模态特有的语言共性可能是什么？迄今我们研究的所有手语都利用手势空间来表达语法意义，这一点似乎是视觉 – 空间模态语言的一个普遍共性。

## 1.6 不同手语的区别

前文提到手语成为语言学研究的对象，比较起来，历史很短。所以对于手语所能揭示的具体的语言共性，人们目前为止并没有强而有力的定论。但是，不同手语的相关研究的不断增多，对观察和理解不同手语之间的差异，得出有洞察力的发现非常有帮助。

手语之间差异特别显著的地方就是它们的词汇。请比较图 1–8 中的手势词。

图 1–8a 中的【婴儿】一词意义非常明显，因为它的词形就是模仿双手轻轻抱着婴儿的姿势。许多手语中都有这样的**象似性高的手势词**，它们词形和意义关系透明，从词形就可以猜测出意义。人们会误以为这样高象似性的手势词在不同手语中都一样，但事实上，它们不一定相同。图 1–8a 中【婴儿】一词在葡萄牙手语、佛兰芒手语，以及一些亚洲（如高棉手语）和非洲手语中词形都一样，但是我们不知道这个词形是否为全世界手语通用。在图 1–8b 和 c 中我们也可以看到【猫】的两个不同手势词，一个来自德国手语，另一个来自瑞

典手语,这两个词都具有象似性,但是这两个词的词形并不相同:德国手语的例词刻画的是猫的须子,而瑞典手语的例词刻画的是轻抚而过的柔软猫爪。

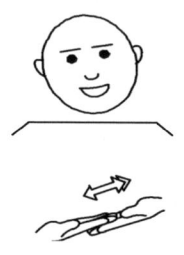
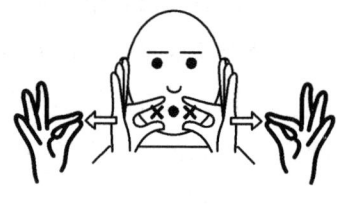

a. 葡萄牙手语、佛兰芒手语等的【婴儿】　　b. 德国手语的【猫】

c. 瑞典手语的【猫】　　d. 荷兰手语的【假期】/ 英国手语的【厕所】

图 1-8　不同手语中的手势词

这表明象似性本身并不决定着所有语言都必须有一样的词形。在图 1-8d 中,此词形来自两种不同手语,在不同手语中,它意义也不同:在荷兰手语中它是【假期】的意思,在英国手语中它是【厕所】的意思。这个手势词不具有象似性,因为形式和意义的关系是任意的。手语的词汇比有声语言词汇的象似性强,但整体上看,词汇在很大程度上受文化制约,因而它在不同语言中会有差异(见本书第 8 章)。

如果一个**任意性强的手势词**,它在形式和意义上都跟另一种手语里的手势词相同,那么很有可能这两种手语发生过某种形式的语言接触。以图 1-9 的手势词【运动】为例,该词在德国手语、意大利手语和佛兰芒手语中都完全一样。

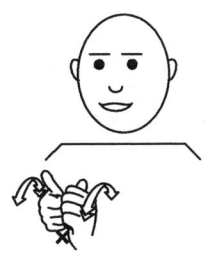

图 1-9　德国、意大利和佛兰芒手语的【运动】

　　这三种手语都用同样一个手势词来表示"运动",这或许是因为历史上这三种手语有共同的来源;也可能是因为在过去这些欧洲运动员曾彼此接触。比较研究显示:澳大利亚手语、新西兰手语和英国手语,三者词汇有很大重合度,在此例中,我们确信英国手语是前两种手语的共同来源。在澳大利亚和新西兰的早期移民中,许多人是从英国移民而来,他们把英国手语和英国聋人教育体系带入澳大利亚和新西兰。

　　一些手势词是双手打出,而另一些是单手打出。同样的手势词在两种手语中的差别可能仅在于此。例如,手势词【眼镜】,巴西手语和俄罗斯手语使用同样的手型、位置、手部朝向,两者仅在单手或双手方面不同,巴西手语使用单手手势,俄罗斯手语则使用双手手势。如果一个手势词是单手手势,它通常是由主手打出,也就是说,右利手的人用右手打,左利手的人用左手打。而另外一只手则是辅手,辅手用于双手手势中。

　　除了词汇差别,手语之间的不同还可能反映在它所使用的手势外形上。例如,手语里有许多可能的手型,这些手型经常是按手指字母来命名,比如 B 手型、C 手型。然而每个国家的手指字母表都不尽相同,同一个字母,比如 B,它在不同手语中,其手指字母打法并不一样。所以本书回避了这种以手指字母命名手型的做法。相反,我们采用一种便捷的手型电脑字体(由香港中文大学研发的电脑字体输入法)来记录手型。请注意,不是每个手语中都含有全部手型。例如,美国手语中的"✊"手型(握拳,拇指从食指和中指之间伸出来)在许多手语中就没有,甚至在这些手语中是禁忌形式,因为它与一个下流手势相近(详见本书第 4 章第 4.7 节语用适当)。

　　不同手语的句法结构也有差别。例如,表达不同语法功能的手语形式,以及句子中手势词的语序,都会因手语不同而不同(见本书第 6 章)。在一些方面，手语语法与有声语言语法非常不同。例如，你可以用双手同时打出两个手势词，显然这种现象在有声语言中是做不到的。没有亲属关系的手语之间也有一定的相似度，我们发现许多手语里都没有像英语句子"Inge is clever"（英奇是聪明的）里那样的系词"is"，它们都是先打出手势词【英奇】，再打手势词【聪明】。在英国手语、德国手语和意大利手语，以及其他手语里，这样的、没有系词的句子，均完全符合它们的语法。当然，这并不是手语语言特有的共性，因为许多有声语言也有这样的语法特征，如汉语、土耳其语，以及其他克里奥尔语。接下来的章节将用更多例子来讨论不同手语的异同。

## 1.7 手语的标音与转写

例1-4是一个荷兰手语的句子。手势词用简笔画形式表达出来，每个词的意义和语法信息用英语记录。通过讨论这个句子，我们将解释手语是如何被标音和转写的，我们还将介绍本书中手语的释义规则。

▎例1-4 荷兰手语例句的标音转写及标注

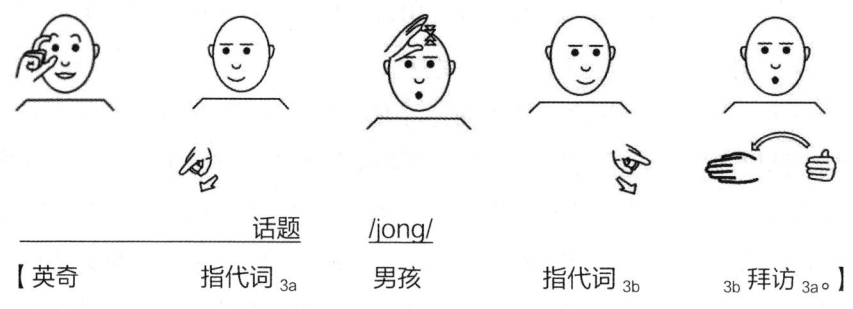

'至于英奇，那个男孩正在拜访她。'

例1-4句子的展示形式非常有用，但它并不是手语的书写系统。实际上，并没有像国际音标（IPA）那样统一和标准化的手语标音和转写系统。人们一直尝试为手语创造出一个**手语书写系统**，如"SignWriting"书写系统。但这些书写和记录手语的符号系统在任何一个国家的使用都不是很广泛。一个手势词包含大量音系信息，如它有手型、运动、位置、手部朝向4种参数。所有这些同时性参数及参数之间的搭配关系，都需要用严密细致的符号记录下来。所以，手语书写系统并不像字母语言的书写系统或国际音标，它更像汉字书写系统。

学习这种系统同样也比较困难。一些以研究为目的的**标音和转写系统**已经开发出来，通过使用这些标音系统，人们可以用特殊符号记录所有语言学信息，但是这些系统如果用于日常使用的话，有些过于细致和复杂。例如，汉堡标音转写系统（HamNoSys）和荷兰 KOMVA 手语标音系统（见本书第 10 章第 10.5 节），它们可以准确记录每一个手势词的发音。有些标音和转写系统可以记录复杂手势词和手语句子的形态特征，如伯克利转写系统（Berkeley Transcription System，BTS）。

请再回到例 1-4，每幅简笔画下都有一个汉语词，这些词是"释义"。释义并不介绍该词的任何形式信息，只介绍意义。释义所用的语言是有声语言，例 1-4 用的是汉语，它使读者清楚这一手语句子的意义。释义的语言也可以是德语等其他语言。释义是非手语的另外一种语言，所以释义只是手势词的可能意义，只是对该意义的一种可能的解释性翻译。以手势词【拜访】为例，它也可以被释义为【去拜访】。对于像"车""椅子"这些具体的概念，手势词和释义之间的关联性非常明晰，但是在很多情况下，手势词的其他释义是非常可能的。同样，一部手语词典也可能没有将该手势词的全部释义都收录到词典中。本书将用汉语来给手语数据进行释义标注，但是请读者们牢记一点：有时一个释义或许无法完美地解释一个手势词的意义。

本书全部使用特殊的手型电脑字体来记录手势词的手型，如采用 ✋ 或 ✌ 来记录手型。前文已解释了有些书籍采用手指字母的方法，如 B 手型、C 手型，但这种记录方法容易出问题，因为同样的手型在不同手语中可能代表不同字母（例如，同样的手型 ✍ 在荷兰手语中是字母 T，在德国手语中却是字母 F）。另外，手语还使用非手控的构成成分，即一些发音并不是用手，而是使用表情体态。这类表情体态成分也往往伴随着手势词打出。在例 1-4 里我们可以看到，句首的组成成分【英杰】和【指代词$_{3a}$】的上端有一条直线，直线的末端写着"话题"。这一条直线的意思是在打出直线下面的那些手势词时，手语者还同时作出了相应的表情体态。直线的长度就是伴随手势词的表情的使用范围（即表情体态所覆盖的范围）。直线上面的"话题"是标注符号，它表示直线所覆盖的成分在句子中的语法功能是话题（"话题"，即前文会话里已经介绍过的重要信息，见本书第 4 章第 4.6 节），例 1-4 非手控"话题"标记是扬眉表情。我们使用其他符号来标音转写及标注其他非手控成分，以图 1-10 因纽特手语为例，"内凹的腮帮"通常表示"微小"的意义，它使用括号"）（"来标记。在图 1-10 中，该符号是用来标音转写非手控成分的外形，并非其意义。更多的标音转写及标注规则，可见附录一。

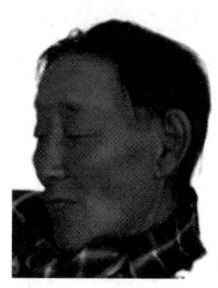

图 1-10　因纽特手语：内凹的腮帮表示"微小"意义

例 1-4【男孩】一词伴有荷兰语成分 /jong/，它是荷兰语单词"jongen"（男孩）的一部分。这样标音是说明在手势词打出的同时，手语者还同时作出了一个来自有声语言的仿话口型。这条标音记录并不是说该手语者发出了荷兰语单词"jongen"的发音。相反，它只是表示荷兰语单词"jongen"的口型伴随着手势词出现，即手语者只是在打出【男孩】手势词的同时，作出荷兰语"jongen"一词的发音姿势和表情而已。如果确实发出该词的声音，我们应该用单独的标音符号进行标记，如用"+声音"这样的符号。

释义为【指代词】的手势词，其后面还加了一个下标 3a，它表示该指代手势是指向手势空间中发音者身体的一侧（或者左边，或者右边）。【指代词】分别紧随【英格】和【男孩】之后，它们为这两个所指分派空间位置，这些位置在之后的会话里还会被用到，即用来指代被分派了该位置的所指。同理，在其他手语句子中，下标 1，下标 2 是用来标注手语发出者（第一人称）和手语会话对象（第二人称）。所指对象被**分派空间位置**在手语句法中十分重要。手势词【$_{3b}$拜访$_{3a}$】有横着打出的运动，即从发音者的视角，是从左向右打出。动词【拜访】的起始位置 3a 是分派给【男孩】的位置，即【男孩】是【拜访】的主语，【拜访】的结束位置 3b 则是分派给【英格】的位置，即【英格】是【拜访】的宾语。接下来的章节将讨论"句法手势空间"，即手势空间如何用于句法目的。

在例 1-4 中，简笔画将手势词以图画的形式再现出来，这种表征方式非常形象，但它们是简化形式。在基于计算机的ELAN语言学标注转写系统（ELAN语言学标注工具）中，我们才有可能把一句手语表达的转写内容和这一小段手语视频联系在一起。下面的图1-11就是一个用ELAN标注转写英国手语故事的样例截图。垂直的线（标注a的那条），表示句子停在哪一时间点，本例的时间点正落在手语者要打的GET，即【得到】那个词上。在视频下面，我们可以看到非常详尽的标注转写内容，它们分布在不同的标注转写层上。这些层是研究者自己定义的。在图1-11中，最高的一层是记录右手打出的手势词的释义，接下来的层有英语翻译，以及其他记录左手信息的层。再往下的层是描写不同的非手控信息（如头的位置，额头或眉毛等的运动）。显然，这种多层标注是非常复杂和消耗时间的，因为大量的信息需要编码，所以缺失重要细节的概率也会增多。因此使视频与书面转写内容同现，则是非常必要的。ELAN正是这种将视频与文本结合起来的标注转写系统。

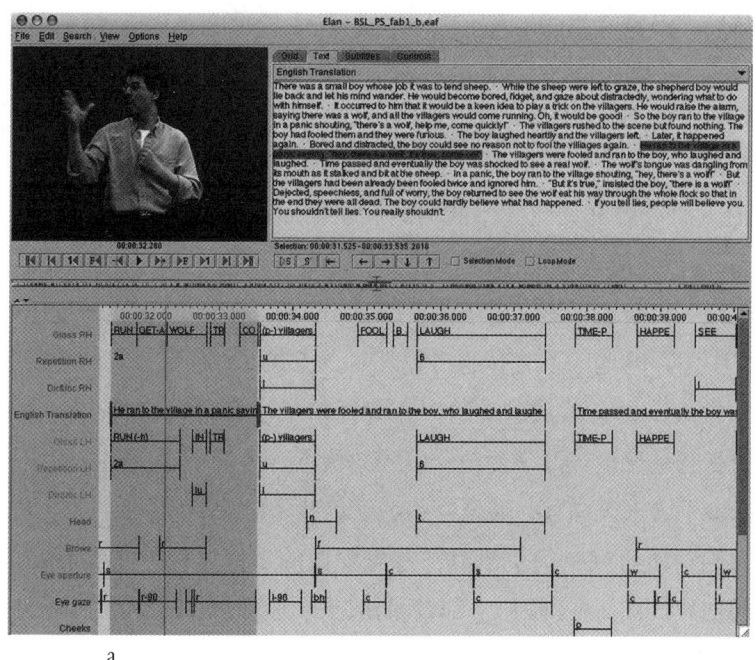

图1-11 英国手语故事的ELAN标注转写样例

## 1.8 手语语言学研究史概略

一些导论性语言学教材中几乎都没有提及手语，大概到 20 世纪 80 年代这种情况才有所改善。尽管早在 20 世纪 60 年代就有了一些手语语言学研究，它们主要是基于美国手语，但是这些工作在主流语言学界几乎没有起到太大反响。最开始的手语语言学研究努力强调手语和有声语言的相似点，目的是说服科学界手语是真实而自然的语言。但是现在的情形大不一样。目前在语言学界，研究者普遍认同手语是语言学的研究对象。每部导论性教材都会参考手语数据，就算不涉及很多，至少也会提及手语。越来越多的人对手语和有声语言的区别，即两种语言的模态差异，产生浓厚的研究兴趣。

我们对手语的各种用法和结构也逐渐有了更多的认识。越来越多的手语数据有助于我们去比较不同手语，描写它们的异同。这促成了一个新兴且蓬勃发展的研究领域：**手语语言类型学**，即人们对手语语言共性的探寻已成为可能，正如本章第 1.5 节所描绘的。早期手语研究集中在美国手语上，20 世纪 80 年代后，研究者开始研究不同的欧洲手语（包括英国手语、荷兰手语、瑞典手语等），以及澳大利亚手语和巴西手语等。最近，非洲和亚洲的手语研究也提上日程，如南非手语、乌干达手语、中国台湾地区手语、印度巴基斯坦手语，以及中国香港地区手语等的相关研究。还有一些社群，其中使用手语的聋人占比非常大，也有越来越多的研究者开始关注和研究这些社群中的手语使用，它们有时呈现出类型学上与众不同的特点。尽管手语研究正逐步增加，但是仍有许多手语未被描写，甚至一些手语仍然未被人们发现。

当人们开始研究一门手语时，首先要做的事情之一就是编纂和出版一部该手语的词典。图 1-12 是从一部较早出版的美国手语词典收录词目中提取的词条。

【喝/饮料】,可用作名词或动词,可表达过去、完成、进行等,(是自然手势词)。把想象的杯子端到嘴边,模仿喝的动作。

**图 1-12　美国手语词典里的词目和词条**

这类词典远非收词完整——毕竟任何语言都需要花费数年才能编纂出一个相对完整的词典,就像跨世纪著作《牛津英语词典》所揭示的一样。研究者最开始通常选择编纂一个 1000 词左右的基本词汇词典。以往的词典是以纸介书籍的形式,但是近年来更多的词典采用了 DVD 光盘或网络视频形式。像图 1-12 那样,许多这样的手语词典都包含了对手势词形式的描写,有的词典还会补充语法信息。例如,图 1-12 中还标注出了这个词既是名词也是动词。另外,一些词典还提供例句。上述手语词典是**描述性的**,但如果词典收录一些手势词,却排除其他变体,这样的词典则具有了**规定性**(见本书第 8 章第 8.5 节和第 12 章第 12.7 节)。

无论是纸介书籍,还是 DVD 形式,有关语法(或语法全貌概略介绍)的手语书几乎很少见,仅限于少数手语。这类书一般是以教学为目的,被称为**教学语法**。其他类型的语法书从本质上讲描述性更强些,它们是从不同理论语言学视角来编写的。但是因为人们对某一种手语的了解仍然非常有限,所以人们通常认为这类语法书的内容是具有规定性的。

## 1.9　本书内容介绍

前几节介绍了有关手语的基本信息,以便读者进一步阅读本书。我们假定本书读者具备一些基本语言学知识,也愿意通过手语语言学进一步拓展其语言学知识,所以本书不解释普通语言学术语,我们建议读者遇到不明白的术语可查阅语言学导论类书籍。本书对手语语言学特有的术语逐一解释。我们的讨论聚焦于手语语言学，同时也与有声语言进行比较，将不同的手语放入类型学视角中。

本书第 2 章和第 3 章聚焦于手语使用者。第 2 章讨论手语使用时所涉及的心理过程。它探讨手语在大脑中如何表征，例如，手语的记忆组织是否和有声语言一样，手语者如何使用语言学规则进行手语理解与产出。第 3 章讨论聋童和成人如何学习一门手语。手语作为第二语言的学习与双语现象一同讨论。聋童的语言学习情况复杂，但是一个最重要的问题是：手语习得过程究竟受语言结构和语言模态的影响有多大。本章也将讨论人工耳蜗植入问题。第 4 章讨论手语中的会话，以及会话是如何进行的，即在视觉语言里，人们如何进行话论转换？手语会话中如何指称在现场或不在现场的人或物？编码不同言语行为的规则是什么？

接下来 5 章的主题是语法和词汇。第 5 章描写手语句子的基本组成成分，包括它们是否与有声语言一样？有像名词、动词这样明晰的词类吗？这些语法成分是否已在手语中得到验证，在有声语言中却没有得到验证；抑或是正好相反的情况？第 6 章讨论由成分（本书第 5 章）组成句子的规则，包括在手语句法中，语法角色和语义角色是什么？疑问句与陈述句有什么不同？句子如何被否定？第 7 章讨论主从句和并列句的句子结构和造句策略。第 8 章解答有关手语词汇的相关问题。在前文我们已经指出手势词的形式和意义之间具有象似性。第 8 章将接着讨论象似性在手语中的作用。第 9 章描写手语中不同的构词过程，包括手语有复合词吗？动词会因为动作发出者的不同而改变动词的词形吗？如何表达复数？另外，是否某一形态操作是该语言模态所特有的？这也将是一个很有趣的话题。

第 10 章和第 11 章描写单个手势词的结构。第 10 章论及手势词的发音和感知，包括在打出这个手势词时，哪些关节运动了？一个手势词有多少可以被理解的变异形式？该章也将继续讨论手语标音及转写问题。第 11 章讨论手语的参数，包括有多少手型？一些手型比另一些手型常见吗？手势词的形成是否具有制约规则（这些规则很可能是语言共性）？非手控成分是怎样成为手势词中不可或缺的一部分？另外，还简要提及句子层面的音系结构，即韵律。

最后 3 章处理手语的社会语言学内容。第 12 章讨论一个语言内部各种可能的变异。哪些因素可以影响手语的使用？在咖啡店会话时的手势词和在正式讲座中的手势词，它们有怎样的不同？手语有方言吗？手语有标准语吗？如果有，它是如何形成的？第 13 章讨论语言之间如何相互影响。本书语境下，我们重点讨论手语周围的有声语言对手语的重要影响。我们还讨论是否随着时间发展，手语的演变方式与有声语言一样。最后，第 14 章介绍全世界聋人社群的语言状况。聋人往往借助双语成长起来，他们不得不学习生长环境里的有声语言。那么教育系统如何影响聋人手语？针对聋童教育，我们有哪些教育方案与决策？

## 小结

手语是发展完善的自然语言，与**口头 – 听觉模态**的有声语言不同，手语借助**视觉 – 空间模态**。手语不是从有声语言派生而来的，而是具有自己的词汇和语法。手势词可以在身体部位上及身体前方三维空间里，即**手势空间**中得以表达，不同于哑剧。后者使用整个身体，空间无限制。单独打出的手势词，也就是说，手势词脱离句子语境的词语形式，被称为基本或**词典形式**。手势词的意义通常是由有声语言里的一个或多个词语来进行**释义**标注的。

每个手势词都是由**手型**、**位置**、**运动**和**手部朝向** 4 个不同的基本构成成分或**参数**组成。一些手势词同时还伴有**非手控成分**，即不是用双手，而是用嘴、面部、上半身等。打手语时，如果同时作出有声语言对应的词或词的一部分的口型，称为**仿话口型**。而那些与有声语言词汇无关的口部动作，则称为**自然口动**。这些成分组成了手势词，手势词进一步组成句子，显然手语也是具有**组构性**，这是自然语言最基本的特征之一。

天生或一岁以内失聪的聋人，被称为**语前聋**。如果这些聋人常常使用手语，他们就是**聋人社群**的一员。大多数聋童生长在听人家庭里。这些聋童疏离于其他聋人，他们发展出一种**家庭手势**，即仅在自己一家人之间使用的手势交流系统。一门完善的手语是在经常接触的聋人之间产生的。一些乡间社群中如果聋人人口的比例很高，这种情况下，**乡村手语**会随之产生。

一门手语与一种手势符号系统并不一样。在手势符号系统（或**用手势编码**

的**手势语**）中，手语中的一个个手势词都被用到了，但是句子的语法却是遵循周边有声语言的语法。有时还会发明一些手势出来，以便对应和直译有声语言的单词。手势符号系统经常用于聋人和不太懂手语的听人之间。另外，聋童教育中也常用到这样的手势符号系统。

借助手指字母（用于**指拼**），手语者可表达一些来自有声语言，但手语里没有的概念或名字。当前有许多不同类型的手指字母，它们其实并不是自然手语的一部分。听人说话时，常常伴有**手势**，这些手势往往也能用在手语里。一个最典型的例子是所有手语中都有的指点手势，它在手语中释义为【**指代词**】。手语【指代词】的用法很多，其中一种用法是它可以给所指对象**分派空间位置**。

我们还需做更多的研究，以证实哪些是**语言共性**，哪些是某一**语言模态所特有的共性特征**，也就是说，前者是指无论在手语还是在有声语言都真实存在，后者是指这些共性只为手语所特有。手语目前没有普遍接受的**手语书写系统**，手语研究中采用**标音转写系统**来标记手语的发音（打法）。**释义标注**是用有声语言来解释一个手势词，提供该词意义上而非形式上的信息。尽管手语中的**象似性手势词**的比重非常显著，但其实不同手语都有自己的语法结构和词汇。不同手语的象似性手势词并不完全一样。许多手势词是**任意性**的符号。每种手语所具有的手型也不一样，语法规则也是非常多样化的。**手语语言类型学**是一个崭新的研究领域，可是目前有详细描写的手语仍然很有限，我们尚需更多数据来勾勒出手语语言类型的全貌。目前对手语的介绍多是**描述性的**，但有时有关手语的研究和用法则是强制和**规定性的**。描写一门手语的第一步一般是编纂一部手语词典或出版手势词相关书籍。目前在教育领域，研究者提出许多有关聋人手语的**教学语法**。

## 自测

1. 请举出三种常见的关于手语的错误认识，并解释这些认识为什么不对。
2. 一个手势和一个手势词的区别是什么？
3. 家庭手势是什么？

4. 语前聋的定义是什么？

5. 哪些发音器官负责非手控表情体态成分的表达？

6. 仿话口型和自然口动的区别是什么？请举例说明，请从您熟悉的手语中区分这两种非手控表情体态成分。

7. 请说出手势符号系统的三个特点。

8. 什么是【指代词】？

## 任务

1. 并不是全世界都使用同一种手语，请问为什么？一些听人感到遗憾，认为这是"错失良机"，请问他们为什么会有这样的看法？

2. 手势词是由一些参数组成的，这些参数据说是属于手语的音系，请问这个理解正确吗？

3. 借助网络或你已有的知识，请找出一门手语里的三个手势词，尽量准确地描写这些手势词的手控参数（手型、位置、运动和手部朝向）。

4. 哑剧和手语的区别是什么？

5. 请从你了解的手语中，举出两个象似性手势词和两个任意性手势词的例子。你应该知道这两个象似性手势词的词源理据，描述一下这两个象似性手势词的象似性表现在哪里。他们的象似性程度完全一样吗？你举出的两个任意性手势词其任意性程度也一样吗？

6. 指拼是手语的一部分吗？

7. 为什么一个手势符号系统不是真正的语言？

## 参考文献和拓展阅读

Oliver Sacks（1989）的《看见声音》是非语言学类书籍，它概要地介绍了耳聋与手语。Pfau, Steinbach, Woll（2012a）近年编著了一本涉及手语方方面面的指南性手册，它是一部关于具体手语语言用法与结构（用英文写作）的导论性书籍，涵盖了英国手语（Sutton-Spence, Woll, 1999）、澳大利亚手语（Johnston, Schembri, 2007），美国手语（Valli,

Lucas, 1992/1995),以色列手语(Meir, Sandler, 2008),爱尔兰手语(Leeson, Saeed, 2012a),以及卡塔科洛克手语(Marsaja, 2008)。用英文出版的关于聋人社群的书籍比较少,当前只有一些如Vallverdú (2001) 对西班牙聋人社群的描写。Woll, Ladd (2003) 概述了聋人社群的特点。Brentari (2010) 主编的手语书对世界各地一些不同的手语进行了介绍。Nyst (2012) 和 De Vos, Pfau (2015) 对乡村手语的结构和使用进行了概要介绍,他们对手语的一些跨语言的特点也进行了讨论。Goldin-Meadow (2003、2012) 讨论了家庭手势的用法和结构。Kegl, Senghas, Coppola (1999) 研究尼加拉瓜手语(它是如何出现的)。Miles (2000) 描述了在奥斯曼帝国宫廷上手语的使用情况。

许多手语词典现在也有网络版本,例如有关美国手语的www. lifeprint.com,但是手势词的释义语言一般都是该手语所在国家的不同的有声语言。网站 http://www.yourdictionary.com/languages/sign. html 可提供一个手语词典的列表。Baker, van den Bogaerde, Crasborn, (2003) 和 Perniss, Pfau, Steinbach (2007) 等编辑出版了有关手语语法特点对比的专辑。Zeshan (2008) 和 Pfau (2012) 讨论手语类型学。Taub (2012) 研究象似性在手语中的作用。Perniss, Thompson, Vigliocco (2010) 的研究非常有借鉴性,这是一项针对手语和有声语言象似性的调查。McBurney (2012) 出色地回顾和介绍了手语研究史。Woll (2013) 讨论了手语研究的历史发展。Frishberg, Hoiting, Slobin, (2012) 描述了手语语音转写所面临的挑战。

本章开篇所引用的聋人婚礼例子,取自Sutton-Spence, Woll, (1999),英国手语的例词【甜的】和【残酷的】也来自他们的研究。ELAN 语言学标注工具可从奈梅亨市马普所网站(http://www.mpi.nl/tools/elan.html)下载,它是开源和已经汉化的程序。因纽特手语的例子选自Schuit (2013)。本书的简笔画来自名为Salute的简笔画软件程序,遗憾的是,这个软件现在已经下架,停止使用。

# 第 2 章 心理语言学

特吕德·舍默尔和罗兰·普福

## 2.1 引言

语言学家力图揭示语言究竟是怎样组织架构起来的，他们也试图从音系学、形态学、句法学、词汇学和语用学等不同层面来描述语言结构。而心理语言学家却不太关注语言自身，相反，他们的关注点是语言行为。语言习得这个领域有时是心理语言学之内的话题，但本书将用单独的一章，即第 3 章去讨论语言习得。本章将解决三个主要问题：语言与大脑（第 2.2 节）、语言理解（第 2.3 节）、语言产出（第 2.4 节）。主要讨论以下问题：手语存储在大脑的什么位置（第 2.2.1 节）；语言模态对大脑的语言功能有什么影响（第 2.2.2 节）；患有脑损伤的手语者究竟会经历什么，我们能否看出听人和聋人手语语言障碍如失语症的差异（第 2.2.1 节）。为了深入了解语言障碍，我们必须弄清人类是如何理解和产出语言的。一个有趣的问题是：当提到语言学信号的识别（第 2.3.1 节）、手势词的存储与加工（第 2.3.2 节）等问题时，有声语言和手语之间是否存在区别。相对而言，手语是包含较多象似性要素的视觉语言。正如前一章已提到的那样，对手语和有声语言异同之处的研究主要集中在象似性在语言理解中的作用，它既在词汇理解层面（手势词的识别），也在语法理解层面（空间成分和语言成分在空间里的语法功能）发挥作用。这些问题分别在本章的第 2.3.3 节和第 2.3.4 节讨论。通常，语言使用者确切知道他想要交流的内容，但有时他在语言产出过程中会出现差错，导致信息未按预期传达出去。

有声语言和手语中都可能发生此类情况。本章第 2.4 节首先讨论话在指尖现象（第 2.4.1 节）。随后讨论自发性言语错误和手误现象，它们提供了关于语言产出过程的重要信息。第 2.4.2 节和第 2.4.3 节分别探讨语法编码和语音编码。最后，第 2.4.4 节讨论经过编码后的手语最终如何发音，如何得以表达。

## 2.2 语言与大脑

语言是人类特有的区别性特征。我们想要了解自身是如何理解和产出语言的，这种好奇心是非常自然的。在我们大脑的某处，一定有一个语言系统，但它在什么位置，是如何运作的呢？通过观察大脑损伤而导致的语言障碍案例，我们可以增加对人类语言系统的了解。可以弄清楚当我们大脑某部分受损时，究竟会出什么问题。大脑分为两部分，左脑和右脑，亦称大脑左半球和大脑右半球。在右利手人群中，通常是左脑掌控语言功能；在少数左利手人群中，是右脑起到支配语言的作用。方便起见，接下来的讨论将假定都是右利手这种最常见情况。

直到 19 世纪，研究者才首次对听人对象进行研究，查明有声语言在大脑中的确切功能定位。在这些研究中，脑损伤的位置与患者语言产出及理解有关。作为脑损伤的结果，语言障碍通常称为**失语症**。发生在大脑左半球前部的损伤，即**布罗卡区**损伤（见图 2-1），主要会引起**语言产出**障碍。布罗卡区受损的患者通常伴有说话困难，几乎不能产生合乎语法的句子，但他似乎仍有很好的言语理解能力。如果脑损伤发生的部位更靠近大脑左半球的后部，即**韦尼克区**，那么患者会出现**语言理解**问题，而他的语言产出问题似乎没那么大。这些早期研究表明，大脑左半球对语言非常重要，大脑左半球不同部位受损时，它们对语言功能所产生的影响并不相同。

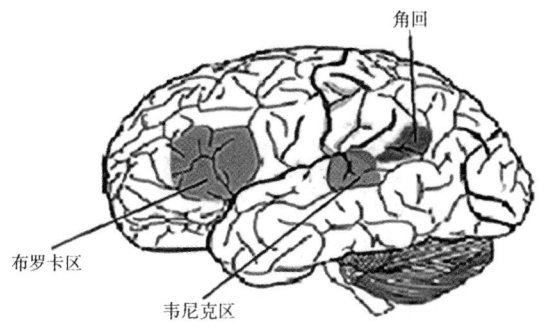

图 2-1 大脑左半球的语言区

最近，人们已经将脑成像技术，如功能磁共振成像技术，用于检测执行语言任务时大脑的实时活动状况。经证实，虽然语言功能区主要在大脑左半球，但是大脑的不同区域决定了语言理解和产出的能力。以上技术揭示大脑右半球也发挥着支配语言功能的作用，尽管相对于大脑左半球而言，大脑右半球对这些语言支配任务参与得相对较少。在语篇能力方面，尤其在叙事和讲故事等能力方面，两个大脑半球似乎都发挥作用。当然，我们在解释实验测试结果时要十分谨慎，因为语言的产出和理解并非只是孤立的单词或单个句子的产出能力。尽管如此，我们确信以下结论：对大多数人来说，大部分语言功能都是定位在大脑左半球，也就是说，大脑左半球是专门负责语言功能的脑半球。

相反，神经肌肉运动和视觉加工处理主要位于大脑右半球。手语是以双手作为主要发音器官的视觉语言，因此它必然涉及神经肌肉运动和视觉能力。考虑到大脑左半球主要负责语言，大脑右半球主要负责神经肌肉运动和视觉活动，研究聋人手语使用者可以解答这样一个问题：语言的模态是否会影响语言功能在大脑中的定位。从本书第 1 章第 1.8 节已知，早期手语研究主要集中在手语和有声语言的相似性上，这样就可以证明手语与有声语言一样。因此，早期的神经语言学工作也聚焦于相似性——如果语言的脑功能定位不受语言模态的影响，那么就表明手语与有声语言的脑神经基础是一样的。自 20 世纪 90 年代以来，心理语言学和神经语言学逐渐接受也同时开始去探寻手语和有声语言之间的不同。对有声语言模态之外的另一种语言模态进行研究，将是十分重要的研究内容与视角，因为手语研究可帮助我们理解人类语言的脑功能过程及语言处理过程中那些更为普遍的规律。接下来的两节关注来自聋人手语者的失语症数据和神经语言学数据。

### 2.2.1 聋人手语者的失语症

手语者失语症研究表明，大脑左半球主要负责语言的产出、使用和感知。所以当大脑左半球特定区域受损，就会产生语言障碍。20世纪80年代，美国研究者非常关注在失语症所造成的典型后果中，语言模态所起到的影响和作用。其中一项研究是：对6名聋人进行研究，调查他们的手语技能和视觉－空间技能。这些聋人在很小的时候就学会了美国手语，并且每天都使用它，但后来，他们的大脑受到损伤。大脑左半球受损的聋人患者在打手语时会出错，例如，他们会犯语法和/或语音错误，他们在使用指称系统方面也有问题（例如，使用【指代词】但却不首先注明所指）。然而大脑右半球受损的聋人失语症患者，他们使用美国手语时却没表现出什么特殊障碍。

将聋人手语者脑损伤后果的研究与听人脑损伤后果研究相比较，两者的研究结果非常相似：在大脑左半球受损后，聋人对象的手语使用会受到影响。大脑左半球布罗卡区损伤的聋人失语症者，与有相似损伤的听人失语症者，他们表现出相同的症状：聋人患者和听人患者的语言理解能力几乎没有受损，但是两者都在语言产出方面有些问题。在例2-1的会话片段中，打美国手语的聋人失语症者，试图描述图2-2中的情景：一位女士正在刷盘子，没有注意到水槽中的水溢出来了。在她身后，一个男孩和一个女孩正一同从橱柜中偷饼干。请注意研究中的测试员也使用美国手语（此处提供的是美国手语会话语料的汉语转写）。

图2-2　失语症测试图片——"偷吃饼干"场景

**例 2-1　聋人手语失语症者的会话片段**

测试员：这儿怎么了？[指着溅在地板上的一滩水]

患　者：【怎么了？】[也不停指着，打手势，嘴里说"哦"]

测试员：那是什么？[再次指着地上的水]

患　者：【f- … e- … f- … a- … l- … l。】[费劲地指拼出"fall"（落下）]

测试员：这个女人在这儿做什么？

患　者：[笨拙地比划，然后打手语]【盘子，t- … e- … o- … w- … l。】[试图指拼出"towel"（毛巾），但是没有拼出来]

测试员：这个女人在做什么？

患　者：[打出手势词]【关掉。关掉。】

测试员：这个女孩想要什么？

患　者：[喃喃自语地说"cookie"（饼干），但却像图中女孩一样将食指放在嘴唇上]

测试员：这个男孩想要什么？

患　者：【c- … a- … o- … o- … k- … e。】[试图指拼"cookie"，但是没拼出来]

例 2-1 中的标音和转写表明：患者不具备对图片进行描述的能力。她几乎不能产出任何手势词和替代词，甚至无法指拼出高频手势词。指拼对她来说也非常困难，她常常混淆字母。这位患者经诊断是布罗卡失语症者。布罗卡失语症的典型症状就是只能产出孤立的实词（如例 2-1 中出现的名词【盘子】和动词【关掉】），但患者几乎不能产出任何语法性成分，例如，无法表达一致关系，无法添加表示"时"语法意义的词缀。患有失语症的手语者还无法正确使用手势空间，如无法给所指定位。为了便于比较，我们再提供一个英语例子，请见例 2-2 的英语失语症例子，它是听人失语症者对同一张图片进行描述时的语言数据记录。

**例 2-2　听人英语失语症者对图片的描述**

Researcher：What happened?

Patient：Cookie jar...fall over...chair...water...empty...ov...ov...

Researcher：Overflow?

Patient：Yeah.

汉语译文：

研究员：发生了什么？

患　者：饼干罐……跌落……椅子……水……面无表情的……ov……ov……

研究员：溢出来了？

患　者：没错。

这位听人失语症者也只使用了实词，而且不能正确整合串联这些实词，不能使其合乎英语的语法结构。在布罗卡失语症中，这种电报式言语非常典型，亦称为**语法缺失的话语**。

另外，如果韦尼克区受损，对失语症者语言产出的影响不是很大，但会对他们的语言理解造成相当大的影响。即使韦尼克失语症者能够流畅地说话或打手语，在词汇和形态方面，他们有时也会出错。例如，一位有韦尼克失语症的美国手语者，会像例 2-3 中那样出现**词汇替换**的情况。例 2-3b 中德语的失语症者也有相似的表现（另见本章第 2.4.2 节非失语症手语者的替换例子）。

▎例 2-3　美国手语 a 和德语 b 失语症者的词汇替换

a.　【床】　　　　　而不是　　【椅子】

　　【女儿】　　　　而不是　　【儿子】

　　【地板】　　　　而不是　　【房间】

b. Kran　　　　　　而不是　　Bagger

　　'起重机'　　　　　　　　　'挖掘机'

　　Karaffe　　　　　而不是　　Glas

　　'酒瓶或饮料瓶'　　　　　　'玻璃杯'

　　Haartelefon　　　而不是　　Kamm

　　'头发　手机'　　　　　　　'梳子'

以上例子清楚表明：语言模态并不影响语言功能区在大脑中的定位。尽管如此，本章第 2.3.4 节将指出颅脑损伤的聋人和听人之间仍存在一定差异。

无论是对听人还是聋人来说，把话语语篇过程也纳入对失语症的检测当中，都将具有重要意义。在很多研究中我们的检测只关注患者的词语和句子层面的语言过程。到目前为止，从已有研究来看，似乎只有大脑左半球负责语言。然而，当前对大脑右半球损伤的研究也表明，情况并非如此。大脑右半球损伤的手语者可以回指同一个句子中的所指，但却不能回指前一句的所指。也就是说，她在句子层面上没有问题，但在话语语篇层面上却经常发生混淆。目前更为准确的总结似乎应该是：在两种语言模态中，大脑左半球负责更加局部化的语言现象（音系结构、形态结构和句法结构），而大脑右半球在更为全局性的语言过程中起重要作用（如话语语篇结构）。

### 2.2.2 语言模态对大脑的影响

如上所述，人们已经开发了新的**脑成像技术**，用于研究和测量健康对象的大脑活动。通过使用这些技术，如**功能磁共振成像（fMRI）**，我们可以观察大脑在执行某些语言任务时，哪个区域是活跃的。我们目前了解到布罗卡区不仅涉及说话，在一定程度上还与理解相关。图 2–3 中的功能磁共振成像展示了大脑左半球（上方的图）和大脑右半球（下方的图）的大脑活动（用发光区表示）。图 2–3 的 a，即左栏的脑图是把"我会把日期和时间发给你"或"这个女人递给这个男孩一个杯子"这样的句子展示给讲英语者时大脑的活动。尽管在一定程度上，大脑右半球的脑区也有所涉及，但是他大脑左半球区域比大脑右半球要活跃得多。从图 2–3 中的 b，即右栏的脑图可见，当用手语打出相似的句子给聋人手语者时，英国手语使用者的大脑活动情况也是如此。

一项不同的技术，即脑电图（EEG），也可以用于测量一段时间里人脑所产生的电活动。脑电图可以揭示语言使用者对具有不同语言学特点的语言输入所作出的反应，尤其是反应速度。例如，语言使用者是对语言输入的语法特征作出反应，还是仅仅对语义特征作出反应？在例 2-4b 中，美国手语动词【$_{3b}$追赶$_{3a}$】的语法标记有错误（用符号"*"表明此手势词有语法错误），因为该手势词的下标显示该动词的运动方向是女孩追男孩，一致关系弄错了；语法标记正确的动词应该是例 2-4a 中的【$_{3a}$追赶$_{3b}$】。

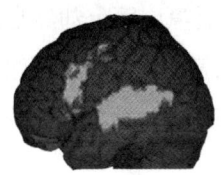 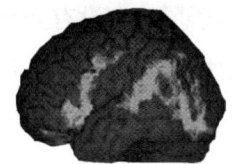

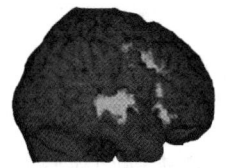 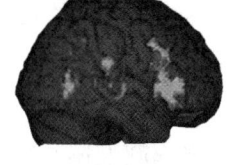

a. 讲英语者的脑图　　　　　　b. 打英国手语者的脑图

（说明：对讲英语者 a 展示英语，对打英国手语者 b 展示英国手语，同时对两者大脑左半球（上方的图）和右半球（下方的图）进行功能磁共振成像扫描，图中是两者大脑所呈现的样子。发光区表示大脑活动。）

图 2-3　功能磁共振成像

### 例 2-4　美国手语

a.【男孩　指代词 $_{3a}$　女孩 $_{3b}$　他们两个　玩 ++。

　　男孩　$_{3a}$ 追赶 $_{3b}$。女孩 $_{3b}$，　错　指代词 $_{3b}$　跌倒 $_{3b}$。】

'有一个男孩和一个女孩，他们正在玩耍。

男孩追着女孩，哎哟，女孩摔倒了。'

b.【男孩　指代词 $_{3a}$　女孩 $_{3b}$　他们两个　玩 ++。

　　男孩　* $_{3b}$ 追赶 $_{3a}$。女孩 $_{3b}$，错　指代词 $_{3b}$　跌倒 $_{3b}$。】

当受试对象处理这些（无偏差和有偏差）句子时，脑电仪就开始测量大脑活动。脑电图输出的是事件相关电位（ERP）。ERP 研究显示：当打手语者碰到如例 2-4b 那样的违反句法的句子时，在句法违反发生之后约 600 毫秒，受试呈现特定大脑活动（称为 P600 效应）。如果是正确句子，就不会出现此 P600 效应。与听人对有声语言正确句子所作的反应一样，在输入例 2-4a 这样语法正确的手语句子时，聋人受试也没有出现 P600 效应。

但是，像例 2-5b 句这类含有语义违反的句子（出乎意料地使用手势词【床】），在展示给受试一个语义上不合适的词后，大概在 400 毫秒的时候，受试的大脑里会诱发出一个不同的大脑活动效应（称为 N400 效应）。然而例 2-5a 句就不会出现这种情况。这类大脑扫描数据证明：一方面，语言有语法和意义的区别；另一方面，语言有正确和错误的区别。手语语言中也一样存在这两类区分。

### 例 2-5　美国手语

a.【历史　课　学生　讨论　世界　政治，热烈　辩论。】
b.【历史　课　学生　讨论　世界　床，热烈　辩论。】

正如上文所见，与听人使用有声语言一样，手语者使用语言的能力也取决于大脑的特定功能区域。像听人受试一样，对手语者大脑反应时间的测量也能反映出手语语法和语义信息的不同状态，以及手语者对语法和语义信息的不同处理。当前我们仍需回答的是：手语者为了理解和产出语言不得不采取的（认知）步骤是什么。

## 2.3　语言理解

语言使用者几乎无法左右他们自身的语言理解。事实上，所有人都会经常犯语言理解错误，或者彼此间不能迅速理解。心理语言学家不仅对语言在大脑中的功能定位感兴趣，还对我们如何理解彼此感兴趣：进行语言理解时，我们的大脑要经历哪些过程？手语者是怎样记住对方打了什么手语内容？他们如何在其所看到的一连串儿运动中识别出各个手势词？同样，理解手语语言和理解有声语言是否有差异？语言模态的差异能否让我们深入了解听人和聋人手语者大脑中所发生的语言加工处理过程？

带着这些问题，我们开始讨论**语言理解**。语言使用者可以从他们听到的声音流中，不太费力地辨别出有意义的声音，只要这些声音是在他们自己的语言库内。第二语言学习者在这方面却可能遇到一些麻烦，例如，把英语作为第二语言的日本学习者，他们很难区分 "l" 和 "r" 这两个音，因为他们的第一语言日语中并不区分这两个音。手语者同样也必须学会区分一个手势词的构成参数，毕竟手型、运动和位置的微小差异都会使意义发生很大变化，这一点本书第 1 章第 1.2 节已提到。

## 2.3.1 识别语言学信号

言语是一种**连续的信号**，尤其是当你听一种你不知道的语言时，你的这种感受是很明显的：它听起来像是一堆混杂在一起的难以分辨的声音。而且语音并不总是相同的，它们是**可变的**。例如，英语单词"moon"中的"m"发音，就与"mark"中的不同，这是因为一个音素的发音可能会受到它前面或它后面音素的影响。当那些并不会打手语的人看到手语时，他们能捕捉到的只是混杂在一起的一连串的运动、手型，以及各种面部表情。然而，手语者却能轻松自如地识别出自己语言中的手势词，把那些无意义的非语言运动排除出去。与大家的想象不同，在手语交流中，手语者并不是一直盯着会话对象的双手。相反，他们目光注视的焦点通常是在会话对象的面庞附近，这是因为重要的语法信息都是通过面部表情来传达的（见本书第6章）。就像声音是可变的一样，一个手势词的构成参数的发音也是可变的。以荷兰手语为例，手势词【火车】可以像图2-4a【火车1】那样，用两个手型来表示，也可以像图2-4b【火车2】那样，用两个手型来表示，但这种拇指伸展与否的拇指位置变化，似乎并不妨碍词语的理解。上下文语境往往很重要，它决定究竟选择哪一种发音。例如，如果在打出手势词【火车】之前，手语者刚好打出了一个拇指伸出的手势词，那么这时，图2-4b【火车2】的发音形式可能就是首选项。

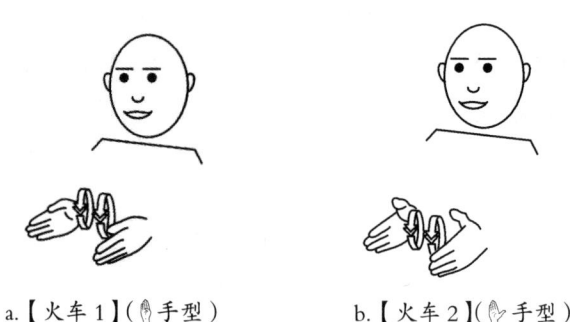

a.【火车1】（手型）　　b.【火车2】（手型）

图2-4　荷兰手语例词【火车】

本书第10章第10.4节将更详细地讨论手势词的语音变异。视觉感知系统可以专门处理大量同时性信息，在这方面，它的能力要远超听觉感知系统，这也让它同时处理不同来源的视觉信息没有人们料想得那么复杂。这一点很重要，因为手语通常是同时调动和使用面部表情、头部位置、身体姿势、手型，以及空间中手的位置等，这些渠道将传递丰富多样的语言信息。

在**手势词的感知**研究中，一个重要的问题是"识别一个手势词所需要的信息量"：是当整个手势词都必须可见时，还是当看到它的手型和初始位置时，这个手势词就已经被识别和确认出了？针对有声语言的语音感知，研究者进行了大量的研究。大多数研究者认为，在听到所感知单词的第一个音素时，人们就已经在心理词库中开始查找这个单词了。例如，当听到单词词首的音素 /b/ 时，听者就会激活以 /b/ 开头的所有单词（如 bear, big, book, bone, blossom, break 等）。一旦感知到单词后面的几个音素，如 / –los–/，可选的单词就会减少，而且听者可能已经判断出这个单词一定是"blossom"（或相关词，如 blossoming 或 blossoms）。当然这种辨识方式，即利用语音相关的交股单词，取决于有声语言单词是音素串联而成的序列性结构这个事实。

与此相反，一个手势词的特点正是它的同时性结构，也就是说，一个手势词的构成参数都同时组合在一起，进而构成该手势词。因此，心理语言学中经典的**交股模型**在手语中的运作，就不可能像它在有声语言中一样，两者运作方式有所不同。研究表明，手势词的识别分两步：第一步，手型、手部朝向和位置参数先被识别，以决定第一股候选项。第二步，运动参数被识别。手势词的识别速度也非常快，实验结果显示，以手语为母语的聋人似乎只需看到一个手势词 35% 的信息，就可以识别出这个手势词了，而有声语言则需要至少 83% 的单词信息。这种差异似乎是因为手语的那些重要信息已由其不同参数同时给出，或许也是因为手型、手部朝向和位置参数等完全相同的手势词几乎没有。

**语境**在手势词的感知和言语感知中都非常重要。以荷兰手语为例，在手语者谈论疾病的语境中，聋人更容易识别出荷兰手语例词【流感】（见图 2–5a），而且不太可能将它与手控参数极为相似的荷兰手语例词【角色】相混淆（见图 2–5b）。

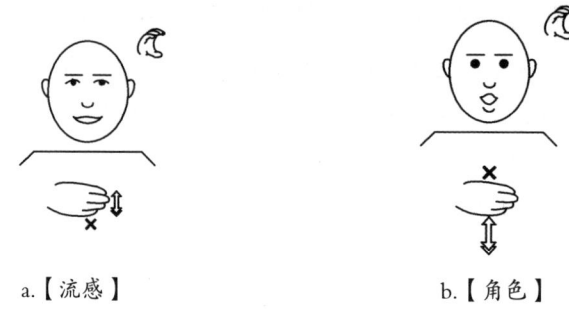

a.【流感】　　　　　　b.【角色】

图 2-5　荷兰手语例词

## 2.3.2　手势词的存储及加工处理

本章第 2.2 节指出，比较手语和有声语言的一个重要原因是研究者想要回答这样一个问题：是否因为语言模态不同，从而导致大脑对语言的加工处理也不同。语言在大脑中临时储存的方式也与这个问题有关。那么主要的问题就是：与讲有声语言的人相比，手语者的**工作记忆**是如何运作的？对术语"工作记忆"人们有不同的解释。此处我们把工作记忆定义为同时具备储存和加工功能的一种记忆形式，所以它既可以短暂地保存信息，又可以处理已存储的信息。

人们对有声语言的工作记忆进行了广泛研究，建立了不同的理论和模型。然而对手语者工作记忆的研究人们主要提出了一种模型，即**多成分模型**。这一模型包含不同组成部分，可以让人对来自周围环境的输入进行加工，在心理词库基础上反思这些信息，保存最新的信息，完成对新知识的加工处理。本书暂不讨论该模型的全部组成部分。

对比手语和有声语言，工作记忆中有一个特别有趣的组成部分，即**语音环路**。它专门负责对语音材料，如言语声音等的暂时存储。语音环路能包含的信息是有限的，除非听者在心中反复默念信息，否则该语音信息两秒内就消失了。这意味着听者必须在不出声情况下，心里念出要记忆的词。就像一边找笔以便记下电话号码，一边要默念记住电话号码一样（它类似于正常发音，只是肌肉并未完全激活）。人们设想这种语音环路是存在的，这样人们就可以解释为什么总是把语音非常相似的词语储存记忆在一起（如英语单词 bed, bad, cat），而不是把语音上不相似的单词（如 bed, crate, door）存储记忆在一起。关键问题是，这个语音环路是否专门用于处理听觉材料。换句话说，在工作记忆中,手势词的保留和存储是否也像有声语言那样。如果语音环路不仅用于听觉材料处理,还可处理所有类型的语言材料,那么手语的工作记忆和有声语言的工作记忆就有类似的处理过程了。通过研究聋人手语者在记忆和重现手势词时所犯的错误,研究者已经证实这些错误是基于音系特征,而非基于语义特征。研究还发现,对聋人手语者来说,记忆那些在发音上非常相似的手势词(如图2-5的【流感】和【角色】),比记忆那些发音特征非常不同的手势词要困难得多。基于此类研究,研究者得出这样的结论:可以合理地预测,在工作记忆中处理视觉–空间信息的那部分也存在一个重复的环路,即**视觉–空间环路**。

为了观察聋人手语者在不打手势词时,是否也会在心里重复演练这些手势词,研究者设计了一个实验:要求聋人对象在进行记忆测试时,必须同时做一些无意义的动作(如模仿弹钢琴)。结果表明,当聋人不得不打出这些无意义的手控动作时,他们记忆测试的表现就会变差。这暗示着手语者其实会在心里重复演练手语的词位,以帮助自己进行短时记忆,就像听人为了记住单词而在心里重复默念一样。最后,研究显示:与运动参数时间短的手势词相比,运动时间更长的手势词在工作记忆中的储存数量要少得多,就像有声语言工作记忆中被存储的多音节词,远少于音节短的单词。

总之,手语使用者和有声语言使用者的工作记忆比较类似。我们的结论是:语音环路并不专门用于听觉材料,相反,它可用于所有"语言"材料。这表明手势的储存和加工并不因语言模态不同而有差别。可是听人和手语者似乎仍有些许差别,即两者工作记忆容量的差异。有研究显示,手语者比说话者能储存的语言条目要少。对此,一种可能的解释是,一个手势词的发音时长比一个单词的发音时长要多。但是这并不是语言模态差异造成的,因为无论是有声语言,还是手语,表达一个语言条目所需的时间都会限制和决定一个人的工作记忆所能存储的语言条目数量。顺便提一下,这并不会导致手语者和说话者出现语言技能差异,因为在手语语法中,大量的同时性现象弥补了手语工作记忆的局限。

### 2.3.3 象似性在手势词加工处理中的作用

本书第1章第1.6节提到,有声语言的单词具有形式和意义,而且两者之间的关系通常是任意性的。例如,从英语单词"chair"的音素上,我们看不出它与所指的椅子有什么关系。只有个别单词例外，比如描写动物发声的那些动词，猫叫用"meow"，老鼠叫用"squeak"，再如那些描写物体发机械声的单词，汽车喇叭的"toot"声等。然而，在手语中，我们更经常发现的是形式和意义的另一种关系，即象似性，与有声语言单词相比，一个手势词更有可能具有象似性（见本书第8章）。这是因为用手来表征一个实体或动作的视觉特点，要比用声音来表现容易得多。有人对此会做另一番解读：象似性证明了手语是一种哑剧形式，而不是一种自然语言。当前我们已清楚知道他们的这个解读是错的。手语也有许多形式和意义呈现任意性关联的手势词。图2-6、图2-7、图2-8中的手势词来自不同手语，它们形式-意义关联程度不同。

图2-6a 新西兰手语【喝】，图2-6b 印度巴基斯坦手语【婴儿】，两词的意义都很容易猜到，即使对非手语者来说也是如此。这两个具有很强象似性的词称为**意义透明的手势词**。有时随着时间的推移，手势词变得不太容易从形式上看出其意义。例如，图2-6c 法国手语的【手机】在2016年是很容易从形式上看出词义的，但如果10年后手机的样子发生改变，那么有可能这个手势词就会变得不那么透明，会比较难看出其词义是什么。图2-7分别是意义不透明，或不再那么透明的手势词。图2-7a 西班牙手语【牛奶】过去是意义透明的手势词，因为以前挤牛奶是人工亲手来挤，但是现在知道这种传统挤牛奶方法的人变少了。图2-7b 荷兰手语【咖啡】情况相同，该手势词形象地表现了过去人们用咖啡磨豆机研磨咖啡的样子。其实图2-7c 意大利手语【镜子】一直都不是意义很透明的手势词。图2-8是手语中任意性强的例词，分别来自荷兰手语、英国手语、德国手语。

a. 新西兰手语的【喝】　b. 印度巴基斯坦手语的【婴儿】　c. 法国手语的【手机】

图2-6　意义透明的手势词

 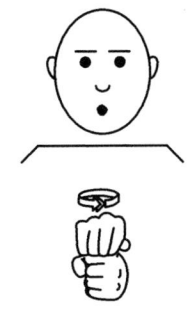 

a. 西班牙手语的【牛奶】　　b. 荷兰手语的【咖啡】　　c. 意大利手语的【镜子】

图 2-7　意义不透明的手势词

  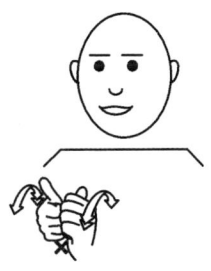

a. 荷兰手语的【博物馆】　　b. 英国手语的【残酷的】　　c. 德国手语的【运动】

图 2-8　任意性强的手势词

那么，是不是识别象似性手势词要比识别任意性手势词更容易？研究者做了一系列试验，他们给不懂手语的听人和打不同手语的聋人展示出一组任意性手势词和象似性手势词。听人和聋人受试必须猜测每个手势词的词义。试验的假设是：如果一个手势词具有象似性，那么受试就容易猜出词义，即使他们完全不懂手语。试验的结果是：这个假设是错的。在识别意义透明和意义不透明的象似性手势词方面，听人非手语者的表现远比所有手语者的表现要糟糕。此外，一项实证研究显示，象似性有助于聋童辨别形式相似的手势词。与形式相近但意义不透明的手势词相比，聋童在识别形式相近但意义透明的手势词上较少出错，耗时也更短。

对把手语作为第二语言的听人学习者来说，情况也是如此，象似性强的手势词更容易被学会和记住。他们一旦知道该象似性手势词的意思，就更容易记住它的形式。有趣的是，象似性对婴幼儿手语的音系习得和词汇习得（见本书第 3 章）几乎没有影响，尽管它会影响其他许多方面。基于以上研究，我们的结论是：对手语母语者来说，象似性对其手语识别和记忆确有一定影响，但并非预期的那样大。就第二语言学习而言，象似性影响显然更大。

### 2.3.4 空间信息与语言信息

前文提到手语是视觉-空间语言，大脑右半球负责视觉-空间感知。由此可以推得：如果大脑右半球受损，它会导致语言产出障碍，例如，那些有空间修饰性变化的空间动词，它们的产出会出现问题。本书第 1 章第 1.7 节解释过，手语可以在手势空间中把人和物定位，那么根据这些人或物的空间位置，一些动词可以改变其运动参数的形态（例如，前文例 2-4 的美国手语例句；详情另见本书第 9 章第 9.5 节）。的确有研究显示，大脑右半球受损的聋人无法描绘一个房间的布局，无法提供空间信息（勾画空间地形）。然而对于那些涉及空间关系的句子，他们却仍能够产生合乎语法的句子。所以我们应备注一点：有时大脑右半球受损确实会导致手语理解障碍，然而在这方面，聋人和听人失语症者并不完全一样。聋人处理距离自己身体一臂或一臂之外距离（**远身手势空间**）的手势词，与处理距离自己身体很近（**近身手势空间**）的手势词，似乎是有差异的。有人认为，位于远身距离处的空间关系，首先经过大脑右半球加工处理，然后被传到大脑左半球，由左半球对它进行语言学编码。大脑左半球受损的聋人失语症者不能理解空间语法，因为他们不能解码这些语言信息，而大脑右半球受损的聋人失语症者则无法理解个别空间句法，因为这些句法涉及远身距离处的空间关系。

## 2.4 语言产出

通过讨论**语言产出**，我们来理解一个句子的形成和它最终得以发音表达的过程。在这个过程的最开始，说话者或手语者首先要有一个想要传达的、抽象的想法或讯息，这种语前想法或讯息一定要转化成语言学里的形式。为了做到这一点，说话者或手语者不得不从其心理词库中检索和提取词位（单词或手势词），并根据该语言的规则将提取出来的词语进行组合（语法编码）。随后，这种语法结构一定要被转换成语音形式（语音编码），而且最终被发音表达出来。

乍一看，这似乎是一项简单的任务，但实际上在语言产出的过程中，经常会出现很多错误。只有出现问题时我们才能清楚地知道，话语的计划究竟是如何进行的，在计划阶段哪些语言学单位是相关的。理论上的情况或许是句子作为一个整体进行计划和产出。然而自发性言语错误或口误却表明事实并非如此，因为这些错误或失误可能发生在不同语言学层面上，就是说，它可发生在词汇、语法和音系层面。口误有时很有趣，有时却令人尴尬，但它们确实是自然而然发生的。研究者估计，说话者每讲 1000 个单词中大约会有一次口误，而当人处于醉酒或疲倦状态时口误当然会更多。鉴于言语错误是自然而又常见的现象，我们预测手语中也可能出现言语错误，那么我们就需要处理**手误现象**。但是手误是什么样子？在手误中我们能找到与有声语言一样的错误类型吗？

在语言产出时，手语者确实会出错，而这些失误就像有声语言中的失误一样，既耐人寻味，又能提供丰富的信息。迄今为止，人们已收集和分析了美国手语和德国手语中的手误。美国手语语料库仅包含自发性手误（错误总数是 131），这些错误都是通过所谓"纸笔法"收集的，即人们观察会话中或电视节目中的错误，并将其记录下来。当然，相对于有声语言，这种"纸笔法"对手语来说更麻烦一些。德国手语语料库包含很多自发性错误，但主要是实验诱导的错误（错误总数是 944），研究者要求受试在不同压力条件下（如限定手语速度、强制要求重复故事里的特定部分等）复述图片上的故事。

接下来将讨论手语产出的不同方面。第 2.4.1 节首先探讨词汇通达问题，然后第 2.4.2 节、第 2.4.3 节和第 2.4.4 节分别讨论词汇层面、音系层面、发音层面的手语产出错误。

## 2.4.1 话在指尖现象

手语者/说话者一旦有了要传达的想法，他们要做的第一件事就是从其**心理词库**中搜寻适合的语言成分。在这一阶段，单词/手势词的意义可能已经很清晰了，但是仍无法检索和提取出该词全部（或部分）的语音形式。当这种情况发生在有声语言中时，我们称为"话在嘴边"状态——对这种称为舌尖现象的心理语言学现象，我们都很熟悉，有时它可能令人很沮丧。在某种意义上，说话者感觉词就在嘴边但却说不出来。说话者通常只能想出该词的一部分语音形式，主要是该词的词首音素和词的音节结构。例如，说话者想要提取英语低频词"carnivore"时，他们可能会想到"cannibal"或"carnival"。

在一项对美国手语者展开的研究中，研究者试图通过实验唤起一种**"话在指尖"**（TOF）状态。像有声语言一样，手语的话在指尖状态一般发生在专有名词上。手语者解释说他们可以完成词义通达，提取出词义（如他们可以解释手势词是什么意思），但是他们不能提取出该手势词的完整发音形式。手语者最有可能记起的音系参数是手型、手部朝向和手的位置，他们不太能记起运动这个参数。这与本章第 2.3.1 节中介绍的感知研究结果相似。显然，手语中这前三个音系参数与有声语言舌尖现象中最常被记起的单词词首音素，它们的情况是一样的。手语实验结果再次证实，手势词的记忆与提取也经历两个步骤。最后，值得注意的是，对于人们究竟能记住什么，象似性并没有发挥作用。

## 2.4.2　单个词层面上的语法编码

当手语者开始从心理词库中检索并提取适合成分时，他们是根据这些成分的意义进行检索的。这种意义库里包含人们所说的词目（lemmas），即那些很抽象的含有词类信息但没有音系信息的成分。

错误可能在早期阶段就已经发生了。有时手语者从心理词库中错误地选择了一个跟他本想表达的手势词在意义上很相近的词目，我们称这种情况为**语义替换**。语义替换说明手语者的心理词库也跟其他人，如讲英语者的心理词库一样，像是一张有组织的网：有相同意义特征的词目彼此靠近在一起，如在例 2-6a 句中的手势词【火车】和【货车】，这两个词都指大型车辆。当复述故事时，德国手语者本打算打【货车】，而不是打例 2-6a 句中的【火车】。本例还说明了另一个有趣现象：手误的**自我纠正**（用符号"//"标记）。当手语者意识到出错了，感觉自己的错误很可笑，于是重新打出正确的手势词。据估计，约 50% 的错误都可以自我改正过来，但说话者或手语者通常都没有意识到自己出错了，或自己已完成了自我纠正。为了便于比较，请看例 2-6b 句中的德语口误的例子，此处可看到语义替换，说话者本想说德语单词"Fenster"（窗），但却说成了"Tür"（门）。说话者也会纠正自己的错误，但与例 2-6a 句不同的是，这里的自我纠正有些延迟，因为出现这个错误后，说话者没有立即自我纠正。另外，德语例句中有对口误的显性评论"胡说"。

### 例 2-6　德国手语 a 和德语 b 中的言语错误

a. 德国手语中的手误

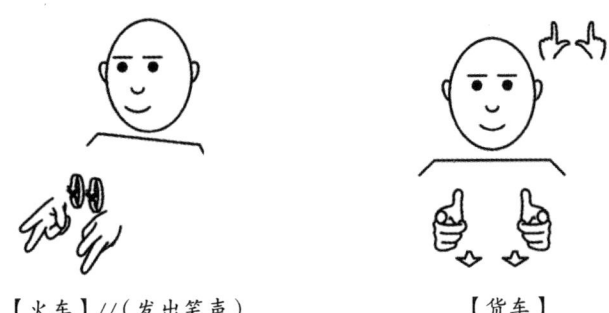

【火车】//（发出笑声）　　　　【货车】

b. 德语中的口误

du　musst　die　Tür　dann　festhalten, Quatsch,　das　Fenster
你　必须　定冠词　门　然后　握，　　　胡说，　定冠词　窗

'你必须扶着这扇门，错了，（是扶着）这扇窗。'

一旦正确的词目都已经选好，就必须把词目再整合成一个句法结构，也就是说，要根据语言规则将词目组合成一个符合语法的句子。此时错误也会出现：一个词目——通常是名词或动词——可能出现在不属于它的位置上；它可能出现得过早（**提前打出**），过晚（**迟滞打出**），或跟另外一个词目**对调**了位置（**换位打出**）。例如，从例 2-7 的 a 可见，手语者打出名词【球】后，犹豫、迟滞了片刻，然后作出自我纠正（横线上的"是/否"是表情体态标记，即扬眉，它用来标记德国手语是非疑问句；见本书第 6 章第 6.7.1 节）。

### 例 2-7　德国手语 a 和英语 b 中的言语错误

a. 德国手语中的手误

【娃娃、小丑、球、熊　小，把所有东西扔进。

　<u>是非疑问</u>

　球　//　鞋，空无一物。】

'娃娃、小丑、球、小熊，把所有东西都扔进（盒子里）。可是球，嗯，鞋呢？鞋不见了。'

b. 英语中的口误

From which book did you copy these books, eh, articles?
从　哪一个　书　助动词　你　复印　这些　书，嗯，文章？
'从哪本书上你复印了这些书，嗯，文章？'

显然，例 2-7a 中的手误说明了手势词是语言产出过程中受到操控的语言单位。也就是说，在语法编码过程中，语言处理器所操控和分析的语言单位是单个手势词，而不是整个句子。同样，在有声语言产出的过程中，也是单词受到操控。例 2-7b 中的英语口误与 a 中的德国手语的手误非常类似：它们都是一个名词被错误讲出/打出后，迟滞一会儿后说话者/手语者更正了自己的错误。此处我们只列举了手语和有声语言中迟滞类型的错误，但在手语和有声语言中，词目提前表达和词目换位的错误也经常出现。

意义也会影响手语产出。研究者以美国手语者为调查对象，请这些受试看图片上的物体，并打出表示图上物体名称的手势词。研究者还测量了手语者从看到图片到作出反应即打出手势词一共所用的时间，即他们的反应时。研究结果显示：当手语者看到的图中物体与前一图有意义关联时，他们的反应会变慢，打出手势的时间会延迟。显然，在他们的心理词库中，前一幅图片中物体的意义仍然有轻微的激活，这干扰了他们对当前图中物体的命名。与本章上节提到的"话在指尖"状态一样，这个实验再次证明，当手势词一开始产出，它的意义提取就已经开始了。

### 2.4.3 语音编码

经过语法编码后，我们所得到的是一个句子的抽象表征。这时每一个词目都已经按正确的顺序排列好，但是这些句子成分还没有具体的语音形式。在语言产出的下一个阶

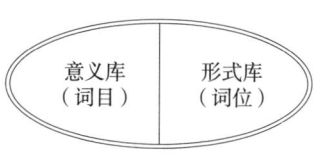

图 2-9　心理词库

段，人们从心理词库的语音形式库中提取出词目的语音形式（**词位**）。因此，心理词库由两部分组成：意义库和形式库，如图 2-9 所示。

从形式库中挑选词位也有可能出现错误，即出现**音位替换**。我们早已经知道手势词的（手控）构成成分（音系参数）包括手型、手部朝向、位置和运动。音位形式相似的手势词在形式库这一心理网络上彼此邻近。与在意义库中

的情况一样,这种邻近性可能会造成成分提取错误。例 2-8a 是一组音位替换的例子。两个德国手语例词【时尚】和【旅馆】在语音上非常相似(但两者没有语义关联)。它们有一样的音系参数:手型(🖐手型)、手部朝向(手指朝上,掌心朝左)和位置(略低于右肩)。但是两者运动参数不同:【旅馆】是短促、重复的直线运动,而【时尚】是重复的环形运动。在这两个手势中,拇指都反复触碰身体。在这个手误中,手语者把【旅店】误打成了【时尚】。请注意,当目标词(左图)和手误(右图)之间不存在自我纠正时,我们就用箭头"→"来注明。为了便于比较,例 2-8b 给出了一个英语的音位替换的口误例子。

▌例 2-8 德国手语 a 和英语 b 中的言语错误

a. 德国手语中的手误

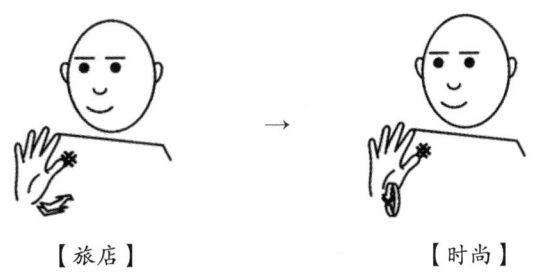

【旅店】　　　　　　　　　【时尚】

b. 英语中的口误

prohibition　against　incest　→　prohibition　against　insects
禁止　　　反对　　近亲结婚　→　　禁止　　　反对　　昆虫
'禁止近亲结婚'　　　　　　　→　'禁止昆虫'

从有声语言研究中可知,一旦对句子成分的语音信息进行限定后,语音错误可能会随之而来。例如,有些音位可能出现在不该出现的位置上。也就是说,像例 2-7 中的位置被对调或换位了的词目一样,音位也会出现提前打出、迟滞打出或者换位打出。这些错误证明了音位在语言产出中也发挥重要的作用。如果不是这样,像例 2-9 中的言语错误就永远不会发生。例 2-9a 是辅音对调的口误例子,而例 2-9b 是一种辅音提前发出的口误,说话者随后进行了自我纠正。有趣的是,在这两个口误例子中,出现语音错误的两个单词恰好也是现代英语中的单词。

### 例 2-9　英语中的口误

a. with　this　ring　I　do　wed　→　with this **w**ing　I　do　red
　　用　　这　　戒指　我　助动词　结婚　　　用　 这　翅膀　我　助动词　红色

b. shown　in　the　**pl**easant, I　mean　present　slide
　 被展示　介词　定冠词　高兴,　我　意思是　当前的　幻灯片

　　一个手势词的语音结构与有声语言单词的语音结构显然不同。有声语言单词的音系构成成分——元音和辅音——是线性串联在一起，呈序列性排列；而手势词的音系参数可以同时产出。实际上，手语者根本不可能依次序列性地打出例 2-8a【旅店】的手型、手部朝向和位置参数。显然，同时性组合是否会对语音错误产生影响，这是值得思考的重要问题。毕竟，人们可能会怀疑同时表达出的手势词的构成成分，在从词位中提取时不是那么容易。也就是说，单独操作每一个构成成分时的难易也不一样。

　　可是，来自言语错误的证据却显示，情况恰好相反。手误研究中最有趣的发现之一是，事实上，单个音系参数——尽管它们是同时组合起来的——也会出现错误。我们将讨论两个手误例子，分别来自德国手语和美国手语。图 2-10a 是德国手语，手误类型是手型提前打出。第二个手势词【父母】的手型（🤟手型）替代了它前一个手势词【属格_{3a}】(他的/她的)，即第三人称属格代词的✋手型。其打法尽管在德国手语的音系上是允许的，但这个图 2-10a 所示的箭头后的"手势词"却并不存在。目前在德国手语和美国手语语料库中，出现错误最多和最常受到手误影响的音系参数就是手型。

　　图 2-10b 美国手语的手误类型及手误所涉及的音系参数，都与图 2-10a 德国手语的手误有所不同。图 2-10a 是位置参数换位打出的手误。正确的打法是：打【最近】时，手的发音位置应该是靠近头部；打【吃】时，手的发音位置应该是靠近嘴部。然而在图 2-10a 所示的手误中，虽然手型和运动均正确，但是【最近】误打在了嘴的附近，而【吃】误打在了头的附近。箭头后的这两个手误形式，从音系上是可行的，但它们并不属于美国手语词汇。

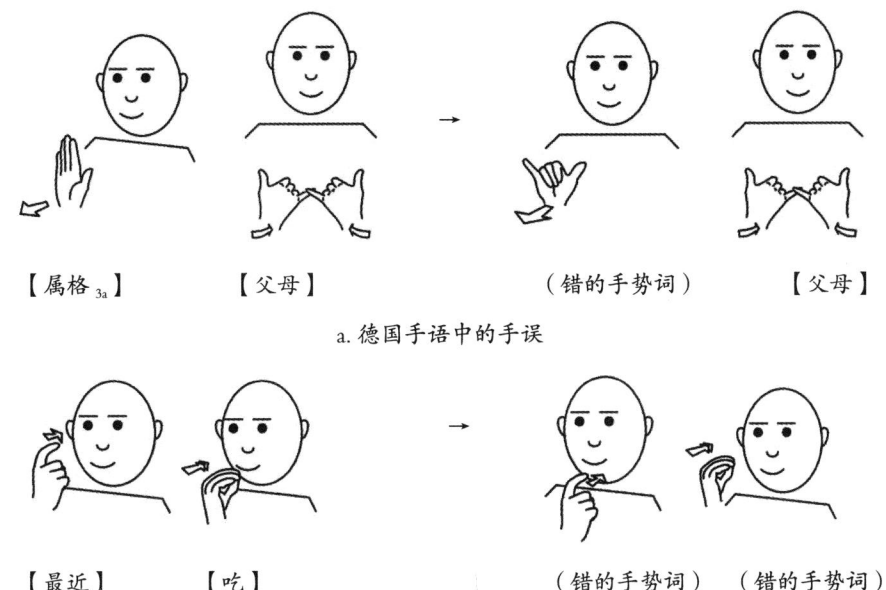

a. 德国手语中的手误

b. 美国手语中的手误

图 2-10 德国手语 a 和美国手语 b 中的手误

最后一种手误类型是混合。在混合型手误中，手势词的语音结构也发挥了重要的作用：句子中相邻的两个手势词混合成一个手势，即该手势把前两者的音系参数混合成一个手势。在图 2-11 中，手语者想打出德国手语的【自行车】和【商店】。可是，他把这两个手势词混合成了一个手势，这个新手势结合了两个原始手势词的位置（身体前方居中空间）和朝向（掌心朝下），但采取了【自行车】的运动（交替环形运动）和【商店】的手型（五指张开手指微曲的🖐手型）。这一新手势不仅发音上是有可能的，而且巧合的是，德国手语真的有这个词，其词义是【动物】。

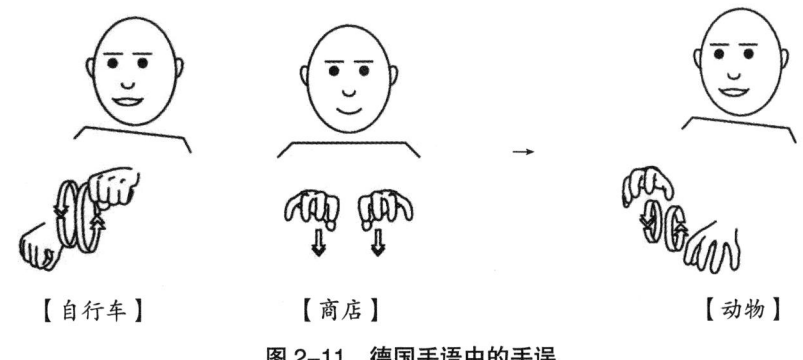

图 2-11 德国手语中的手误

### 2.4.4 手语发音

将手语的一段话语进行语音编码后,发音器官就收到产出手语句子的指示。在这个过程中,发生音变的同时,也会出现发音错误。

在一个句子的发音表达阶段,我们经常能观察到**语音同化**现象。发音速度越快,同化现象越多。例如,当你仔细听一段有声语言的会话录音,你往往会听到音位和停顿等不断减少甚至消失了。以英语句子"I don't know what he said"为例,它会变成"Idunnowotised"。我们在手语视频中也可看到类似过程。例如,以色列手语者想要打【商店 指代词₃】"商店在那边"。【商店】的打法是:双手呈🤚手型,在身体前方做向下运动;【指代词₃】的打法是:用☝手型指示方位。视频中手语者在双手做向下运动时,主手从🤚手型变成☝手型,以指示方位"在那边",辅手不变,仍然完成【商店】所需的向下运动。换句话说,手势词【商店】部分运动被删除了,两个手势词之间的停顿也不见了。

有声语言发音中有一个众所周知的问题:**口吃**现象。口吃的特点是语音或音节重复,发音流畅度降低,例如,英语单词"train"(火车),被读成"t-t-t-t-t-train"。几乎所有有声语言中都有口吃现象,问题是这种现象是否也出现在手语中。如果答案是肯定的,手语中的"口吃"会是什么样子?遗憾的是,这一论题当前研究不多。非正式报告显示,在手语"口吃"中,手语者只能形成手型,以及运动的起始部分,其运动看起来也断断续续的。也有人指出,跟有声语言口吃一样,手语者也是在压力影响下才出现"口吃"。

## 小结

心理语言学研究的是语言使用者的语言行为。一个至关重要的问题是:语言模态是否影响大脑语言功能的运作,这种影响达到何种程度。通过观察因脑损伤所引发的语言障碍(**失语症**),我们了解很多语言功能在**大脑左半球**或**大脑右半球**定位的知识。对大多数人来说,包括聋人和听人,右利手或左利手都基本上都是大脑左半球专门负责语言。简单地说,**布罗卡区**受损会导致**语言产**

出发生问题，尤其是会造成**语法缺失症**，韦尼克区受损则会导致**语言理解**问题，还会引发**词汇替换**问题。然而，大脑右半球也有语言功能，尤其在话语语篇层面。大脑右半球在处理空间关系时会发挥作用，而且**远身手势空间**和**近身手势空间**也存在差异，因此聋人失语症者和听人失语症者的症状也有所不同。

语言理解相关研究让我们对人们理解语言的方式有了深入的认识。各种**脑成像技术**，如**功能磁共振成像**和**脑电图技术**等，可以用于测量有声语言和手语理解过程中的大脑活动。言语是种**连续信号**，声音是**可变的**，这同样也适用于手语理解。**手语感知**研究表明，对手势词识别起着决定性作用，以运动参数尤为突出。但是**语境**也发挥了作用。用于解释有声语言语音识别的**交股模型**并不特别适用于手势词的识别，因为手势词具有同时性。

关于语言在大脑中的存储方式，研究者提出了与**工作记忆**相关的不同理论。研究者主要关注一种模型，即**多成分模型**。与手语相比，作为语音材料的暂时储存地——**语音环路**，它特别有趣。手语者以手势词为语言基础单位进行信息存储，这个结论是建立在我们对手语者记忆和产出手势时所犯的错误分析基础上。人们已经发现了一种堪比语音环路的**视觉-空间环路**。像有声语言使用者一样，手语者对语音上非常相似的词位进行提取时困难较大。就工作记忆容量而言，听人和聋人对象之间似乎有所不同：较说话者而言，手语者能记住的条目更少，这可能与一个单词的发音要比一个手势词产出所用的时间更少有关系。

单词形式和意义之间的关系一般是任意的。手势词在这方面有所不同，因为手势词形式和意义之间更有可能产生联系。手势词分为**任意性手势词**和**象似性手势词**，一些象似性手势词是**意义透明的**，即容易从形式上立刻看出手势词的意思。心理语言学对象似性的作用进行了研究，结果表明：象似性对手势词加工处理有一些影响，而对二语学习者来说，象似性手势词肯定更容易记忆。

对**话在指尖**现象和自发性言语失误的研究，使人们对**语言产出**的过程有所了解。手势词的意义是语言产出过程中最先被提取的部分，紧接着是手势词的音位形式。**手误**揭示了手语产出的步骤和相关语言单位。首先，手语者从**心理词库**中提取**词目**。此时，可能会发生**语义替换**。当所选词目相互组合，手语者准备要构成合乎语法结构的句子时，可能会出现**提前打出**、**迟滞打出**和**换位打出**等手误。只有在下一步中，手语者才从心理词库的形式库中提取音位形式和

**词位**。当挑选词位出现错误时，就会产生**音位替换**现象。像词目一样，音位成分也可能出现提前打出、迟滞打出和换位打出等手误。此外，还可能出现相邻手势词**混合**这种手误。在语言产出的最后一步，发音器官必须用发音来表达出这个句子，此时可以观察到手语的**语音同化**现象。目前尚不清楚在手语这种视觉－空间语言模态中是否也存在着与有声语言类似的**口吃**现象。

## 自测

1. 大脑的哪个部位对语言重要？
2. 为什么有关语言模态区别的研究很有趣？
3. 聋人失语症者和听人失语症者完全一样吗？
4. 在手势词的存储和加工中，哪些过程发挥了作用？
5. 就手势词的记忆而言，象似性发挥了什么作用？
6. 话在指尖状态可以揭示有关手势词产出的什么问题？
7. 哪些证据可以证明聋人失语症者在使用空间地形信息和空间语法信息时存在差异？
8. 什么是手误？
9. 语音编码是如何发生的？
10. 什么是语音同化？请举几个语音同化例子。

## 任务

1. 如果一位聋人失语症者（伴有大脑左半球损伤）不得不向一位陌生人描述回家的路线，那么他／她可能会犯什么类型的手语错误，原因是什么？

2. 请阅读下面这段测试员与聋人失语症者之间的对话。请问病人得的是什么类型的失语症？请说明你的观点（测试员打的是英国手语；省略号表示犹豫；关于其他标音和转写规则，可参见附录一）。

测试员：还发生了什么？

病　人：【汽车……开车……兄弟……开车……我……s-t-a-d】［试图打'站起来'］

测试员：你站起来了吗？

病　　人：【是的……兄弟……开车……不知道。】[试图打'再见']

测试员：你兄弟开车？

病　　人：【是的……回来……开车……兄弟……男人……妈妈……待在……兄弟……开车……】

3. 在一项实验中，研究者教给成年听人（这些成年听人之前对手语一无所知）一组手势词，共计15个词。这组手势词包含5个意义透明、象似性高的手势词（能直接从手势词的形式看出其意思），5个意义不透明的象似性手势词（不能直接从手势词的形式看出其意思），还有5个任意性手势词。研究者把每个手势词展示3次后（手势词的意思用有声语言标出），这些成年听人5分钟后接受测试，测试目的是考查他们对这些手势词的理解与产出。测试在1小时和24小时后再次进行。对手势词理解的测试，就是记录这些受试所给出的手势词意思。对手势词产出的测试，是记录受试所完成的手势词参数，如手型等。

（1）关于受试对这些手势词的理解，请问你预期会是什么结果？为什么？

（2）关于受试的手语产出，请问你预期会是什么结果？为什么？

（3）请问你认为5分钟后、1小时后和24小时后，所进行的测试结果会有什么不同吗？

（4）实验中排除了那些在词形上相似，以及与肢体动作类似的手势词，请问这个决策的原因是什么？

（5）请问你认为我们会在另一门手语中得到相同的测试结果吗？

（6）请使用一门你会的手语，与你的朋友或同事试着做一下这个实验。

4. 请你基于你所知道的一门手语，举出3个手误例子，请描述其错误类型。

# 参考文献和拓展阅读

Emmorey（2002）介绍了手语的心理语言学研究。它概括性强，内容全面，清晰易懂。Dye（2012）对手语加工处理这个主题进行了相关述评。

Hohenberger 和 Leuninger（2012）研究手语产出，Corina 和 Spotswood（2012）介绍了与手语相关的神经语言学发现。Poizner、Klima 和 Bellugi（1987），Poizner 和 Kegl（1992），Corina（1999）、Hickok，Bellugi 和 Klima（2001），Campbell，MacSweeney 和 Waters（2008）就失语症对聋人手语者的影响进行了研究。MacSweeney 等（2002），Capek 等（2009）利用 ERP 实验对手语在大脑中的定位等重要论题进行了研究。Baddeley 和 Logie（1999）提出工作记忆（有声语言的）模型，Carroll（2004）对工作记忆相关研究进行述评。Wilson 和 Emmorey（1997），Emmorey（2002），Emmorey 和 Wilson（2004），Bavelier 等（2008），Geraci 等（2008）报告了手语的工作记忆研究——他们得出一些关于手语工作记忆容量的不同结论。Emmorey（2007），Ormel 等（2009）对手语感知研究进行了总结，后者主要测试儿童的手语感知。关于语言经验效果的研究，可参阅 Morford 等（2008）；关于错误感知的研究可参阅 Adam 等（2011）。

Klima，Bellugi（1979）对美国手语中象似性的作用进行了经典研究。Pizzuto，Volterra（2000）研究了手语者与非手语者对象似性的敏感度，这是一项跨语言和跨文化研究。Baus，Carreras，Emmorey（2013）讨论了象似性在手语加工处理中的作用。Thompson，Emmorey，Gollan（2005）描述了话在指尖现象。Newkirk 等（1980）首次研究了手语产出和美国手语中的手误现象。Hohenberger，Happ，Leuninger（2002），以及 Leuninger 等（2004）分析了德国手语中的手误现象。这些作者还把这些手误与德语口误中发现的错误类型和错误单位进行了比较。Baus 等（2008）研究了加泰罗尼亚手语中的词汇提取。美国手语中的"口吃"综述研究，可参阅 Whitebread（2014）。

美国手语失语症者和英语失语症者相关例子选自 Poizner，Klima，Bellugi（1987）；德语相关例子选自 Leuninger（1989）。英语口误的经典案例摘自 Fromkin（1971）和 Fromkin（1988）。德国手语手误例子选自 Glück 等（1997），Hohenberger，Happ，Leuninger（2002），Leuninger 等（2004）。

# 第 3 章 习得

安·贝克、贝皮·范登博哈尔德和松亚·扬斯马

## 3.1 引言

马克今年 3 岁,他天生耳聋。他正和他的母亲一起玩耍,他的母亲也是聋人。例 3-1 是从马克和他母亲的对话里节选的片段(请见附录一标音与转写规则)。

**例 3-1　荷兰手语对话**

  a. 母亲:【所有　火车　去 $_{3b}$　阿菲莎 学校

       指示词 $_{3b}$　看着　小丑　玩　骑自行车　杂耍。】

      '我们都坐火车去阿菲莎,在那里我们看到一个小丑在耍杂技,骑自行车,玩球。'

        _肯定_　　　　　　　_否定_

  b. 马克:【杂耍,妈妈　指代词 $_{母亲}$　不会。】

      '是的,杂耍。妈妈不会那样做。'

                            _否定_

  c. 母亲:【手掌朝上　妈妈　不会　指代词 $_1$。所有　不会。】

      '不,妈妈不会。事实上没有人会。'

　　　　　　　　　　否定　　　　　　　　否定
d. 马克：【指代词₁ 不会， 一点也不，L J M。】
　　　　　'我不会，没人（会），劳拉、乔纳斯、马克都不会。'
　　　　　　　　　　　　肯定
e. 母亲：【劳拉 乔纳斯 马克，只有 小丑。
　　　　 指代词马克 会 指代词马克 杂耍? 会 指代词马克? 】
　　　　 '是的，劳拉、乔纳斯和马克，只有小丑会。你，马克你会耍杂技吗？'

f. 马克：【指代词₁ ₂观看 助词 –OP₁ 杂耍 指代词₁。】
　　　　 '我，看我，我会耍杂技！'

g. 母亲：【聪明 男孩 指代词马克。】
　　　　 '你真是个聪明的孩子！'

h. 马克：【₂观看₁ 小丑，"点头"，"点头"指代词₁。】
　　　　 '看着我，像个小丑，是的，我。'

在这段荷兰手语对话中，马克和他的母亲正在谈论小丑在阿菲莎学校里的表演。马克谈论他当时看到的东西。他相信自己也会耍杂技和变戏法，每个人也都会像注视小丑一样注视他。虽然他的讲述并不完全清楚，但是他的母亲填补了信息差，她完全理解他在说什么。

无论使用何种语言，任何一个3岁的儿童都在学习该语言的形式、结构和语言使用规则。与有声语言习得一样，只要人们用手语向儿童**输入**信息，儿童就可以习得这门手语（见本章第3.2节）。聋童和在聋人家庭中长大的听人儿童通常会接收手语输入。为了方便起见，以下当我们谈及聋童时，我们指的是正在学习手语的儿童。虽然手语有很独特的方面，有时儿童会习得得稍微慢些，但是手语习得与有声语言习得基本路径是一样的（见本章第3.3节）。有些人是把手语作为第二语言来学习，不论他们是听人还是聋人。这种二语习得过程与第一语言习得有所不同，它有专属的典型特征（见本章第3.4节）。在听人环境中长大的聋童通常具有双语能力，他们既会打手语，也会使用有声语言。因为手语属于不同于有声语言的另一种语言模态，所以这种情况通常称为**双模态双语现象**。儿童双语发展的过程在很大程度上是受儿童所处的环境影响的（见本章第3.5节）。

## 3.2 儿童如何学会一门手语？

听人父母从小孩一出生就对小孩说话。往往小孩还在子宫里时，他们就已经在对小孩讲话了，听人婴儿其实可以听到父母的声音。尽管在一段时间内父母并不期待婴儿能作出回应，但父母通常会立刻开始与自己的听人婴儿进行交谈。即使知道小孩耳聋，听人父母也会和自己的聋儿说话，因为说话的冲动是如此强烈地渗透到父母和小孩的交流模式中。使用手语的聋人父母同样有与小孩进行交流的冲动，只不过他们是使用手语。小孩当时还不能使用手语，但即便如此父母仍持续提供手语输入。无论小孩听力健全与否，聋人父母都会用他们的第一语言——手语与小孩交流。当然，父母是聋人的听人小孩也会从其聋人父母的其他亲戚那里习得有声语言（见本章第3.5节）。如果一对听人父母在小孩被诊断为聋人后，就立刻开始学习手语，参加手语培训课程，那么他们就跟聋人父母一样，也可以在小孩很小的时候就开始跟小孩用手语交流。

聋童习得手语的方式很大程度上取决于家里和其他地方的手语提供方式，以及手语输入从何时开始。父母是聋童的重要语言来源。聋童在居家日常活动中接收大量语言输入，如在吃饭时、换衣服或洗澡时、玩耍时，等等。在自己的家庭之外，聋童也能接收其他亲戚、朋友和邻居的语言输入。例如，在日托班或学前班，从幼儿教师和小朋友们那里获得语言输入。父母的手语与聋童周围环境中的人的手语可能差别很大。

许多聋童从出生时只接触有声语言，也就是说，他们没有任何手语输入（见本书第14章）。这些孩子经常使用从周围环境观察而学来的手势，还会自创一些手势，从而建立起一种极具个性化的交流形式，称为家庭手势（见本书第1章的第1.3节和第3.5节）。因为这些聋童有声语言的习得通道几乎是切断的，所以他们的语言习得进展非常缓慢。他们往往直到上学时才开始接触手语。聋童上学的年龄因国家而异，有些孩子要到5岁甚至更大时才开始学习手语。这类聋童称为**过晚初学者**。他们的手语流利程度可能远低于那些从一出生就开始接受手语教育的孩子，甚至也低于那些比他们接触和学会手语还晚的听人。

如果从一开始就有充足的手语输入，听人儿童的手语基本上可以跟有声语言一样平行发展（见本章第 3.3 节）。这种情况下，手语作为第一语言被习得。在第一语言习得过程中，先天语言习得机制发挥作用。这个机制不是专门针对有声语言的，它同样适用于手语。如果手语输入太少，或者手语输入太迟，如在 3 岁以后，那么聋童的语言习得过程则与第二语言习得相似（见本章第 3.4 节和本书第 14 章），而且有可能永远达不到母语水平。不考虑语言输入，聋童也会有语言学习问题，因为聋童也会出现诸如多动症或自闭症等状况。对聋童来说，还有可能出现与语言关系更密切的问题，就像听童有特定语言障碍一样。请注意本章的讨论是针对没有此类语言障碍的普通聋童。

如前所述，聋童可能直到去日托中心或幼儿园参观的时候，才第一次接触手语。各国之间的差别很大。一些国家，如荷兰和英国，学前班就提供手语和有声语言教学。但是许多国家没有这样的学校，聋童在上小学时才第一次接触手语输入，而且小学聋校的语言输入受该校的语言政策制约。有些聋校选择双语输入，即手语和有声语言输入（见本书第 14 章）；其他学校则选择某种手势符号系统（见本书第 1 章第 1.4 节，第 13 章第 13.5.1 节），如美国的用手势打精确英语的手势系统。当然，在这种情况下，语言输入是不同的：美国手语词汇被采用，而不是美国手语语法。即使一所学校官方不允许使用手语，聋童之间仍会在交流时学会手语。聋童也可能接触聋人社群里的人，并通过这种方式接收更多和更多样的手语输入。父母是聋人而且打手语，这类聋童可通过他的父母、朋友和亲戚自然地接触手语。相比之下，父母是听人的聋童接触手语的机会取决于其听人父母的选择，即他的父母是否积极与聋人社群接触（见本书第 1 章第 1.3 节）。专门针对聋童的手语电视节目、手语戏剧、手语电影或配有手语翻译的其他节目，也是聋童语言输入的来源，但是只有相对较少的国家才有这些节目。

## 3.3 手语语言发展路径

### 3.3.1 前语言阶段

在**前语言阶段**（或时期），即从出生到快 1 岁时，聋童还不会打手语。但是聋童其实与父母进行着许多交流——通过目光接触、面部表情、手势、零星手势词，以及有声语言的话语交流和肢体触摸等。小孩也会开始第一次微笑。无论是聋童还是听童，他们的注意力都集中在成年人脸上，小孩会试着模仿面部表情和口部的动作。反过来，成年人对这些模仿作出反应，于是就产生了一种原始对话，婴儿和成年人有话论转换，轮流作出各自的表达与反应。尽管双手在手语中提供了很多信息，但是在手语会话中，注意力仍然集中在面部，甚至在成年人之间情况也是如此（见本书第10章第10.3节）。

荷兰和其他一些国家都鼓励聋人和听人父母尽可能多地给聋童提供手语输入，鼓励父母模仿聋童的手部动作。这与听人孩子的父母模仿孩子一连串的声音一样，都是一种原始交流形式。随着年龄渐长，聋童会更关注周围的世界，开始对直接环境中的物体和人感兴趣。与听人儿童交流时，当听人儿童看向一个物体时，成年人可以给它命名，例如，成年人会说："看，火车来了！"显然这种方式对聋童来说是不可行的。聋童必须学会把注意力分给所指的物体火车，以及手势词【火车】。在手语交流中，聋童学会正确分配视觉注意力是一个漫长的过程，他们大约2岁半或3岁左右时，才能完成注意力的合理分配。

当聋童在7或8个月大时，他们开始进行有节奏的手部运动。一些研究者将这些手部运动比作听人儿童的咿呀学语声，即聋童开始有节奏地重复手势发音运动。研究者声称只有接触手语的聋童才会作出这种动作，而**手势咿呀学语**是聋童出现首个真正手势词的前兆。其他研究者则认为这种运动可在所有聋童（也包括未接触手语的聋童）身上观察到，**手势咿呀学语**不能被看作是出现手势词表达的前兆。

即使这些运动或咿呀学语没有固定意义，它们也会被成年人理解为有意义。例3-2是11个月大的劳拉和她母亲的荷兰手语对话，它正说明了这一点。本书从此处开始将使用"（年）;（月）"这样的标记规则，来描述聋童年龄。

**例 3-2　荷兰手语对话**

（母亲和劳拉，年龄 0;11; 劳拉和妈妈正在看一本幼儿绘本书。）

　　a. 妈妈：【企鹅】

　　b. 劳拉："手臂运动"（右臂前伸，手心朝下，五指张开，手臂在胸前做上下运动）

　　c. 妈妈：【是的，指代词$_书$　企鹅　指代词$_书$　企鹅】。

　　　　'是的，这是企鹅。'

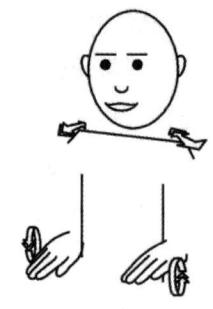 

a.【企鹅】的成人打法　　b. 劳拉试图打【企鹅】一词的手臂运动

图 3-1　荷兰手语

在图 3-1b 中，劳拉的手臂运动尚未被认出是【企鹅】一词的运动参数，但是她的母亲却能理解她是在表达"企鹅"。

在前语言阶段的后期，小孩们将开始主动交流，并表现出很强的理解能力。例如，母亲可以问【时钟 哪里？】（"时钟在哪里？"），孩子马上就会看时钟。这一时期语言理解显然比语言产出发展得更快。在这个阶段孩子还打不出手势词【时钟】，但他们完全理解母亲的问话。这一过程与听人儿童的有声语言习得进程是一样的。

大约 9 个月大的时候，聋童开始指认物体和人。最初这些指点手势与听人儿童的指点手势并无区别。这些指点还不具备【指代词】的语法功能（见本书第 1 章第 1.4 节和第 1.7 节）。

在前语言阶段，成年聋人要确保对着聋童打手语、说话，或者边打手语边说话时，确保这时聋童会看他们。他们还可以通过轻拍聋童，在聋童的视野内招手，或靠近聋童打手语等，来明确地获取聋童的注意。通常手语被移动到聋童的视野中。例如，美国手语中的双手手势词【兔子】，通常是两只手在头部两侧打，为了表达在聋童的视野中，成人可以临时改为靠近书中的兔子图片打【兔子】，或在聋童头上打【兔子】。捕捉视觉注意力的方式，即聋人父母所使用的**注意力获取策略**，从一开始就是以视觉为中心的。聋童不得不独自摸索出正确的观察方法，他们有时观察得太晚，有时又太早转移了注意力，以至于错过了（部分）成人的话语。反过来，成人在跟聋童交流时，手语打得较慢并经常重复所打的句子，这样聋童可以更容易地去看成人的手语。

## 3.3.2 单个词和双词阶段

假定聋童得到充分的语言输入，那么在语言发展阶段的早期，大概 1 岁到 2.5 岁，聋童开始打出指点手势，以及第一个具有指称性的手势词。**指称性手势词**形式固定，指示或称代一个已知的所指对象。尽管聋童之间有很大的个体差异，但是在**单个词阶段**，聋童会打的指称性手势词的数目迅速增加（有时是一次增加很多）。在这个阶段，语言习得的问题可能会变得明显。我们还不是很了解聋童的语言障碍，也不太了解把手语作为第一语言的听人儿童的语言障碍，但当前少数案例研究表明，那些确实出现了的语言障碍问题，基本上与有声语言习得中的情况相似。例如，患有唐氏综合征的聋童也有手语发育迟缓问题，有时还会有手语习得异常的问题。

在语言习得的这个阶段，儿童会经常用一个形式去表达有相近特点的事物，其含义远远大于成人用法的含义（**过度扩展**）。这种情况也发生在手语中。例如，聋童用手势词【猫】表示所有小型动物，或用手势词【祖父】表示所有年长的男人。

在聋童手语的**音系发展**过程中，单个词和双词阶段的聋童仍会打错一个手势词的外形——手型、运动或手势词的位置不对。图 3-2 是手型错误的例子。一个女孩在打美国手语目标词【爸爸】时打出了许多不同形式，图 3-2a 是正确的形式，它包括 手型和两次接触额头的动作；其他的打法（见图 3-2b、c 和 d），尽管位置和运动是正确的，但手型均不对。

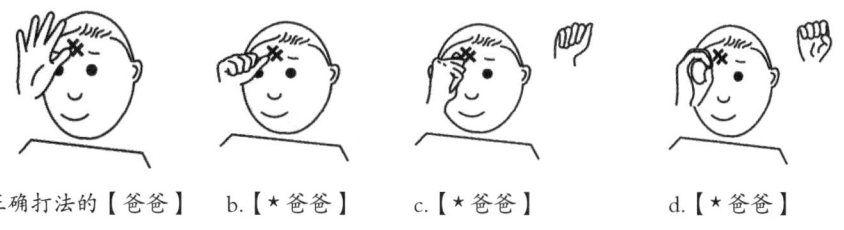

a. 正确打法的【爸爸】　　b.【*爸爸】　　c.【*爸爸】　　d.【*爸爸】

图 3-2　美国手语【爸爸】（正确打法和儿童的几种错误打法 *）

尽管这个年龄段的聋童，就肢体的神经肌肉运动能力而言，是能够打出他们自己手语里的所有手型（就像听人儿童能够发出他们自己语言的所有声音一样），但聋童并不总能正确地打出它们（语言形式）。图 3-3 列出的是聋童最先习得的手型。

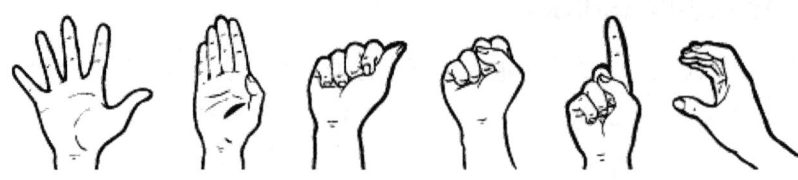

图 3-3　手语习得中聋童最先习得的常见手型

这些手型很容易打出来,在许多手语中都有这些手型。它们被称为**无标记手型**(见本书第 11 章第 11.2 节)。从神经对肌肉运动控制上来说,图 3-4 伸出拇指和小指的手型,要比图 3-3 中的手型更难打出来。正如我们在不同手语

图 3-4　伸出拇指和小指的手型

中所观察到的,聋童经常用无标记手型去替代那些难的(有标记)手型,这种情况称为**替代**。

图 3-5a 中的荷兰手语例词【美国】的成人打法是双手在身体前方进行圆周运动。如图 3-5b 中,聋童马克也打【美国】这个词,但他是身体在作圆周转动,这与成人手语中手和胳膊的圆周运动不同——运动已从手转移到整个身体。在肌肉运动神经发育过程中,聋童首先控制躯干,然后是双肩、双肘、双手,最后是离躯干最远的发音器官,即手指。所以此时马克是用他的躯干,而不是用他的双手来打【美国】。

a.【美国】(成人打法)　　b.【美国】(聋童打法)

图 3-5　荷兰手语例词

由躯干或靠近躯干的关节打出手语,称为**邻近化**(见本书第 10 章第 10.2 节)。这可与语音器官神经控制的发展相媲美。例如,口腔前端产生辅音比口腔后端产生辅音更容易,口腔完全闭合发出辅音比部分闭合更容易。因此,我

们经常听到讲英语的孩子说"tom"而不是"come",因为发出前爆破音[t]比发出后爆破音[k]更容易——这种现象称为**语音简化**。

在**双词阶段**,通常是在1岁8个月左右,聋童也开始把两个手势词组合在一起打,最初通常是打【指代词】和指称性手势词,后来也打两个指称性手势词。这种指点手势,即【指代词】慢慢获得了语言意义,并开始发挥指示代词或人称代词的作用。然而,指点手势和指称性手势词组合起来的手势,其语言地位经常是不清晰的。在语言习得早期,听力健全、不接触手语的儿童也经常把指称性手势词和指点手势结合起来使用。在这种情况下,指点手势被视为手势而不是语言成分。然而,当聋童作出相同的手势时,人们往往无法确定它应该被视为手势还是语言成分。在聋童使用指点手势来定位不在场的所指,或者该指点手势开始获得其他语法功能时,指点手势显然已经具有【指代词】的语言地位(见本书第1章第1.4节和第5章第5.5.1节)。

聋童像听人儿童一样,也给事物命名和表达不同语义关系,如描述事物属性,或说明事物归属等。聋童会打出【自行车 红色】(自行车是红色的),【妈妈 铅笔】(那是妈妈的铅笔)。听人儿童在这个时期会产生类似的话语,会说"红色的自行车"或"妈妈的铅笔"。像听人儿童一样,聋童只谈论**此时此地**,也就是说,他们只谈论眼前的事物或人物。谈话主题也是类似的:谁在做某事,正在做什么,话题通常与吃、喝、玩具、动作等有关。围绕这些话题,相关词汇迅速增长。然而令人惊讶的是,聋童很早就学会了用于表达"聋"和"听"等意义的手势词,而听人儿童学这些术语要晚得多。手势词的组合慢慢从两个扩展到更多的成分,但是这个阶段聋童的话语仍然很简单。例如,我们几乎看不到屈折动词,但是聋童手语的语序通常是正确的(见本书第9章)。另外,聋童手势词的音位形式通常还没有达到完全准确。

前一节提到在前语言阶段,成人打手语通常要确保聋童能够看到。从这个时期起,聋童就学会积极地把视觉注意力导向沟通。图3-6展示了马克在看他母亲如何用荷兰手语打手势词【飞机】。

图3-6 马克（2岁6个月）看母亲打荷兰手语

最初，聋童有时会没等核实一下视觉注意就开始打手语，但是大约2岁时，他们意识到自己的会话对象需要看到自己在打手语，于是，他们开始核实视觉注意，以保证对方在他们开始打手语之前就已经看着他们。聋童也开始自发地看向他们的会话对象，以确定对方是否会有手语表达。对视野内和视野边缘的运动，聋童能更好地作出反应（会抬头看）。

### 3.3.3 分化阶段

**分化阶段**（2岁6个月至5岁）句子长度增加，聋童语言变得更加复杂，对语法结构的习得真正开始。在此期间，聋童开始使用非手控成分，如面部表情、头部和身体运动，用于语法目的。聋童马克和他母亲的荷兰手语对话中（见本章例3-1），马克点头表示肯定，摇头表示否定。分化阶段早期，这些内容很快会被习得。正确表达非疑问和特殊疑问的面部表情也开始出现（见本书第6章第6.7.1节）。疑问功能的习得可能看起来有些晚，但疑问标记是复杂的语法标记，它们必须与手控成分同时协调打出。聋童母亲在聋童大约2岁至2岁6个月大时，才开始输入有语法意义的非手控语法标记，所以这些方面习得得很晚也就不足为奇了。此外，对聋童来说，这些标记在脸上的语法信息学习起来相当复杂，因为面部也用来表达情感。聋童必须先学会区分语法和情感这两个功能，然后才能正确地编码语法功能。

手语中，句法关系可以借助手势空间得以表达（见本书第1章第1.3节）。因此，用于此目的的空间区域通常称为句法手势空间（见本书第6章第6.4节）。在句法手势空间中，动词与主语、宾语之间的一致关系是暗含的。在分化阶段，聋童学习如何使用一致动词，例3-3是3岁聋童马克与他母亲手语对话中的一句（它是例3-1中的f句，为方便阅读，我们在此处再次把它列出），此句可以说明聋童如何习得一致动词。

▎例 3-3　荷兰手语

　　f. 马克：【指代词$_1$　$_2$观看$_1$　助词 -OP$_1$　杂耍　指代词$_1$。】
　　　　　　'我，看我，我会耍杂技！'

手势词【观看】运动参数的打法是：从会话对象的位置开始，用下标"2"标记（本例中，2 表示第二人称代词，即指称马克的母亲），并在第一人称说话者马克的位置处结束，用下标"1"标记。用这种方法，马克明确地表示他的母亲应该看着他。这种一致关系的具体实例在这里是正确的，但是聋童并不一定总能打出正确的一致关系表达（见本书第 9 章第 9.5.2 节"一致关系"）。在一致动词中，我们可能会发现**过度概括**的情况，即某一语法规则在不应该使用的情况下被使用了。本例中我们可以看到马克把动词【观看】和助词【助词 -OP】结合起来用（见本书第 9 章）。【助词 -OP】是与主语和宾语都保持一致的标记，但它通常不与【观看】这类一致动词同时使用，所以此处并不是正常用法。另外，在马克的这句话中，【助词 -OP】只与宾语保持一致（如下标"1"所示），它应该采用与主语和宾语都一致的形式【$_2$助词 -OP$_1$】。

此外，迄今所有手语中都有不能标记其一致关系的动词（见本书第 9 章第 9.5.2 节），而且有时聋童的动词屈折变化形式也会出错，以图 3-7a 美国手语为例。此例中聋童把【喜欢】的屈折变化形式错误地打成了向宾语位置移动的形式。然而，该词的正确打法，即图 3-7b 中的成人打法并不允许这种具有方向性的移动运动。

　　a.【＊喜欢】的聋童打法　　　　b.【喜欢】的成人打法

图 3-7　美国手语【喜欢】的正确和错误打法

聋童必须学会如何正确表达这些语法关系，在这个过程中聋童会出现以上所描述的那些语言发展中的错误。他们的错误还包括不指定清楚句子的主语，或忘记打出句子的宾语等。

综上，聋童是在分化阶段习得手语的特定方面，如使用非手控标记充当句子语法成分（见本书第6章和第7章），或者使用身体前方的手势空间，以及在空间动词中采用类标记（见本书第9章第9.6.2节）等。指点手势这时获得了清晰的语法地位。当一个名词（如【男人】）在对话中第一次用手势词打出时，这个手势词在句法空间中就有了一个定位（见本书第1章第1.5节），通常这是通过使用【指代词】来完成的。在稍后的对话中，当聋童再次指向这个位置时，很明显她指的是那个名词【男人】，并且这个指点手势此时已经发挥人称代词或指示代词的功能了。此时这种对空间的抽象使用已经被聋童所习得。当然，聋童经常犯错。有时他们在一个位置处（积堆）定位多个所指对象，这令人们不清楚他们所指究竟是谁，或者不清楚他们确切想表达什么。这些问题与听人儿童的有声语言人称代词习得错误比较相似，例如，当听人儿童谈论两个男人时，他们持续使用"他"，却不指明自己指的究竟是哪个"他"。

在双词阶段，聋童词汇一直不断拓展；在分化阶段，词汇拓展持续进行。听人儿童习得有声语言快到3岁时往往会有一个词汇激增阶段。聋童的手语词汇发展研究非常匮乏，这种现象也并不明显，聋童词汇拓展似乎是持续稳步发生的。

在分化阶段，聋童也更多地谈论非此时此地发生的事件，就像马克讲述一周前他在学校里看到小丑的故事一样，这对聋童如何使用语言具有重要影响。例如，聋童必须预估他的会话对象对谈话的主题知道什么，不知道什么。聋童还必须用正确的语法形式来指称不在此时此地的人物、对象和事件。换言之，除了语法技能外，分化时期还可观察到聋童语用技能的发展（见本书第4章）。当聋童讲故事时，他们的叙述通常还是比较模糊、没有条理，而且大多是关于个人的，以及最近发生的事件。故事中不同时间、不同人物的行动还没有被正确地关联起来，聋童经常把故事的各部分讲述得好像它们是彼此分离似的。在以上所有方面，聋童的手语发展都相似于听人儿童的有声语言习得。

### 3.3.4 接近成人水平

在 5 岁到 9 岁，聋童习得更精细的语言细节，语法和词汇的基本知识现在已经到位了。当然，词汇也在与成人的交流中不断增加。语法方面，如更复杂的动词形式、额外的非手控语法标记，或者带有从句的复句也被习得了。在此阶段，聋童开始学会指拼（见本书第 1 章第 1.4 节），这通常是因为他们开始接受学校教育，学习指拼有利于他们在校识字。在许多欧洲手语中，口部动作起着更为重要的作用；美国手语使用更多指拼词。当然这些差异会影响不同语言成分在特定手语中的习得。

此阶段聋童在叙事技巧上出现重要的发展。随着聋童年龄增长，他们开始正确地使用更多语法成分来完善故事的衔接（见本书第 4 章）。他们学习的重点是如何在故事中引入新的成分，并以恰当的方式回指这些成分。做到这点，聋童主要借助指称性手势词、【指代词】和类标记（见本书第 5 章和第 9 章）。与有声语言一样，聋童手语语用能力的习得，如正确的叙事结构等，需要很长时间，这个习得过程甚至会持续到聋童 9 岁之后。

## 3.4 二语习得

有人将手语作为第二语言来学习，对这些人来说，习得年龄是一个重要因素，这与有声语言情况一样。通常儿童在外语学习方面做得比成人更好，这个发现有助于我们讨论学习者的语言学习**敏感期**问题。本章第 3.2 节提到，过晚初学者想达到接近母语水平的手语肯定会面临困难，但是这完全是因为手语也有学习敏感期吗？对此人们并不清楚。

手语二语习得者的困难主要来自以下几个方面：音系、非手控成分、对空间的语法使用。这些显然都是手语特有的方面，有声语言并没有这些。例如，手语的音系库藏与任何有声语言都截然不同。任何语言都存在语言变异，如同义词、区域变体或特定语域的使用等（见本书第 4 章第 4.7 节），在手语中，这些语言变异通常特别难学。

在二语习得或学习中，学习者的第一语言也发挥一定作用。例如，如果手语语序不同于它周围有声语言的语序，那么二语习得者就很可能在这个语序习得上出现错误。另外，我们也可以将这种因两种语言彼此差异所造成的**语言干扰**看作是一种**中介语**类型，即学习者在获得正确的语言形式之前所经历的阶段。这里所说的中介语是指兼具学习者第一语言和第二语言这两种语言系统特征的语言变体：中介语是这两个系统之间的过渡形式。为了避免语言干扰，所有二语习得者都必须抑制他们的第一语言。有声语言是第一语言的那些手语学习者，必须抑制自己有声语言的使用。因为二语习得者可以一边打手语，一边同时说出单词（见本书第1章的第1.2节和第1.4节），这就与双模态双语现象一样，其结果是他们把手势词和有声语言单词融合在一起使用（见本书第13章第13.5节）。

在学习一门新语言时，同样重要的是它的使用和应用的程度，此处的使用与应用是指与手语母语者的接触和交流。没有一个"聋人国度"可以让人们去访问，以便操练手语。另外，人们与手语母语者的接触经常是零星的。除了与聋人直接接触外，人们获得自然手语输入的机会微乎其微。此外，许多国家没有用手语播出的电视节目（请看英国广播公司的聋人手语节目《见闻！》）。另外仅是有些国家提供手语翻译，把有声语言电视节目翻译成手语。而且目前几乎没有翻译成手语的书面文学DVD产品，一些文学文化形式诸如诗歌、戏剧和电影等在手语中仍然相对匮乏。所以尽管现代技术，如互联网等提供了越来越多手语文化个例（如手语诗歌），但是在聋人社群之外看到或使用手语的机会还是很少。

因此，手语所能达到的最终水平是由语言学习动机、语言学能、语言学习的年龄，以及实际使用语言的机会等这些复杂相关要素决定的，最终水平和习得速度因此也会有很大差异。然而，对于所有学习者来说，他们语言习得几乎遵循同样的顺序，并且与第一语言习得过程相似，尽管他们有时也会面临一些语言模态所特有的挑战。如前文所述，大多数听人学习者遇到困难的方面是正确面部表情的习得、手势空间的使用、动词系统的习得等。在音系方面，研究显示二语学习者就像聋童习得手语一样，较难正确地打出有标记手型。另外，研究者发现二语学习者通常打象似性手势不如打任意性手势准确性高，这可能是因为象似性手势词形式与意义的直接映射妨碍了学习者去关注该词确切的语音结构。

## 3.5 双语发展

在20世纪90年代西方国家引进和应用人工耳蜗植入之前，聋童和成年聋人几乎都是双模态双语者（见本书第14章）。双语现象是依据语言的使用而定义的。在日常生活中使用两种语言的人称为双语者。对聋人来说这两种语言是手语和有声语言（或者只是其书面形式）。聋人也可能使用更多语言，例如，当一个聋人家庭的居住国并不是他们的祖国，他们的家庭语言不是居住国的国家语言时。在许多国家中，自20世纪80年代以来，手语就一直被认为是聋童的母语，他们的第二语言是有声语言的口语或书面语。事实上，这些学习手语的聋童对于双语这件事情并没有选择权。为了能够在听人社会中发挥作用，他们必须学习有声语言，或者至少是其书面形式。在许多西方国家中，现在大部分聋童都接受了人工耳蜗植入。与没有植入人工耳蜗的聋童相比，这个设备可以帮助他们更好地习得有声语言的口语。如果这类父母或聋童选择不去学习手语，那么这样的聋童自然而然地就不会接触聋人社群，最终也不使用手语。这些孩子通常只在有声语言单语环境中长大（见本书第3章第3.5.3节）。

双语发展有不同的实现方式。如果在语言习得的早期阶段（3岁以前）同时输入两种语言，这就是我们所说的**共时双语现象**。聋童也可能是这种情况。然而一人一种语言的策略，即父母每一方各使用一种语言的情况是不太可能的，因为有声语言通常都是以手势符号系统的形式使用。另一种可能的情况是在家里使用一种语言，在家庭之外，如在幼儿园则使用另一种语言。对植入人工耳蜗的聋童来说，情况就可能是这样：在家里他们使用有声语言，而在学校时他们使用手语或有手势辅助的话语。当聋童首先习得手语，而3年后他又习得了有声语言，这种双语现象称为**接序双语现象**（见本书第14章）。

父母是否会为小孩提供手语，这取决于医生对小孩耳聋状态的诊断。如果父母很晚才发现小孩耳聋，即在孩子2岁之后才发现，那么聋童的语言习得就会被延误。这是世界上许多地方经常发生的事情。耳聋诊断年龄的早晚取决于医院提供听力检测的早晚。现在婴儿一出生后就可采用耳声发射进行听力状况检测，耳声发射是测量婴儿对声音所作出的诱发反应。父母越早知道孩子是聋童，他们就能越早作出选择：是否使用手语，是否使用双语，是否进行特殊教育等（见本书第 14 章）。父母的选择似乎受到了该国社会设施和语言政策的严重影响：该国提供聋童家庭咨询吗？聋童父母有经济资助吗？国家语言政策是赞成还是反对使用手语？当前聋校仍然经常被要求去接收那些 3 岁或 4 岁仍不会任何语言的聋童（最低语言技能状态），这些聋童必须从零开始进行语言发展，也就是说，他们要学会注意人的面部，学会与人进行眼神交流，去发现语言交流是有趣、亲密、充满信息和有用的。

本章第 3.2 节讨论过学习手语的儿童群体有很大内部差异。在讨论手语和有声语言这种双模态双语类型的语言发展时，我们可以将这些儿童分为 4 类，接下来简要讨论每一类儿童。

### 3.5.1 父母是聋人的聋童

父母是聋人的聋童，其第一语言的习得遵循正常的语言习得路径，当然条件是确实输入手语，并且手语输入条件像听人有声语言输入条件一样完备。由于手语在很多国家被长期压制，成年聋人日常生活中并不都使用手语，甚至他们在跟自己的小孩交流时也不使用。但是因为一些家庭把手语用作家庭语言，所以在这些家庭中聋童可以把手语作为第一语言来习得。

许多聋童父母很早就给他们的小婴孩提供有声语言和手语两种输入，一直输入，至少持续到他们最终弄清孩子究竟是聋还是非聋。即使发现了自己的孩子耳聋，许多父母仍然为聋童提供有声语言输入。然而是否可以听懂有声语言，聋童之间的差异很大。事实依旧是，聋童只依靠视觉去理解有声语言。聋童从环境中接触大量有声语言，如听人保姆、听人幼儿园护理员、媒体等。这些聋童是在共时双模态双语的情形下长大的，即使他们有声语言习得或许略有滞后。

### 3.5.2 父母是聋人的听童

父母是聋人的听童也接触手语输入。这些听人儿童可以完全无障碍地接触手语和有声语言，因此他们处于理想的双语双模态发展环境中。基本上手语和有声语言是同时平行提供的。研究显示，听人儿童的聋父母确实向听人儿童提供了两种语言，但通常采用融合形式，遵循手语语法（见本书第 13 章第

13.5.1 节），并不使用遵循有声语言语法的手势符号系统（见本书第 1 章第 1.4 节）。当然，有声语言也广泛存在于听人儿童的生活环境中，他接收来自听人亲戚、邻居、幼儿园护理员、媒体等的有声语言输入，所以这些听人儿童也是处于共时双语状态。

### 3.5.3 父母是听人的聋童

大多数，即高达 90%～95% 的聋童父母是听人。这些聋童最初接受有声语言输入，至少在父母发现他们耳聋之前是这样。当然这种有声语言输入对聋童作用很小，因为聋童无法毫无障碍地理解和接收声音模态的语言。聋童剩余听力的情况决定其可以听到多少有声语言。

如果聋童的听人父母不熟悉手语，或者选择不使用手语，聋童有时会用自己发明的独特手势进行交流，就是说，使用本书第 1 章第 1.3 节提到的家庭手势系统。家庭手势是一种非常简单的交流方式，聋人与一小群人（通常是家庭成员）使用自己独创的手势系统。这些手势通常基于特定文化中人们共同使用的手势，但也可以是自己发明的手势。家庭手势通常具有很强的象似性（见本书第 1 章和第 8 章），因为会话对象依靠象似性来构建意义。此外，家庭手势的特点还包括缺少复杂的语法和只使用有限的手型。

如果父母选择去学习手语，那么他们必须上手语课。在上课的过程中，随着父母手语技能的提高，他们对孩子的手语输入将会增加，并变得更丰富。聋童的听人兄弟姐妹通常手语也学得很好。在一些国家，聋童可以上专门为他们开设的特殊教育幼儿园，然后去聋校。同样，他们的第二语言——有声语言也将被提供（见本书第 14 章）。因此，只要他们的学校教育提供这两种模态的语言，父母是听人的聋童在幼年时也可能成为双模态双语者。

### 3.5.4 植入人工耳蜗的聋童

自 20 世纪 90 年代初以来，一些国家的聋童只要符合手术的标准，就可以接受人工耳蜗植入（Cochlear implant，CI）。图 3-8 中的人工耳蜗是一种跨越外耳、中耳和内耳的电子假体。通过外科手术，人工耳蜗的植入体被嵌入到耳蜗里。植入体将声音改变为刺激听觉神经的电子脉冲。有了人工耳蜗，聋童可以听到一般的声音和讲话声，但是他们听到的声音与听人听到的声音还是有很大区别。

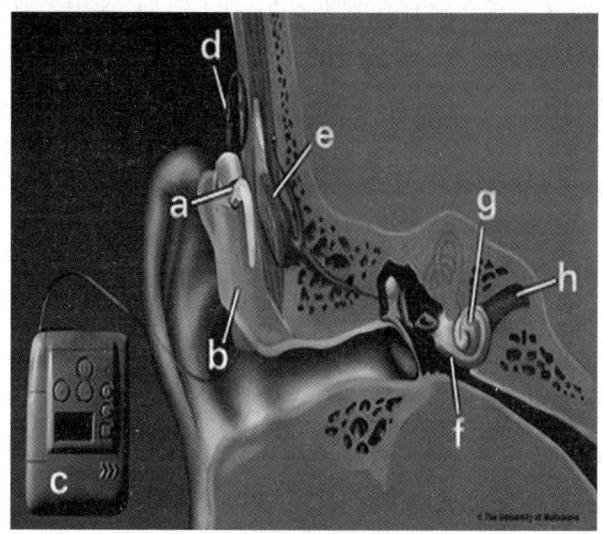

图 3-8　人工耳蜗植入技术

表 3-1 是对人工耳蜗植入技术的概要介绍。阅读该表时，请结合图 3-8。

表 3-1　人工耳蜗植入技术概要介绍

a. 首先，由麦克风来感知一般声音和人类的讲话声。
b. 来自麦克风的声音信息被传送到言语处理器。
c. 言语处理器分析该信息，并将它转换和编码成电信号。
d. 经编码的电信号由导线传输到耳机里的发射线圈。来自发射器线圈的无线电波将编码了的电信号经皮肤传送到植入体内部。
e. 人工耳蜗植入体相关部件开始解码电信号。电信号所包含的信息决定有多少电流将被发送到不同的电极。
f. 适当数量的电流通过导线传输到所选择的电极。
g. 接收刺激的电极在耳蜗内的位置将决定声音的频率或音高。电流的数量大小将决定声音的响度。
h. 一旦耳蜗的神经末梢接收到刺激，信息就沿着听觉神经发送到大脑。大脑听觉中枢把这一刺激理解为有意义的讲话声。

　　人工耳蜗植入帮助许多聋童更好地接触有声语言，它比戴常规助听器更有帮助。因为这些植入人工耳蜗的聋童（以下简称"耳蜗聋童"）能更好地感知有声语言，他们有声语言的接受能力和产出能力都相当好。耳蜗聋童是非常多样化的群体，有些聋童是在单语环境中成长和接受教育的，大多数情况下，这种单语都是有声语言，由其听人父母提供。我们还发现有些手语技能相当不错的聋童也接受了人工耳蜗植入术。一些打手语的聋父母也会选择让他们的聋孩子植入人工耳蜗。这些聋童既有手语输入，又有更好的有声语言输入，他们能够流利地使用这两种语言。

越来越多的聋童在1岁之前就接受人工耳蜗植入，这使他们在语言习得的早期阶段就能够完全或部分地接触有声语言。对所有这些聋童来说，他们父母的选择将决定他们是单语者还是双语者。人工耳蜗植入后，一些父母决定只用有声语言来抚养和教育小孩，事实上，这个建议通常来自医院人工耳蜗植入团队。这些聋童可以融入为听人设置的普通教育系统，也可以进入那些提供单语教育或专门为重听儿童服务的聋校，在那里有声语言既是教学语言，也是目标语言。其他家长仍决定用双语培养和教育孩子，他们所选学校的语言政策将决定聋童究竟接受何种形式的双语教育（见本书第14章）。耳蜗聋童可以变成双语者，这取决于他们父母的选择。

即使植入人工耳蜗，对许多聋童来说，有声语言习得仍是一个很大的挑战。与佩戴传统助听器的聋童相比，耳蜗聋童都达到了更高的有声语言水平。研究表明，聋童越早接受人工耳蜗植入，他学好有声语言的可能性就越大。与听人儿童相比，大多数耳蜗聋童的语言发展略有延迟，但目前仍不知道其是否最终能赶上，有可能发展延迟会增加。当然，并非所有聋童都能够从人工耳蜗植入中获益。还有一些聋童，即使植入人工耳蜗多年，他们的有声语言能力仍然为零或者仍然非常有限。

## 小结

学习手语的聋童像所有孩子一样，依赖充分的**语言输入**。父母是聋人且打手语，对这样的聋童来说，他们来自父母的手语输入是自然的；但对那些父母是听人的聋童来说，他们的父母则必须付出巨大的努力来学习手语，并将手语提供给孩子。环境也是聋童语言输入的重要来源，如幼儿园或日托中心。有些聋人只接触有声语言，而且他们学得相当困难。他们较晚才接触到手语，这类

**过晚初学者**的手语水平通常比较低。聋童手语习得与听人儿童的有声语言习得所经历的阶段基本上是一样的。

在**前语言阶段**（0到1岁），聋童会进行**手势咿呀学语**，并开始通过观察会话对象来发展自己的**注意力获取策略**。父母通过手势词的反复打出和减慢速度来调整手语输入，以适合聋童语言理解水平。在早期语言阶段（1岁到2岁6个月），聋童产生**指称性手势词**。在**单个词阶段**和随后的**双词阶段**，指称范畴迅速增加并且发生**过度扩展**。聋童手语**音系**发展过程中，那些涉及复杂肌肉运动不容易打出的手型会被更简单的手型，即**无标记手型**所替代，运动参数也是如此，这种更换被称为**替代**。另一种类型的**语音简化**是**近端化**，即打手语时借助更加靠近躯干的关节打出手语。在**双词阶段**，聋童把手势词两两结合地打，但他们仍然主要打与**此时此地场景相关**的手语内容。在**分化阶段**（2岁6个月到5岁），聋童已经掌握了一般的交际技能，并开始学习特定语法内容，如非手控成分、手势空间中的定位，以及动词一致关系，聋童此阶段可能出现**过度概括**情况。5岁以后，聋童词汇量仍在扩大，他习得了复杂结构和许多语用技能。

一些听人较晚才开始学习手语，把它作为第二语言。他们习得手语的最终水平取决于年龄、动机和语言学能等因素。年龄起着重要作用，这与我们所讨论的语言习得**敏感期**有关。一些语法的具体方面，如动词的屈折形式和非手控表达，这些对聋童来说仍然很难。在聋童手语习得中，有声语言语法对手语的影响会时而不时地出现，这种情况称为**语言干扰**。受有声语言干扰的手语表达形式会夹杂两种语言的语法特点，这种混合形式被认为是**中介语**。

大多数聋人使用手语和有声语言，这种情况称为**双模态双语现象**。聋童或同时掌握这两种语言（**共时双语现象**），或先后掌握这两种语言（**接序双语现象**）。这些差异深受聋童耳聋诊断年龄和父母态度影响，如是否支持手语。有些聋童很晚才被诊断为耳聋。使用手语和有声语言的双语儿童有4类：父母是聋人的聋童、父母是聋人的听人儿童、父母是听人的聋童，以及植入**人工耳蜗**的聋童。这4类人群使用两种语言的流利程度存在很大差异。

## 自测

1. 早期语言阶段最重要的特征是什么?

2. 父母是聋人的聋童与父母是听人的聋童相比,两者在语言习得条件上最重要的区别是什么?

3. 请解释为什么聋童必须培养交际中的注意力。

4. 请问什么是人工耳蜗?请描述人工耳蜗植入对聋童语言习得状况的影响。

5. 请问在手语和有声语言背景下的中介语的含义是什么?

6. 请问在手语语境中,过晚初学者这个术语是什么意思?这种状况对聋人最终语言水平的影响是什么?

7. 请问什么是近端化?

8. 请问父母是聋人的聋童,他们在接受父母手语输入时,是在什么阶段开始学习动词变形?

9. 请列举父母对聋童进行手语输入的 3 个特点。

10. 请问在聋童语境下,共时双语和接序双语的区别是什么?

11. 请问耳聋的诊断时间对聋童语言习得情况有什么影响?

## 任务

1. 设想聋童的听人父母立即开始学习手语课程,并在与聋童交流时使用手语。但很快聋童被植入了人工耳蜗,父母越来越多地和他们的聋童使用用手势辅助的英语进行表达。那么这个聋童的第一语言是什么?

2. 一个 2 岁到 3 岁的男孩在习得芬兰手语时,他使用了 手型,以代替【妈妈】【男孩】中的 手型、以代替【破碎】中的 手型、以代替【双筒望远镜】中的 手型,请问你把这个音系习得过程称作什么?

3. 图 3-9 南非手语动词【知道】的打法是弯折的 手型,掌心朝下,在头部的一侧做重复运动。图 3-10 南非手语动词【记得】的打法则是一个 手型,掌心朝向一侧,在头部的侧面做反复运动。请问你能预测到聋童将首先学会正确打出【知道】,然后才学会正确打出【记得】吗?请问你的这个预测的依据是什么？

图 3-9　南非手语【知道】

图 3-10　南非手语【记得】

4. 请问你将如何描述一个来自聋人家庭同时接受手语和有声语言输入的听人儿童的语言习得情况？是什么使得当前这种情况，既不同于父母是聋人的聋童的手语习得，也不同于父母是听人的听人儿童的有声语言习得？

5. 请你判断下列手语句子是哪个语言阶段的典型例句，这3个语言阶段的名称依次分别是：早期语言阶段、分化阶段、后期阶段。

> a. 带屈折变化动词的句子；
> b. 带非手控否定表情的句子；
> c. 带【指代词】和指称性手势词的句子；
> d. 带复杂动词词组和非手控表情成分的句子。

6. 请问本章最开头荷兰手语的对话例子中，哪些方面是分化阶段的特征？

## 参考文献和拓展阅读

许多文献描述了语言习得是如何发生的，如 Clark（2009）。最早的关于手语习得的一般性研究包括 Newport, Meier（1985）和 Bonvillian, Folven（1993），两者都是基于美国手语。最近一个全面的关于语言习得的调查研究可参见 Chen Pichler（2012）。Petitto, Marentette（1991）

首先描述了手语中的手势"咿呀学语"现象。手语音系习得方面的研究，关于美国手语的可参考 Bonvillian, Siedlecki（2000）和 Conlin 等（2000），关于英国手语音系习得的可参考 Morgan, Barrett-Jones, Stoneham（2007），关于巴西手语音系习得的可参考 Karnopp（2002）。Boyes Braem（1990）和 Meier（2000）研究了运动神经和肌肉的发展对手语音系发展的影响。

至于手语的形态和句法习得，Schick（1990）调查了类标记习得，Meier（2002）概述了动词一致关系的习得，Chen Pichler（2008）报告了手语语序习得，Lillo-Martin, Chen Pichler（2006）综述了手语句法方面的习得，Reilly（2006）综述了非手控标记的习得，Folven, Bonvillian（1991）介绍了聋童最早的（指称性）手势词的使用。关于手语词汇发展的概述可参考 Anderson（2006）。语用技能的习得研究可参考 Morgan（2006）和 Baker, Van den Bogaerde（2006）。Richmond-Welty, Siple（1999）和 Van den Bogaerde（2000）研究了视觉注意在手语沟通中的作用。

聋童语言习得研究的方法论问题可参考 Baker, van den Bogaerde, Woll（2005），以及更近一些的 Lieberman, Mayberry（2015）的研究。Spencer, Marschark（2006），Schick, Marschark, Spencer（2006）从偏重教育的视角，述评了手语习得的各个方面。Markchark, Tang, Knoors（2014）重点讨论了双语现象的作用。

本章没有讨论发展中的语言障碍。事实上这类手语语言障碍的研究尚处于起步阶段，但有关手语语言障碍的症状信息（如特殊语言障碍、自闭症）和测评信息，感兴趣的读者可参考 Woll（2012a）的概述研究，以及 Quinto Pozos（2014）主编的书的相关章节。

Mayberry（1993）最先研究过晚初学者和习得年龄的影响，随后出现了许多研究［如 Boudreaault, Mayberry（2006）］。手语作为第二语言的习得研究非常有限。音系习得方面，可参见 Rosen（2004），Chen Pichler（2011）和 Ortega（2013）。手语作为第二语言的最新述评可参阅 Woll（2012b）和 Chen Pichler, Koulidobrova（2015）。Emmorey 等（2008）和 Bishop, Hicks（2009）研究了成人的双模态双语现象。聋童的双模态双语研究可参阅 Baker, Van den Bogaerde (2014), Chen Pichler, Lee, Lillo-Martin (2014)。DeQuords 等（2015）讨论了如何研究双模态双语现象。Walker, Tomblin (2014) 最近综述了接受人工耳蜗植入后聋童交际方式对其语言发展的影响。

  聋童和他的母亲用荷兰手语对话的例子取自阿姆斯特丹历时数据库 [Van den Bogaerde (2000)]；人工耳蜗植入相关图片来自网站 www.bionicear.org/mhg/cichowcochlearim.swork.html，该网站也提供了关于人工耳蜗设备的更多说明与问题解答；芬兰手语的例子取自 Takkinnen (1994)；南非手语的例子来自南非国家聋人词典研究所（2001）。

# 第4章 沟通与会话

安·贝克和贝皮·范登博哈尔德

## 4.1 引言

谈话是世界上最自然的事情,但如果你不遵守会话原则,你就会被误解。在手语交谈中,你也必须遵守某些(隐含的)会话规则,以确保你的会话对象可以理解你。语言和非语言信息对理解话语都很重要。

本章我们将讨论这些规则——许多规则与有声语言使用的规则相同,而有些规则却明显不同。第4.2节讨论手语者为更好地相互理解而使用的会话原则。第4.3节讨论手语者如何在手语对话中进行话论轮换。连贯在任何对话中都非常重要,它也是第4.4节的重点。话语是由许多不同的意图所驱动的,不同的意图会导致不同的言语行为。第4.5节的主题就是手语如何实现这些意图及言语行为的表达。第4.6节讨论有定性、信息结构和角色转换,这些因素可能影响语言信息在会话中的组织结构。理想情况下,说话者的话语风格既与说话语境相符合,也与会话对象相符合,也就是说,它是语用适当的。当然,手语会话中也存在粗鲁或不礼貌的行为,就像在有声语言中一样。第4.7节讨论语用适当问题。本章中的许多例子都来自荷兰手语,但我们讨论的大多数(如果不是全部的话)会话原则,也肯定适用于其他手语。

## 4.2 会话中的合作

让我们先来看看例 4-1 中 4 位女性聋人朋友之间用英国手语对话的片段。塔尼娅（Tanya，TA），特里斯（Trish，TR），南希（Nancy，NA）和弗朗西丝（Frances，F）正在谈论她们以前的高中老师。为方便阅读，我们首先提供翻译，然后是转写。转写是以一种记音板式的总谱转写法给出，所有会话参与者话语交叠的部分在记音板上清晰可见（请注意，例 4-1 的转写规则与附录一列出的规则略有不同，如此处用【你】替代了【指代词₂】）。

### 例 4-1  4 位女性之间的英国手语会话

汉语译文：

塔尼娅（TA）：那很有趣，数学，你知道的。

南　希（N）：你也看出来了！真奇怪。他很聪明，但也很邋遢。他的打扮会让你想知道为什么……

特里斯（TR）：我也发现了。我以前遇到过一位类似的艺术老师。对，非常像，穿着奇怪的衣服。这是你所谓的艺术家。人奇怪，穿戴也奇怪。

弗朗西丝（F）：就像你一样奇怪，特里斯。

塔尼娅（TA）：是的，这就是你奇怪的原因。

弗朗西丝（F）：你去了艺术学校，不是吗，特里斯？

特里斯（TR）：是的，我学过艺术，但我后来不学了。

弗朗西丝（F）：＜评论话语不是很清楚＞

特里斯（TR）：并不是这样，但他是聋人。嘿，这就是重点，他是聋人。只有听人老师才很奇怪。

塔尼娅（TA）：是的，你是对的，这是真的。我有一位艺术老师＝

特里斯（TR）：＝留着可怕的莫西干发型

塔尼娅（TA）：是的，他留着莫西干发型，嘴唇上留着手柄一样的小胡子。他一头长发，穿着白色衣服［……］。我不知道。艺术教师有一些不同之处。一定是因为他们热爱艺术。他们很奇怪。

**汉语转写：**

| TA | 【有趣的　　数学　你–看】 |
|---|---|
| TR | 【哇，现在看出了　有趣的----------】 |
| N | 【　　　　你–看 它是–奇怪 他 聪明 但是 邋遢】 |
| F | |

| TA | |
|---|---|
| TR | 【　嘿　嘿--------- 我–也是　　艺术老师　相似的】 |
| N | 【使　你 好奇 为什么】 |
| F | 【　多少-------- 什么】 |

| TA | |
|---|---|
| TR | 【相似的---　是的–但是 相似的--　　哦–是的 相似的 奇怪的衣服】 |
| N | 【有（×××）衣服　　艺术　他们的　方式　那】 |
| F | |

| TA | 【　　是–正确 我 同意　你　怎么样　你？】 |
|---|---|
| TR | 【艺术　　奇怪的--------- 　　衣饰】 |
| N | 【　　　　　　　　　　奇怪的　"大笑"----】 |
| F | 【　　　　　　　　　一样的 你　奇怪的】 |

| TA | 【这是–为什么 奇怪的】 |
|---|---|
| TR | 【　　　我------- 退出它---- 我 艺术---】 |
| N | 【---------> 】 |
| F | 【　　　你 以前 你　艺术　学校 你----意思】 |

续表

| | | 汉语转写： | | | | | | |
|---|---|---|---|---|---|---|---|---|
| TA | 【 | | | 啊 | | 确实 -------- | | 】 |
| TR | 【 | "摇头" | 不 – 真的 | 但是 | 聋人 | 嘿！ | 聋人 | 只 】 |
| N | 【 | "摇头" 】 | | | | | | |
| F | 【(×××)】 | | | | | | | |

| | | | | | | | |
|---|---|---|---|---|---|---|---|
| TA | 【 | 你是 – 对的 | 确实 | | 就是这样 | 我 | 老师 艺术 】 |
| TR | 【听人 | 只是 | | 听人 | 奇怪的 | 就是这样 | 可怕的 】 |
| N | 【 | "确信地点头" 】 | | | | | |
| F | | | | | | | |

| | | | | | | | |
|---|---|---|---|---|---|---|---|
| TA | 【 | 老师 | 莫西干 | 手柄 – 条 – 胡子 | 长 – 头发 | 白色 】 | |
| TR | 【莫西干】 | | | | | | |
| N | | | | | | | |
| F | | | | | | | |

| | |
|---|---|
| TA | 【衣服 […… ]我 – 不知道 不同的 他们的 方式 相关 艺术 爱 奇怪的】 |
| TR | |
| N | |
| F | |

以上转写显示了4位手语者如何构建整个对话。她们的话轮不是很长。我们可以看出她们不说谎，也不故意提供错的信息，此外，她们给出问题的相关答案，换句话说，遵循了对话的**合作原则**。在这一原则下，她们遵守**数量准**

则、**质量准则**和**相关准则**。为了遵守这些准则，手语者需要提供足够的信息、讲实话、向会话对象传达重要的信息。

现在我们看一下例 4-2，在这段很短的对话中，玛丽的回答似乎与杰克的问题不符。他问她是否会参加派对，但在她的回答中，她甚至没有提到这个派对。乍一看，她的回答似乎毫不相关。

▎**例 4-2　荷兰手语对话**

杰克：【今晚　派对，指代词₂　出现/跟着来？】
　　　'你今晚参加这个派对吗？'

玛丽：【明天　考试。】
　　　'明天我有一个考试。'

但仔细看我们发现情况并非如此。玛丽话中暗示她必须为她的考试复习，这使得她无法去参加聚会。虽然她并没有直接回答杰克的问题，但杰克可以毫不费力地将她的答案解释为"不"，即他从玛丽的话语中得出**会话含义**。我们接下来看一下例 4-3 是什么情况。

▎**例 4-3　荷兰手语对话**

杰克：【明天　威廉　指代词₁　表演。罗密欧。】
　　　'明天威廉和我有表演，罗密欧。'

　　　　　　　　特殊疑问
　　　　　　―――――――――
玛丽：【罗密欧　表演　谁？】
　　　'谁扮演罗密欧？'

玛丽为什么要问这个问题？因为杰克还没有说清楚究竟谁饰演罗密欧。当然，他应该在第二个小句中重复打一下手语名【威廉】，或重复打一下第一人称代词【指代词₁】来澄清是谁演。鉴于他没有提供足够的信息来使他的话语易懂，所以杰克此处没有遵守数量准则。

例 4-4 包含对会话环境中在场人物的指称。因此，【指代词_女孩】的使用在这里是直指性的。只有当会话对象也看到所指的、在场的这个女孩，此用法才是遵守了数量准则。第一人称和第二人称的所指，即打手语者和手语会话对象是清晰的，但被指称的女孩必须让会话对象看到。

**例 4-4　荷兰手语对话**

　　　　　　　　　　　<u>　　是非疑问　　</u>
杰克：【指代词_女孩_　咖啡　喝，指代词₂　也？】
　　　'她打算去喝咖啡，你也去吗？'
玛丽：【很好，指代词₁　口渴。】
　　　'好，我渴了。'

正如在有声语言中一样，遵守合作原则很有必要，这可以确保手语会话的顺畅进行。

## 4.3　话论转换

　　例 4-1 英国手语会话的转写显示了 4 个朋友手语交叠的情况，有时甚至是 3 个人同时打手语。这可能一开始看起来相当混乱，但会话者们自己似乎并不这样认为。因此说话者（或手语者）可否同时说话（或打手语），这在不同的文化，也即语言中，情况是不一样的。例如，在斯堪的纳维亚，会话中不太允许出现多人**话语交叠**的情况；在英国，会话时的交叠说话是可以接受的；在西班牙，更多的话语交叠是允许的。非正式场合的话语交叠比正式场合的多（见本书第 12 章第 12.4 节）。

　　在例 4-1 的会话中，参与者的角色非常复杂，她们一起构建了会话。话语交叠从最小的评论性语言（如【确实】或点头），到重复自己的手势词（如【相似的】），再到由其他人打出的手势词（如【奇怪的】）。话语交叠有时也是承接补充别人的话语。例如，南希问为什么数学老师很奇怪，特里斯同时补充说她过去也有一位奇怪的艺术老师。后来，弗朗西丝问特里斯她是否去艺术学校，而特里斯几乎同时回复说她去了但退学了。所有这些话语交叠都与会话的话题紧密相关，只有所有参与者都遵守合作原则，会话才能取得成功。

　　尽管存在话语交叠，但手语者就像说话者一样，他们在会话中是轮流讲话的。为了有效地进行**话论转换**，会话者有必要引起会话对象的注意。有时手语者在话论轮换时会明确要求关注，以确保会话对象能够看到他们将要表达的内容。在所有手语中，轻拍另一个人手臂或肩膀，而不是其他地方，去唤起对方注意是很普遍的。这些轻拍都应该像图 4-1a 一样，须轻柔地进行。当然，每种文化的规约有可能不同。在图 4-1b 中，手语者挥动她的手，来吸引坐在她前方的会话者的注意力。另一种注意力策略是在会话对象的视野中清晰地打出手语，但不要过于接近，因为这是不礼貌的。

 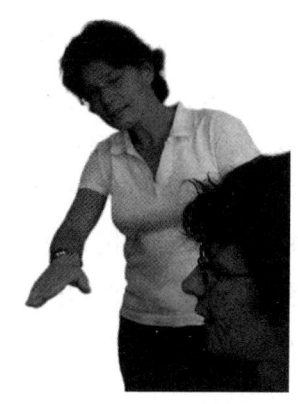

a. 轻拍肩膀　　　　　　　　　　　　b. 挥手

**图 4-1　荷兰手语中的注意力获取策略**

吸引注意力的其他方法有敲桌子，或用力踩踏地板（如果地板或桌子可以传递振动的话，混凝土地板是不起作用的），打开和关闭灯光是唤起注意的另一个方法。这些都是非常明示的、吸引注意力的方法，可是打手语者通常会更加含蓄。他们一般会等待来自会话对象的信号，即对方允许话轮转换。手语者可以用不同方法表示他允许话论转换，如放下双手、改变打手语的速度，以及通过头部倾斜和目光接触。这些用于话轮转换的信号称为**话轮调控机制**。

许多有声语言研究发现，说话者通常在说话开始时（或刚好在说话之前）目光远离听话者，并在说话快结束时目光返回听话者身上。听话者对说话者的关注远远大于说话者对听话者的关注。有趣的是，在菲律宾成年聋人之间的菲律宾手语会话中，我们观察到了类似的模式：手语者在话轮开始时目光远离会话对象，然后又重新建立目光接触以标记此话轮的结束。会话对象或多或少持续地关注着手语者，因为他/她必须要看到对方所打的手语。然而，两个会话者在手语沟通中难免会错过看对方。在混合对话中，即听人和聋人之间的对话，其中还有手语译员在场，在每次话轮最开始，听人会话者经常忘记去核实聋人会话者的目光，他们经常不等聋人看向手语译员就开始说话。这种疏忽很容易导致沟通问题。

至于目光注视在话论转换中的作用，有多少人参与手语会话也是很重要的决定因素。例如，就目光注视而言，手语对话与课堂互动的目光注视完全不同，这是合乎逻辑的。显然，对话中个体的目光注视与课堂互动时群体的目光注视操作是不同的。当教师在课堂上用手语提出一个问题时，根据教师目光注视所锁定的人，我们就很清楚是哪位学生被要求回答问题。如果教师的目光并不是注视某个人，而是不停地、有节奏地环顾所有学生，这意味他并不是提问某个人，因此所有学生都有机会回答问题。

我们对不同手语之间的话论转换差异知之甚少。一位英国聋人女士曾经说她很难与美国聋人交谈，因为对方的话轮转换模式对她来说太快了。一名瑞典聋人女士也描述了她在荷兰时的相同的经历。这些虽然只是个人轶事，但是它们暗示在话轮转换方面，不同手语可能存在差异。我们需要更多的研究来验证这一假设。

## 4.4 连贯

例 4-1 是 4 个朋友之间的会话，我们可看到她们都对"学校教师"这个基本主题进行了讨论。当她们谈论特里斯以前的艺术培训经历时是一个小小的例外，但即便如此，这也与艺术教师的基本主题相吻合。根据相关准则，所有的话语都应形成一个连贯的整体。**连贯**是手语和有声语言会话的基本要素，它要求文本语言内容的各个部分有关联，而这必然与非语言语境有关。

为了实现连贯，手语中的话语也需要彼此相关。在手语中，连接话语的言语方式与有声语言使用的方式非常不同。请看例 4-5 中的简短对话。

▎例 4-5　荷兰手语对话

　a.【新的 邻居　有　指代词$_1$。昨天　看见。】
　　'我有了新的邻居。我昨天看到他们了。'
　b.【男人　指代词$_{3a}$　女人　指代词$_{3b}$　大学　阿姆斯特丹　工作。】
　　'那个男人和那个女人在阿姆斯特丹大学工作。'
　c.【指代词$_{3a}$　哲学　教　指代词$_{3b}$　生物。】
　　'他教哲学，她教生物。'

例 4–5 中 c 句回指了 b 句中的男人和女人。回指是通过【指代词】建立起来的。使用像【指代词】这样的语言形式来连接上下文句子称为衔接。在例 4–5c 句中，手语者利用手势空间中两个不同的位置表示在会话语境中不在场的两个人，这两个位置标记为"3a"和"3b"（见本书第 1 章第 1.2 节）。这些抽象的位置是用来表明手语者在讨论谁。这些位置已在前一句，即例 4–5b 句中指定好了。通过这种方式，手语者可以在不重复手语名词【男人】和【女人】的情况下进行指称。使用**抽象位置**来建立所指关系，这相当于有声语言中回指代词的使用。这是一种在文本中建立衔接的方法（见第 6 章第 6.9 节）。

在例 4–5a 的第二句话中，令人惊讶的是，没有明确的手势词来指代此句的主语，即手语者本人。在许多手语中，如果上下文清楚地表明谁正在执行着动作，【指代词】可以省略。在此句中，句子主语是清晰可知的，因为在前一句中已经提到过主语。同样，在例 4–5c 句中，动词【教】并未重复，因为上下文清楚地表明这个动作是什么。手语中经常使用这类**省略**形式，它有助于全句的衔接。此外，手语句子可以借助某些句法结构（如时间或原因从句）而彼此连接起来。这种嵌入法也可构成衔接，我们将在本书第 7 章进一步讨论。

## 4.5　言语行为

当我们观察在语言使用中决定形式和意义的语用因素时，我们可以区分出两个层面：一个层面是话语的语言形式，另一层面是交际意图。本章第 4.2 节提到在例 4–2 中，玛丽的答案不仅提供了她第二天参加考试的明确信息，还包括隐含的信息——学习使她无法参加聚会。这种交际意图被称为**言语行为**。虽然该术语含有"言语"两字，但这个语言学术语也适用于手语。话语的字面形式称为**以言述事**（发话），话语的交际意图，称为**以言行事**（示意）。字面意思和交际意图两者结合在一起，共同决定了话语的意义。

就像有声语言一样，手语也区分**直接言语行为**和**间接言语行为**。例 4–2 中玛丽的回答就是间接言语行为的例子，因为回答中的以言述事和以言行事是不同的。另一种可能是，玛丽的以言行事可以像例 4–6 那样处理。在该句中，以言述事和以言行事是相同的，所以我们此时处理的正是一个直接言语行为。

▎例 4-6　荷兰手语

　　玛丽:【不行，明天　考试　指代词₁，学习　必须。】
　　　　 '我不能（去），明天我有考试，我必须复习。'

例 4-7 是另一个直接言语行为的例子。

例 4-7 中言语行为以言行事的意图立刻变得清晰而明确（手语者正在作出承诺），因为该句使用了动词【承诺】。这类动词（如英语中的 inform, promise, warn, ask "告知、承诺、警告、请求"）可以明确表示出话语以言行事的语力，它们是**施为动词**。

▎例 4-7　荷兰手语

　　杰克:【承诺，明天　书　带来　指代词₁。】
　　　　 '我保证明天把书带来。'

然而，大多数话语并不包含施为动词，因此它们是间接言语行为，如例 4-8 就是这种情况。会话对象可能会将这句话理解为承诺，即使它并不明确。

▎例 4-8　荷兰手语

　　杰克:【明天　书　带　指代词₁。】
　　　　 '明天我会把书带来。'

句子的形式可以帮助听话人理解话语的言外之意（即说话人的意图是以言行事）。在手语中，句子的类型，如陈述、疑问或祈使，主要通过特定的非手控标记来表示，如面部表情（见本书第 1 章第 1.2 节和第 6 章第 6.7 节）。一般来说，有声语言中的间接请求借助是非疑问的形式来表达，如"你能把盐递给我吗？"。显然，这并非真的是非疑问，因为如果仅回答"能"而没有采取进一步行动，会被认为是不恰当或令人尴尬的。这类是非疑问其实是一个请求。荷兰手语间接言语行为形式的首项描述性研究表明手语也采用类似的言语策略。

在荷兰手语和其他几种手语中，真正的是非疑问句须伴随以下面部表情和头部运动：①眉毛上扬，以及②头部向前倾斜（见本书第 6 章第 6.7 节）。这些非手控的表情体态标记的确伴随着例 4-9a 中的是非疑问句。但是，在间接引语，如在例 4-9b 中，非手控的表情体态是拉低下巴，而不是头部向前倾斜。所以我们对例 4-9b 中的非手控标记的释义是"ir"（indirect request，间接要求）。此外，荷兰手语还常用一个"通用表示要求的词"（释义为【要求】）。使用【要求】这个词，人们可以把用于间接要求的是非疑问句，与真正的是非疑问句清晰而明确地区分开来。

**例 4-9　荷兰手语**

　　　　　　＿＿＿＿＿＿＿＿＿＿是非疑问

a.【指代词₂　校　去　指代词₂？】

　'你要去学校吗？'

　　　　　　＿＿＿＿＿＿＿＿＿＿＿＿＿＿＿＿＿＿＿＿＿＿间接要求

b.【指代词₂　要求　能　指代词₁　孩子　指代词₂　足球　带？】

　'你能带我的孩子去踢足球吗？'

　　一门语言的形式与意义究竟如何互相关联，我们都应仔细描述，无论它是有声语言还是手语，因为除了因语言而异的语言学特征外，文化和社会因素对言语行为的表达和理解也起着至关重要的作用。

## 4.6　组织话语语篇

　　语言最主要的作用是用于人与人之间的信息交流，因此会话是一个连续的信息流。然而，对相应的听话人来说，所交流的信息可以是旧的（已知的）或新的，该信息在话语中有固定的位置和标记，这样可使信息交流组织起来更加有序。为了强调话语中的信息，有声语言通常使用语调，有时也用其他语法手段。手语的情况与话语完全一样，它的非手控标记常用来完成有声语言的语调功能（见本书第 11 章第 11.10 节）。下文我们将讨论组织手语话语语篇时至关重要的三个语法现象：冠词和代词的使用、信息结构和角色转换。

### 4.6.1　冠词与代词的使用

　　以英语为例，为了区分英语中的新旧信息，选择定冠词（the）还是不定冠词（a/an）是很重要的。除了其他语法功能，冠词（定冠词或不定冠词）的功能之一是说明它所伴随的名词是否为听话人已知内容。例 4-10a 中介绍的那对夫妇是未知的内容，因此句子使用不定冠词。然而，在例 4-10b 中，因为例 4-10a 已经提到了这对夫妇——隐含男人和女人的意义，所以在例 4-10b 句再提到这一旧信息时,必须使用定冠词。例 4-10c 中的句子并非真的不符合语法,但在这个语境下它是语用不恰当的句子。

### ▌例 4-10　英语

a. I saw a couple sitting on a bench.
　我　看见　一对夫妇　在沙发上坐着。

b. The woman was obviously angry with the man.
　那个　女人　显然　正和那个男人　发脾气。

c.* A woman was obviously angry with a man.
　*女人　很明显　在和男人发脾气。

目前,我们对手语中的定冠词知之甚少。在美国手语中,有人认为名词前面的【指代词】就是一个定冠词;但在其他手语中,与名词结合的【指代词】并不一定表示肯定或特指。如在例 4-11a 中的荷兰手语句子中,名词短语【男人　德国的】的后面紧跟着一个【指代词】,该【指代词】把所指与手势空间中的一个抽象位置相关联。但是该名词短语并不是有定成分,因为在此句中它是新信息。

### ▌例 4-11　荷兰手语

a.【男人　德国的　指代词$_{3a}$　大学　工作。】
　'一个德国男人在大学工作。'

b.【指代词$_{3a}$　想要　同事　指代词$_{3b}$　伦敦　$_{3a}$拜访$_{3b}$。】
　'他想要拜访一位在伦敦的同事。'

尽管如此,在之后的讨论中我们还会使用指向该位置的【指代词】,并将它理解为旧信息,就像我们在本书第 1 章第 1.4 节和上面例 4-5 的 a ~ c 所讨论的一样。至关重要的是,又一次指向同一位置的指称,暗示着它是指称前文已经提到的人或物。因此,例 4-11b 中【指代词$_{3a}$】指称那个德国男人,它此时是已知的所指(即旧信息)。然而,请注意,例 4-11b 中引入了另一个新的所指对象,即一位同事,该所指也是用一个【指代词】进行空间定位。

在例 4-11b 中,【指代词$_{3a}$】用作代词,从定义上看,它是人称代词,传递一个已知信息。就指称形式而言,不同手语有不同形式的**回指**。例如,手语者可以将他们的目光注视导向到某个位置,或者可以将他们的身体向该位置倾斜。这些形式也可以用于**直指**,即所指对象就在当前的会话场所里(见本书第

6 章第 6.9 节 )。

### 4.6.2 信息结构

一个成分的信息地位（旧与新）及它在构建句子和语篇时所起的作用，称为"**信息结构**"。这里涉及的重要术语是传递新信息的**焦点**和表达旧信息的**话题**。在许多有声语言中，焦点成分在句子中占据更突出的位置，通常放在句子末尾位置，而话题通常放在句子开头。焦点和话题也是手语中的重要概念，它们通常由专门的语法策略来标记，如用非手控标记、手控标记，或者两种标记兼用。不同手语可能在使用不同标记的倾向上有所不同，例如，与俄罗斯手语相比，人们发现荷兰手语在标记焦点时使用更多的非手控标记。

我们首先简要讨论一下话题。在手语语言中，话题是由语序来标记的，被话题化的成分放在句子开头位置，并伴有非手控的表情体态标记。这两个特征均由例 4-12a 中的芬兰手语句子来说明，例句中话题成分由扬起的眉毛（"扬眉"）这一非手控特征来标记。我们必须假定【夜总会】是旧的 / 双方已知的信息，也就是说，它已经在前文提到过，或在话语语境中存在（可见）。在例 4-12b 的俄罗斯手语句子中主语被话题化，并且伴有扬眉和头部稍微向后倾斜（"头略后仰"）的表情标记。请注意在此话题之后，又紧跟着一个回指话题的【指代词】。同理，前文提及过的所指【猫】是话题。本书第 6 章第 6.6 节将进一步讨论话题。

**▌例 4-12　芬兰手语 a 和俄罗斯手语 b**

　　　　　　　　扬眉
　　　　──────────
a.【夜总会　指代词 $_{3a}$，指代词 $_1$　工作　门卫。】
　'那个夜总会，我在那当门卫。'

　　扬眉 + 头略后仰
b.【指代词 $_{3a}$　猫，指代词 $_{3a}$　想。】
　'那只猫在思考。'

焦点也可以用不同的方式来标记。对特殊疑问句的回答始终是焦点成分，因为它们总是构成新的信息，这种焦点称为信息焦点。在例 4-13a 美国手语句子中，我们看到了对疑问句"约翰喜欢什么样的水果"的回答。本句中，名词【香蕉】是新信息，因此是句子焦点，它在句子主语【约翰】之前——也就是说，与例 4-12 一样，信息结构对句子语序有影响。有趣的是，【香蕉】前面还有一个话题成分【水果】，因为【水果】在之前的疑问句中已被提及，所以它是旧信息。

### 例 4-13　美国手语

话题　　焦点　　　　　焦点
a.【水果 / 香蕉 / 约翰 喜欢 更。】
  '至于水果，约翰最喜欢香蕉。'

　　　　　　　扬眉
b.【我　不喜欢　什么，李　属格　领带。】
  '我不喜欢的是李的领带。'

另外一种标记焦点的句法手段是采用"**特殊疑问词—分裂**"结构，如例 4-13b 所示。这个美国手语例句的焦点成分是【李　属格　领带】（李的领带），所以它应是对"你不喜欢什么"这一疑问的回答。请注意，句子的第一部分包含特殊疑问词【什么】，并伴随扬眉的表情（见本书第 7 章第 7.3.2 节）。"我不喜欢"的宾语"李的领带"被"特殊疑问词—分裂"结构分隔开了，使后者构成句子的焦点。

荷兰手语与其他一些手语一样，我们在讨论话题时已经提到扬眉可以伴随话题出现。另外，可以使用身体倾斜，即相对于话语间其他身体姿势，躯干、肩膀或头部所作出的向后/向前/向一侧的这些或微小或夸张的运动。在美国手语和荷兰手语中，向前的身体倾斜是一个强调新信息的策略，用于回答疑问句。例 4-14 中的荷兰手语句子是疑问句"谁把纸拿走了"的答句。我们可以看到答句中新信息的打出伴随着身体前倾的动作（"前倾 – 身体倾斜"）。

### 例 4-14　荷兰手语

　　　　　　　　前倾 – 身体倾斜
【保姆<sub>类标记</sub>　指代词 $_{3a}$，自己　指代词 $_{3a}$。】
'是保姆（拿走了纸）。'

身体倾斜也用于标记另一种类型的焦点，即一些手语中的对比焦点。在例 4-15 俄罗斯手语句子中，男人和他的行为，以及女人和她的行为，两者之间构成了对比。对比是通过两个不同朝向的身体倾斜来标记的，如图 4-2 所示。

▎例 4-15　俄罗斯手语

　　　　　　　　　身体倾斜 – 向左　　　　　　　　　　身体倾斜 – 向右
【男人　是［类标记 – 坐　类标记 – 马.骑上］。女人［自行车　类标记 – 骑上.自行车］。】
'那个男人骑马,那个女人骑车。'

图 4-2　俄罗斯手语身体倾斜表示不同的人

在例 4-16 荷兰手语句子中,两个方面之间的对比也是通过向左和向右的身体倾斜来标记。然而,这种对比包含了对所述内容的更正。手语者甲说出一个假设,然后手语者乙纠正这个假设。他重复了甲的话语成分【朋友】,但用非手控标记"否定"来否定它。此外,他将这个成分定位到他身体左侧,然后将新的正确的成分【兄弟】定位在他身体的右侧(并伴有头部前倾的动作)。在手势空间相对的位置进行定位,再伴以相应的身体倾斜,这可以构建出两个成分的清晰对比。

▎例 4-16　荷兰手语

手语者甲:(语境):
　　　'我以为你的朋友正在学美国手语。'

　　　　　　身体倾斜 – 向左　　　　　　　　身体倾斜 – 向右
　　　　　　　否定　　　　　　　　　　　　　头部前倾
手语者乙:【不　朋友　指代词$_{3a(左)}$,　兄弟　指代词$_{3b(右)}$,自己　指代词$_{3b}$。】
　　　'不,不是我的朋友,是我的兄弟(正学习美国手语)。'

此外,身体倾斜也可以伴随肯定和否定的回答。通常,身体向前倾斜伴随一个肯定的答话,而身体向后倾斜伴随一个否定的答话。另外,使用身体倾斜意味着对比。在例 4-17 的荷兰手语简短对话中,我们可以看到肯定事实和否定事实这两种情况下，乙如何反驳甲所说的内容。在例 4-17a 中，手语者乙通过身体向前倾斜表示肯定回答；在例 4-17b 中，乙用身体向后倾斜表示否定回答。我们用汉语翻译出荷兰手语者所打的话语，用斜体字表示手语者身体倾斜的真实情况。

▋**例 4-17　荷兰手语**

  a. 肯定回答　　　　　　　　　　　　　　　　*身体倾斜*

   甲：我不相信你的兄弟正在学习美国手语。

   乙：是的，我的兄弟正在学习美国手语。　　　*身体向前倾斜*

  b. 否定回答

   甲：你的邻居卖掉了他的车。

   乙：不，他没有卖他的车。　　　　　　　　　*身体向后倾斜*

然而，根据其会话对象（甲）的身体倾斜情况，会话和身体倾斜之间的匹配也可以是正好相反的情况，如例 4-18 所示。

▋**例 4-18　荷兰手语**

  甲：所以——你的兄弟学了美国手语。　　*身体向后倾斜*

  乙：不，我的兄弟没有学习美国手语。　　*身体向前倾斜*

因此，手语者身体的倾斜方向不能仅解释为向前 = 肯定，向后 = 否定。看上去实情是：答话手语者的倾斜行为与之前提问的手语者的行为密切相关，且形成对比，即答话者身体倾斜的方向——无论向前或向后——都与先前提问的手语者的相反。显然，我们需要从语用学的角度来解释荷兰手语中的身体倾斜。

### 4.6.3　角色转换

许多手语都具有一种特别的传达信息的形式，它使会话得以成形。这种形式就是**角色转换**，也称角色扮演、视角转换或故事重现。在角色转换中，手语者可以扮演故事中的主角，通过改变身体姿势（通常只是含蓄和微妙地改变）来表示**身份变换**，通常他的面部表情也可变为这个主角的表情，此时手语者是从故事主角的视角来说话或表达思想。在有声语言中，这通常是借助直接引语来实现，正如例 4-19 的英语句子所示，句中玛丽直接汇报了她兄弟的话语。在例 4-20 的荷兰手语句子中，手语者采用了角色转换：从手语【也】开始，它标志着引用其他角色原话的开始，手语者将上半身略微转向位置 3a，并（非必需）模仿她兄弟的面部表情（标注为"面部表情"——它可能是一种愠怒表情）（见本书第 7 章第 7.2.2 节）。

▎例 4-19　英语

Marie：My little brother said："Me too, I want to get on the swing."

玛丽：（句意为"玛丽：我的小弟弟说：'我也是，我也想荡秋千。'"）

▎例 4-20　荷兰手语

　　　　　　　　　　身体略低 -3a+ 模仿弟弟的面部表情

玛丽：【弟弟　指代词 3a　说　也　　　秋千　　　想。】

但是角色转换不仅仅用于表达直接引语。在角色转换中，手语者也可以从她正在谈论的某个人物出发，采用该人物的**视角**，现场模拟这个人物的事件和动作，也就是说，这时的角色转换是一种"故事重现"。请看图 4-3 中的视频截图。在用约旦手语（手语名称的缩略语是 LIU）复述有关傻大猫和崔弟鸟的漫画故事时，手语者转动她的身体，以表示猫和鸟是怎样通过双筒望远镜看着对方。在图 4-3a 中，手语者采用了傻大猫的视角，在图 4-3b 中她使用了崔弟鸟的视角。

a. 傻大猫的视角

b. 崔弟鸟的视角

图 4-3　约旦手语中的**角色转换**

在同一个故事中，手语者还通过扮演崔弟鸟的角色，来表现崔弟鸟被追的场景。通过面部表情（向后看，受到惊吓）和有修饰性变化的手势词（如【飞行 - 很 - 快速】），她讲述了崔弟鸟所经历情景，也就是说她自己变成了崔弟鸟。当然，熟练的有声语言讲故事者通常也使用这些类似的策略，例如，用面部表情、身体动作和语调的变化等来描述某个角色的话语或冒险经历。

## 4.7 语用适当

就像在有声语言中一样，手语也有**正式**和**非正式**之分。所使用语言是否**语用适当**不仅取决于手势词的选择，还取决于手语被打出时的特征：打手语的速度、手势幅度的大小和表情（强度）。例如，在荷兰手语中，传达正式性和礼貌性可以采用手掌向上的👌手型【指代词】，而不采用食指型【指代词】。彼此不认识的人会面时，【指代词】可采用如例 4-21 所示的这种形式。

▎例 4-21　荷兰手语

　　　　　　　是非疑问
【咖啡　想要　指代词₂?（用👌手型而不是👉手型）】
'您想喝咖啡吗？'

除了其他因素外，打手语的风格还由语境、话语情境中所在场的人、会话主题等决定，手语风格应该适合当时语境的社交情境。因此，在荷兰手语教师和学生之间的对话中，通常不会出现类似例 4-22a 句中的【滚开】这类词。相反，在这样的语境下，手语者会使用更礼貌的方式来表达不同意见，例如，用手势词【同意】外加表示否定的摇头，见例 4-22b（例 4-22a 中的仿话口型"sop"是荷兰语"滚开"对应词的缩减形式）。

▎例 4-22　荷兰手语

/sop/　　　　　　　　　　否定
a.【滚开】　　　　　　　　b.【同意】
　'噢，你滚开！'　　　　　　'我不同意。'

不同的人群可以使用各自的专门术语或特定语域，如语言学术语【音系学】【句法学】或【语用学】等，它们都属于语言学这一**语域**。

对那些将手语（或有声语言）作为第二语言的学习者来说，更难的是如何在特定语境中恰当地说出某事，而不仅仅是将该事组成一句话。第二语言学习者很难准确地判断另一种文化的社交语境。因此，即使他们可能知道某个手势词可以表达某个概念，他们也经常会怀疑这个词是否是该情境下的正确用词。

所以，如果你只知道用【滚开】这个手势词来表达你不同意某人，你还不恰当地打出了它，那么荷兰聋人很可能认为你是很粗鲁的人！

### 4.7.1 窃窃私语与大声嚷出

最近的研究为我们提供了一些关于手语中窃窃私语和大声叫嚷的信息，即手语者在打手语时希望他的信息不要太过显眼（他会选择窃窃私语地打），或希望使他的信息更加明显（他会选择大声嚷出的打法）。后一种情况中，手语者打手势词时的动作更大，且伴有明显的面部表情，整个手势空间（见本书第1章第1.2节）也会变得更大、更高。相反，当窃窃私语时，手势空间将比平时更小、更低，而且头部和肩部不断向前倾斜，因此头部更靠近手势空间。实际上，这种打法就像在有声语言中的离听话人很近，窃窃私语的样子。手语者不仅头部压低靠近双手，而且他还会转动身体，使身体尽量挡住双手，以免被其他人注视到。通常双手手势词（见本书第11章第11.7节）会用一只手打出，而且大多数手势词是在贴近身体且身体较低位置处打出。窃窃私语的另一个特点是手势词的运动幅度大大削减，这是因为手语者使用更加远离于躯干的关节（如手腕和手指关节），使手势变得**远端化**，而不是使用该手势词通常使用的关节（如肘关节或肩关节）（见本书第10章第10.2节）。

### 4.7.2 会话对象听力状况对手语会话的影响

正如我们之前所指明的，会话对象也可能对手语风格产生影响。例如，手语者是否认识听话人、两人地位是否相同、会话对象是女人还是男人，这些都很重要。虽然相同的因素在有声语言对话中也发挥着作用，但在手语会话中，**听力状况**也是一个重要因素。在许多社群中，很长时间手语者只在自己社群里使用手语（见本书第1章第1.3节）。只要听人一接近，他们就停止打手语。在听人面前，手语的地位之低长期影响着聋人的语言使用问题（见本书第13章）。所幸，这种情况已经发生了变化。如今，许多国家的聋人都为自己的语言而感到自豪，听人在的时候也愿意使用它。然而，听人会话对象的出现和在场，或者说听人手语流利程度仍影响聋人语言使用。如果听人的手语不是很流利，聋人打手语的形式可能会发生变化，例如，聋人通过打手语时同时说话，或通过打更缓慢、更简单的手语来进行会话。聋人也有可能使用手势系统（见本书第 1 章第 1.4 节）。本书第 12 章将进一步讨论这个问题。

## 小结

所有语言的会话都遵守**合作原则**，这意味着会话双方要注意**数量准则**（信息既不是太多也不能太少）、**质量准则**（信息尽可能准确）和**相关准则**（信息要与会话主题相关）。有时信息以隐含的方式传达，称为**会话含义**。手语者和说话者轮流参与会话。在许多语言中，当信息有助于会话的发展时，可以允许多个参与者同时说话或同时打手语，这时出现了**话语交叠**。在这方面，不同的文化即不同的语言情况各不相同。**话轮转换**是借助不同的信号或**话轮调控机制**来管理的。本章介绍了手语中如下的话轮调控机制：把手放低、改变打手语的速度，改变头部的位置（头部倾斜）、目光接触。就像在有声语言中一样，为确保手语的**连贯**，手语会话中所有的讨论都要围绕会话主题来展开。然而在手语中，把各部分连贯或**衔接**起来的语言学手段是不同的。手语使用【指代词】来指代那些已被定位在**抽象位置**的人或物体。**指称**是建立衔接的重要手段，**省略和复句**等也是连贯和衔接的语言学手段。

话语是一种**言语行为**，其中说话者的字面形式是**以言述事**（发话），说话者的交际意图是**以言行事**（示意），在言语行为中，字面形式和交际意图两者结合在一起。**施为动词**明确表达了说话人想要以言行事的话语意图。在不同手语中，其**直接言语行为**和**间接言语行为**的形式会有所不同。会话或故事的结构是由**信息结构**决定的，也就是说，是由人们所提供的信息是旧的（**话题**）还是新的（**焦点**）来确定。此时，使用**回指**和**直指**非常重要。标记焦点的方法包括使用**特殊疑问词 – 分裂结构**和借助**身体倾斜**等。组织语言信息的另一种语言学策略是**角色转换**，它允许手语者从特定的人物或角色**视角**去呈现信息，同时也需要手语者改变身体姿态以表示**身份变换**。会话情境和参与会话的人决定了话语是否做到语用适当，它在**正式和非正式**语境中往往不同。手语中同样也有专属特定群体或情境的**语域**。选择正确的手语风格对第二语言（有声语言和手语）学习者来说尤其具有挑战性。例如，学习者可能很难知道何时应该使用手语中的窃窃私语（此时可能会出现手势**远端化**）。会话对象的**听力状况**也会对手语使用产生影响。

## 自测

1. 简述合作原则的 3 个准则。
2. 会话含义是什么意思？举例说明。
3. 请问打手语者如何规范和调节话轮？
4. 衔接与连贯有什么区别？
5. 简述手语中衔接的 3 个语言学途径。
6. 抽象位置对指称有什么作用？
7. 以言述事和以言行事分别是什么？
8. 举例说明回指和直指。
9. 请问打手语者怎样将句子的一部分焦点化，使它出现在更突出的位置？
10. 身体倾斜有不同的功能，请列举出它的两个功能。
11. 请问什么决定了打手语者的手语语域选择？
12. 什么是手势的远端化？

## 任务

1. 用手语构建一些简短的对话，要求这些对话违反数量、质量和相关准则。如果可能的话，在您的小组中向其他人展示这些对话，让他们猜测哪些准则被违反了。

2. 在以下荷兰手语例句中哪些信息是隐含的，哪些信息是清晰的？如果有隐含信息，请提供相关专业术语。

扬：【指代词_男人_　车　贵的　总是　买。】
　　'他总是买很贵的车。'

玛丽：【快　驾驶　想要。】
　　'他想把车开得很快。'

扬：【绝不　加入　指代词₁。】
　　　'我绝不会和他一样。'

3. 请为与手语翻译会话的人们提 3 条建议，告诉他们应如何处理话论转换。

4. 请分析以下荷兰手语中言语行为的以言述事和以言行事。
　　　―――――――――――――是非疑问
【指代词₂　窗户　关　能　指代词₂？】
　　'你能关上窗户吗？'

## 参考文献和拓展阅读

迄今为止还没有关于手语语言使用的手册，但是有很多相关的文章和书籍章节，可参见 Baker, van den Bogaerde（2012）的概述，它对本章所涉及的大多数内容都有更详细的介绍。合作原则的准则可参见 Grice（1975），他在有声语言研究的基础上制定了这些准则。Nonhebel（2002）描述了荷兰手语的言语行为，Campbell（2001）描述了美国手语的言语行为。Wilbur（2012）和 Kimmelman, Pfau（2016）综述了手语中的信息结构。Kimmelman（2014）详细比较了俄罗斯手语和荷兰手语中的信息结构，Sandler 和 Lillo-Martin（2006）讨论了美国手语中的焦点、话题和角色转换。Hendriks（2008）描述了约旦手语的角色转换的特点。有关角色转换研究的综述，另见 Lillo-Martin（2012）。

Coates, Sutton-Spence（2001）研究了英国手语中的话轮转换，特别是性别差异，本章开头的会话即采自他们的研究。Baker（1977）讨论了美国手语中的话轮转换策略，而 Mather（1987）和 Dively（1998）特别讨论了目光注视的方向在话轮转换中的作用。Martinez（1995）描述了菲律宾手语话轮转换的特征，Baker 和 van den Bogaerde（2006）则对荷兰手语中的该论题进行了研究，Groeber, Pochon-Berger（2014）研究了瑞士德语区手语中的该现象。Mather（1994）分析了美国手语的课堂交互情况。Wilbur, Patschke（1998）研究了美国手语中的身体倾斜的功能，Van der Kooij, Crasborn, Emmerik（2006）也对荷兰手语的该问题进行了研究。Crasborn（2001）描述了荷兰手语中窃窃私语和大声嚷出打法的语音特征，Mindess（2006）对美国手语中的该现象进行了研究。Van Herreweghe（2002）研究了听人会话参与者对佛兰芒手语会话的影响。

  在信息结构部分，芬兰手语例子来自Jantunen（2007），俄罗斯手语例子来自Kimmelman（2014），美国手语例子来自Lillo-Martin, de Quadros（2008）和Wilbur（1996），荷兰手语例子来自Van der Kooij, Crasborn和Emmerik（2006），约旦手语角色转换的视频抓图来自Hendriks（2008）。

# 第 5 章 成分与词类

安·贝克和罗兰·普福

## 5.1 引言

英文报纸上"Man(男人)catches(抓捕)child(孩子)with(用)gun(手枪)"的文章标题是有歧义的。谁有枪?男人还是孩子?这两种解释都是有可能的。句子解读主要取决于我们如何将句子切分成不同的语法单位。在该标题的两种解读下,句子都是由4部分组成,即主语"man"、宾语"child"、动词"catches"和修饰语"with gun"。这样的句子单位我们称为**成分**。成分是由单词组成的,而且不同成分可以按各种方式相互组合。此标题两个解释之间的区别是:在第一种情况下,修饰语与宾语组合在一起("child with gun"),所以修饰语"with gun"是修饰和限定名词"child";而在第二种情况下,修饰语与动词组合在一起("catches with gun"),因此修饰语"with gun"是限定动词"catches"所表达的动作。

本章第5.2节将讨论手语中的成分及如何识别这些成分。在有声语言中,成分由中心语和修饰成分(非强制使用成分)组成。手语语言中情况也是如此吗?第5.3节将解答这个问题。第5.4节和第5.5节讨论手语实义成分与手语语法功能成分的区别。

## 5.2 成分

例 5-1 是意大利手语的例句。

▎**例 5-1　意大利手语**
　　a.【男人　年轻的　汽车　昂贵的　买。】
　　'那个年轻的男人买了一辆很贵的车。'
　　b.【[[男人　年轻的] [[汽车　昂贵的] [买]]]。】

例 5-1a 中的句子由不同类型的手势词组成：【男人】和【汽车】是名词，【年轻的】和【昂贵的】是形容词，而【买】是动词。这些词组合在一起构成一句话，但它们彼此的关系并不相同。例 5-1b 中的细方括号表示该句如何切分成句子成分，即哪些成分能放在一起。很明显，【年轻的】不能修饰【汽车】，虽然只考虑手语线性顺序的话，它们可能会在一起。【昂贵的】也不能修饰【男人】。例 5-1b 西文括号还表示成分 [汽车　昂贵的] 和成分 [买] 可以组合在一起，构成一个更大的成分。

为了检测哪些句子成分能放在一起，我们可以进行所谓的替换测试。如果两个（或更多）手势词可以被另一个手势词替换，那么很明显我们正在处理同一类成分。例如，【男人　年轻的】可以用指点手势【指代词_男人】来替代。同样，【机动车】也能替代【汽车　昂贵的】。由【汽车　昂贵的】和【买】组成的成分可能会被一个不加宾语的动词，如【游泳】所代替。手语的这种替换测试与有声语言的完全相同。

例 5-2a 表明句子成分的顺序可以变化。请注意，该句中直接宾语处于句子的初始位置，即它与动词是分开的。

▎**例 5-2　意大利手语**
　　a.[[汽车　昂贵的] [男人　年轻的] [买]。]
　　b.[*昂贵的　男人　年轻的　汽车　买。]

然而，例 5-2b 中的句子清楚地表明手势词并非随意地组合在一起。例如，作为名词性成分一部分的手势词通常不能分开。因此，例 5-2b 中的【昂贵的】与【汽车】的分离是不符合语法的。尽管如此，成分通常在句子中是作为一个整体被移动，正如例5-2a中的宾语成分【［汽车　昂贵的］】那样，我们将此称为"话题化"现象。迄今为止人们所研究的大多数手语都具有很灵活的成分语序。然而，据我们所知，在这些手语句子中，句子成分的语序会受到某些限制。本书第6章将进一步讨论这个问题。成分也可以是完整的从句。在讨论不是从句的成分时，我们将使用**短语**这一术语，手语短语的性质将是本章讨论的重点。而本书第7章将详细讨论从句。

通过分析有声语言的数据，我们知道大多数有声语言必须区分开4种不同的词类：名词，如【小孩】；动词，如【捕捉】；形容词，如【美丽】；副词，如【经常】。我们假设在手语中也存在相同的词类，并将在本章第5.4节讨论这一主题。我们可以参照这些词类进一步划分句子成分。请注意：重要的是我们是把手语句子作为分析的起点，而不是去分析已经被翻译为有声语言的句子。【男人】和【汽车】都是**名词**，因为他们指的是实体；【买】是一个**动词**，因为它描述一个事件；【年轻】和【昂贵的】是**形容词**，因为它们描述属性。如例5-1所示，手势词可以组合在一起形成更复杂的成分，即短语。例如，名词和形容词可以组合在**名词短语**中，如【［男人　年轻的］】和【［汽车　昂贵的］】。另外，动词通常与名词短语组合在一起，构成**动词短语**，例如，【［汽车　贵的　买］】就是一个动词短语，其中名词短语【［汽车　昂贵的］】是动词的直接宾语。请注意，原则上形容词也可以与其他成分组合，构成**形容词短语**［如英语有"very expensive"（非常昂贵）］。然而在上面的手语例子中，形容词并不是以这种方式组合，手语形容词自己构成了一个形容词短语。本章第5.3节将继续讨论这个问题。

关于第四种词类，**副词**，当具有修饰功能的短语主要用于限定动词的属性时，它被称为**副词短语**。如在例5-3德语手语句子中，副词短语【通常】把一个属性赋予了动词【旅游】，即旅游事件重复出现。

**▌ 例5-3　德国手语**

　　【属格₁　兄弟　经常　旅游。】

　　'我哥哥经常旅游。'

最后，短语还具有表达成分之间**关系的功能**，我们称这类短语为**附置词短语**。例5-4是俄罗斯手语例子，在此例中，【［朋友　和］】是表达伴随关系的附置词短语，而在例5-5的荷兰手语中，【［会议　以前］】是一个时间附置词短语（见本书第 5 章第 5.5.2 节）。

▎例 5-4　俄罗斯手语
【电影院　指代词₃，指代词₁去₃〔朋友　和〕。】
'我和朋友一起去看电影。'

▎例 5-5　荷兰手语
右手：【〔会议　以前〕，我们－两个 茶 喝。】
左手：【会议　指代词₃ᵦ--------】
'会议之前，我们喝茶。'

然而我们必须指出，由于附置词本身，特别是那些表明空间关系（如"在里面，在上面，靠近"）的附置词并不常用，所以附置词短语在手语语言中也并不常见。本章第 5.5.2 节将对此进一步讨论。

在例 5-1 至例 5-4 的句子中，其短语中的手势词是一个接一个出现的，也就是说，短语是线性组织起来的。有趣的是，在图 5-1a 和 b 中，我们发现了不同的组织方式：形容词或副词与其所修饰的**手控型**名词或动词（即用手打出的名词性或动词性的手势词）同时打出。在图 5-1a 中，球很小这一事实有两种表达方式：第一，只用一只手打出一个手型较小的手势词【球】；第二，添加**非手控型**修饰成分（即用身体姿态和面部表情来修饰），也就是吸气使腮帮内凹。当打手语者想要表达球正在缓慢滚动时，他可以像图 5-1b 那样，在打手势词【滚动】时，手语者同时减慢手上的运动参数对动词进行修饰。这种修饰性变化是同时施加在手势词【滚动】的原形形式上，它是手控而不是非手控型的修饰性变化。

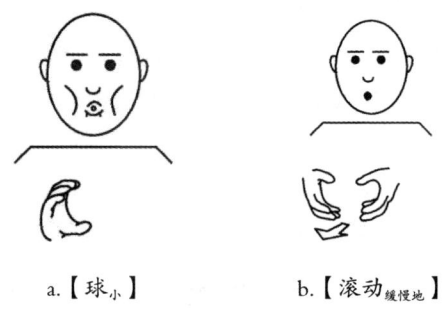

a.【球ₛ】　　b.【滚动缓慢地】

图 5-1　荷兰手语

迄今大多数手语中（如果不是全部的话）都出现过像图 5-1a 这种同时性

的、用作形容词的修饰性成分，或者像图 5-1b 中副词性的修饰性成分。因为这些修饰性成分已经是名词（【球_小】）或动词（【滚动_缓慢地】）的一部分，所以人们不认为它们是单独的短语。有声语言类似的例子是德语中的小称后缀"-chen"［如 Hemd（衬衫）和 Hemdchen（小衬衫）］，还有英语词尾的"-ie"也是小称词缀（如 dog 和 doggie 的区别）。这些后缀也不是单独的短语，相反它们是黏着语素。至关重要的是，它们的表达是按线性顺序组合起来的，而不是同时性的。

到目前为止，我们讨论过的名词短语是指具体的实体、人或物体。然而，名词也可以具有抽象意义，与一个事件或一种状态有关，如名词"梦想"或"恐惧"。英语和许多其他语言中的这类名词通常带有一个形态标记来明确它们的词类。例如，英语名词 refusal（拒绝）和 irritation（刺激），后缀"-al"和"-ion"分别将动词变为相应的名词。这种形态变化在手语中似乎很少见，通常特定手势词所在的语言学语境决定了它的词类。在例 5-6a 中，语言学语境表明该句中的【工作】必须被理解为一个动词。

**例 5-6　美国手语**

　　a.【指代词， 倾向　工作　八　小时。】

　　'我通常工作八小时。'

　　b.【今天　工作　无聊。】

　　'今天的工作很无聊。'

与例 5-6a 不同，例 5-6b 中的【工作】是名词，形容词谓语【无聊】修饰这个名词。从该句的语言学语境来看，很明显【工作】不能成为动词。许多有声语言中也有同样的现象。以例 5-7 和例 5-8 的英语和萨摩亚语为例，同样语音形式（见加粗字体的单词）的两个词，它们在 a 中是名词，在 b 中却是动词。

**例 5-7　英语**

　　a. I had a bad **dream** last night.

　　　'我昨天做了噩梦。'

　　b. I often **dream** of horses.

　　　'我经常梦到马。'

### 例 5-8 萨摩亚语

a. Ua　malosi　le　**la**.
　　体标记　强壮　定冠词　太阳
　　'太阳很毒。'

b. Ua　**la**　le　aso.
　　体标记　太阳　定冠词　白天
　　'这是一个晴天。'（字面意思是：'白天 太阳'）

在英语中这种现象仅有较少的例子 [如 dream（梦），paint（油画），love（爱情）]，通常人们很难判断究竟是动词义还是名词义是它们的基本意义。萨摩亚语则与之截然不同，词形相同而词类不同的现象似乎是规则，而非特例。在所有情况下语法语境和语义语境对词类的确定都非常重要。在例 5-8a 句中，句子成分 "la"（太阳）与冠词组合，因此它是名词（请注意在例 5-7a 中英语单词 "dream" 也是如此）。在例 5-8b 句中，相同的成分 "la" 与体标记一起出现，鉴于一般只有动词允许与体标记组合，所以在此句中，"la" 用作动词。

## 5.3　手语的短语结构

我们再来看一下例 5-1 意大利手语句子。

### 例 5-1　意大利手语

a.【男人　年轻的　汽车　昂贵的　买。】
　　'那个年轻的男人买了一辆很贵的车。'
b.【[[男人　年轻的]][[汽车　昂贵的][买]]]。】

在例 5-1b 句中，我们看到一个短语可以是另一个短语的一部分：名词短语【[汽车　昂贵的]】嵌入在复杂动词短语【[[汽车　昂贵的][买]]】中。表征手语语言中的短语结构，我们可以采用与有声语言完全相同的方法。一种方法是使用带有下标标签的方括号，如例 5-9 所示；另一种方法是使用树形结构图，如图 5-2 所示。

### 例 5-9 意大利手语

【[[ 男人 ]名词 [[ 年轻的 ]形容词 ]形容词短语 ]名词短语

[[[ 汽车 ]名词 [[ 昂贵的 ]形容词 ]形容词短语 ]名词短语 [ 买 ]动词 ]动词短语 ]句子。】

'那个年轻的男人买了一辆很贵的车。'

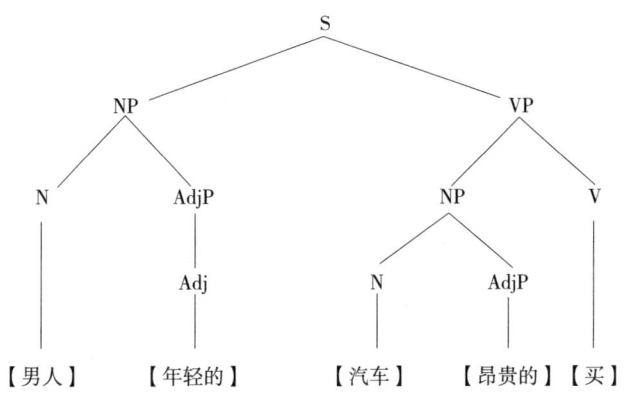

图 5-2  将例 5-9 意大利手语句子用树形图表示

请注意在本书中，我们采用表 5-1 中的缩略形式来表达不同类型的成分和短语。

表 5-1  成分和短语的缩略形式

| 缩略形式 | 成分 | 缩略形式 | 短语 |
| --- | --- | --- | --- |
| N | 名词 | NP | 名词短语 |
| V | 动词 | VP | 动词短语 |
| Adj | 形容词 | AdjP | 形容词短语 |
| Adv | 副词 | AdvP | 副词短语 |
| Adp | 附置词 | AdpP | 附置词短语 |
| S | 句子 | | |

无论使用两种方法中的哪一个，都可以以下方式解释短语结构：手势词【年轻的】和【昂贵的】是形容词，它们可以构成各自的形容词短语。它们分别与名词【男人】和【汽车】搭配，构成了名词短语。名词短语【汽车 昂贵的】又与动词【买】组合在一起，构成动词短语。最后，名词短语和动词短语组合在一起，形成一个句子。

当成分是按线性顺序组合起来时，句子成分的语序是清晰的，如例 5-9 所示。此例中，每个打出的手势词都是短语的一部分，并按顺序排列组合。从本书第 1 章及本章对图 5-1 的讨论可见手语允许它的句子成分有另外一种组织策略：采用同时性结构。当试图分析像例 5-10 这样的荷兰手语例句时，我们意识到短语的组织结构并不那么清晰。

> **例 5-10　荷兰手语**
> 　　　　　腮帮内凹
> 【男孩　　球<sub>小的</sub>　　滚动<sub>缓慢地</sub>。】
> 那个男孩慢慢地滚一个小球。'

由图 5-1a 可知，句子中的名词【球】伴随着非手控型修饰词，其意义是"小"。这个同时性形容词伴有吸气使腮帮内陷和眯眼的动作。类似地，例 5-10 中的动词由一个同时打出的、副词性标记形式来修饰。但是，该副词的意义"缓慢地"并不是由非手控成分来表达的；相反，它是靠改变动词【滚动】的运动参数，即发语时运动减缓，使整个动词的发语变得更慢了。至关重要的是，这类同时性修饰词，无论是涉及手控变化还是非手控变化，都不能独立发生。例如，不可能打出手语【球】，随后再腮帮内凹。这些修饰成分必须与它们所修饰的手势词融合在一起。最终的结构不是序列性的，而是同时性的。所以正如前文所述，这些同时性的标记并非单独打出的短语。另外，我们也可以认为一个非手控形容词在树形结构图中占据着与手控形容词（见图 5-2）同样的位置。非手控成分并不是用手打出，所以它必须与相邻近的手势词融合在一起。对这个问题我们不再赘述，但以上简短讨论已经澄清了一点：手语的**同时性**特点对那些主要依靠线性结构来表达的手语从句来说，是一个挑战。

在不同短语中，不同类型的手势词充当短语的**中心语**。例如，在名词短语中，中心语总是名词或代词。由前文我们已经清楚，名词短语可能由名词和形容词组成；或者，名词短语可包含名词和【指代词】，就像例 5-4 俄罗斯手语例句所示，其中【指代词$_3$】可完成定位功能；亦或者，名词短语只是一个具有代词功能的【指代词】，就像例 5-6a 句里的美国手语【指代词$_1$】所示。

在某些条件下，一个成分的中心语可以省略。在例 5-11 荷兰手语句子中，名词【花】可以在第二句中省略。换句话说，第二句名词性成分的中心语位置是空的。

### 例 5-11　荷兰手语

【花 ++　指代词_(弧形 -3a)　美丽的。指代词_1　蓝色　想要。】
'那边的花很漂亮，我想要蓝色的那枝。'

在这样的句子中，由形容词【蓝色】修饰的所指在之前的语境中是清楚的。类似的结构在一些有声语言中也得到了证明，如西班牙语（见例 5-12）和德语。英语（见例 5-13）略有不同，它需要通过代词"one"替换省略的名词。

### 例 5-12　西班牙语

Estas　flor-es　son　bonita-s. Prefiero　las　azul-es.
these　flower-PL are.　PL　nice-PL.　prefer.1 SG　the　blue-PL
这些　花 - 复数　系词. 复数　漂亮 - 复数　偏爱. 人称 1　单数　冠词　蓝色 - 复数
'那些花很漂亮。我想要蓝色的那些。'

### 例 5-13　英语

These flowers are nice. I would like to have the blue ones.
'这些花很漂亮。我想要那些蓝色的那些。'

## 5.4　手语的实词

上一节论证了在手语语言就像在有声语言中一样，可能会出现 4 种词类（名词、动词、形容词和副词），这些词的类别属性可以根据它们在句子中的意义和功能来区分。名词是指具体或抽象的实体，可能是可数的（苹果，想法）或不可数的（米，健康）。动词描述活动（写作），过程（融化）或状态［如生活；请注意英语中的状态通常涉及系词"be"，如在短语"to be clever……"（是）聪明（的）中］。形容词和副词分别修饰名词和动词，用以指出和限定后者的属性或性质。属于这 4 种词类任何之一的手势词都具有具体实际和不抽象的意义，因此称为手语中的**实词**，有时也写成**实义手势词**（见本书第 8 章）。

有声语言中，人们有时可以根据词的形式来区分它们的词类。因此我们不得不问，手语是否也可以。本章第 5.4.1 节将讨论名词和动词的差异，第 5.4.2

节将讨论形容词和副词之间的区别。

### 5.4.1 名词和动词

图 5-3a 和 b 和图 5-4a 和 b 是美国手语的两组例词，每一组中都是动词和它所对应的名词。在这两组名词-动词对儿中，名词和动词这两个手势词在语义上是相关的，但是两者的语音形式不一样。通过仔细比较我们发现，动词性手势词的运动明显不同于名词性手势词的运动。美国手语动词【坐】和【飞行】的运动参数更长（也更放松），而它们对应的名词【椅子】和【飞机】，其运动参数的特点是动作更短暂、更紧绷，而且有重复，即它们将运动参数重复打出。

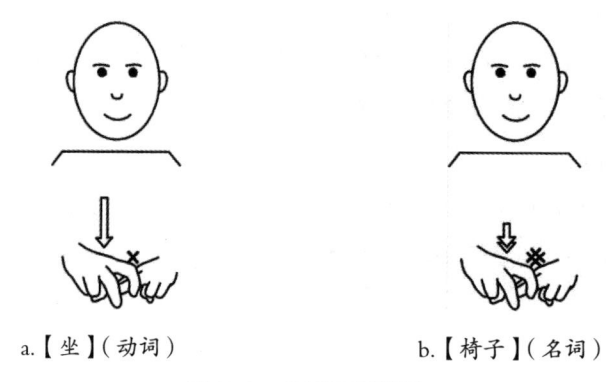

a.【坐】（动词）　　　　　b.【椅子】（名词）

图 5-3　美国手语例词 1

a.【飞行】（动词）　　　　　b.【飞机】（名词）

图 5-4　美国手语例词 2

与美国手语一样，研究者在奥地利手语、澳大利亚手语和俄罗斯手语中也发现，这 3 种手语中的名词-动词对儿也呈现出系统性的差异。然而必须指出的是，系统性差异只存在于有意义关联的名词和动词中，其中名词是指称一个具体的物体，而动词是陈述该物体所执行的活动动作。类似的差异并非在所有手语中都出现。例如，荷兰手语就没有呈现出同样的名词-动词对儿**系统性差**

异，它的手势词【坐】和【椅子】均采用👌手型，一些手语者的名词和动词打法看起来完全相同。而其他人打【椅子】时会转动手腕，打动词【坐】不转动手腕。另外，双手手势词【自行车】的名词打法通常是交替的圆形运动，打一次即可；而它对应的动词【骑自行车】则需要多次重复这个交替圆形运动。这恰好与上述美国手语名词动词对儿的音系规律相反。在手语词典中，这些同形词会在释义时用斜线标出其不同意义，如记录为【椅子/坐】。因而，就荷兰手语名词—动词对儿来说，它们的运动参数的差异无法呈现系统性。这或许与荷兰手语经常使用仿话口型有关。手语者通常借助伴随该手势词的口型来区分这两个手势打法相同的词（见本书第1章第1.2节和第11章第11.6节）。另外，伴随名词打出的手势词，即【指代词】也可以表明该手势词是一个名词。

似乎有时手势词的形式可反映出它的词类，至少在一些手语中有这种情况。请注意，某个特定手势词的释义有时可能具有误导性。以英国手语为例，图5-5中的手势词通常被释义为【现在的】，它会给人这是一个形容词的印象（如"现在的国王"）。然而更仔细地看，我们发现这个手势词在不同的环境中有不同的打法，它其实更像动词。例如，它可以标记一致关系和"体"意义（见本书第9章第9.5节）。这个属性说明我们其实是在处理一个动词，因此该手势词应该被释义为【出现】。

图 5-5　英国手语

图5-6a和b中的佛兰芒手语表达包含两个手型不同的动词。这两个动词有相同的释义：【躺–在上面】。在这两个例子中，动词的手型都与句子的主语相关，即与已经定位的实体相关。在图5-6a中，动词【躺–在上面】中的👌手型反映了书本的形式特征，而在图5-6b中，尽管词义相同，但动词【躺–在上面】使用了受主语【苹果】的形式特征所影响的👌手型。在这两个例子中，手语动词都采用了**类标记手型**（见本书第9章第9.6.2节）。

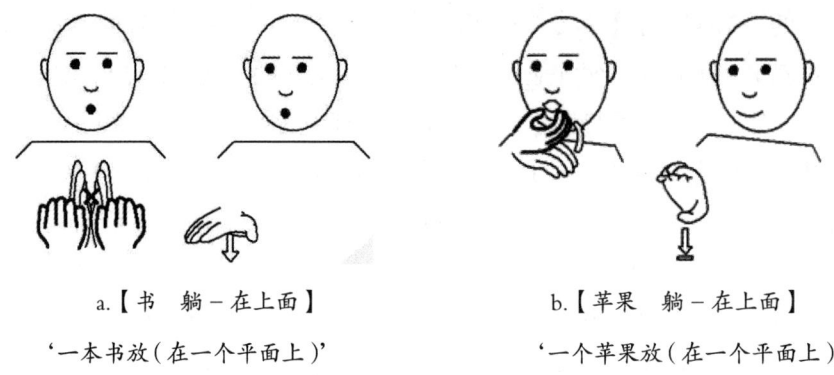

a.【书 躺－在上面】　　　　　　b.【苹果 躺－在上面】
'一本书放（在一个平面上）'　　　'一个苹果放（在一个平面上）'

图 5-6　佛兰芒手语

总而言之，至少在一些手语中一些名词－动词对儿有呈系统性的形式区别，但是我们还不知道是否大多数手语都能使用同样的策略。我们的讨论还显示，即使在一些手语中我们没有发现名词－动词对儿呈现出系统性的形式差异，句法语境和（或）仿话口型的使用，也可以帮助我们区分这个在名词性和动词性用法中手势都相同的手势词。我们可以借助该词的句法语境和（或）仿话口型来确定该词在当前用法中究竟是名词还是动词。

### 5.4.2　形容词和副词

在英语中，副词通常添加后缀 –ly 来区别于形容词，如"quick"（快速的）和"quickly"（快速地）的区别。同样，法语副词也通常添加一个副词标记"-ment"，如"rapide"（快速的）与"rapidement"（快速地）。似乎手语在形容词和副词的区分上并没有呈系统性的形式变化，它们在这方面与许多有声语言，如德语或汉语很相似。通常，借助上下文语境，我们可以澄清当前所处理的是什么类型的短语。我们来比较一下例 5-14 中的荷兰手语句子。例 5-14a 句中的【漂亮的】修饰名词【女人】，【漂亮的】在词形上与例 5-14b 句中的修饰动词【教】的副词【漂亮地】完全相同。

▌例 5-14　荷兰手语
　　a.［[ 女人　漂亮的　指代词 $_{3a}$ ]　学校　指代词 $_{3b}$　教。]
　　　'那个漂亮的女人在学校教书。'

b.【女人　指代词₃ₐ　学校　指代词₃ᵦ　［漂亮地　教］。】
　'那个女人在学校教书教得好。'
c.【女人　指代词₃ₐ　［学校　漂亮的　指代词₃ᵦ］　教。】
　'那个女人在一所漂亮的学校里教书。'

例 5-14a 句中的形容词【漂亮的】位于名词【女人】和【指代词】之间，显然它是名词短语的一部分，不能修饰动词，不能被解释为副词，因此很清晰它应理解为一个形容词。相反，例 5-14b 句中动词旁边出现副词【漂亮地】（发音与形容词相同），【指代词】把它与名词【学校】分开，所以它不能修饰名词【学校】。通常手语的韵律节奏也可表明一个手势词应当属于哪个成分。在例 5-14b 句中，【指代词₃ᵦ】和【漂亮地】之间很可能有一个短暂的停顿。在例 5-14c 句中，形容词【漂亮的】与【学校】相邻，但它在【指代词】之前，这就明确了【漂亮的】是一个形容词，用来修饰【学校】。

请注意，还有一些手势词只用作副词，如非常重要的时间副词【经常】。同样，某些形容词不太可能修饰含有动词意义的成分，如色彩词【蓝色】等。

正如我们前文已经讨论过的，某些形容词和副词也可以是**非手控形式**。从图 5-7a 和 b 中的英国手语例子，我们观察到传达意义"小"的非手控形式在这两例中是相同的，尽管它在图 5-7a 中是添加形容词意义，在图 5-7b 中是添加副词意义。非手控成分虽然相同，但它伴随的手控词在图 5-7a 中是名词，在图 5-7b 中是动词。在这些情况下，语言学语境将澄清非手控成分究竟是形容词还是副词。

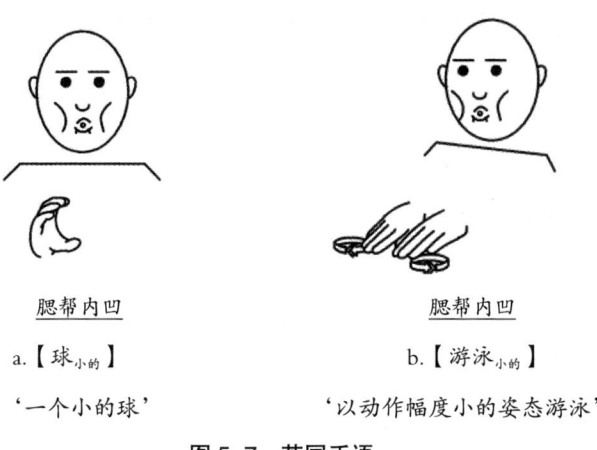

图 5-7　英国手语

非手控形容词的范围似乎非常小（可能仅限于表达"小"和"大"的含义），而非手控副词的范围则很广泛。研究显示，非手控副词通常涉及面庞的下半部分（嘴、嘴唇、脸颊）的运动及其组合运动。实际上，有些非手控标记只能用作副词。美国手语已经确定了许多非手控副词。其中一个副词标记，即以轻松的方式噘起双唇，被释义标注为"mm"。此标记与动词（如【步行】）同时打出，为步行这个动作添加了"放松地"这个副词含义。

图 5-8 意大利手语例子中，我们看到修饰【镜子】的一个形容词。这个手势词的运动参数反映了实物镜子的大概轮廓，如图 5-8 中的镜子是方形。这些**描绘物体轮廓的手势词**或形容物体**大小和形状的限定词**都是手语中特殊且相当常见的一种形容词类型，它们通常用于修饰名词，因此可以很容易地被识别出是形容词。

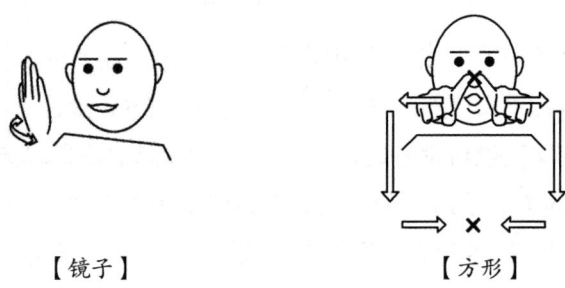

【镜子】　　　　　　　　【方形】

**图 5-8　意大利手语"一个方形的镜子"的手语表达**

目前为止，已有研究的手语中形容词和副词在形式上似乎并无系统性的差异。因此在大多数情况下，上下文语境必须揭示该手势词究竟属于哪个词类。尽管如此，还有一些手控和非手控成分，它们或者只用作形容词，或者只用作副词。

## 5.5　手语的功能词

除了有实际意义的词之外，许多有声语言还可使用大量的功能词，包括附置词（前置和后置词）、冠词、连词和小品词。例 5-15 是一个英语句子，其中的功能词（或功能成分）用粗体标出。我们看到句子包含定冠词"the"，不定冠词"a"，连词"that"，介词"in"和系词"is"（我们忽略黏着功能成分，例如，附加在动词"say"后表示人称、数和"时"的一致标记"-s"）。比较例5-15的英语句子和例5-16的法国手语，我们会发现一个有趣的现象：手语句子里只有实词，即名词和动词。

▌例 5-15　英语

　　The doctor says that a bed in the hospital is broken.
　　'医生说医院里的床坏了。'

▌例 5-16　法国手语

　　【医生　说　床　医院　坏。】
　　'医生说医院里的床坏了。'

　　请注意，法国手语的这个属性并不是手语彼此间的结构差异。相反，手语语言中具有纯粹语法功能的手势词，似乎非常少。当然，一些有声语言也很少使用功能词，如例5-17的马来语。

▌例 5-17　马来语

　　harimau　makan　babi
　　tiger　　eat　　pig
　　老虎　　吃　　猪
　　'那只老虎吃了一只猪。'

　　实际上，这句话不只是我们译文所提供的含义，它可能有不同的含义，如"老虎吃猪"或"一只老虎吃了那只猪"。在例5-15的英语句子，以及许多其他语言中，名词的有定性或复数等语法功能，通常用功能词表达。在马来语中，这些语法功能的表达则依赖语境，人们通过语境信息来确定这些功能和不同的解释。

　　尽管例5-17的马来语和例5-16的法国手语中都不包含功能成分，但这并不意味着手语语言中完全没有功能词。下一节我们将讨论在不同手语中已证实的几种**功能词**。

## 5.5.1　指点手势【指代词】

　　有声语言中，冠词（有定或无定）可以编码或传递很多语法信息，会话对象对冠词所修饰的名词熟悉还是不熟悉这一信息尤其要借助冠词来传递。本书

第 4 章第 4.6.1 节指出，手语中的这种差异可以通过指点手势【指代词】与名词来传达。除此之外，【指代词】还有其他语法功能，例如，它可以在手势空间中定位一个当前不在场的所指对象。如例 5-18a 以色列手语（ISL）句子所示，其中亚当与位置 3a 相关联，伊莱恩与位置 3b 相关。在会话后段，这些位置可以用来回指这两个所指。在这种情况下，【指代词】具有**人称代词**的功能。在例 5-18b 中，【指代词$_{3a}$】指向亚当的位置，因此它必须被解释为"他"。手语还有其他指称策略：手语者可以看向某个位置，或者将身体向该位置倾斜。这种【指代词】与非手控标记相组合的方式在许多手语中已被证实。当然，手语者也可以使用【指代词】指代在场的所指，例如，在例 5-18c 中的【指代词$_1$】是指代打手语者本人。本书第 6 章第 6.9 节将进一步讨论人称代词。

**例 5-18　以色列手语**

　　a.【亚当　指代词$_{3a}$　伊莱恩　指代词$_{3b}$　一起去　电影。】

　　　'亚当和伊莱恩一起去看电影。'

　　b.【指代词$_{3a}$　买　票。】

　　　'他买票。'

　　c.【下一年　指代词$_1$　学习　大学。】

　　　'明年，我准备上大学。'

当提及当前在场的所指对象时，【指代词】也发挥指示代词的作用，如例 5-19 西班牙手语的句子。有时可能难以将人称代词与指示代词区分开来，但用作**指示代词**的【指代词】，它的运动参数通常更为绷紧，更多重复。最后【指代词】也可以指代位置，也就是说，它可以用作方位副词。在这种用法中，【指代词】的运动参数和手部朝向参数可以区分附近的方位（近处：这里）和较远的方位（远处：那里）。在前一种情况下，运动参数很短，手指朝下；在后一种情况下，我们可以观察到较长的弧形运动，而且手指朝向是伸向前方，见例 5-19b。

**例 5-19　西班牙手语**

　　a.【指代词$_{同一房间里的人}$　聋的。】

　　　'那个（人）是聋人。'

　　b.【昨天　指代词$_{弧形-3a}$　聚会。】

　　　'昨天那边有一个聚会。'

## 5.5.2 附置词

借助一些附置词（**前置词**或**后置词**），人与物体之间的关系可以清楚地表达出来。这些关系可以是时间性的（如"三点之后"）、空间性的（如"在桌子上"或"去学校"），或者是抽象性质的（如"我为你做了这件事"）。通常手语很少使用附置词。正如我们前文所讨论的那样（本章第5.2节），即使某些手语中有表示"用"和"在……上面"之类的词，但借助手势空间来表达这种关系更为常见，这在**空间关系**表达上尤其明显。许多（如果不是大多数）手语中，通过动词形式的修饰性变化就可以表明具体空间关系，无须单独的手势词。图5-6佛兰芒手语例子就是对这种现象的说明。动词【躺－在上面】的运动参数明确了物体和它所在处所（如桌子）之间的关系。同样，"在里面""在下面""在旁边"等方位意义也可以通过动词的词形来传达。除了方位、处所，手语的动词也可以限定和描述方向。在图5-9a中，我们看到德国手语动词【行走】的基本形式是在手语者身体前方居中位置打出。然而在例5-20b句中，【行走】是朝向位置3a的方向（即方位论元【学校】所在的位置）不断移动。此处使用一个单独的、表达"朝向"含义的手势词显然是多余的。

▌例 5-20　德国手语

　　a.【女人　行走。】　　　b.【学校　指代词₃ₐ　女人　行走₃ₐ。】
　　'这位女士步行。'　　　　'这位女士步行去学校。'

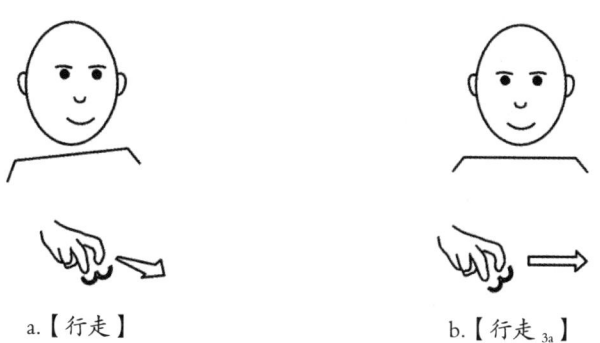

a.【行走】　　　　　　b.【行走₃ₐ】

图 5-9　用德国手语表达"行走"

在指明位置是方位名词短语所说场地的某个具体位置时，有时【指代词】也可以发挥附置词的功能，正如例5-21所示。在中国香港地区手语中，单词【山】是单手手势，用伸平的手掌作出一个凸形（∩）手掌的弧形运动。例5-21中的【指代词】通过指点，指向了划出弧形的凸形手掌的最顶部，从而表达"在……之上"的含义。

▎例 5-21　中国香港地区手语

　　　　　　　话题
【山　指代词<sub>向上</sub>　有　三。】
'山顶上有三个人。'

许多手语似乎都具有限定**时间关系**的手势词，如【之前】或【之后】。但在这种情况下，人们也可以利用手势空间来表达这种时间关系。前文例5-5荷兰手语例子（下文例5-22重复了其中相关的部分）就很有趣，因为它涉及一个复杂的双手结构。双手手势名词【会议】通过由辅（左）手打出的【指代词】在手势空间获得一个定位，然后这个指点手势就被用作了空间中的一个基准参照点，表示时间的后置词【之前】参照它的位置进行表达，即【之前】的运动是从基准参照点开始，打向手语者的身体（利用了手语中的时间线；相关讨论可见本书第 8 章第 8.7 节）。

▎例 5-22　荷兰手语

右手:【会议　　　　　　　　　之前】
左手:【会议　指代词<sub>3b</sub>----------】
　　　'会议之前'

在手语中，表达抽象关系的附置词似乎很少见。然而，格鲁吉亚手语中有一个有趣的成分，它可以表达"该动作是为了某人"这个意思，即一个受益者标记。我们在例 5-23 中把这个手势词标注和释义成【为了】，它的词形是向受益者论元位置打出的一个 ᛮ 手型。请注意，该词的运动动作就足以表达受益者论元，而不需要单独打出一个表达受益者论元（"他 / 她"）的代词。

▎例 5-23　格鲁吉亚手语

【指代词<sub>1</sub>　写　为了<sub>3a</sub>。】
'我为他 / 她写了一些东西。'

在英语中，前置（介）词有时用于表示语法关系。在例 5-24a 和 b 的英语句子中，我们观察到动词 give（给）的三个论元——"女人""狗"和"女孩"——可借助语序或借助介词来标记。在前一种情况下，间接宾语【女孩】被放置在直接宾语【狗】之前（见例 5-24a 句）。这两个名词短语的语序可以改变，但在这种情况下，间接宾语必须伴随介词 "to" 以引出给予对象（见例 5-24b 句）。例 5-24c 句中没有介词，这个句子不符合语法，无法实现它想要表达的意思。

## 例 5-24　英语

a. The woman gives the girl a dog.

那个女人给了那个女孩一只小狗。

b. The woman gives a dog to the girl.

那个女人将一只小狗给了那个女孩。

c.*The woman gives a dog the girl.

*那个女人将一只小狗那个女孩。

在例 5-25 中，我们看到荷兰手语两种语序都有可能：例 5-25a 句中，间接宾语在直接宾语前；例 5-25b 句中，直接宾语在间接宾语前。此时使用附置词是多余的，因为动词【给】的词形清楚地表明句子必须怎样理解：该动词在空间中从给予者（女人）位置移动到接收者（女孩）位置。跟例 5-24a 句和例 5-24b 句的英语例句一样，受会话语境影响，手语者可能会采用一个语序，而不是另一语序。然而，这两句的意义是一样的。

## 例 5-25　荷兰手语

a.【女人　指代词$_{3a}$　女孩　指代词$_{3b}$　狗　$_{3a}$给$_{3b}$。】

b.【女人　指代词$_{3a}$　狗　女孩　指代词$_{3b}$　$_{3a}$给$_{3b}$。】

'那个女人给那个女孩一只小狗。'

请注意，使用例 5-25 荷兰手语例子只是为了说明这两种不同的语序都有可能。鉴于脱离语境我们无法确定这两句话中潜在的微妙差异，所以我们只为这两句可互换结构提供了一种翻译。本书第 6 章第 6.5.1 节和第 9 章第 9.5.2 节将进一步讨论语序和动词的修饰性变化问题。

### 5.5.3　连词

**连词**的主要功能是连接两个分句，所涉及的分句可以是两个主句（如由"和""或"连接），或者是一个主句和一个从句（如由关系代词"that""因为"连接）。普遍看来，手语语言似乎只使用屈指可数的连词，迄今尚未在任何已研究的手语中发现与英语宾语从句连词"that"用法相近的手语连词[包含"that"的英语例句是"I assume that she will sign the contract"（我以为她将签署合同）]。英国手语中有【当……时】和【因为】，荷兰手语中有【因为】和【如果】。荷兰手语常用【但是】连接两个主句，连词【和】在荷兰手语中并不常用，人们通常认为使用【和】引导句子是受荷兰语的影响。

这些连词及其引导的分句，有时会伴有特定的非手控标记，如扬眉或头部倾斜等。在某些情况下和某些手语中，这些非手控成分是强制性的。本书第7章将详述手语如何表达复句。

### 5.5.4 小品词

**小品词**是功能词的一种，它可以在句子中独立使用，可以改变句子意义。本书只关注两种类型的小品词：否定小品词和语气小品词。许多有声语言都是借助独立的小品词来表达否定，如英语的"not"，意大利语的"no"，爱尔兰语的"nil"及其他。来自世界各地许多手语的类型学研究表明，所有手语都有一个用手打出的**否定小品词**。一些手语，如约旦手语甚至有几个否定词来传达不同含义。例5-26a是约旦手语句子，它就是借助一个最常见的小品词，即中性否定小品词【不】来实现。【不】用 手型来表达，它是在身体前方反复晃动手指。当手语者想要强调否定意义时，他可以使用例5-25b句中的手势词【不：强调】。这个词也是 手型，但它只需打出单一的、加重的、从左到右的运动。请注意，在例5-26b句中该手势词被重复打出，这是为了给话语添加更为强调的意义。此外，约旦手语还有手势词【不–存在】，该手势词打法是 手型放在嘴前（指尖指向嘴唇），手指反复向下弯折。【不–存在】的主要功能是否定物体的存在（如"没有面包"），但在某些语境下，它也可以用作通用的小句否定词，用法见例5-26c句。

▌**例 5-26　约旦手语**

　　a.【父亲　母亲　聋人　指代词₁　不，说。】
　　　'我的父亲母亲不是聋人，他们会说。'

　　b.【不：强调　抽烟　不：强调。】
　　　'不，我当然不抽烟。'

　　c.【昨天　晚上　聚会　来　不–存在。】
　　　'昨天晚上我没有去那个聚会。'

值得注意的是，到目前为止已研究的所有手语中，手控小品词并不是表达否定意义的唯一方法，非手控标记，如摇头，也是常用的手段。在许多手语中，手控成分甚至不是必选的。约旦手语在这方面不同寻常，因为在这种手语中，手控否定词是强制性的，而非手控标记（在例 5-26 中已被省略不用）却是可选的。本书第 6 章第 6.8 节将进一步讨论手语否定的特征。

**语气小品词**也可以改变句子意义，但是它们所造成的意义变化可能相当细微，有时难以解释。例 5-27 里的两个德语句子是对语气小品词用法的说明。例 5-27a 句是对事实的客观陈述，而例 5-27b 句借助语气小品词 "doch"，使该句明显具有了不同的含义。小品词增加了有关说话者态度的相关信息，它表达出说话者很生气和（或）惊讶。此外，它还可以强调所表达的内容。一些有声语言经常使用语气小品词（如德语和荷兰语），而其他语言（如英语）类似的小品词却不存在。对例 5-27b 句的英语翻译，人们可以通过重读英语单词 "explained"（解释）的第二个音节来表达相同的强调语气。

**▍例 5-27　德语**

　　a. Das　habe　ich　ihm　schon　erklärt.
　　　 that　have　 I 　him　already　explained
　　　 关系代词　助动词　我　宾格　已经　解释
　　　'我已经向他解释过了。'

　　b. Das　habe　ich　ihm　**doch**　schon　erklärt.
　　　 that　have　 I 　him　mod-part　already　explained
　　　 关系代词　助动词　我　他宾格　语气小品词　已经　解释
　　　'我已经向他解释过了。'

德国手语研究表明，在这种手语中，表达这类意义变化并不是借助手控小品词，而是借助非手控成分的修饰性变化，例 5-28 德国手语例子可用来说明这种修饰性变化。例 5-28a 句包含一个中性疑问词【哪里】，它伴有一般的非手控疑问标记（眉毛下压）。例 5-28b 句的手控部分与例 5-28a 句完全相同，但其非手控标记是不同的。在例 5-28b 句中，手语者通过耸肩（shr），皱眉（fr），以及一个有力的（el）而且有些绝望的眼神（dl），明确地表达了他的态度。同样的态度，即生气加上不耐烦的态度，德语可以用语气小品词 "nur" 来表达，英语则采用短语 "on earth"（究竟，到底）来表达。同样的"生气加不耐烦"语气态度还可以从例 5-28b 句的汉语翻译看出来，其中有"究竟"一词。

▎例 5-28　德国手语

　　　　　　　　　特殊疑问
　　a.【属格₂　钢笔　放下　哪里？】
　　　'你把你的钢笔放在哪了？'
　　　　耸肩，皱眉，有力的，绝望的
　　b.【属格₂　钢笔　放下　哪里？】
　　　'你究竟把你的钢笔放在哪了？'

总之，以上讨论清楚地表明，有声语言借助专门的小品词实现特定意义变化，而手语则通过非手控标记实现意义变化。即使手语中也有手控小品词，它们通常不是强制必选的词，手语者通常更依赖面部表情和（或）头部动作来传递他们想表达的意义变化。

### 5.5.5　助词

有声语言中的助词也具有语法功能。它们最重要的功能是标记"时"、"体"和（或）情态（这就是它们通常被称为"时–体–态"TAM 标记的原因），但它们也可以连接两个短语，就像**系词**（copula）一样。我们在本书第 1 章已经指出大多数手语没有系词。在例 5-29 巴基斯坦手语句子中，名词性成分【女孩　指代词 ₃ₐ】后面紧跟着形容词【聪明的】。因此，此句不包含动词，与它的译文语言英语不同，英语中的系词"be"是强制性的（见本书第 6 章第 6.2 节）。在没有系词这一方面，所有手语均无例外。事实上，许多有声语言也没有系词，如土耳其语、俄语，以及汉语普通话（见例 5-30）。

▎例 5-29　印度巴基斯坦手语
　　【女孩　指代词 ₃ₐ　聪明的。】
　　'那个女孩很聪明。'

▎例 5-30　汉语普通话
　　Mǎlì　hěn　cōngming.
　　Molly　very　intelligent
　　'马丽很聪明。'

在有声语言中，助词主要用于标记"**时**"和"**体**"。例如，英语中一个事件可以借助助词"have"而开始含有过去时间的意义［如 She writes a letter（她写信）和 she has written a letter（她写了一封信）］，或者借助助词"will"而含有将来时间的意义［she will write a letter（她将要写一封信）］。就像一些有声语言一样，许多手语没有这样的助词，而是使用像【昨天】和【明天】这样的时间副词（见本书第 9 章第 9.5.1 节）。美国手语也使用时间副词，但它也有一些已被分析为助词的手势词。例如，它有表示将来时的助词（见例 5–31a 句），以及过去时的助词（见例 5–31b 句）。手势词【将来】和【完成】不仅在形式上与相关时间副词不同，它们也出现在句子的不同位置。时间副词或者处于句子开头，或者处于句子末尾，而助词却总是出现在主语和动词之间（就像其他助词一样；参见例 5–35）。另外，美国手语使用指拼标记"e–x"，它意思是"之前的"。这个标记可以与名词结合（如"e–x ^ PRESIDENT"前总统），但它在谈论过去的习惯时也可起到助词的作用（见例 5–31c 句）。

**例 5-31　美国手语**

　　a.【约翰　将来　买　房子。】

　　　'约翰想要买房子。'

　　b.【约翰　过去　住　芝加哥。】

　　　'约翰曾住在芝加哥。'

　　c.【约翰　e–x（指拼出美国手语的手指字母）喜欢　巧克力。】

　　　'约翰以前喜欢巧克力。'

一些手语，如英国手语和荷兰手语，它们有单独的手势词来表示一个活动已经完成。这些手势词在例 5–32 和例 5–33 被标注和释义为【已准备好】，许多手语语言学家将这些词分析为一种体助词。本书第 9 章第 9.5.1 节将进一步讨论这些标记。

**例 5-32　英国手语**

　　【吃　已准备好　指代词$_{3a}$。】

　　'他已经吃过了。'

**例 5-33　荷兰手语**

　　【女人　指代词$_{3a}$　车　修　已准备好。】

　　'那个女人已经修好了那辆车。'

情态动词也被认为是助词，因为它们通常与实义动词相结合，所以一个**情态助词**可以表示一个活动是可能的（如"我能游泳"），或者是必要的（如"我必须游泳"）等。手语也有情态助词，如【能】【可以】和【必须】。在例 5-34 佛兰芒手语句子中，情态助词【必须】紧随实义动词【学习】之后。而在例 5-35 美国手语句子中，情态助词最常见的位置是在主语和实义动词之间，与例 5-31 中的时间助词的位置相同。

## 例 5-34　佛兰芒手语

【指代词$_2$　游泳　学习　必须　指代词$_2$。】

'你必须学习如何游泳。'

## 例 5-35　美国手语

【约翰　能　买　房子。】

'约翰能买一套房子。'

有趣的是，除了情态助词基本的肯定形式之外，一些手语语言也有特殊的否定形式。例如，在例 5-36 德国手语句子中，手语者可以通过改变手势词【可以】的运动参数的将否定意义融入这个手势词中。在德国手语中，将情态义和否定义融合在情态动词【可以】【能】和【必须】中是强制的。这些情态助词与实义动词不同，它们不能与否定小品词【不】结合使用。

## 例 5-36　德国手语

<u>　　　　　否定</u>

【花园　指代词$_{3a}$　孩子 ++　玩　可以 - 否定义。】

'孩子们不可以在花园里玩。'

最后，一些手语有另一种特殊类型的助词。与上述助词不同，这些助词不用作"时-体-态"标记，而是仅用于标记主宾一致。在一些手语中，如加泰罗尼亚手语、德国手语、希腊手语、荷兰手语和中国台湾地区手语，研究者都已经发现了这种一致关系的标记。本书第 9 章第 9.5.2 节将详细讨论这些助词的特点。

## 小结

与有声语言一样,手语的句子也是由不同类型的短语组成,包括**名词短语**、**动词短语**、**形容词短语**、**副词短语**和**附置词短语**,尽管最后一种类型在手语中似乎很罕见。前4种类型的短语与4种主要词类有关。但是在手语中,词类的确定通常需要考虑语法环境和语义环境等**语境**因素。与有声语言一样,手语话语也是按层级性组织而成的,有层级的结构可以通过方括号或树形图来表示。然而这类表征方式主要是线性的,手语的特征是**同时性**,采用这种方法还是有些问题的。**非手控型修饰成分**显然会增加相应的意义,但是如何将这些意义在线性的短语结构表示出来,我们对此还不是很清晰。像有声语言情况一样,手语的短语中也通常含有决定短语类型的**中心语**。在特定条件下,中心语可以被省略。

大多数手势词都是**实词**,包括动词、名词、形容词或副词。然而词类的区分有时存在问题,因为一个手势词极少带有词类标记,如它并没有词缀等词类标记形式,而语境因素对词类起判断重要作用。尽管如此,在一些手语中,语义上有关联的名词-动词对儿呈现出有规律的**系统性差异**,一些动词可以与**类标记手型**相结合,一些形容词和副词的意义可以用**手控**或非手控方式来表达。另外,**描绘物体轮廓的手势词**也可以用作形容词。

总体上,手语几乎很少使用**功能词**。指点手势【指代词】可以具有不同的语法功能:它可以用作定冠词,用作**人称代词**,用作**指示代词**。有声语言通常借助**前置词**或**后置词**来表达**空间关系**,手语则通常利用空间手段来表达空间关系。**时间关系**可借助附置词来表示,但与空间关系表达一样,手语表达时间关系时,空间手段也发挥重要作用。尽管确实有几个连词,但是在手语中连接两个句子的**连词**也相当少见。通过使用小品词,人们可以改变句子的意义。不同的手语,其**否定小品词**的使用情况也不同。似乎所有手语都有否定小品词,但是在许多手语中,否定小品词的使用并非强制(可以使用也可以不使用),因为否定意义也可以借助非手控的表情来实现。在一些有声语言中,**语气小品词**可以修饰句子的意义。同样,在手语中这种语气意义的修饰性变化主要借助非手控表情。**助词**总是与实义动词同时出现，它们的主要功能是标记"**时**"、"**体**"和情态。虽然手语"时"的表达主要借助于副词，但某些手语也使用特定的时间助词。此外，手语中有一些"体"助词。许多手语经常使用**情态助词**来表达某一事件的可能性或必要性。**系词**可看作是一种特殊类型的助词，它用于连接主语和谓词，大多数手语不使用系词。

## 自测

1. 请问如何确定手语句子中成分的数量，以及成分的类型？
2. 请问什么是形容轮廓的手势词？
3. 请回答手语中如何区别形容词与副词？
4. 请问实词与功能词的区别是什么？
5. 手语中经常出现功能词吗？请举出功能词的三个例子，并说明这个功能词属于哪一种手语。

## 任务

1. 请为以下荷兰手语句子划分成分。请参照本章（第5章的例5-9）的括号法，为每句话划分成分；请参照本章（第5章的图5-2）的树形图法，画出每句话的树形图。

   a.【男生　指代词 $_{3a}$　快速　骑行。】
   '那个男生骑得很快。'

   b.【教授　英语　学生　指代词 $_{3a}$　教。】
   '那个英语教授正在教学生。'

   c.【书　确切　正确的　出现。】
   '（适合读的）那些书确实就出现了。'

2. 为什么以下荷兰手语句子，正如它们所显示出的，都有结构性歧义？请解释它们的每个不同意思。

   a.【现在　教授　英语　教。】
   b.【女孩　漂亮的　画。】

3. 手语理解与产出中，手语的成分是否具有心理现实性？请结合本书第 2 章内容，回答此问题。

## 参考文献和拓展阅读

只有少数研究关注手语成分的不同类型。对成分和成分内部结构的讨论通常是在描述短语结构（往往是侧重于形式）的语境下进行的，例如，Petronio（1993）和 Neidle（2000）等对美国手语短语结构的研究，de Quadros（1999）对巴西手语短语结构的研究，Brunelli（2011）对意大利手语和荷兰手语的研究。Meir（2012）讨论了词类问题，Schwager, Zeshan（2008）提出了手语中不同词类的区别标准。对不同手语中的名词和动词差异，学者们也进行了相关研究，可参见 Supalla, Newport（1978）对美国手语的研究，Johnston（2001b）对澳大利亚手语的研究，Hunger（2006）对奥地利手语的研究，Kimmelman（2009）对俄罗斯手语的研究。Zwitserlood（2003）概述了荷兰手语中描绘物体轮廓的手势词。Liddell（1980）首次对美国手语非手控副词进行了分析。Pfau（2011）对指点手势的不同用途进行了概述。Zimmer, Patschke（1990）和 MacLaughlin（1997）讨论了（美国手语中）【指代词】用作定冠词的情况。Ahlgren（1990）论述了瑞典手语中直指代词的使用，McBurney（2002）对有声语言的和手语的人称代词进行了全面比较。Cormier（2012）和 Meier, Lillo-Martin（2013）对手语代词的特征进行了非常便捷清晰的总结。Waters, Sutton-Spence（2005）描述了英国手语中的一些连词。Zeshan（2004a）从类型学视角，对不同手语中的否定小品词进行了跨语言描写及研究。研究者们也对不同手语的情态动词（包括否定义情态动词）进行了研究，可参阅 Ferreira Brito（1990）对巴西手语的研究，Wilcox, Wilcox（1995）和 Shaffer（2002）对美国手语的研究，以及 Pfau, Quer（2007）对德国手语和加泰罗尼亚手语的研究。

本章美国手语名词-动词对儿的例子来自 Supalla, Newport（1978），其他美国手语例子来自 Neidle（2000）等人。意大利手语句子来自 Meir, Sandler（2008），约旦手语例子来自 Hendriks（2008），英国手语例子来自 Sutton-Spence，Woll（1999）。德国手语例子来自 Herrmann（2007）和 Pfau，Quer（2007）的文章。格鲁吉亚手语例子取自 Makharoblidze（2015 年）。最后，有声语言例子的来源如下：萨摩亚语句子取自 Mosel，Hovdhaugen（1992），马来语例子来自 Prentice（1987），汉语例子来自 Li，Thompson（1987）。

# 第 6 章 句法：单句

罗兰·普福和赫伦·博斯

## 6.1 引言

在本书前一章中，我们区分了手语中的 4 种成分，与大多数有声语言中的成分类似，它们分别是名词、动词、形容词和副词成分，这是在语义和句法标准的基础上分类的。根据语言所特有的规则，人们将这些成分组合成句子。在本章中，我们将讨论手语单句的不同属性（必须把它们与复句的属性相区别，后者将在第 7 章讨论）。我们可以通过例 6-1 荷兰手语的两个例句来说明单句的这些属性。

**例 6-1 荷兰手语**

         话题         否定
a.【指代词$_1$ 姐妹 指代词$_{3a}$, 明天 指代词$_{3a}$ 工作。】
 '我姐姐，她明天不上班。'

           特殊疑问
b.【指代词$_2$ 自行车 买 哪里？】
 '你在哪里买的自行车？'

例 6-1a 句由四个成分组成：动词成分【工作】，名词性成分【指代词$_1$ 姐妹 指代词$_{3a}$】（我的姐姐）和【指代词$_{3a}$】，以及副词成分【明天】。这 4 个成分在句子中具有不同的功能，分别用作句子的谓语、论元和附加语。在本章第 6.2 节中，我们将详细讨论不同成分的不同功能。本章第 6.3 节的主题是谓语的价。

　　此外，句子中的名词性成分可以在语义和语法上扮演不同的角色，这些我们将在本章第 6.4 节中讨论。此外，手语中成分的组合方式并不是随意的。相反，它们的组合受特定语言的具体规则所约束，在这点上，手语同大多数有声语言相类似。例如，在例 6-1a 句中，动词在句末，而在例 6-1b 的特殊疑问句中，占据相同的位置却是特殊疑问词。我们将在第 6.5 节重点介绍手语的语序规律。在第 6.6 节，我们将聚焦于在句子层面上影响手语语序的语言过程，即话题化问题，就像例 6-1a 句中所说明的，其中被话题化的成分，我们把它标记为"话题"。例 6-1 已经清楚表明手语语序可能受句子类型的影响。我们将在第 6.7 节中讨论不同的句子类型——陈述句、疑问句和祈使句，以及它们的实现方式。所有类型的句子都可以被否定，例如，在例 6-1a 句中，摇头的非手控动作（标注为"否定"）伴随着句子中的相应成分，由此否定这部分成分所表达的内容。第 6.8 节将探讨不同手语如何表达否定。例 6-1a 句中的成分【指代词$_{3a}$】是用来解释代词化的例子，这是我们将在本章的最后一节，即第 6.9 节所要讨论的语言现象。在这一节中，我们还将讨论另一个语言事实，即在一定条件下代词可以省略。

## 6.2　不同句子成分的功能

　　同有声语言一样，手语中的成分在句子中可以用作以下三种功能：谓语、论元、附加语。**谓语**通常表达一种状态或一个事件，它也可能用于与句子中的另一个成分建立关系，或者用于详述某一成分的属性。在例 6-2 德语手语例句中，加黑的粗体字部分就是谓语（属格是表示所属关系的代词，它在德国手语中是用 手型来表达）。

▎**例 6-2　德国手语**
　　a.【明天　学校　属格$_1$　女儿　蛋糕　**烘焙**。】
　　　'明天我女儿将在学校里烤一个蛋糕。'
　　b.【属格$_2$　父亲　**游泳**。】
　　　'你爸爸正在游泳。'

c.【蔬菜　健康的。】

'蔬菜（吃素食）健康。'

d.【属格₁　兄弟　医生。】

'我弟弟是医生。'

在例 6-2a 句里，谓语【烘焙】详述了事件并表达了成分【属格₁　女儿】（我的女儿）与【蛋糕】之间的关系。例 6-2b 句中的谓语【游泳】也指事件，但不表示成分之间的关系。在例 6-2c 句中，谓语【健康的】提供了关于【蔬菜】的信息，而在例 6-2d 句中，手势词【医生】进一步详述了主语【属格₁　兄弟】（我的"兄弟"）的情况。显然，后两个谓语不涉及事件，而是指属性。

同大多数有声语言一样，手语中的谓语通常是动词成分，如例 6-2a 中的【烘焙】和例 6-2b 句中的【游泳】。然而，例 6-2c 和 d 中的例句说明其他类型的成分也可以充当谓语。在例 6-2c 句中，我们发现形容词【健康的】可作谓语，即**形容词谓语**；在例 6-2d 句中，名词【医生】可作谓语，即**名词谓语**。迄今为止已研究的手语似乎都不用像英语中的"are""is"这类系词（而例 6-2c 和例 6-2d 两句的英语翻译必须有系词）。从类型学的角度来看，这并不特别，因为许多有声语言，如土耳其语和汉语也不用系词。

句子成分的第二个功能是**论元**。例 6-2b 句中的成分【属格₂　父亲】（你爸爸）和例 6-2c 句中【蔬菜】验证了这一功能，这两个成分是构成符合语法的句子所必需的。在例 6-2a 句中，有两个强制性论元：【属格₁　女儿】（我的女儿）与【蛋糕】。如果两个中的任何一个被省略，那么句子就是不合语法的，就像相应的两句英语病句"* My daughter bakes"（我女儿烘焙）和"* Bakes a cake"（做蛋糕）（见本章第 6.3 节）。

相反，例 6-2a 句中的成分【学校】可以省略，因为它不是谓语必须的关联成分。也就是说，名词【学校】在例 6-2a 句中充当**附加语**，更确切地说，是方位附加语，该成分是随意选择成分，不是句子必需要有的成分。论元与附加语的区别在于它们与谓语的价的紧密相关程度不同。价这个概念会在本章下一节中进行解释。

## 6.3 价

术语"价"是指为了构成符合语法的句子，一个谓语所需论元的数量。就像在有声语言中一样，在手语句子中，谓语的价也存在差别：有一价、两价和三价谓语。例如，例 6-3a 俄语手语句子中的谓语【跳舞】只需要一个论元，因此它是一价谓语或**不及物动词**。因为例 6-3b 句省略了该论元，所以导致该句不符合语法，是个病句。例 6-2a 句的【烘焙】是**及物动词**（二价的谓语）。例 6-4a 俄罗斯手语例句的动词【建造】也是一个及物动词，它要求带有两个论元，所以例 6-4b 句和例 6-4c 句都是不符合语法的，因为它们都缺少了另外一个必要论元。

**例 6-3　俄罗斯手语**

　　a.【导演　跳舞。】

　　　'这位导演正在跳舞。'

　　b.*【跳舞。】

**例 6-4　俄罗斯手语**

　　a.【属格₁　邻居　建造　棚子。】

　　　'我的邻居正在搭建一个棚子。'

　　b.*【建造　棚子。】

　　c.*【指代词₁　邻居　建造。】

最后，例 6-5a 中的动词【送】是**双及物动词**（三价的谓语），所以它需要三个论元。同样，例 6-5b 句、c 句和 d 句都是不符合语法的例子，它们表明该谓语的三个论元都是必需的——至少在没有上下文的情况下，三个论元是强制必须要打出的。与论元受谓语制约不同，谓语的价并不决定附加语的存在与否。在所有的例句中，附加语都是可以任意添加的（如给句子添加时间附加语【周六】）。

**例 6-5　俄罗斯手语**

　　a.【男孩　父母　礼物　送。】

　　　'这个男孩正在送他父母一件礼物。'

　　b.*【父母　礼物　送。】

　　c.*【男孩　礼物　送。】

d.*【男孩　父母　送。】

然而，重要的是，要注意并非所有谓语的论元都需要表达出来。例如，当从上下文清楚看出谁是本文的接收者时，则不需要明确地提及该论元（间接宾语）。因此，如例 6-6 所示，它类似例 6-5c 句，有可能是一个形式正确、可以接受的句子（参见本章第 6.9 节的进一步讨论）。

▌例 6-6　俄罗斯手语

语境：男孩要去拜访父母，庆祝他们的结婚纪念日吗？

【不，　指代词₃　礼物　送。】

'不去，他将赠送 [他们] 一份礼物'

同有声语言一样，手语中表达天气状况的谓语也很特别：它们是零价谓语。因此，在例 6-7 佛兰芒手语例句中，像【雨】和【雪】一样的动词根本不需要任何论元，甚至不允许使用特定论元。在许多有声语言中，这种天气谓语常伴有所谓的**假论元**（也称为虚位代词），即这种论元语义是空的。英语的"it"（它）就是这种类型的论元 [如在句子"It rains"（下雨了）中]。很明显"it"并没有什么实际意思，但它却是句子的主语，因为如果没有代词"it"，句子就不符合语法。然而，与有声语言不同，手语不使用这种假论元。

▌例 6-7　佛兰芒手语

a.【昨天　雪。】

'昨天下雪了'。

b.【明天　可能　雨。】

'明天可能下雨'。

有趣的是，在特定情况下谓语的价可以减少，某些语言的**相互构式**已经证明了这一点。相互构式中的"相互"是指：多个参与者同时是行动的主语和宾语的情况。在英语中，例句"The children are greeting each other"（孩子们在互相打招呼）中的相互代词"each other"可以解释这种情况。英语单词"greet"（打招呼）是及物动词，在这种情况下，代词"each other"就充当了直接宾语，这样谓语价的要求就得以满足。然而在其他语言中，相互关系并不是由单独的代词来表达，而是通过动词词缀来表达。与英语"greet"一样，土耳其动词"selâmlamak"（打招呼）也是及物动词，如例 6-8a 句所示，它也需要一个直接宾语。然而在例 6-8b 句中，动词"selâmlamak"出现了，直接宾语却没有出现。这是因为在例 6-8b 句中，动词 "selâmlamak" 添加了后缀 "-š"，该后缀表示 "相互的" 意义。通过使用这种后缀，动词 "selâmlamak" 的价数就降低了，它可以只带一个论元。

▌例 6-8　土耳其语

    a. Çocuk-lar　öğretmen-i　selâmla-dı-lar.

       儿童－复数　教师－宾格　打招呼－过去时－第三人称复数

       '孩子们和老师互相打招呼，彼此问候。'

    b. Çocuk-lar　selâmla-š-tı-lar.

       儿童－复数　打招呼－相互词缀－过去时－第三人称复数

       '孩子们彼此打招呼，相互问候。'

像土耳其语一样，德国手语并没有使用单独的相互代词，它有时通过修饰或变化动词词形来表达相互意义。图 6-1 中的德国手语例句 a 表明一致动词【给】从与主语的位置 3a 移动到宾语的位置 3b。也就是说，手从右向左移动（请参见本书第 9 章第 9.5.2 节）。

【男人　指代词 3a　女人　指代词 3b　花　3a 给 3b】

"这位男士送给这位女士一朵花。"

图 6-1　德国手语例句 a

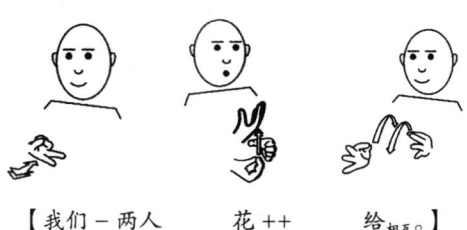

【我们－两人　花 ++　给 相互。】

"我们（两人）互相送花。"

图 6-2　德国手语例句 b

然而，当两个人互相送花时，动词的形式就会发生变化。正如在图 6-2b

中看到的，手语者同时使用了他的另一只手（非主手），它与主手同时移动，但在移动方向上是正好相反的。就像例 6-8b 土耳其语例句一样，此例中谓语【给】的价在这种情况下也减少了：双宾语及物动词【给】在相互构式中改变了动词形式，它只须带两个论元，即主语【我们-两人】和直接宾语【花 ++】，而不是三个论元。

最后，还有一点值得注意：同一个动词有可能既用于不及物结构，也用于及物结构，也就是说，该动词可能会有价的变化。这即使是在英语中，也是较为少见的情况。请比较英语例句 "Peter breaks the stick"（彼得把棍子弄断了）和 "The stick breaks"（棍子断了）。英语动词 "break" 在第一句中是二价谓语，但在第二句中它却是一价谓语。然而这种谓语价的差异在有声语言动词上并没有任何标记。不同手语也有类似的谓语价数变化现象。然而，如例 6-9 美国手语例句所示，似乎在手语中，价的变化可以体现在动词的手型变化上。

### 例 6-9　美国手语

a.【彼得　断　棍子。】→　双手✊手型'彼得把棍子弄断了。'

b.【棍子　断。】→　双手☝手型'棍子断了。'

在这两个例子中，【断】都是一个双手手势词，都有手部朝向变化。但是在例 6-9a 及物动词例子中，【断】采用双手✊手型；而在例 6-9b 不及物动词例子中，【断】采用双手☝手型。本书第 9 章第 9.6.2 节将进一步讨论这些重要的手型。

## 6.4　语义角色和语法角色

正如在有声语言中一样，论元所指的参与者或实体可以被分配某些**语义角色**，如施事、受事、工具、来源和目标等。语义角色详述了参与者或实体如何参与谓语所表达的事件或状态。例如，参与者可以是动作执行者，或者是动作的目标。此外，实体也可以是执行动作所用的工具，等等。鉴于语义角色是具有普遍性的语义概念，所以语义角色并不受语言模态所影响，它是独立于语言模态之外的，对这一点我们并不奇怪。

例 6-10 是荷兰手语例句，我们将用它们来说明不同语义角色。在例

6-10a 句和例 6-10b 句中，出现了相同的成分【指代词₁　兄弟　指代词₃ₐ】，但是它被赋予不同的语义角色。在例 6-10a 句中，它是动作的执行者，即施事；而在例 6-10b 句中，它的语义角色是受事。例 6-10c 和例 6-10d 两句则解释了另外两种语义角色。在例 6-10c 句中，【书】是工具格；而在例 6-10d 句中，【车站　指代词₃ᵦ】的语义角色是目标。

### 例 6-10　荷兰手语

a.【明天　[指代词₁　兄弟　指代词₃ₐ]施事　搬家。】
　'我弟弟明天要搬家。'

b.【周日　[指代词₁]施事　[指代词₁　兄弟　指代词₃ₐ]受事　见面。】
　'周日我要去看我弟弟。'

c.【[蜘蛛　指代词₃ᵦ]受事，[指代词₁]施事　[书]工具　打碎₃ᵦ。】
　'我用书碾死了一只蜘蛛。'

d.【现在　[指代词₁]施事　[车站　指代词₃ᵦ]目标　₁去₃ᵦ。】
　'我现在要去火车站。'

成分【指代词₁　兄弟　指代词₃ₐ】不仅在例 6-10a 句和 b 句中的语义角色不同，而且在**语法角色**上也有所不同。在例 6-10a 句中，它是句子的主语；在例 6-10b 句中它是直接宾语。请注意，在这四个手语例句中，主语都是施事。但是，语义角色和语法角色之间并不是一一对应的关系。例如，主语也可能是受事（如句子"黄油融化了"）。很多有声语言对不同语法角色进行格标记，例如，主语通常使用主格。但这种情况并不适用于手语，对迄今为止所研究的手语而言，手语成分的语法角色改变了，但是它的形式却可能并无变化。请注意，在英语和许多其他语言中，格标记只在代词上可见 [例如，"He moves."（他向我们走过来）。"I meet him."（我碰见他了）]，而在名词上是没有的 [例如，"The girl moves."（女孩向我们走过来）。"I meet the girl."（我们碰见女孩了）]。然而，在荷兰手语和其他手语中，就连代词（如【指代词】）也不会发生形式变化，即不论它是句子的主语还是宾语，它的形式都不变化。

被动结构的存在清楚地表明论元的语法角色和语义角色在句法中的作用。通常，在被动结构中，及物句变成不及物句，其中受事－论元变成主语，并且原来的施事－论元成为可选项。这种变化在英语句子 "He was asked（by the teacher）" [他被提问了（被老师）] 中是显而易见的，其中主语是 "He"（他）

是受事，而施事 – 论元"teacher"（教师）用既可选择，也可省略的介词短语来表达。关于手语被动结构的研究很少。在美国手语中某些结构并没有明确地将施事表达出来，但施事仍然隐含地存在，人们仍可以理解某个施事参与了该动作。例如，例 6-11 的句子中含有及物动词【修理】。然而，唯一的论元是受事 – 论元【自行车】（它已经被话题化）。虽然这可能让人联想到被动表达（"他的自行车被修好了"），但我们也必须注意，句子中并不存在表示被动的助动词或动词的被动形态变化。因此，学者们将这种结构描述为"施事离焦结构"（或施事隐含结构）而不是真正的被动结构，该句的翻译也反映了这一点。因此，手语可能像许多有声语言一样，没有被动结构。

### 例 6-11　美国手语

　　　　　　　话题
【属格 $_{3a}$　自行车，现在　修理 ++。】

字面意思'他的自行车：现在　正在修理中。'

然而，在手语语法中，语法角色确实在许多方面决定句子的结构。例如，它们影响手语语序（见本章第 6.5 节）和代词复制现象（见本章第 6.9 节）。

## 6.5　语序

大多数有声语言都可以从句子层面上确定该句子的单词或成分之间的基本顺序，即语序。在确定基本顺序方面起关键作用的标准是这种语序所出现的频率（即最常见的顺序）和语用中性。因此人们不考虑疑问句和祈使句的句子成分顺序，因为这些句子类型在语用上不是中性的。人们对手语语序也进行了研究，认为大多数手语也具有一个基本的句子成分顺序。

对一种特定语言来说，它基本语序的确定是依据该语言中具陈述功能的主句，该主句须包含谓语成分和两个名词性成分（主语和直接宾语）。通过观察主句中这些成分的前后顺序，我们得出该语言的语序（请注意这些成分都没有被特别强调）。在大量语言样本的基础上，我们已经发现有声语言三种最常见的基本语序（见表 6-1）。

表 6-1 有声语言三种最常见的语序

| 序号 | 语序 | 可简化为 | 用符号表达的语序 |
|---|---|---|---|
| a. | 主语 – 谓语 – 宾语 | → | S V O |
| b. | 主语 – 宾语 – 谓语 | → | S O V |
| c. | 谓语 – 主语 – 宾语 | → | V S O |

在本章第 6.5.1 节中,我们将讨论如何在句子层面上确定手语的基本语序及哪些因素可能会起作用;在本章第 6.5.2 节中,我们将讨论名词性成分的内部语序。

### 6.5.1 句子层面的基本语序

当我们提"基本语序或手语基本语序"时,真正指的是成分的顺序,因为名词性论元是由多个单词或手势词组成的成分。也就是说,在句子层面,我们对单个词或单个手势词的顺序并不感兴趣,而是对主语、谓语、宾语这三个主要成分的顺序感兴趣(见表 6-1)。适用于手语的标准与有声语言研究中使用的标准相同,也就是说,为了建立基本语序,我们可以观察语用中性的、带有谓语和两个名词性论元的陈述句。在下面的讨论中,我们将对及物句和方位处所句进行区分。

如本书第 6.3 节所示,**及物句**包括一个二价谓语,该谓语通常带有施事 – 论元和受事 – 论元。在美国手语、俄罗斯手语、瑞典手语和巴西手语中,人们一直认为及物句的基本顺序是 SVO,即主 + 谓 + 宾,正如例 6-12 巴西手语句子所表明的。

**例 6-12  巴西手语**

a.【[指代词 $_{3a}$  胡安]$_S$ [爱]$_V$ [指代词 $_{3b}$  玛丽亚]$_O$。】

'胡安爱玛丽亚。'

b.【[指代词 $_{3a}$  胡安]$_S$ [爱]$_V$ [足球]$_O$。】

'胡安爱踢足球。'

另外,在荷兰手语、印度巴基斯坦手语和意大利手语中,这些句子的基本顺序是 SOV,即主 + 宾 + 谓,如例 6-13 意大利手语例句所示。

**例 6-13　意大利手语**

a.【［詹尼］ₛ［玛丽亚］。［爱］ᵥ。】

'詹尼爱玛丽亚。'

b.【［詹尼］ₛ［房子］。［买］ᵥ。】

'詹尼买房子。'

例 6-12 和例 6-13 各提供了两个例句，用以说明成分的语序并不取决于宾语是否为有生命（两例中的 a 句）还是无生命的（两例中的 b 句）。不过，应该强调的是，这些基本顺序似乎在主语和宾语位置**可颠倒的**句子中更为常见。请注意：从语义角度来看，在例 6-12a 句和例 6-13a 句中提到的女士也可能喜欢那位男士。因此，对这些句子的正确理解在很大程度上取决于语序的使用。相反，例 6-12b 句和例 6-13b 句是主语和宾语位置**不可颠倒**的句子，在这类句子中使用不同语序的可能性就非常小，因为这样的句子仅有一种解释（房屋购买詹尼的可能性很小）。此外，我们已经发现，在某些手语中，如果动词在空间中有形态变化或者有体意义性屈折变化，那么语序就会不同，或者至少更加灵活了。例如，俄罗斯手语具有基本的主 + 谓 + 宾语序，但在带有类标记动词或体意义动词的句子中，语序往往是主 + 宾 + 谓（见本书第 9 章）。

到目前为止，还没有哪一门手语被描述为谓 + 主 + 宾语序。这一点是值得注意的。因为在有声语言中，这种谓 + 主 + 宾语序挺常见。全世界约有 7% 的语言是这种语序，包括爱尔兰语和菲律宾的国语他加禄语。基本语序是宾语先于主语的手语也没有。但这并不稀奇，因为这种语序在有声语言中也极为罕见。

有趣的是，在已有研究的大多数手语中，方位处所句的语序具有明显的特点。**方位处所句**是指句子中的两个实体的位置是由这两个实体之间的关系来确定的句子。在打方位处所结构时，手语者通常首先打出较大的、移动性较小的那个实体（背景），就像把它作为参照点一样。然后再打出较小的实体（图形），把较小的实体定位在背景中的某个位置。这种策略也称为**图形 – 背景**原则，例 6-14 德国手语例子就使用了这种原则。【桥】和【桌子】构成背景，而【车】和【书】则是图形，并且图形和背景之间的位置关系由例 6-14a 句中的位移动词或例 6-14b 句中的方位动词所决定。例 6-15 中的俄罗斯手语例句除了含有图形和背景，还表示方位关系，但它并没有动词。在这个例句中，图形本身就定位在背景上，两者同时出现。

### 例 6-14　德国手语

a.【［桥］$_{方位}$　［汽车］$_{主语}$　［驾驶–在下面–桥$_{3a}$］$_{动词}$。】
'汽车正在桥下行驶。'

b.【［桌子$_{3a}$］$_{方位}$　［书］$_{主语}$　［躺–在上面$_{3a}$］$_{动词}$。】
'一本书放在桌子上。'

### 例 6-15　俄罗斯手语

【［指代词$_{3a}$　墙］$_{方位}$　［水管$_{3a}$］。】
'墙上有一根水管。'

以上我们只讨论了句子中论元的位置，这的确是语序或手语语序研究的重点。然而附加语也有其基本位置。在许多手语中，包括荷兰手语在内，**时间附加语**，如荷兰手语的【昨天】，一般出现在句首位置（见例 6-16a 句）。而**体貌附加语**，如【经常】，最常见的位置则是紧随主语之后（见例 6-16b 句）。

### 例 6-16　荷兰手语

a.【［昨天］$_{时间}$　［指代词$_1$］$_{主语}$　［自行车］$_{宾语}$　［买］$_{动词}$。】
'昨天我买了一辆自行车。'

b.【［指代词$_1$］$_{主语}$　［经常］$_{体貌}$　［钥匙］$_{宾语}$　［丢］$_{动词}$。】
'我总是把钥匙弄丢。'

大多数有声语言允许有基本语序变化，但不同语言语序变化的灵活性并不一样。显然，语序可以变换使得语序研究变得更复杂了。手语也是如此，各种因素对手语语序都有影响。话题化就是一个好例子，我们将在本章第 6.6 节进行讨论。另外，由于手语有主语代词复制现象，所以手语的主语可能出现在句末位置，这一现象我们将在本章第 6.9 节讨论。

## 6.5.2　名词短语内部的语序

以上我们只讨论了句子成分的语序，但是正如我们已经指出的，成分通常由几个手势词构成。在成分内部，手势词也不是任意组合的。在本节，我们将研究名词性成分（名词短语）的语序。

在名词性成分内部，名词可以跟不同类型的**修饰语**组合，如冠词、形容词、数字、属格代词和关系从句等（关系从句将在本书第 7 章第 7.4 节讨论）。

当谈到修饰语相对于名词的位置时，有声语言显示出有趣的变化。例 6-17 提供了三种有声语言的例子，它们的语言类型各不相同。在许多语言中，包括荷兰语和英语，修饰语如属格代词和形容词总是放在名词前面（见例 6-17a 句）；而在法语中，我们发现存在不同，属格代词也是放在名词前面，但大多数形容词都放在法语名词的后面（见例 6-17b 句）；在新几内亚的伊马斯语中，属格代词和形容词都放在名词后面（见例 6-17c 句）。

**例 6-17　荷兰语 a、法语 b 和伊马斯语 c**

   a. mijn　zwarte　tand

      my　　black　　tooth

      我的　黑色的　牙齿

   b. ma　dent　noire

      my　tooth　black

      我的　牙齿　黑色的

   c. trŋ　amanaŋ　urkpwicakŋ

      tooth　my　　black

      牙齿　我的　黑色的

相对而言，我们对手语名词性成分内部的成分语序了解很少。但是，从现有数据中我们可以得出一个结论，那就是手语在这方面也是各不相同的。在意大利手语中，我们已经明确了例 6-18a 的属格代词，例 6-18b 的指示代词，以及例 6-18c 的形容词和数词等，它们都放在名词之后。然而，形容词和数词相对于彼此的语序是比较灵活的，如例 6-18c 中所示，尽管"名词 – 形容词 – 数词"的语序似乎更好些。

**例 6-18　意大利手语**

   a. 【外套　属格$_1$】

     '我的外套'

   b. 【书　指示代词$_3$】

     '这本书'

   c. 【书　红色的　三 / 书　三　红色的】

     '三本红色的书'

德国手语名词短语的结构看起来略有不同。与意大利手语一样，德国手语的形容词和指示代词通常在名词后面（见例 6-19a）。但属格代词和数词是在名词前，而且顺序是固定的，属格放在数词之前（见例 6-19b）。

▌例 6-19　德国手语

　　a.【房子　蓝色的　指示代词₃】

　　　'这幢蓝色的房子'

　　b.【属格₁　五　书　厚的】

　　　'我的五本厚书'

由于手语的【指代词】这种特殊的指点手势具有多种功能（参见本书第 5 章第 5.5.1 节），所以它有时会使名词性成分内部语序的识别变得非常棘手。我们已经知道这个指点手势在许多手语中可以用作人称代词，如它用在例 6-16 荷兰手语例句中时是人称代词。另外，当在名词短语内时，一个【指代词】既可用作指示代词（如例 6-18b 和例 6-19a），也可用作方位副词 [如 "the house there"（那边的房子）]，甚至还可以把不在场的所指与方位处所联系起来。美国手语数据还显示：位于名词前的【指代词】具有定冠词的作用（就像英语短语 "the house" 里的定冠词 "the"）。而且从例 6-20 美国手语例句可知，在名词性成分内部，两个【指代词】同时出现也并不罕见，常常是一个【指代词】出现在名词之前，另一个则加在这个名词之后。名词之前的这个指代性手势是定冠词，之后的则是方位副词。从本书第 5 章第 5.5.1 节的讨论中我们一定可以记得，手语中【指代词】不同的功能可同时出现，只是其词形略有差别。

▌例 6-20　美国手语

　　【约翰　知道 [指代词_冠词　男人　指代词_副词]_名词短语。】

　　'约翰认识 [那边的那个男人]。'

## 6.6　话题化

**话题化**是一种语法操作，它通常会影响句子语序。话题化意味将一个成分，通常是一个名词短语，作为话题放在句首，这就是为什么一些话题化的例子也被称为"左移位"。被话题化的成分在对话中具有特定的**信息地位**（请参见本书第 4 章第 4.6.2 节）。它们总是包含发语者和接收者共享的信息，即旧信息。通常这些信息在对话的早期就已经介绍过了，当然并非总是如此。发语者通过将共享的信息放在句首位置表明这是（这段）会话的话题，并将新信息添加在句子的其他位置（评述）。话题化依赖于话语语境，这表明涉及话题化的句子并非语用中性的句子，因此，它们所显示的语序并不是基本语序。

在例 6-21 两个德国手语句子中，名词成分已经被话题化（方位和时间附加语也可以被话题化，但这里不讨论这些情况）。我们这里呈现的是独立的句子，但是读者应该能想象到这些例子是以例 6-21a 句中的"大城市"或例 6-21b 句中的"祖母"作为话题的背景下产生的。句子的转写释义已经清楚地表明话题伴有特定的**非手控型语法标记**，我们将其标注为"话题"（另见例 6-1a 句和例 6-11）。这个话题标记包括扬起的眉毛和稍微向前倾斜的头部动作。此外，话题后面有一个短暂的停顿，例句中用逗号表示停顿。

### 例 6-21　德国手语

　　　　　　　话题
a.【城市　大，指代词₁　纽－约　　爱。】
　'至于大城市，我爱纽约。'

　　　　　　　　　　　　话题
b.【属格₁祖母　指代词₃ₐ，明天　指代词₁　会面。】
　'我明天要去接我的祖母。'英语翻译：I am meeting *my grandma* tomorrow.

尽管在这两个例句中，名词性成分都是话题化的，但是更仔细观察可发现这两个例句其实有区别。例 6-21a 中的句子的其余部分，也就是话题后面的成分是一个语法完整的句子，因为它包含带有两个论元的及物动词。通过话题，句子的一个成分被复制了，但话题成分【城市】显然在意义上属于上级词汇，【纽约】则是下义词大城市中的一员。由此产生的语序是"话题，主 + 宾 + 谓"。与例 6-21a 句不同，例 6-21b 句中的评述成分【明天　指代词₁　会面】不是一个完整的合乎语法的句子，因为及物动词【会面】只有一个论元出现（见本章第 6.3 节）。换句话说，在这个例子中，直接宾语已经被话题化，最终的语序是"宾语_话题，副词 + 主语 + 谓语"。

正如例 6-21 中的例句所示，在手语中，成分的话题属性可以通过句法位置和表情体态来标记（后者不是强制性标记，是可用可不用的标记）。从例句的英语翻译中，我们也可以看出在英语中话题化也会对句法结构（语序）和

（或）语调产生影响（例如，例 6-21b 句中的英语成分 "my grandma" 没被放在句首，而是加上了重音）。在一些有声语言中，话题也可用形态手段来标记，也就是说，它们有专用的**话题标记**。例 6-22 韩国语例句中，后缀 "-un" 就是话题标记。

### 例 6-22　韩国语

a. Ssaengsseon-un　yeone-ga　　madiss-da.
　 鱼 – 话题　　　三文鱼 – 主格　美味的 – 系词
　 '至于鱼，三文鱼非常好吃。'

b. Gu　　chaek-un　John-i　　Mary-ege　suessda.
　 定冠词　书 – 话题　约翰 – 主格　玛丽 – 与格　给
　 "一本书，约翰给了玛丽。"

读者会注意到例 6-22 中的例句实际上与例 6-21 德国手语例句非常相似。请注意，在例 6-22a 句中，我们观察到了跟例 6-21 类似的复制现象，即同 6-21a 句一样，话题【鱼】是论元【三文鱼】的上位概念，它们形成概念复制。另外，与 6-21b 句一样，在例 6-22b 句中，话题之后的成分也不是可以单独使用的符合语法的句子。

## 6.7　句子类型

当然，话题化并不是唯一可以影响成分语序的句法现象。如前所述，我们首先选择语用中性的陈述句，进而才观察和判断语言的基本语序。因为在其他句子类型中，如疑问句（本章第 6.7.1 节）和祈使句（本章第 6.7.2 节），句子可能会出现其他语序。

### 6.7.1　疑问句

在许多有声语言中，**是非疑问句**的语序跟基本语序是不同的。例如，在英语中，有屈折变化的助动词出现在是非疑问句的句首，例如，英语句子 "Will he sell his car？"（他会把车卖掉吗），它助动词与主语的语序与陈述句正相反 "He will sell his car."（他会把他的车卖掉）。助动词 "do" 的嵌入常常发生，而且助动词通常占据句首位置（如"Did he sell his car？"）。相比之下，在当前已研究的手语中，是非疑问句通常没有系统的语序变化。相反，手语是非疑问句的语法标记通常仅由表情体态来完成（用"是非疑问"标注：主要是扬眉，以及头或下巴向前和（或）向下运动），从例 6-23 印度巴基斯坦手语句子可以看到**非手控型语法标记**，在这种手语中，是非疑问句的非手控表情体态是睁大的双眼和头部向前倾斜。

▌**例 6-23　印度巴基斯坦手语**

　　a.【父亲　汽车　存在。】

　　　'（我的）父亲有一辆汽车。'

　　　　　　　　是非疑问

　　b.【父亲　汽车　存在？】

　　　'（你的/他的）父亲有车吗？'

手语语言学家认为，这种非手控语法标记的作用等同于有声语言的**疑问语调**，正是这些非手控的表情体态构成了手语中疑问的语调（见本书第 11 章第 11.10 节）。在一些有声语言中，陈述句与其相对应的是非疑问句之间的差异仅仅是通过语调来辨别，如印地语。在例 6-24 中，我们用线条的下降和上升来分别表示例 6-24a 句中的下降语调和例 6-24b 句中的上升语调。关键的一点是，这两个例句的语序完全相同。

▌**例 6-24　印地语**

　　a. Bacca　bemar　hai.

　　　儿童　　生病　　系词.第三人称单数.现在时

　　　'这个小孩生病了。'

　　b. Bacca　bemar　hai？

　　　儿童　　生病　　系词.第三人称单数.进行时

　　　'这个小孩生病了吗？'

对一些手语而言，陈述句和是非疑问句手控部分的唯一区别就是使用手控型**疑问小品词**，这些小品词通常在句末位置（并且它们往往是可选的，并非强制使用），中国香港地区手语就是这种情况。例 6-25 所使用的疑问小品词是相当复杂的，因为它涉及两个手型的快速交替与重复，即它快速交替打出"好"（👍）和"坏"（👎）两种手型，并且重复这一动作。

### ▍例 6-25　中国香港地区手语

　　　　　　　　　　　是非疑问
【现在　拍 – 照片　疑问 – 小品词？】
'我们现在照相，好不好？'

　　从类型学的角度来看，疑问小品词的使用绝不罕见。句末的疑问小品词也在一些亚洲和非洲语言中得到了证实，如例 6-26 中的勒莱语，它是一种在乍得共和国使用的乍得语（疑问小品词用字母"Q"来标注）。

### ▍例 6-26　勒莱语

Kiya　hàb　kùlbá　ke-y　gà？
Kiya　find　cow　his　Q
基亚　发现　牛　他的　疑问小品词
'基亚找到他的牛了吗？'

　　手语的特殊疑问句也可以借助非手控的表情体态来标记。在大多数手语中，相关的非手控型疑问标记包括皱眉（它可能与其他标记组合使用，如和"头向前倾"组合使用）。基于各大洲手语数据，当前的手语类型学研究显示，手语中的疑问词（特殊疑问词）经常出现在**句末位置**。如本章第 6.5.1 节所述，意大利手语是"主 + 宾 + 谓"语序的语言，例 6-27a 句就是其基本语序的句子。在意大利手语特殊疑问句中，特殊疑问词总是出现在句末位置，无论是对主语（例 6-27b 句）、宾语（例 6-27c 句），还是对附加语成分（例 6-27d 句）提出疑问。非常重要的一点是：意大利手语的特殊疑问词从来没有占据过句子的基本位置，即陈述句中主语、宾语、附加语所出现的位置。另外，请注意，非手控型语法标记必须伴随特殊疑问词，但是它可以任选性地扩展到整个小句（如例 6-27 虚线所示）。

### ▍例 6-27　意大利手语

a.【明天　詹尼　房子　买。】
　'明天詹尼要买一幢房子。'

    ----------- 特殊疑问

b.【花 买 **谁?**】

 '谁买花?'

     --------------- 特殊疑问

c.【玛丽亚 发现 **什么?**】

 '玛丽亚发现了什么?'

    ----------- 特殊疑问

d.【课程 开始 **何时?**】

 '什么时候开始上课?'

  从类型上讲,这种模式是很罕见的。在一些有声语言中,特殊疑问词仍放在基本位置,即放在被提问的成分原本在陈述句中出现的位置。在例 6-28 日语例句中,"主+宾+谓"语序的日语例句可以说明这种模式:例 6-28b 句中的特殊疑问词"nanio"(什么)与例 6-28a 句中的宾语"hono"(书)所占据的位置相同(请注意,日语也使用句末疑问小品词)。这种类型的语言被称为"特殊疑问词在原位"的语言。

## ▎例 6-28 日语

a. Jun-ga hon-o katta.

 Jun-NOM book-ACC bought

 淳-主格 书-宾格 买

 '淳买了一本书。'

b. Jun-ga **nani**-o katta ka?

 Jun-NOM what-ACC bought Q

 淳-主格 什么-宾格 买 特殊疑问词

 '淳买了什么?'

  然而,大量有声语言的类型学研究表明,在那些特殊疑问词不处于基本位置的语言中,特殊疑问词几乎总是占据句首位置。从目前为止已经研究过的手语来看,手语情况显然并非都是这样。因此,手语特殊疑问词似乎为我们提供了一种有趣的**语言模态所特有的规律**。

  另一个引人注目的模态特有现象是**疑问词复制**。除了疑问词放在句末的策略外,在很多手语中,疑问句中表达疑问的手势词可能会出现两次,一次在句首，一次在句尾。在例 6-29 巴西手语句子中，用作宾语的疑问词【什么】就是采用了这种疑问词重叠使用的方式来标记疑问句。在例 6-30 佛兰芒手语句子中，作为附加语的疑问词【为什么】也被重叠使用了。

▎例 6-29 巴西手语

<u>　　　　　　　特殊疑问　　　　　</u>
【什么　约翰　买　昨天　什么？】
'约翰昨天买了什么？'

▎例 6-30 佛兰芒手语

<u>　　　　　　特殊疑问　　　　</u>
【为什么　狗　狂吠　为什么？】
'为什么这只狗在叫？'

然而，疑问词复制并非在所有手语中都行得通。印度巴基斯坦手语就不允许这种语言学策略。以印度巴基斯坦手语为例，例 6-31a 句是一个"主 + 宾 + 谓"语序的陈述句。在它对应的例 6-31b 特殊疑问句中，通用疑问词（英语标注为 G-WH）出现在句末，手语的特殊疑问词通常在句末，这一点我们之前已讨论过。然而在印度巴基斯坦手语中，疑问词复制会导致该句不符合语法，所以例 6-31c 句是一个病句。

▎例 6-31 印度巴基斯坦手语

a.【父亲　指代词₃　书　搜索。】
　'(我)爸爸在找一本书。'

<u>　　　　　　　　特殊疑问　　　　</u>
b.【父亲　指代词₃　搜索　通用疑问词？】
　'(我)爸爸在找什么？'

<u>　　　　　　　　　特殊疑问　　　　</u>
c.*【通用疑问词　父亲　指代词₃　搜索　通用疑问词？】

从语言类型学上看，印度巴基斯坦手语中的特殊疑问句在两个方面是非常显著的。一是，这个手语中的表情体态标记"特殊疑问"是由扬起的眉毛组成（与头部轻微向后倾斜相结合），而不是皱起的眉毛，如图 6-3 所示，这点显而易见。二是，印度巴基斯坦手语具有最小的**疑问词集合**：它只有一个疑问词，即通用疑问词，如图 6-3 所示，它的通用疑问词可以表示"谁""什么""哪里""何时""为什么"和"如何"等不同疑问内容。

**图 6-3 印度巴基斯坦手语的通用疑问词 G-WH**

因此，对这一通用手语疑问词准确意义的理解是高度依赖上下文的，例 6-32 可以说明这一点。

### 例 6-32 印度巴基斯坦手语

<u>　　　　　　　　　　特殊疑问　　　　　</u>
a.【指代词₃　询问　通用疑问词？】
'他/她问谁/什么/何时/为什么？'

<u>　　　　　　　　　　　　特殊疑问　　　　</u>
b.【指代词₂　朋友　睡觉　通用疑问词？】
'你的朋友在哪里/什么时候/为什么睡觉/睡得好吗？'

一些疑问句把通用疑问词 G-WH 与其他手势词组成一个复合结构，借此来消除歧义。可能的组合是：【面对　G-WH】（谁），【地方　G-WH】（哪里），和【时间　G-WH】（何时）。基本上，这就像是问"在什么时间点上你到的？"而不是"你什么时候到的？"。但是对于"什么""如何"和"为什么"，就没有类似的策略了。

综上所述，前面的讨论已经表明，手语中所有类型的疑问句都伴有表情体态型疑问标记，这些标记在功能上类似有声语言的疑问语调。在是非疑问句中，手势词的语序一般不会改变。在特殊疑问句中，值得注意的是，手语中的特殊疑问词经常出现在句末位置，并且疑问词可复制。但是，不同手语在疑问词是否可以复制及究竟有多少疑问词等这两个方面存在差异。

## 6.7.2 祈使句

手语的陈述句和疑问句已经受到相当多的研究关注,但是第三种常见的句子类型——**祈使句**,迄今仍缺乏详尽的研究。最近针对意大利手语、加泰罗尼亚手语和法国手语中的祈使句的跨语言研究表明,在这三种手语中,祈使句这种句型伴有特定的表情体态标记,尽管表情体态标记的准确性质可能会因手语而异,或因祈使句类型而异(如是命令而非请求)。例 6-33a 意大利手语的命令祈使句伴随着皱眉,但例 6-34a 法国手语的命令祈使句是眉毛扬起,即扬眉。请注意例 6-33a 句中缺少主语代词,从跨语言角度来说,这确实是祈使句的共同特征,即使在不允许代词脱落的语言中也是如此(参见本章第 6.9 节的讨论)。至于手控型语法标记,所有类型的意大利手语祈使句通常都有一个指示性手势,标注为【B 指代词】,一般放在句末,请见例 6-33b 句。这个手势的打法是采用 手型,手掌朝上。

▌例 6-33　意大利手语

　　　　　　__皱眉__
　a.【膝盖-向下!】
　　'跪下!'

　　　　　　__皱眉__
　b.【吃　B 指代词!】
　　'吃!'

在法国手语中,请求祈使句通常涉及额外的非手控型语法标记,即点头,如例 6-34b 句所示。然而,在所有情况下,用于祈使句中的手语动词的运动更加紧绷一些。

▌例 6-34　法国手语

　　　　　　_____扬眉_____
　a.【指代词₂　咬-条　长久!】
　　'一直咬着这根木棍!'

```
          _____点头
    _____扬眉
```
b.【请　指代词₂　咬！】
'请咬着它！'

## 6.8　否定与肯定

自然语言的一个特点是所有句型（即陈述句、疑问句和祈使句），都可以被否定。本节将详细讨论不同手语中否定句的结构，但也会简要介绍肯定句。同样，我们会看到表情体态语法标记在这个语法领域中也起着至关重要的作用。

迄今为止，我们已经研究到的所有手语都是使用一个单独的小品词来表达句子层面的否定，就像许多有声语言一样［如英语中的"not"（不）］。这一**手控型否定小品词**在句子中的位置会因手语不同而有差别。例如，在例 6-35 所示的"主+宾+谓"语序的加泰罗尼亚手语中，小品词出现在句末；而在例 6-36 所示的"主+谓+宾"语序的美国手语中，它是在主语后面。然而，基本语序和句子中**小品词的位置**之间并非一一对应。例如，就像美国手语一样，瑞典手语是一种"主+谓+宾"语言，但是它的否定词却通常跟在动词后面。图 6-4 和图 6-5 分别是加泰罗尼亚手语和美国手语的手控型否定小品词。

▎**例 6-35　加泰罗尼亚手语**
```
        ------- 否定
```
【桑迪　肉　吃　不。】
'桑迪不吃肉。'

▎**例 6-36　美国手语**
```
    否定 ----------
```
【约翰　不　买　房子。】
'约翰不打算买房子。'

图 6-4　加泰罗尼亚手语的手控型否定小品词　　图 6-5　美国手语的手控型否定小品词

看一下例 6-35 和例 6-36 就可迅速明白，非手控型语法标记，即左右**摇头**（标注为"否定"），可以与手控型小品词结合使用。在加泰罗尼亚手语和美国手语中，摇头既可以仅伴随否定小品词【不】，也可以任选性地延伸至动词和宾语位置（例句中，摇头表情体态的扩展是用虚线来表示）。

在这两种手语中，摇头是强制性的，但否定小品词却是随意的，事实上，它通常是被省略的。当发生省略时，摇头是唯一的否定标记，如例 6-37 和例 6-38 中的句子所示。请注意，例 6-37 句和例 6-38a 句的含义，分别与例 6-35 句和例 6-36 句的含义相同。此外，这些例句说明摇头可以发生在不同的域：伴随例 6-37 句中的动词【吃】，伴随例 6-38a 句中的动词短语【买房子】，或者伴随例 6-38b 句的整个句子。有趣的是，类型学对比研究已揭示，各个手语在**摇头的确切时机时长**（覆盖范围）方面可能彼此不同。例如，虽然加泰罗尼亚手语摇头标记可能只伴随如例 6-37 句所示的及物句中的动词，但在美国手语中，同样的情况被认为是不可能的，也就是说，例 6-38a 句中的摇头只伴随动词【买】是不符合语法的。在美国手语中，在没有【不】的情况下，摇头必须扩展到宾语上。

▎**例 6-37　加泰罗尼亚手语**
　　　　　　　否定
　　【桑迪　肉　吃。】
　　'桑迪不吃肉。'

▎**例 6-38　美国手语**
　　　　　　＿＿否定＿＿
　　a.【约翰　买　房子。】
　　　'约翰不打算买房子。'

　　　　　　　　否定
b.【女人　忘记　钱包。】
"这位女士并没有忘记她的钱包。"

像加泰罗尼亚手语和美国手语等，否定句是由任选使用的手控小品词和强制使用的表情体态组合起来共同标记的，它们被称为**表情体态主导的手语**，因为在这些手语中表情体态语法标记比手控成分更为重要。同属于这种类型的手语还有德国手语、印度巴基斯坦手语、巴西手语和荷兰手语。

然而，表情体态主导这一规律并未在所有手语中得到证明。事实上，就否定语法范畴而言，我们发现了有趣的**类型差异（类型变异）**。例如，在例6-39中国香港地区手语，以及例6-40因纽特手语中，否定句不能只通过表情体态来标记。因此，例6-39b句和例6-40b句都是不符合语法的。鉴于手控否定小品词是强制必须使用的，这些手语被归类为**手势主导的手语**。另外，这类手语的摇头通常仅伴随否定小品词，即它不能扩散——这与前文中的美国手语和加泰罗尼亚手语形成鲜明对比。与中国香港地区手语和因纽特手语否定规律相似的，还有意大利手语、土耳其手语和约旦手语。

▎**例6-39　中国香港地区手语**
　　　　　　　否定
a.【指代词$_{3a}$　明天　飞　不。】
'他明天飞离并不是真的。'

　　　　　　　　否定
b.*【昨天　夜晚　父亲　传真　朋友。】
'爸爸昨天晚上没有给朋友发传真。'

▎**例6-40　因纽特手语**
　　　　否定
a.【狼獾　吃　不。】
'我不吃狼獾肉。'

　　　　否定
b.*【北极-熊　看见。】
'我没有看见北极熊。'

观察非手控型语法标记的形式，我们还可进一步发现否定语法范畴的类型差异。目前为止已研究过的所有手语都使用摇头，但在某些情况下，我们还发现了一个额外的表情体态语法标记：头向后倾斜一下（见图 6-6）。显然它属于区域和文化特有的特征，因为它只在东地中海地区使用，在那里，听人文化中也有类似的头部运动，即听人否定话语的副语言姿势。依据语言描写数据，土耳其手语、希腊手语和黎巴嫩手语在否定句中都使用头部后倾。就像摇头一样，头部后倾在这些手语中也具有语法功能。

**图 6-6　土耳其手语的非手控型否定标记（与手控型小品词组合在一起使用）**

在例 6-41 土耳其手语例句中，头部向后倾斜伴随着句末的否定小品词，其手势词的外形和头部后倾的情况如图 6-6 所示。如前所述，土耳其手语是一种手势主导型手语。希腊手语也采用头部后倾的表情体态，但希腊手语仍被归类为表情体态主导型手语。这意味着在希腊手语里：第一，可以只借助头部倾斜（或摇头）来否定句子，如例 6-42a 句所示；第二，表情体态，即非手控型语法标记可以伴随整个句子（或句子的一部分），如例 6-42b 句所示。

▎例 6-41　土耳其手语

　　　　　　　　　头部向后倾斜
【指代词₁　土耳其　出生　　　　不。】
'我不是在土耳其出生的。'

▎例 6-42　希腊手语

　　　　　　　　　头部向后倾斜
a.【工作　然后　去，　　迅速。】
'别着急，我们下了班之后再去（那里）。'

头部向后倾斜

　b.【指代词₁　再次　去　不。】

　　'我不想再去（那里）了。'

到目前为止，在本节中我们只关注否定句。然而，句子也可以是肯定的。这两个选项都包含在句子的"**极性**"这一术语下，即句子可以具有肯定极性或否定极性。原则上，任何未被否定的句子都是肯定的，虽然这不一定被明示地表达出来——而否定的极性总是有语法标记。然而，强烈的肯定极性是可以被标记的，在肯定句中强调事件的真实性就是这种情况。例如，英语副词"indeed"（确实）就是为了强调肯定意义。在手语中，**肯定**可以用手控型和（或）非手控语法标记来表达。用于表达肯定意义的非手控型语法标记是做重复的**点头**动作，它可以伴随整个句子，如例 6–43 意大利手语所示。

▌例 6-43　意大利手语

　　　　　　肯定

【某人　到达。】

'Someone *did* arrive.'

'确实有人来了。'

此外，约旦手语有时使用手控型肯定小品词，我们在例 6–44 中将其释义为【肯定】。在此例中，点头与手势词同步：如果手势词涉及单个运动，那么点一下头；如果手势词含有重复运动，那么也需要重复点头。

▌例 6-44　约旦手语

　　　　　　　肯定

【明天　聚会　去-朝向　肯定标记　指代词₁。】

'I *will* go to the party tommorrow'

'我明天想要参加一个聚会。'

例 6–43 和例 6–44 中的句子翻译表明，在英语中，除了副词"really"（真的）或"indeed"（确实）之外，肯定通常通过语调（斜体部分表示强调）和（或）助词"do"来表达。在手语中，语调须借助表情体态来表达，表情体态似乎是表达肯定意义，实现较强肯定极性意义的最常见方式。

## 6.9 代词化与代词脱落

本章要讨论的最后一个与单句相关的语法现象是**代词化**。当我们用人称代词去代替先前语篇已介绍过的所指对象时，我们称其为代词化。这种代词化策略在对话双方十分熟悉所指对象时才适用，否则这个代词可能产生歧义（见本书第4章第4.6.1节）。换句话说，一旦介绍了像"我女朋友的兄弟"之类的所指对象，每当说话者想要再提及该所指时，他不需要重复复杂的名词性成分，通常只用代词就足够了，除非有歧义（见例6–47）。

对于手语中的代词化，还有一个额外的限制条件：相关的所指必须在场，或者必须已经在手势空间被定位了。手语中的代词是指点手势，它们指向手势空间中的目标位置：这可以是当前所指对象（手语者本人，接受者，或环境中的其他人或物体）的**真实位置**，或者是不在场所指在手势空间中被定位的**任意位置**。我们将用荷兰手语对话的片段来说明代词化策略。在例6–45a荷兰手语句子中，通过一个【指代词】，不在场的所指对象"你的堂兄"被引入并定位在3a的位置。在例6–45b句中，这个所指被代词化，也就是说，再提及它时我们用【指代词$_{3a}$】。

**例6-45　荷兰手语**

a.【昨天　指代词$_1$　指代词$_2$　堂兄　指代词$_{3a}$　看见。】

'昨天我看到了你堂兄。'

b.【下一个　年　指代词$_{3a}$　世界 ^ 旅途　去。】

'明年，他将要去环游世界。'

由此，我们可以发现有声语言代词指称存在一个有趣的不同。在有声语中，代词化通常涉及回指性指称。

请看例6–45b句的汉语翻译，我们发现汉语译文中的"他"是**回指**先前提及的、但在当前会话情境中不在场的所指对象，即"他"是指代例6–45a句的译文句子中的名词性成分"你堂兄"。然后请聚焦于荷兰手语例句，你会发现荷兰手语的情况略有不同。请注意，例6–45b荷兰手语句子的【指代词$_{3a}$】既是指向与所指对象【指代词$_2$　堂兄】有关联的位置，即进行间接指称，同时，它又直接指向了不在场的"你的堂兄"应该在的空间位置，就好像展开了"心理地图"一样。从这个意义上说，例 6-45b 句中的【指代词₃ₐ】，即手语代词是**直指的**，而不是回指的。实际上，一些研究人员已经提出，基于这种差异，手语中的这些代词性指点手势更像是指示代词而不是人称代词。根据这种推理，手语者在例 6-45b 句中实际表达的意思是"明年，这个人将要去环游世界"。

　　手语代词指称与手语模态密切相关的一个特点就是，手语中很少看到代词的**歧义**。请比较例 6-46 英语例句和例 6-47 荷兰手语例句，它们两者要表达的内容是相似的。

### 例 6-46　英语

a. Yesterday,　I　saw　your　cousin.
　昨天　　　我　看见　你的　堂兄
'昨天我看见了你堂兄。'

b. My　brother　was　there,　too.
　我的　弟弟　　是　那里，　也
'我弟弟也在那里。'

c. Next year,　he　will go　on trip　around　the　world.
　明年，　　他　将　去　旅行　周围　　　　世界
'明年，他将去环游世界。'

### 例 6-47　荷兰手语

a.【昨天　指代词₁　指代词₂　堂兄　指代词₃ₐ　看见。】
'昨天我看见了你的堂兄ᵢ。'

b.【指代词₁　弟弟　指代词₃ᵦ　也　出现。】
'我的弟弟（当时）也在那里。'

c.【明年　**指代词**₃ₐ　世界 ^ 旅游　去。】
'明年，他ᵢ将要去环游世界。'

　　在例 6-46c 英语例句中，代词"he"（他）的所指是含糊不清的：它可能指代"你的堂兄"或"我的弟弟"，因为该代词的形式仅表示所指是男性。换句话说，该代词表示的是阳性第三人称单数，上下文中有两个所指共享这一特征。相反，在例 6-47 荷兰手语例句中，代词【指代词₃ₐ】就不会产生歧

义：例 6-47c 句中的【指代词₃ₐ】只能指代前一句中的【指代词₂ 堂兄】，因为这个所指和位置 3a 相关联，而【指代词₁ 弟弟】和位置 3b 相关联（在语言学中，代词和所指之间的共同指称通常通过下标表示，我们在例 6-47 的句子翻译中采用了这一转写标注规则）。在手语中，所指与一个独特的位置相关联——只要它是在场的或者已经被指派了一个空间位置。例 6-47 清楚地表明，虽然【指代词₃ₐ】被翻译为"他"，但实际上其含义并不一定总是"他"。一方面，这个指点手势的含义在这个语境中更具体，因为它只能指称在这一段话语中占据 3a 位置的所指对象。另一方面，当换到另一个语境时，完全相同的指点手势也可以指称一位女性所指，因而会被翻译为"她"。

几乎所有手语，在某些条件下都有省略代词形式的可能。这种语法现象称为**代词脱落**。在手语中，代词脱落的一个重要条件是被省略的论元是由动词形式表示出来，更具体地说，是由动词的运动起点和终点表示出来。因此，即使没有上下文，德国手语也可以打出类似例 6-48a 句。请注意例 6-48a 句中不包含任何（代词）名词性论元。然而，谁拜访谁可以从动词【拜访】的形式上推断出来，该动词从语言接收者的位置（位置 2）开始，向打手语者的位置（位置 1）移动。所以，动词的这一形式特点表明语言接收者是进行访问的人（施事或主语），而打手语者是被访问的人（受事或宾语）（这种空间修饰性变化通常称为"一致关系"，本书第 9 章第 9.5.2 节将进一步讨论）。因此，例 6-48a 句可以省略主语代词和宾语代词。

▎例 6-48  德国手语

    a.【下一个 周末 ₂拜访₁ 能。】

    '下周末欢迎你来访。'

    b.【下一个 周末 指代词₂ 指代词₁ ₂拜访₁ 能。】

    '下周末欢迎你来访。'

    c.*【二年 以前 爱。】

    '两年前，你我相爱了。'

例 6-48b 句是例 6-48a 句的另一种结构表达，它也是符合语法的，但是此句两个代词都用手势打出来，的确会被认为是多余的，甚至会被认为有特定语用目的，即在语用上是有标记的。现在看一下例 6-48c 句，它包含动词【爱】，该词没有空间修饰性变化。如果脱离语境，这句话就是不符合语法的，因为动词的形式没有说明究竟是谁爱谁，所以此句的代词并不能被省略。在许多有声语言中，动词的形态变化和代词脱落之间也有类似的关系。例如，有声语言中，当动词的形式毫无歧义地表示主语的人称和数时（如西班牙语和土耳其语），通常是允许代词脱落的。

尽管如此，在没有空间修饰变化动词的情况下，代词也可以被省略。当代词的所指是对话的话题时，即是对话接收者已知的信息时，这时脱落是可能的（参见本书第4章第4.6节）。因此，这类代词脱落通常被称为"**话题脱落**"，而不是代词脱落。也就是说，当与前一句中的话题相同时，一个句子的话题，可以被省略掉。例6-49美国手语例句可以说明这种现象。第一句介绍了所指【女儿】。这个所指同时也是下一句的主语和话题。显然它是此段会话的话题，那么重复使用人称代词就是多余的。请注意，【女儿】没有被定位，后续动词（决定、看见、拾起、着迷、迷路）也没有任何修饰性变化，以指明主语（这与例6-48a句中的动词【拜访】的论元省略情况不同）。我们由此推断，此处省略指称【女儿】的代词是一种话题脱落。

**例6-49 美国手语**

【一 天，女儿 没有什么 d-o，决定 步行 树林$_3$。[ … ] 指代词$_{3a}$ 看见$_{3a}$ 花，拾起$_{3a}$。看见$_{3b}$ 瀑布$_{3b}$，[ … ] 着迷，迷路。】

"有一天，女儿没事做，所以（她）决定到树林里走走。（她）看到那里的花，摘了一些（花）。（她）看到瀑布；（她）（被美丽的瀑布）迷住了，结果（她）迷路了。"

但请注意，【花】位于3a位置，而且动词【拾起】打在此位置。因此，这句的代词脱落是宾语代词的省略。换句话说，话题脱落和代词脱落有可能组合在一起。不允许代词脱落的有声语言，也可能有话题脱落的现象。

最后，我们讨论**主语代词复制**，这种代词化现象可能会影响手语句子的语序。主语代词复制这种语言学策略是在句子结尾处重复主语论元，即主语在句子中出现了两次。首先对主语代词复制现象进行描述的是美国手语，但是随后它在其他手语中也得到了证实。例6-50荷兰手语例句也可以说明这种现象。虽然句首的主语论元可以是例6-50a句中的名词性成分，或者是例6-50b句中的【指代词】，但句末位置的主语只能是【指代词】。因此，在例6-50c句中，处于句末位置的被重复的主语【男人】是不符合语法的（复句中的代词复制可参见本书第7章第7.5.3节）。

### 例 6-50　荷兰手语

a.【男人　指代词 $_{3a}$　咖啡　点（酒菜等）　指代词 $_{3a}$。】
'那位男士点了咖啡。'

b.【指代词 $_{3a}$　咖啡　点（酒菜等）　指代词 $_{3a}$。】
'他点了咖啡。'

c.*【男人　指代词 $_{3a}$　咖啡　点（酒菜等）　男人。】
'那位男士点了咖啡。'

d.【咖啡　点（酒菜等）　指代词 $_{3a}$。】
'他点了咖啡。'

由于复制了主语论元，例 6-50a 句和例 6-50b 句中的手语语序变成了"主+宾+谓+主"。有时，主语代词复制和代词脱落可以在句子中同时发生，在这种情况下，荷兰手语例句的语序就变为"宾+谓+主"，如例 6-50d 句所示。显然，根据本章第 6.5 节所讨论的标准，它并不是荷兰手语的基本语序，而是一个有标记的变化语序。

## 小结

手势词在句子里具有不同的功能它们可以充当**谓语**、**论元**或**附加语**。当没有系词，形容词或名词用作谓语时，我们将后两者分别称为**形容词谓语**和**名词谓语**。谓语在**价**的方面存在差异：它们可以是**不及物**、**及物**或**双及物**的谓语。在某些结构中（如在**相互构式**中），我们可以观察到**价数的降低**。此外，句子中的论元可具有不同的**语义角色**（如施事和受事）和**语法角色**（如主语和宾语）。

手势词不能任意组合以形成句子。在句子层面及句子成分的层面，手势词都有明确的、特定的语序规则。在句子层面，手语语序受两个因素影响：一是，从语义角度看，句子主语和宾语位置是**可颠倒的**还是**不可颠倒的**；二是，句子是**及物句**还是**方位处所句**。在手语中，处所句通常根据**图形−背景原则**来构建。成分的**信息地位**也会对语序产生影响。例如，话题会出现在句首位置，并使用**非手控型语法标记**。在句子成分层面，如在一个名词性成分中，**修饰性**

成分可以出现在名词之前或之后。**指代词**可以在名词性成分中执行不同的功能。

**非手控型语法标记**在标记不同的句子类型上起着至关重要的作用。**是非疑问句**和**特殊疑问句**是借助眉毛的扬起或皱眉等不同位置变化来标记的。这类非手控型表情体态与有声语言中的**疑问语调**非常相似。此外,一些手语使用**手控型疑问小品词**。手语在**疑问词**集合的大小上彼此不同。观察手语特殊疑问句的表达,我们还发现了有趣的手语**语言模态**所特有的规律:在手语中,特殊疑问词经常出现在**句末位置**;在某些手语中,**疑问词复制**是可能的。在**祈使句**中,面部表情和身体姿态起着重要作用。为了实现否定,手语中使用了**手控型否定小品词和摇头**。在**否定**语法范畴中,我们发现了有趣的**类型差异**。在不同手语的否定句中,否定**小品词的位置**、摇头表情的确切**时机时长**(**覆盖范围**),不同手语都有所不同。此外,**手势主导的手语**与**表情体态主导的手语**也须相互区分开来。人们可以通过**点头**来标记句子的**肯定**形式。否定和肯定都可归入句子的**极性**这一术语之下。

**代词化**在手语中是通过指点手势来实现的,这些指点手势要么指向句中所指的**真实位置**,要么指向不在场所指被定位的**任意位置**。鉴于手语代词在性质上具有更强的**直指性**,而非更强的**回指性**,我们几乎从未观察到手语代词的**歧义**。在一定条件下,**代词脱落**可能出现。此外,我们还讨论了不同条件下的**话题脱落**。**主语代词复制**与代词脱落结合在一起可能会影响句子层面的手语语序。

## 自测

1. 请从你所了解的一门手语中,找出表达以下意义的四个手语动词,介绍它们在这门手语中分别是几价动词[请注意:含有(d)意义的动词可能会有点棘手]。请用有声语言转写释义的方法,为每个动词各举一个例句。

   a.【给】 b.【戏弄,取笑】 c.【哭;叫喊】 d.【希望】

2. 手语的特殊疑问句与有声语言的特殊疑问句有什么不同?请举出两点不同。

3. 若干手语的基本语序都是"主＋宾＋谓"。请问为什么"宾＋主＋谓"或"宾＋谓＋主"的语序有时候也是可行的？

4. 表达否定语法范畴时，不同的手语会有哪些不同？请举出三点不同。

5. 请用（采用有声语言转写释义的方法）三种不同的方式，把以下加泰罗尼亚手语句子变为否定句：

【今天　指代词₁　约瑟夫　指代词₃　₁拜访₃】
'今天我要去拜访约瑟夫。'

## 任务

1. 请识别并划出以下美国手语的句子成分。请说出这句话的语序有什么特别之处？

　　话题
【三　书　属格₁　姐姐　买。】
'我的姐姐买了三本书。'

2. 下面是两组德国手语的例句。为什么a组第二句符合语法，但b组第二句却不符合语法？

a.【属格₁　朋友　指代词₃ₐ　学校　工作。】
　【儿童++　指代词₃ᵦ₍弧形₎　₃ₐ帮助₃ᵦ。】
'我朋友在学校工作。他帮助孩子们。'

b.【属格₁　朋友　指代词₃ₐ　学校　工作。】
　*【儿童++　指代词₃ᵦ₍弧形₎　信任。】
'我朋友在学校工作。他相信孩子们。'

3. 以下美国手语句子具有什么语法现象？请根据本章对例句的描述，描述一下该句的话语结构和话题功能。

　　　　　话题　话题
【约翰　指代词₃ₐ，蔬菜，指代词₃ₐ　偏爱　洋蓟。】
'至于约翰，就蔬菜来说，他更喜欢洋蓟。'

4. 为什么手语经常允许代词脱落，而周围的有声语言却不允许代词脱落？

5. 用你知道的手语造三个句子，使其中的成分【桌子 指代词₃】'这张桌子'分别执行不同的句子结构功能（论元或附加语）和（就论元功能而言）不同的语法角色。

## 参考文献和拓展阅读

Johnston 等（2007）和 Vermeerbergen 等（2007）研究并比较了不同手语（非相关）的语序，并讨论了研究方法等问题。Kimmelman（2012），Leeson, Saeed（2012b），以及 Napoli, Sutton-Spence（2014）等人对可能在句子层面上影响手语语序的因素做了理论概述。在 Aarons（1996），Neidle 等（2000），以及 Sandler 和 Lillo-Martin（2006）等人的研究中，可以找到对句子层面的手语语序和手语话题化（供高级学生阅读学习）等语言现象的理论解释。Janzen, O'Shea 和 Shaffer（2001），以及 Rankin（2013）对与被动结构类似的美国手语例子进行了讨论。Cecchetto（2012）对不同的句子类型的特点进行了概述。Zeshan（2004a, b）对不同手语中的疑问句和否定句进行了有趣的类型学研究。关于特定语言的研究，请参阅 Zeshan（2006a）编写的文章。Pfau（2002, 2008）比较了手语和有声语言中的否定表达的特点。关于美国手语的特殊疑问句，当前仍存在有趣（但很艰难）的争议，相关内容可参见 Petronio, Lillo-Martin（1997），Neidle 等（2000），Sandler, Lillo-Martin（2006）等人的文章。Coerts（1992）对荷兰手语中的疑问句、否定句和话题化进行了广泛的研究。Donati 等（2017）等人是目前唯一研究手语祈使句的学者。McBurney（2002）研究了手语的代词。该文及 Meier（1990），Alibašić Ciciliani, Wilbur（2006）和 Cormier（2012）对手语代词的具体问题进行了讨论。首先提出主语代词复制的是 Padden（1988）。Bos（1993, 1995）讨论了荷兰手语的代词化、代词脱落和代词复制。Lillo-Martin（1986），Bahan 等（2000）和 Zwitserlood, Van Gijn（2006）等人建议对手语的代词脱落进行句法分析。

在分析价时，用于解释相互结构的德国手语例句是来自 Pfau,

Steinbach（2003），美国手语例句来自 Benedicto, Brentari（2004）。例 6-11 中的"离焦施事结构"来自 Rankin（2013）。在句子和句子成分层面上讨论手语语序，我们选取了 de Quadros（1999）的巴西手语例子，Cecchetto, Geraci, Zucchi（2006）及 Brunelli（2011）的意大利手语例子，Happ, Vorköper（2005）的德国手语例子（例 6-19）、Neidle 等（2000）等人的美国手语例子，以及 Foley（1991）的伊马斯语例子（1991）。韩语话题化的例子来自 Park（1997），印地语是非疑问句的例子来自 Zeshan（2004b）；中国香港地区手语的例子来自 Tang（2006）；勒莱语的例子来自 Frajzyngier（2001）；意大利手语例子来自 Branchini 等（2013）；巴西手语例子来自 de Quadros（1999）；印度巴基斯坦手语例子来自 Zeshan（2003b）、Aboh, Pfau, Zeshan（2005）。Donati 等人（2017）对法国手语和意大利手语中的祈使句进行了描述。有关否定和肯定的章节讨论，其所选例子来源如下：Liddell（1980）和 Neidle 等（2000）的美国手语例子；Pfau, Quer（2007）的德国手语和加泰罗尼亚手语例子；Tang（2006）的中国香港地区手语例子；Schuit（2013）的因纽特手语例子；Zeshan（2006b）的土耳其手语例子；Antzakas（2006）的希腊手语例子；Geraci（2005）的意大利手语例子；Hendriks（2004）的约旦手语例子。说明美国手语话题脱落的例子来自 Lillo-Martin（1986）。

# 第 7 章 句法：复句

罗兰·普福

## 7.1 引言

从本书第 6 章的例子可以清楚地看出，手语中单句的结构有清晰的规则：句子成分有不同的功能，不能任意搭配。此外，为了改变一个句子的类型或极性，人们必须遵守特定规则，这些规则可能因手语的不同而不同。单句的特点是它只有一个谓语，这个谓语与强制性论元相结合，可能带有附加语。相反，复句则包含两个（或更多）谓语，其谓语成分彼此之间可能有不同的关系。

"The examples presented in Chapter 6 make clear *that* the construction of simple sentences in sign languages is subject to clear rules: constituents have different functions within a sentence *and* cannot be combined at random. Also, *in order to* change the type or the polarity of a sentence, one has to follow certain rules *that* can differ per sign language. It is characteristic for simple sentences *that* they only contain one lexical predicate. This predicate is combined with obligatory arguments *and* possibly with adjuncts. In contrast, complex sentences contain two (or more) lexical predicates *that* may have different relations with each other."

以上这段英语是本章第一段内容的英语原句，请你把它读一遍，请问你发现了什么？是的，这一段的全部英语句子都是复句！但是很明显，它们是类型不同的复句。通常一个复句是由一个主句和一个从句（嵌入主句的分句）组合而成的，从句受主句支配。我们将在本章第 7.2 节到第 7.4 节讨论不同类型的从句。第7.2节讨论那些像名词性论元一样必不可少的从句。第7.3节讨论那些非必须、可以选择性添加的从句。第7.4节将区分嵌入在动词下的从句和修饰名词的从句。最后,一个复句也可以由两个主句组成,这种类型的分句组合关系称为并列关系,第7.5节将专门讨论并列句。

你能指出第一段中的英语原句分别属于哪一类型的复句吗?句中斜体的词可以给你一些线索。如果你仍不确定,可以在读完这一章后再重新尝试区分这些复句。

## 7.2 补语从句和直接引语

本书第6章第6.3节提到,就像有声语言一样,手语中的动词也可以有不同的价。请见以下德语手语例句。例7-1a句中的及物动词【看见】需要两个论元:一个主语和一个宾语。例7-1b句不符合语法,因为它缺少一个论元,即缺少直接宾语。在迄今列出的所有例子中,论元都是由名词或名词性成分充当。然而,一些嵌入的从句也可以做一些动词的论元,这类从句称为**补语从句**。在例7-1c句中,从句【[男人 指代词$_{3a}$ 书 偷]】包含一个主语、宾语和动词,而且该从句占据了及物动词【看见】的直接宾语的位置。从语法功能上看,它与例7-1a句中的名词【事故】一样。

> **例 7-1 德国手语**
> a.【昨天 指代词$_1$ 事故 看见。】
> '昨天我看到了一起事故。'
> b. *【女人 看见。】
> '这个女人看见。'
> c.【指代词$_1$ 看见 [男人 指代词$_{3a}$ 书 偷]。】
> '我看见那个男人偷了一本书。'

本章第7.2.1节将进一步解释补语从句的句法特征。第7.2.2节将简要讨论一种特殊类型的补语从句,即那些用作言语行为动词的论元的从句。我们将向大家展示:手语中的这种结构通常是采用不同于有声语言的方法来实现的,尤其是采用角色转换的方法。

### 7.2.1 补语从句

主句和嵌入主句的从句,这两者的组合关系称为**主从关系**。除了例 7-1c 句中的【看见】,德国手语和其他手语中的动词,如【想要】【知道】【希望】和【怀疑】等,都可以带补语从句。与例 7-1c 句类似,例 7-2 和例 7-3 中的句子分别来自土耳其手语和荷兰手语,方括号"[ ]"里面的成分就是补语从句,如果它们被去掉,句子就不符合语法了。

▍例 7-2　土耳其手语

【梅莱克 [孩子　好的　学校　去] 想。】
'梅莱克想让她的孩子去一所好的学校。'

▍例 7-3　荷兰手语

【安妮　指代词$_{3a}$　知道 [计算机　指代词$_{3b}$　坏了]。】
'安妮知道这台计算机坏了。'

在许多有声语言中,主句和补语从句在句法结构上是不同的。首先,补语从句通常是由一个特殊的成分即**标补词**来引导,如英语中的常用标补词"that"。其次,在一些语言中,补语从句与主句的句子**成分语序**是不同的。德语就是一个很好的例子,德语的主句是"主语 + 谓语 + 宾语"语序,即 SVO 语序,如例句 "Sie weiβ die Antwort"(她知道这个答案)。而德语的补语从句通常动词在从句的句尾,是"主语 + 宾语 + 谓语"语序,即 SOV 语序,如例句 " Ich hoffe, dass sie die Antwort weiβ"(我希望她知道这个答案)。荷兰语也有相同的现象,但是英语却没有这种情况(从该德语复句例子的英语翻译"I hope that she knows the answer"中就可以看出来,英语复句的主句和从句,其语序都是"主语 + 谓语 + 宾语",即 SVO)。

请观察例 7-1c 句,以及例 7-2 和例 7-3 中的手语例句,我们发现以上两个特征都不适用于这些手语例句。事实上,现有的研究表明,手语通常不用标补词,手语中的补语从句与主句的语序并无区别。因此,上述例句中方括号之内的从句,也分别是德国手语、土耳其手语和荷兰手语中的独立句子。即便如此,我们必须假设这些成分是从句,否则我们就不能解释为什么当没有这些方括号之内的成分时,例 7-1c 句、例 7-2 和例 7-3 中的手语例句会不符合语法。请把例 7-4a 句和例 7-4b 句,与例 7-4c 荷兰手语例句相比较,我们会发现英语和德语中也有跟手语相类似的特点。

**例 7-4　英语（a）、德语（b）和荷兰手语（c）**

　　a. I hope [ he　will　visit me tomorrow ].
　　　我　希望　他　将要　拜访　我　明天
　　　'我希望他明天来拜访我。'

　　b. Ich hoffe, [ er kommt mich　morgen besuchen ].
　　　我　希望　他 来　我（宾格）明天　拜访
　　　'I hope he will come visit me tomorrow.'
　　　'我希望他明天来拜访我。'

　　c.【指代词₁　希望 [ 明天　指代词₃ₐ　₃ₐ拜访₁ ]。】
　　　'I hope that he will visit me tomorrow.'
　　　'我希望他明天来拜访我。'

例 7-4 中的三个句子里，我们可以观察到这些补语从句都没有连词，并且从语序看，每个句子方括号以内的成分都可以独立成句。然而，这三个补语从句却都是主句动词（**母句谓语**）所必需的成分。

除了补语从句的语序，整个复句的成分顺序也很重要。假设荷兰手语的基本语序是"主语＋宾语＋谓语"（见本书第 6 章第 6.5.1 节），补语从句充当直接宾语，我们就会合理猜测补语从句应该是放在荷兰手语的主语和谓语之间。然而事实并非如此，从例 7-3 句和例 7-4c 句可见，这两个荷兰手语例句的补语从句都出现在动词之后。在荷兰手语中，把补语从句放在主语和谓语动词之间，会导致语法错误。请比较例 7-5 中的两个例句：例 7-5a 句是含名词性宾语的句子，它是符合语法的句子；而例 7-5b 句是包含了补语从句，但并不符合语法的病句。

**例 7-5　荷兰手语**

　　a.【安妮　指代词₃ₐ　答案　知道。】
　　　'安妮知道答案。'

　　b. *【安妮　指代词₃ₐ [ 计算机　指代词₃ᵦ　坏了 ] 知道。】
　　　'安妮知道这台计算机坏了。'

将补语从句移到句末位置，称为**补语从句外置**。在德国手语和意大利手语等基本语序是"主语＋宾语＋谓语"的手语中，以及在许多有声语言中，研究者都已经发现和讨论了这种强制性的补语从句外置现象。一个有趣的例外是土耳其手语，尽管它也是"主语 + 宾语 + 谓语"语序的语言，但它的补语从句情况很特别。从例 7-2 句中可见，土耳其手语的补语从句恰好就出现在语序所预期的主语和动词之间。事实上，在土耳其手语中，补语从句外置是不符合语法的，如例 7-6 中的病句所示。

**例 7-6　土耳其手语**

*【梅莱克　想　［孩子　好的　学校　去］。】
'梅莱克想让她的孩子去一所好的学校。'

## 7.2.2　角色转换与直接引语

在很多有声语言中，可以让句子充当其论元的特殊动词是**言语行为动词**，如英语的"say, claim, ask"。这类动词所引导的句子结构称为**间接引语**。在例 7-7a 句中，从句间接汇报了说话者父亲的一句话。但父亲的话语也可以通过例 7-7b 句中的**直接引语**进行表达，两个例句之间的一个重要区别是人称代词"I"所指称的对象不同，在例 7-7a 句中，从句中的"I"指说话者本人，然而在例 7-7b 句中"I"指的是父亲。

**例 7-7　英语**

a. My father said [ that I must not be late ] .

'我的父亲说了让我一定不要迟到。'

b. My father said："I must not be late."

'我的父亲说："我一定不迟到"。'

手语研究中还经常记录和描写一些可比较的结构，我们将以加泰罗尼亚手语为例来说明这一点。在例 7-8a 句中，安娜的话是以间接引语来表达的。在这个例子中，从句中【指代词$_{3a}$】指的是安娜。然而，在加泰罗尼亚手语和其他手语中，通过直接引语来表达他人的话（甚至是思想）是极为常见的。为实现这一点，手语者会利用一种被称为**角色转换**的结构（有时也称为"角色扮演"或"视角转换"）。本书第 4 章第 4.6.3 节已经解释了角色转换有两个目的：直接引语的表达（构建对话）和一个人物或角色的行为再现（构建活动和动作）。但在接下来，我们仅聚焦和讨论角色转换的第一个目的。为了直接引用安娜的话，例 7-8b 句中的手语者借助身体转动这个**身份变换**的方法，他把身体略微转向 3a 的位置，不再与会话对象进行眼神交流，而是开始模仿安娜这个人物角色的言行举止。手语者通常也会模仿他所扮演的人或角色的面部表情，所以在例 7-8b 句中，手语者很可能模仿安娜，一边学说安娜的话，一边面带安娜的恼怒表情。

### 例 7-8　加泰罗尼亚手语

a.【安娜 $_{3a}$ 说 $_1$ [ 指代词 $_{3a}$　厌烦　失败 ++ ]。】
　'安娜告诉我说她已经烦透了一次又一次的失败。'

<u>身体倾斜 −3a+ 安娜的面部表情</u>

b.【安娜 $_{3a}$ 说 $_1$ [ 指代词 $_1$　厌烦　失败 ++ ]。】
　'安娜对我说："我已经烦透了一次又一次的失败。"'

通常，人称代词【指代词 $_1$】总是指打手语者，但例 7-8b 句并非如此，从句中的【指代词 $_1$】指的是安娜。除了借助一套非手控的表情体态标记外，所指转换是这种角色转换的最重要特征，这与例 7-7b 英语例句中的所指转换比较类似。

我们在补语从句这节讨论角色转换，因为就言语行为动词而言，补语从句和角色转换（直接引语）是表达相同信息的两种方式。或者我们应该说，它们所表达的信息或多或少是相同的，因为打手语者可能在角色转换的同时传递角色的情绪情感，正如有声语言也是可以通过声调变化和面部表情等取得同样的信息传递效果。就角色转换结构的一个语法方面，即例 7-8b 句中表情体态所标记的那部分结构究竟是一个句子还是一个从句，我们暂无定论，角色转换结构与本章第 7.2.1 节中讨论的补语从句例子不一样。但是，与例 7-2、例 7-3 和例 7-8a 中的例句一样，例 7-8b 句中的方括号之间的小句是必须要有的，没有它，该句将不符合语法。

## 7.3　状语从句

与补语从句不同，**状语从句**是非强制、可以任选的句子成分，因为母句谓语并不需要它们。换句话说，省略状语从句不会造成句子不符合语法。状语从句可以进一步说明事件的具体情景和细节，如时间、地点、原因、目的和条件。接下来，我们将讨论三种类型的状语从句：明确事件时间的状语从句（第 7.3.1 节）、提供事件原因或目的等信息的状语从句（第 7.3.2 节），以及条件状语从句（第 7.3.3 节）。

## 7.3.1 时间状语从句

事件的时间信息通常是借助副词（明天、现在）、名词短语（上周）或介词短语（在三点时）等来表达。然而，它偶尔也会使用更复杂的结构，即由主语和动词构成的从句结构，请见例 7-9 中的英语复句。三个例句中，主句事件和从句事件有时间上的关系。例 7-9a 句中，从句事件（方括号之间）必须在主句事件之前（打包在离开之前）。例 7-9b 句中，从句事件的情况则正好相反（从句返回事件是在主句清洁事件之后）。例 7-9c 句中，主句和从句（准备和等待）事件同时发生。**时间状语从句**的一个特点是：从理论上讲，这些从句都可以用一个词来代替，如"今天"或"以后"。限定地点方位信息的从句也是如此，本文不对此做进一步讨论。

**例 7-9　英语**

a. We will leave [ when my sister has packed her bags ].

'姐姐收拾好包裹后，我们就离开。'

b. [ Before his mother returned ] he had cleaned the place up.

'在妈妈回来前，他已经把那个地方清理干净了。'

c. The sushi is prepared [ while you wait ].

'在你等待的时候，寿司正做着呢。'

迄今为止，人们尚未对手语中时间状语从句的表达策略进行充分研究。下文我们将讨论一些来自不同手语的例子，但是人们需要做进一步研究，来明确不同手语中时间状语从句的各种可能情况和具体限制条件究竟是什么。

为了表明句子中的从句事件是在主句事件之前发生（如例 7-9a 英语例句所表示的情况），佛兰芒手语经常使用我们标注和释义为【完成】的体标记，它出现在从句的最后（例 7-10a 句）。另外，从句还采用**非手控型语法标记**，即扬眉。在从句和主句之间，有一个短暂的停顿（通常伴有一个点头动作）。主句可以使用（或不使用）手势词【然后】，以便进一步澄清主句事件和从句事件的时间关系。在例 7-9a 的英语例句中，主句和从句可以位置互换，而在佛兰芒手语中却不可以。在后者中，从句必须放在主句之前，因此，例7-10b中的手语句子是不符合语法的病句。

▎**例7-10　佛兰芒手语**

　　　　　　　　　　扬眉
a.【[指代词₂　吃　完成]，（然后）我们－两人　购物。】
　'等你吃完后，我们（两个人）再去逛街。'

　　　　　　　　　　　　　　　扬眉
b.*【我们－两人　购物，[指代词₂　吃　完成]。】
　'我们（两个人）将要去逛街，等你吃完后。'

像例7-9b英语句子所表示的情况一样，当从句事件在主句事件之后发生，手语从句也是出现在句首位置，并且用扬眉来标记，正如例7-11德国手语例句所示。在这种结构中，德国手语还使用了一个可以引导时间状语从句的**时间连词**【以前】。有趣的是，【以前】既可以出现在主句的开头（例7-11a句），也可以出现在从句的结尾（例7-11b句），而这两句的意思是一样的。

▎**例7-11　德国手语**

　　　　　　　　　扬眉
a.【[指代词₃　学习　开始]，以前　指代词₃　世界^旅行　去。】
　'在他开始学习之前，他将出国旅行。'

　　　　　　　　　　　　扬眉
b.【[指代词₃　学习　开始　以前]，指代词₃　世界^旅行　去。】
　'在他开始学习之前，他将出国旅行。'

事实上，非手控型语法标记通常是人们识别手语主句和所嵌入从句的唯一线索。如果没有这一重要标记，例7-11a句中的这串手势词就会被理解为是两个单句，表达的意思变为"（现在）他开始了他的学业。在此之前，他出国旅行了"。

最后，如果德国手语时间状语从句中的事件与主句事件同时发生，那么它也会伴有扬眉标记。例7-12a句描述了两个很短的（瞬时）事件，它们（几乎）同时发生。与此相反，例7-12b句是两个同时发生，而且一直持续的事件。在例7-12b句中，从句可以任选是否使用手势词【现在】，而且主句谓语可伴有点头这一表示肯定的非手控型语法标记（标注为"肯定"）。

**例 7-12　德国手语**

　　　　　　　扬眉
a.【[ 人　敲钟 ], 狗　总是　系词 - 害怕的。】
'当有人敲钟时,这条狗总是被吓到。'

　　　　　　　　　　扬眉　　　　肯定
b.【[ 指代词₂(现在) 等待 ], 照片　冲洗。】
'当您等待的时候,我们把照片冲洗出来。'

有时很难确定两个分句中的哪一个是主句,哪一个是从句,尤其是当两个事件是同时发生的。但正如前文例句所示,时间状语从句总是在句首出现,并且伴有非手控型语法标记(扬眉)。此外,从语义角度看,从句解释和明确主句事件发生的时间。因此,在例 7-12b 句中,从句提供的是冲洗照片的时间信息。当然,有人可能强调他所要表达的是"在冲洗照片时,你需要等一会儿",这种情况下,他的话语重点应放在等待上,从句将限定等待所对应的时间信息。请注意,在前文提及的全部例句中,即使没有澄清时间信息的从句,这些主句也都是符合语法的句子。这与我们在本章第 7.2 节中讨论的补语从句的情况是不同的,例如,例 7-10a 句中的主句【我们 – 两人　购物】是完整的、符合语法的句子。接下来的章节中,我们将要讨论的例子也是如此。

## 7.3.2　原因和目的状语从句

顾名思义,**原因状语从句**详述主句事件的原因。为了引入原因状语从句,一些手语使用一个专用的原因状语从句连词,例如,例 7-13 中所示的荷兰手语常用的连词【因为】。图 7-1 是荷兰手语【因为】的简笔画,由它所组成的手语原因状语从句,从结构上看,与英语和其他许多有声语言都比较类似。

**例 7-13　荷兰手语**

【指代词₁　生气　[ 因为　指代词₃ₐ　总是　迟到　来 ]。】
'我生气了,因为他(她)常常迟到。'

图 7-1　荷兰手语的【因为】　　图 7-2　德国手语的【原因】

德国手语中也有类似的结构，但是，德国手语中的原因状语从句是由手控型手势词【原因】来引导的，如图 7-2 所示，德国手语的【原因】也可以用作名词（参见本书第 13 章第 13.4.2 节）。与例 7-13 一样，在例 7-14a 句中，德国手语的从句详述了导致主句事件（或者是状态：疲劳）发生的原因。例 7-14b 句使用了相同的连词，但句义解释却略有不同，因为这时的【原因】引导的是一个**目的**状语从句了。也就是说，从句详述了主句动作（【努力工作】；"强化"面部表情用来强调动作的密集和加强）的目的。请注意，英语连词"because"也有类似的歧义。为了区分原因与目的，例 7-14b 句的汉语翻译采用"为了"这个译法。

### 例 7-14　德国手语

a.【指代词₁　疲惫［原因　夜晚　少　睡］。】
　　'我非常疲惫，因为我昨天晚上几乎没睡。'

　　　　　　　　　强化
b.【指代词₃ₐ　努力工作 ++　［原因　下一个　次数　考试　成功］。】
　　'他正在努力学习，为了下次考试取得成功。'

c.【夜晚　（指代词₁）　少　睡。（现在）　指代词₁　疲惫。】
　　'昨天晚上，我几乎没睡觉。现在我非常疲惫。'

需注意的是：荷兰手语和德国手语的原因状语从句和目的状语从句都出现在句末位置，而时间状语从句总是出现在句首位置。事实上，在例 7-14a 句和例 7-14b 句中，如果主句和从句位置颠倒，将会导致句子不符合语法。在这一点上，手语跟许多可以变换主句、从句顺序的有声语言是完全不同的。当然，例 7-14c 句中的结构变化，即根本没有手势词【原因】，这在德国手语中是可行的。只是在这种情况下，我们处理的不是主从关系，而是两个主句（如并列关系，见本章第 7.5 节）。最后，请注意，与时间状语从句不同，原因状语从句和目的状语从句都不能用单个手势词来替代。

对许多手语而言，想表达原因状语从句还有另外一种策略。请见例 7–15 荷兰手语句子，此句中手语者似乎先问了自己一个问题，然后她自己随之立即给出回答："他为什么难过？""他的猫死了"。也就是说，例 7–15 的前一部分很像设问句。

**例 7–15　荷兰手语**

<u>　　　　　　　　　　　扬眉　　　　　</u>
【指代词 $_{3a}$　悲伤　为什么，指代词 $_{3a}$　猫　死。】
'他很难过因为他的猫死了。'
'他为什么难过，是（因为）他的猫死了。'

但是，例 7–15 的前一部分和真正的特殊疑问句有很大差异（见本书第 6 章第 6.7.1 节）。一方面，非手控型语法标记是不同的。荷兰手语和其他很多手语的特殊疑问句标记是皱眉，但是在例 7–15 中，非手控型语法标记是扬眉。另一方面，在例 7–15 这样的结构中，特殊疑问词不可以复制，而荷兰手语真正的特殊疑问句里，特殊疑问词是可以复制的。基于以上差异（这些差异是研究者在描写美国手语时发现的），研究者认为例 7–15 并不是真正的设问句，相反，它是一个**特殊疑问词 – 分裂**结构。本书第 4 章第 4.6 节已指出，特殊疑问词 – 分裂结构通常用来标记句子的焦点（实际上很多疑问词都可以构成特殊疑问词 – 分裂结构）。

### 7.3.3　条件状语从句

**条件状语从句**用于明确说明一些事件、活动和情景，它们构成了主句谓语所表达的主句事件、活动或情景发生所需要的背景和条件。换言之，当从句所描写的命题不成立时，主句中的命题也不成立。所以例 7–16a 中的英语句子含义就是：如果天不下雨，那么花园里的家具就不会湿。

**例 7–16　英语**

　　a. If it rains, (then) our new garden furniture will get wet.
　　　'如果下雨，（那么）我们新的放在花园里的家具会淋湿。'

b. Our new garden furniture will get wet if it rains.

'我们新的放在花园里的家具会淋湿，如果下雨的话。'

在大多数有声语言中，条件状语通常是由引导主从句的连词，如英语中的"if"或者德语中的"falls"来标记。同其他许多有声语言一样，英语条件从句中主句和从句的顺序是可变的，如例7-16b句所示。

当前手语研究中，手语条件状语从句还呈现其他特点。例如，美国手语中有**手控型从属连词**（如手势词【如果】），但它们的使用是任选的，非强制使用。事实上，这些手控型从句标记经常被省略。条件状语从句更重要的语法标记形式是伴随此从句的表情体态，如例7-17a句。美国手语条件状语从句的非手控型语法标记已经非常明确了，有扬眉，还有下巴轻微扬起。此外，与英语极为不同的是，美国手语的条件状语从句总是在句首位置，所以例7-17b句是病句。

▍例7-17  美国手语

    _____扬眉、下巴抬起

a.【(如果)明天 下雨，拒绝 去 野餐。】

  '如果明天下雨，我就不去野餐。'

       _____扬眉、下巴抬起

b. *【拒绝 去 野餐 (如果)明天 下雨。】

  '我将不去野餐，如果明天下雨的话。

其他手语研究中，如德国手语、荷兰手语和意大利手语，也发现了类似的规律。与美国手语一样，这些手语中的条件状语从句（至少）伴随扬眉，用手打出的条件状语从句的连词非强制，条件状语从句总在它的主句前面。

别忘了本章第7.3.1节提到时间状语从句最常用的非手控型语法标记也是扬眉。所以在没有手控型手势词标记的情况下，手语从句意义有时可能会很含糊，如例7-18美国手语例句，其状语从句可以有条件从句和时间从句两种解读。一些有声语言也有类似的歧义，如瓦伊语（一种在利比里亚使用的语言），从例7-19该句的两个可能的汉语翻译中，我们可以明显看出此句的歧义。

▍例7-18  美国手语

  _____扬眉

【约翰 到达，能 去。】

'如果约翰到了，我们就走。'

'约翰到了时,我们就走。'

### 例 7-19　瓦伊语

Á　ànɑ́'éè　í–ì　à　fé'ɛ́–'à.
他　来.条件式　你–将来　他宾格　看见–将来

'如果他来,你将看到他。'

'当他来的时候,你将看到他。'

　　事实和反事实条件状语从句之间的区别很重要,我们尚未讨论它。例 7-16 至例 7-18 都包含**事实条件状语从句**。这意味着,根据我们所掌握的生活知识,从句所表达的事件很可能会发生(因此主句事件发生的可能性也很大)。换句话说,虽然我们不确定,但很有可能(明天)天会下雨,约翰会来。

　　相反,**反事实条件状语从句**描述了假设事件。请想象这样一个条件状语从句,如"如果我是国王……",你完全可以幻想这种情况,但是对大多数人来说,"成为国王"这种情况永远不会成真。以色列手语伴随事实条件状语从句的非手控型语法标记,与伴随反事实条件状语从句的标记,有明显不同。虽然反事实条件状语从句也主要用扬眉来标记(见例 7-20a 事实条件状语从句中的扬眉),这与其他手语所描述的基本类似,但是,从例 7-20b 句可见,反事实条件状语从句还增添了眯着眼睛等表情体态。

### 例 7-20　以色列手语

　　　　　　　　　　　　　　　　　　　　　扬眉
a.【如果　指代词₃　邀请₁　生日^聚会　属于…的–他宾格,指代词₁　去。】
'如果他邀请我去他的生日聚会,我就去。'

　　　　　　　　扬眉、眯着眼睛
b.【如果　指代词₃　停止　吸烟,指代词₃　活着。】
'如果他早点儿戒烟的话,他可能还能活着。'

　　总之,本节表明,手语中的各种状语从句通常借助非手控型表情体态来标记,扬眉似乎是最重要的标记从句的非手控型语法标记(本书第 6 章已说明此标记在是非疑问句和话题标记中发挥非常重要的作用)。至于从句的语序,我们观察到大多数状语从句都在句首。但原因和目的状语从句例外,它们出现在句末位置,而且没有强制性的非手控型语法标记,至少在荷兰手语和德国手语中是这样的。

## 7.4 关系从句

到目前为止，我们所讨论的从句都是为母句谓语提供必要或额外信息，无论它们是强制性的从句（补语从句），还是非强制性的从句（状语从句）。关系从句则不同，它们是对名词做进一步的详述。有两种关系从句必须加以区分：限制性和非限制性（同位性的）关系从句。顾名思义，限制性关系从句将选择范围限制在一组人或物之内。例如，在例 7-21a 英语句子中，关系从句将电影的所指严格限定在一组电影中的具体一部（例如，手语者和他的会话对象昨晚在电影院或电视上看到的那些电影里的一部）。

**例 7-21 英语**

a. The movie [ that we saw yesterday ] was very disappointing.
定冠词 电影 [关系代词 我们 看 昨天] 系词 非常 令人失望的
'我们昨天看的那部电影非常令人失望。'

b. The Eiffel Tower, [ which is located in Paris ], was built in 1889.
埃菲尔铁塔, [关系代词 系词 位于 介词 巴黎], 系词 建造 介词 1889 年
'位于巴黎的埃菲尔铁塔建于 1889 年。'

例 7-21b 句则显然不同。尽管关系从句增添了些信息，但此信息并不是从一组对象中选定其中一个，毕竟世界上只有一座埃菲尔铁塔（可忽略拉斯维加斯和东京的仿制铁塔），因而这种类型的关系从句被称为非限制性从句。在英语中，可以通过语调来区分这两种关系从句。例如，例 7-21b 句，在非限制性关系从句之前有一个明确的语调中断（这里用逗号表示）。下文中，我们将主要讨论限制性关系从句。在本节末尾，我们简要比较这两种关系从句。

我们将通过意大利手语和德国手语的例子，来说明手语中**限制性关系从句**的结构，并讨论其类型学差异。在本书第 6 章中，我们已经看到这两种手语具有许多相似的句法特征，如它们都是"主语+宾语+谓语"的语序。尽管意大利手语和德国手语在语序结构上有类似之处，但十分有趣的是，它们的关系从句实现方式却是差异显著。

被关系从句修饰的名词（如例 7-21a 句中的名词"电影"）称为**先行核心**

名词。在以下例句中，先行核心名词用粗体字来显示。先行核心名词在主句和关系从句中可以有不同的语法功能。在例 7-22a 的意大利手语句子里，有人谈论前一天跳舞的那个男人。在这种情况下，先行核心名词【男人】既是主句的主语（做动词【跳舞】的主语），也是关系从句的主语（做动词【带来】的主语）。在例 7-22b 句中，关系从句添加了关于狗的信息。与例 7-22a 句不同，该句中，先行核心名词【狗】在主句中做宾语（是动词【清洗】的宾语），在关系从句中也做宾语（充当从句动词【找到】的宾语）。另外两种可能的组合（是主句的主语，关系从句的宾语；或者是主句的宾语，关系从句的主语）在手语句子中也可出现，在此不做讨论。

## 例 7-22  意大利手语

          扬眉

a.【[ 今天  **男人** $_{3a}$  馅饼  带来  关系代词 PE$_{3a}$ ]  昨天（指代词 $_{3a}$）跳舞。】
'今天带来馅饼的那个男人，昨天跳舞了。'

         扬眉

b.【[ 昨天  **狗** $_{3a}$  找到  关系代词 PE$_{3a}$ ]  女人  指代词 $_{3b}$（指代词 $_{3a}$）清洗。】
'那个女人给我昨天找到的那条狗洗澡。'

例 7-22 中的关系从句已经用方括号"[  ]"框了起来。显而易见，在这两个例句中，先行核心名词都出现在方括号里，即在关系从句中。如果情况是这样，我们称它为**先行核心名词在从句内的关系从句**。例 7-22 例句的两个特征为此种分析提供了依据。一是，时间副词的位置信息和解释都很重要。请注意例 7-22a 句中的【今天】和 7-22b 句中的【昨天】分别修饰关系从句中的谓语【带来】和【找到】。因此，这两个时间副词是关系从句的一部分，但它们在先行核心名词【男人】和【狗】的前面。鉴于这个顺序，显然先行核心名词也必须在关系从句内。二是，非手控型语法标记也提供了重要的依据。意大利手语的关系从句带有扬眉标记。从例句的转写释义和标注中，我们可以清楚看到，这个表情体态标记已经覆盖了先行核心名词和时间副词。换句话说，这两个词都在**非手控型语法标记的覆盖范围内**，这表明它们都属于关系从句内的成分。另外，请注意，意大利手语的关系从句有手控型从句标记，即【关系代词 PE】，它出现在从句末尾，用于指称先行核心名词。这个手势词，可以在手势空间中定位，用 PE 来标注，因为它涉及意大利语中的口动成分 /pə/（可参见本书第 11 章第 11.6 节)。【关系代词 PE】采用♂手型，它是一个非常快的向下动作，它如此快以至于它指尖的运动方向是：指左，然后迅速朝下。

至关重要的是，例 7-22 中的方括号内的从句不可以独立使用。当然，【今天 男人 馅饼 带来】这些词是可以用手势打出来的，但这时这个句子既不能有【关系代词 PE】，也不可以带非手控型语法标记。正因为如此，例 7-22a 句并不是两个句子并列组合在一起，它并不可以解读为，"今天这个男人带了个馅饼。昨天他跳舞了"。

我们再来看一下德国手语的例子。例 7-23 句说明，就实现关系从句而言，德国手语与意大利手语显然不同。第一，例 7-23a 句首的时间副词【昨天】修饰主句谓语【跳舞】，而不是关系从句的谓语【带来】。为了修饰从句的谓语，德国手语中的副词需要放在先行核心名词的后面（如例 7-23a 句中的【今天】）。这表明我们所处理的是**先行核心名词在关系从句之外的关系从句**：7-23a 句的先行核心名词【男人】和 7-23b 句的先行核心名词【狗】均在关系从句之外。而且，如果先行核心名词在关系从句之外，那么它前面的副词当然就不是关系从句内的副词了。第二，与意大利手语不同，例 7-23 的两个句子，其关系从句的表情体态标记范围都不覆盖先行核心名词。德国手语也使用扬眉，但除此之外，它还有"身体向与先行核心名词位置相关的方向倾斜"这一表情体态标记（释义标注时采用"身体倾斜 -3a"这个符号）。第三，德国手语关系从句由**关系代词**引导，转写和标记时用例子里的【关系代词】表示。这个关系代词是德国手语复句里引导出关系从句的开头词。

**例 7-23　德国手语**

　　　　　　　　　　　　　　　　　扬眉、身体倾斜 -3a
　　　　　　　　_____

a.【昨天　男人（**指代词**$_{3a}$）[ 关系代词 - 指人 $_{3a}$　今天　馅饼　带来] 跳舞。】
　'今天带来馅饼的那个男人，昨天跳舞了。'

　　　　　　　　　　　　　　　　　扬眉、身体倾斜 -3a
　　　　　　　　_____

b.【女人　狗 [ 关系代词 - 非人 $_{3a}$　指代词 $_1$　昨天　找到 ] 清洗 $_{3a}$。】
　'那个女人给我昨天找到的那条狗洗澡。'

事实上，德国手语使用两个关系代词。当关系代词指的是人类实体（【关系代词 - 指人】）时，它采用代表人类的类标记手型，如图 7-3 所示；当关系代词指的是非人的实体或物体（【关系代词 - 非人】），它采用指点手势，如图

7-4 所示。

图 7-3　德国手语的【关系代词 – 指人】　图 7-4　德国手语的【关系代词 – 非人】

例 7-23a 句中的先行核心名词【男人】也可以采用【指代词】在手势空间里定位的方法，然而非人的实体则很少采用这种方法。如果例 7-23b 句中的非人实体【狗】也用指点手势在空间里定位了，那么就会有两个指点手势先后打出，这表达起来很累赘。因此，德国手语中常用关系代词把非人的先行核心名词与空间位置关联起来。通过这种方法，例 7-23b 句中的【狗】与位置 3a 联系起来，同时母句谓语【清洗】也在位置 3a 上打出来。

关系从句是语言类型学研究的热门话题。有趣的是，我们刚才所描述的意大利手语和德国手语之间的差异，正反映了有声语言中关系从句最常见的类型学差异：先行核心名词分别在关系从句之内和之外。请将例 7-24a 北美语言纳瓦霍语句子和例 7-22 意大利手语例句进行比较。与意大利手语一样，纳瓦霍语句首的时间副词"tl' eedaa'"（昨晚）是修饰关系从句的谓语，因此先行核心名词"hastiin"（人）是在关系从句之内。纳瓦霍语还使用一个语法成分来标记关系从句，就像意大利手语中的【关系代词 PE】一样，这个成分（后缀"-ee"）出现在关系从句的句尾。

### 例 7-24　纳瓦霍语（a）和德语（b）

a. [ Tl'eedaa'　　hastiin　yałti'-ee ]　ałhosh.
　　上一个 . 夜晚　男人　　说 – 关系代词　睡觉
　　'昨天晚上说话的男人正在睡觉。'

b. Die　　　　　Frau　[ die　　　　lächelt ]　ist　　meine　Kolleg-in.
　　定冠词 . 阴性　女人　关系代词 . 阴性　微笑　　系词　我的　　同事 – 阴性
　　'正在微笑的那个女人是我的同事。'

与例 7-23 德国手语例子相似的有声语言例子很好找。例 7-21a 英语句子和例 7-24b 德语句子，它们都是由关系代词引导的先行核心名词在关系从句之外的语言。在德语中，这种关系代词必须与先行核心名词在性上一致〔这里是指关系代词要与例 7-24b 句中的"Frau"（女士）一样，都使用阴性形式〕。

结束本节讨论之前，我们先简要地讨论一下在本节开头时提到的第二种类型关系从句非限制性关系从句。这种类型关系从句当前研究还不充分，但它似乎是使用不同的方式实现关系从句，至少在德国手语中情况是这样。例如，"1889 年，位于巴黎的埃菲尔铁塔建成了"这句话，德国手语的打法如例 7-25 所示，该句的结构与例 7-23 德国手语例句明显不同。一是，方括号内的从句并无关系代词来引导。二是，非手控型语法标记也不同。在例 7-25 中，非限制性关系从句的表情体态是噘起嘴唇和反复点头。

▌例 7-25　德国手语

　　　　　　　　　　　　　　　　　　　噘嘴、点头
　　　　　　　　　　　　　　　　────────────────
【1889，埃菲尔铁塔　[指代词 $_2$　知道　巴黎　指代词 $_{3a}$]　建造。】
　'在 1889 年，埃菲尔铁塔——你知道，就是在巴黎的那个——建成了。'

目前还不清楚德国手语中的非限制性关系从句是否总是以这样的方式出现。事实上，就例 7-25 而言，我们也很有可能并不是在处理关系从句，而是在处理一个**插入解释性结构**的单句。因为手语者似乎是想让他的会话对象弄清楚他正在说什么。考虑到这些功能和形式差异，我们翻译例 7-25 的句子时，并未把它译成关系从句的形式。

## 7.5　并列句

到目前为止，我们都在关注不同类型的主从句或主从关系，即主句和从句的组合。但是，复句也可能包含两个（或更多）主句。所以我们来谈谈**并列句**。英语中，通常用连词"and, or, but"来连接两个主句。并列句的特点是：通过连词组合在一起的分句，都可独立成句。并列的两个分句通常可以互换位置，而句义不变。

### 7.5.1 并列句的类型

我们可以用例 7-26 澳大利亚手语句子，来说明前文刚刚提出的并列句的两个特征。这两个手语分句是由**手控型连词**【但是】连接，它们可以作为独立的句子，各自存在。此外，对调这两个分句的位置，并不改变例 7-26b 句的含义。这种类型的并列被称为**对照并列**。

**例 7-26　澳大利亚手语**

a.【k-i-m 喜欢 猫 但是 p-a-t 偏爱 狗。】
'金喜欢猫，但是帕特更喜欢狗。'

b.【p-a-t 偏爱 狗 但是 k-i-m 喜欢 猫。】
'帕特更喜欢狗，但是金喜欢猫。'

很多手语似乎都有手控型连词【但是】。尽管如此，至少在某些手语中，对照并列可以用非手控表情来标记，如例 7-27 中国香港地区手语句子所示。两个并列分句都伴有表情体态点头，但前者还添加了身体略微前倾的非手控型语法标记，而后者添加了身体向后倾斜。

**例 7-27　中国香港地区手语**

　　　　<u>　　点头、身体前倾　</u>　　<u>　　点头、身体后倾　</u>
【露丝 勤奋 做－作业，汉娜 懒惰 观看－电视。】
'露丝正勤奋地做作业，(但是)汉娜懒惰喜欢看电视。'

在例 7-27 中，与例 7-26 句一样，其并列分句的位置可以调换，复句意思并不受影响。然而有时，由"but"/【但是】连接的分句，其谓语动词彼此之间有明确的语义关系，在这种情况下，这两个并列分句的位置并不是总能对调。这个语法限制适用于例 7-28 德国手语句子。在此句中，两个并列分句的语序暗示着罗兰将不会学习西班牙语。如果把这两个分句前后对调一下，变成"罗兰一直没有时间，但他想学西班牙语"，那么之前的"罗兰将不会学习西班牙语"这个话语含义就没有了。

**例 7-28　德国手语**

　　　　　　　　　　　　　　　　　<u>　　否定　</u>
【罗兰 西班牙语 学习 想 但是 指代词$_{3a}$ 从来没有 时间。】
'罗兰想学习西班牙语，但是他一直没有时间。'

第二种类型的并列句是**联合并列**（在英语中通过"and"来实现）。为了标记这种类型的并列关系，一些手语中用手控型连词，即释义为【加上】的手势词。然而，人们认为使用这个标记词是由于聋人受到周围有声语言的影响，至少对有些手语来说情况是这样的（见本书第13章第13.5节）。在手语中，使用非手控型语法标记来表达联合并列似乎更为常见，尤其是身体动作或**身体倾斜**这类非手控表情体态。例7-29荷兰手语句子的语境是：母亲和儿子一起散步，在某一时间点说再见。打第一个分句时，手语者的身体稍微向3a位置方向倾斜；而在打第二个分句时，向3b位置方向倾斜。当然，这两个分句也可以在没有身体倾斜的情况下打出来，但是它们就不构成并列关系了。无论如何，在联合并列中，分句按什么顺序打出来并不重要。（请注意：在例7-29中，我们使用下标"3a/3b"和"右/左"，因为在手势空间的两侧需要两个位置：右边是给【母亲】和【朋友】留的位置，左边是给【市场】和【儿子】留的位置。）

**例7-29  荷兰手语**

　　　　　　　　　　身体倾斜 –3a　　　　　　　　　　　　身体倾斜 –3b
【母亲　指代词$_{3a}$　市场　指代词$_左$　去$_左$，儿子　指代词$_{3b}$　朋友指代词$_右$　$_{3b}$拜访$_右$。】
'母亲去市场，（而）她的儿子去拜访朋友。'

第三种，也就是最后一种类型的并列关系是**选择并列**（参见英语中的"or"）。为了表达这种类型的并列，例7-30a英国手语句子可以采用手控型手势词【或者】。同样，这两个分句的前后顺序并不是固定的。美国手语中，连词是用【并列–L】来转写和释义的，它放在两个分句的前面，如例7-30b所示。这是个双手手势：辅手打✋手型（因而标注为L），主手的✋手型先轻触辅手的拇指（【并列–L$_1$】），然后再轻触辅手的食指（【并列–L$_2$】）。有趣的是，正如例7-30b句所给出的两种句义翻译所示，这个手势词既可以标记联合并列，也可以标记选择并列。人们必须借助语境来消除两种解读所造成的歧义（例如，如果句子后面跟着【不知道哪个】，那么此复句就是选择并列）。

**例7-30  英国手语a和美国手语b**

　　　　　　　　　　　　　　　　　　是非疑问
a.【聋　俱乐部　有　继续　或者　思考　聋　俱乐部　死亡？】
'你认为聋人俱乐部前景会好吗？还是认为它会消失。'

b.【并列 –L₁ ［属格₃ₐ 父母 将 买 属格₃ₐ 汽车］

并列 –L₂ ［指代词₃ₐ 将 旅行］。】

'她的父母将要给她买一辆车,或者她将要去旅行。'

'她的父母将要给她买一辆车,而且(然后)她将要去旅行。'

## 7.5.2 省略

在开始讨论并列时我们指出,并列关系的一个特点是并列复句中的两个并列分句也可以独立成句,上一节讨论中的所有例句也符合这个规律。然而本节中,我们必须对这种归纳论断进行更严谨的分析,因为一个并列结构并非总是由两个完整的分句并列组合在一起。通常,两个并列分句中都可以有成分被省略。这种在并列结构中省略单词(或短语)的情况称为**省略**。请思考例 7–31a 美国手语句子。例 7–31a 中的第二句实际上是由四个分句组成,然而它们却只有一个动词【带来】。因为四个分句所需动词相同,都是【带来】,所以重复说四次就显得多余。因此,第二个、第三个和第四个分句里都省略了动词,正如此句的英语翻译所示(动词省略也称为"空缺")。在例 7–31b 句中,我们使用删除线说明了删除相同动词的基本过程。例 7–31 还点明,在美国手语中,人们常用点头来标记被删除动词的宾语。

**例 7–31 美国手语**

a.【有 精彩的 野餐。指代词₁ 带来 蔬菜色拉,

　　　　　　　　　点头　　　　　点头　　　　　点头

约翰 啤酒,桑迪 鸡肉,特德 汉堡。】

'我们举行了一次精彩的野餐。我带了蔬菜色拉,约翰带了啤酒,桑迪带了鸡肉,特德带了汉堡。'英语翻译:We had a wonderful picnic. I brought the salad, John beer, Sandy chicken, and Ted hamburgers.

b.【指代词₁ 带来 蔬菜色拉,约翰 带来 啤酒,桑迪 带来 鸡肉,特德 带来 汉堡。】

意大利手语记录了另外一种不同类型的省略:整个动词短语的省略(VP-省略)。在这种情况下,如例 7–32 所示,省略句里含有一个手势词【同样】,它被用来代替被省略的内容。请注意,时态助词【将来】非强制性地放置在并列句的第二个分句里,【同样】和英语里的"too"作用相同。

### 例 7-32　意大利手语

【詹尼　豆子　吃　将来，皮耶罗　（将来）　同样。】

'詹尼想要吃豆子，皮耶罗也想（吃豆子）。'

一些研究者认为**名词**的并置也是省略的特例。以例 7-33 德国手语句子为例，及物动词【喜欢】带有两个并置的名词【面包　旧】和【苹果】，作为它的直接宾语。可以说，这句话实际上是"我的兔子喜欢吃剩面包和我的兔子喜欢吃苹果"的简略版。和前文所讨论的一样，这两个并列分句里同样的内容，即本句中的主语和动词都被省略了。在例 7-33a 句中，两个宾语并置，没有任何手控型语法标记。然而在德国手语中，如果并置两个名词，手语者其实经常会添加手势词【两者都】，如例 7-33b 句所示，【两者都】放在并列名词之后，起到与英语连词"and"类似的作用。

### 例 7-33　德国手语

a.【兔子　属格₁　面包　旧　苹果　喜欢。】

'我的兔子喜欢吃剩面包和苹果。'

b.【兔子　属格₁　面包　旧　苹果　两者都　喜欢。】

'我的兔子喜欢吃剩面包和苹果。'

c.【兔子　属格₁　面包　旧　喜欢　苹果　喜欢。】

'我的兔子喜欢吃剩面包和苹果。'

最后，动词在德国手语句子中也可能重复出现两次。以例 7-33c 句为例，该句只是在第二个并列分句里删除了主语【我的兔子】，而动词【喜欢】被重复打出。我们需要进一步去探究，以弄清在例 7-33 这样的省略结构里，特定的非手控型语法标记（如身体倾斜等）是否必须添加。

## 7.5.3　主从句和并列句的区别

正如前文所述，手语中区分主句和从句并不总是很容易。从句通常既没有手控型从属标记（如连词），也没有语序变化［请对比英语例句"I think you will like his new book"（我想你会喜欢他的新书）］。相应地，我们有时很难确定一个复句究竟是主从关系，还是并列关系。让我们用例 7-34 美国手语例句来说明这一难点。就句法结构而言，例 7-34 中的两个例句看起来很相似：都是由两个分句组合而成，都包含两个谓语（请记得：美国手语是"主语 + 谓语 +

宾语"语序的语言）。然而，我们并不清楚这两个分句之间的本质关系是什么。考虑到美国手语是一种代词脱落语言（参见本书第 6 章第 6.9 节），例 7-34a 句的翻译很可能具有误导性，因为该句的句义也很有可能是"我逼迫了那个男人，他把书给男孩了"。换句话说，在处理例 7-34a 句时，我们也可能与处理例 7-34b 句一样，复句中的两个分句都是并列关系，而不是主从关系。

▍例 7-34　美国手语

  a.【（指代词$_1$）$_1$ 强迫 $_{3a}$ 男人　$_{3a}$ 给 $_{3b}$ 男孩　属格 $_{3b}$ 书。】

  '我迫使那个男人把男孩的书还给了男孩。'

  b.【房子　爆炸，汽车　翻转。】

  '这所房子爆炸了，汽车也炸翻了。'

  为了区分美国手语中的并列结构和主从结构，我们已经提出了许多检验方法，其中的一个检验方法是**代词复制检验法**。从本书第 6 章第 6.9 节我们得知，与其他几种手语一样，美国手语可以采用在句子末尾使用【指代词】的方法来进行主语重复，如例 7-35a 美国手语单句中的主语重复。在例 7-35b 句中，我们重复了例 7-34a 中的复句，但我们在句末位置添加了一个对主语代词进行复制的【指代词$_1$】。这句话在美国手语里是符合语法的。与此相反，在例 7-35c 中，第一个分句的主语，【指代词$_{3a}$】的代词复制则导致了例 7-35c 句不符合语法。

▍例 7-35　美国手语

  a.【父亲　指代词$_{3a}$　买　汽车　**指代词$_{3a}$**。】

  '我父亲购买一辆汽车。'

  b.【（指代词$_1$）$_1$ 强迫 $_{3a}$ 男人　[$_{3a}$ 给 $_{3b}$　男孩　属格 $_{3b}$　书]　**指代词$_1$**。】

  '我迫使这个男人把男孩的书还给了男孩。'

  c.*【指代词$_{3a}$　坐 $_{3a}$，[指代词$_{3b}$　站立 $_{3b}$]，**指代词$_{3a}$**。】

  '他坐在这里，而她站在那里。'

  例 7-35b 句和例 7-35c 句之间的区别表明：方括号内的从句具有不同的语法地位。也就是说，在例 7-35b 句中，方括号里是主从复句中的从句，而在例 7-35c 句中，方括号里是并列句中的另一个主句，即例 7-35b 句处理的是主从关系，而例 7-35c 句（请忽略添加在句末，进行检验处理的【指代词】）处理的是并列关系。在这种区别基础上，我们可以总结出以下要点：对主语 S 的代词复制，必须总是在 S 作主语的主句的结尾处，如果此时该句符合语法，那么该句就是主从句❶。这听起来很复杂，但实际上也很简单。让我们再看一下例 7–35b 和例 7–35c 这两个句子。例 7–35b 包含一个从句，但复句的主语是【指代词$_1$】。此例中【指代词$_1$】的复制确实是位于【指代词$_1$】做主语的这句话的末尾。然而在例 7–35c 句中，我们处理的是包含两个主句的并列关系。第二个主句（即方括号之间的分句）自己有主语，即【指代词$_{3b}$】。因此在这个例子中，【指代词$_{3a}$】的复制并未发生在【指代词$_{3a}$】作为主语的句子末尾，相反，它的复制是在以【指代词$_{3b}$】作为主语的句子句末，因此这句话是不符合语法的（请注意，如果【指代词$_{3a}$】的复制发生在例 7–35c 句中第一个动词【坐】之后，那么例 7–35c 句则将是符合语法的）。通过这种方式，代词复制检验法可用于区分主从句和并列句：在句末的代词复制只能在含有主从关系的句子中进行。虽然这个检验法在美国手语里是一个非常方便的工具，但不幸的是，它似乎并不能应用于所有手语中。例如，我们发现，在荷兰手语中，指称主句主语的代词复制不可以放在从句后面。

## 小结

必须区分两种类型的复句：**主从句**涉及主句和从句的组合，而在**并列句**中，两个主句组合在一起。在有声语言中，人们通常借助**连词**和（或）改变成分**语序**来标记从句。然而，在手语语言中，这样的语法标记和相关线索似乎很少，因此有时很难确定一个分句究竟是主句还是从句。**补语从句**嵌入到母句中，它是母句谓语的价强制要求的成分；补语从句用作母句谓语的论元，它可以由**标补词**来引导。有时，在"主语 + 宾语 + 谓语"语序的语言中，补语从句并不是出现在名词性宾语所在的位置，而是出现在动词后面，这称为从句的**外置**。如果母句谓语是言语行为动词，手语者可以使用**间接引语**或**直接引语**。为了传达直接引语，他们可能会使用**角色转换**，这是由特定的非手控表情体态来

---

❶ 因为在主从句中，从句是嵌入到主句的，所以此处的"主句的结尾处"就是指从句的后面。——译者注

标记的（如用身体转动表示**身份变换**）。

与补语从句不同，母句谓语并不强制要求带有**状语从句**，即状语从句是任选而非强制的。在**时间状语从句**中，主句事件和从句事件在时间上具有关联：从句事件可以在主句事件之前、之后或同时发生。此类时间状语从句的**非手控型语法标记**是扬眉，有时也可以借助**时间连词**来引导时间状语从句。**原因状语从句**详述了原因，**目的状语从句**详述目的或目标，这些都是非强制性的附加成分。它们通常是由手控型连词所引导，但它们也可以采用**特殊疑问词 – 分裂**的结构形式来实现。在迄今为止已研究手语中，**条件状语从句**总是出现在句首。虽然**手控型从属连词**是可选可不选的，但非手控型语法标记似乎是强制性的。通过特定的非手控型语法标记，手语甚至可以区分**事实**和**反事实条件状语从句**。

关系从句跟补语从句和状语从句都不同，因为关系从句修饰名词而不是修饰动词。从语义角度来看，它有两种类型：**限制性和非限制性关系从句**。此外，根据句中**先行核心名词**的位置，关系从句分为**先行核心名词在关系从句之内**、**先行核心名词在关系从句之外**两种类型。两者的主要差别是**非手控型语法标记**的覆盖范围，以及**关系代词**的使用。非限制性关系从句在结构上与限制性关系从句区别较大，它似乎是借助**插入解释性结构**来实现。

**并列句**是指两个分句组合在一起。它有三种不同类型：**对照并列**、**联合并列和选择并列**。在这三种类型中，分句之间的关系可以用**手控型连词**和（或）非手控型语法标记来表达，最重要的非手控型语法标记是**身体倾斜**。在并列结构中，两个分句里都出现的成分通常被删除，这种现象称为**省略**。并列的一个特殊情况是**名词的并置**。有时很难确定一个复句是主从句，还是并列句。对美国手语而言，研究者已经提出了一些检验方法来区分复句是主从句还是并列句，其中一个方法是**代词复制检验法**。

## 自测

1. 为什么手语中很难确定一个句子是从句还是主句？有什么线索吗？

2. 事实条件句与反事实条件句的区别是什么？用你所讲的有声语言

来举例说明。如何用手语打这两类条件句?

3. 手语里间接引语和直接引语的主要区别是什么?请间接或直接地表达"我感觉不舒服"这句话。

4. 请举例说明限制性关系从句和非限制性关系从句的语义差别。请问在手语中如何厘清这种差别?

## 任务

1. 请借助以下德国手语的成分,组合成两个不同类型的复句:【今天】【昨天 晚上】【属格₁ 朋友 指代词₃】【饭店 工作】【疲惫】。你可以根据所嵌入从句的类型,适当添加语法成分(如连词或关系代词)。请不要忘记说明句子中的非手控型语法标记。

2. 下面来自荷兰手语的句子是不符合语法的。你能解释这是为什么吗?句子应该怎样组合才能符合语法呢?

*【i-n-g-e 指代词₃ₐ 属格₁ 弟弟 房子 用 花园 买 想。】
'Inge wishes that my brother buys a house with a garden.'
'英格希望我弟弟买一个带花园的房子。'

3. 下句是用实例来解释美国手语中包含关系从句的结构。请问这是哪一种关系从句?请说明你的理由。

<u>　　　　　　扬眉　　</u>
【最近　狗　追　猫　来　家。】
'最近总是追猫的那条狗进屋子里来了。'

4. 以下德国手语的例子是由主句和从句组合而成的,还是由两个主句组合成?请说明你的理由,同时描述一下这两个组合在一起的分句的结构。

<u>　　　　　　　　　　　　　　　摇头　</u>
【指代词₂　总是　按时　来　但是　属格₂　弟弟　从不。】
'你总是准时到,但你弟弟从没做到过。'

5. 请思考(a)和(b)中两个美国手语复句,其中一个复句是不符合语法的,请问是哪一个?请给出你答案的理据。

（a）【指代词₃ₐ 掌掴₃ᵦ s-u-s-a-n，指代词₃ᵦ 告诉 母亲，指代词₃ₐ。】

'他打了苏珊一个耳光，苏珊告诉她妈妈了。'

（b）【昨天 指代词₁ 决定 圣诞节₁ 拜访₃ₐ 兄弟 指代词₁】

'昨天我决定在圣诞节时去拜访我弟弟。'

## 参考文献和拓展阅读

Tang, Lau（2012）考察了不同手语中的并列关系和主从关系；Pfau, Steinbach（2016）概述了主从关系研究，并讨论它如何跟情态、类型学和会话结构等问题相关联。Liddell（1980）和 Padden（1988）从美国手语，Van Gijn（2004），Geraci, Aristodemo（2016）从荷兰手语，Göksel, Kelepir（2016）从土耳其手语角度对手语中的补语从句做了描述。Liddell（1980）的研究是对 Thompson（1977）研究的回应，后者声称美国手语不存在嵌入性从句。Engberg-Pedersen（1995）、Lillo-Martin（1995）Herrmann, Steinbach（2012）研究了直接引语中的角色转换。关于最近研究的概述，可见 Lillo-Martin（2012）。对于状语从句，大多数研究集中在条件状语从句上，针对美国手语条件状语从句的研究可参见 Coulter（1979）和 Liddell（1986），意大利手语的状语从句研究请见 Dachkovksy（2008）。Wilbur（2016）对美国手语中状语从句的位置进行了更加全面的讨论。Wilbur（1996）介绍了美国手语中特殊疑问词-分裂结构的功能和结构，至于这些结构的地位和作用，Caponigro, Davidson（2011）做了另一种解释。Noonan（1985），Thompson, Longacre（1985）分别对有声语言的补语从句和状语从句做了详细的类型学研究。目前为止，研究者已经对美国手语（Liddell, 1978、1980）、意大利手语（Cecchetto 等，2006；Branchini, Donati, 2009）、德国手语（Pfau, Steinbach, 2005），以及土耳其手语（Kubus, 2014）中的关系从句进行了研究。Keenan（1985）对有声语言中关系从句的类型进行了全面的调查与研究。手语中对并列关系中的分句研究很少。Waters, Sutton-Spence（2005）讨论了英语手语中将分句组合起来的各种可能性，Davidson

（2013）研究了美国手语中的联合并列和选择并列。Cecchetto 等人（2015）和 Jantunen（2013）分别讨论了意大利手语和芬兰手语中省略的特点。Padden（1988）提出了美国手语中主从句和并列句的识别标准。

  本章对补语从句性质讨论的手语数据来自 Van Gijn（2004）的荷兰手语和 Göksel, Kelepir（2016）的土耳其手语研究。区分直接引语和间接引语差别的加泰罗尼亚手语例子来自 Quer（2005）的研究。一些涉及时间状语从句的德国手语例子来自 Happ, Vorköper（2006）。美国手语和以色列手语条件状语从句的例子分别来自 Coulter（1979）和 Dachkovsky（2008）。瓦伊语例句来自 Thompson, Longacre（1985）。关系从句部分，我们采用了 Branchini, Donati（2009）的意大利手语数据和 Pfau, Steinbach（2005）的德国手语例句。纳瓦霍语例子来自 Keenan（1985）的研究。说明并列关系的不同类型，我们借助了来自澳大利亚手语（Johnston, Schembri, 2007）、中国香港地区手语（Tang, Lau 2012）、英国手语（Waters, Sutton-Spence, 2005）和美国手语（Davidson, 2013）的语言材料。有关手语省略的讨论和例子是基于 Liddell（1980）美国手语数据和 Cecchetto（2015）等人的意大利手语数据。对代词复制检验进行说明的美国手语例子取自 Padden（1988）。

# 第8章 词汇

特吕德·舍默尔

## 8.1 引言

本书中，当提到一个手势词时，我们会使用有声语言来注释它的意义，即释义标注。例如，当我们谈论用来表达"走路"和"习惯于"这两个意义的手势词时，我们用括在粗括号里的汉语【走路】和【习惯于】来注释这两个手势词的意义。这些释义不是标音转写，它们并不记录手势词的语音形式（见本书第1章第1.7节）。释义并不总是手势词的严格翻译，它们只反映手势词的含义。例如，英国手语中被释义为【下巴-掉落】的手势词，也可以被翻译为"惊讶"，因此，该词的释义标注也可以是【惊讶】。这说明一个释义提供的是一个可能的翻译。一些具体的手势词，如【猫】和【椅子】，它们的释义和翻译关系很清晰，但对很多手势词而言，它们的释义可能跟很多词发生关联。释义是记录一个手势词意义的便捷方法，但释义的确需要使用另一种语言来表征手势词，因此，释义往往仅是该手势词真实意义的近似值。使用释义的原因是手语没有统一的书面形式。当前有不同的手语标音与转写系统（见本书第1章第1.7节和第10章第10.5节），但它们太复杂了，并不适用于普通手语使用者。释义的缺点是它并不总是尽善尽美地体现手势词的意义。例如，荷兰手语表达"我懂了或我明白了"的手势词有时被释义为【我懂了/我明白了】，有时也被释义为【来自于】。出现后一种释义的原因是，打这个手势符号时，荷兰手语者往往会同时发出荷兰语中"van"这个仿话口型，所以这个手势词就被释义为源自荷兰语的【来自于】,显然从【来自于】这个释义我们根本无法猜出这个手势词的意义。

为了描述一门手语的词汇,我们必须清楚哪些手势可以被视为词,哪些不可以。关于这一点,我们将在本章第 8.2 节中讨论。随后第 8.3 节,我们探讨手语中词的形式和意义的关系,进一步讨论与有声语言相比,手语词汇所呈现出的高象似性。第 8.4 节,我们区分"固定词汇"和"能产性词汇"。"能产性词汇"来自于最基本音位成分,如手型、运动等(见本书第 11 章)所组成的资源库,语言使用者可以从此资源库中选取不同音位成分,随机创造和形成"固定词汇"之外的新的手势词。第 8.5 节讨论手语词典,特别是将探讨它和有声语言词典的不同。第 8.6 节聚焦于手势词的意义及意义关联。最后,第 8.7 节将讨论手语隐喻和习语的使用。

## 8.2　什么可以称作"一个手势词"?

在本书第 1 章第 1.4 节,我们已经提到手势词和表情体态等手势是不同的。不是所有视觉上被感知到的手势动作都能被称为手势词,都能进入手语词典,图 8-1 可以清晰地说明这一点。

a. 哑剧"步行"　　b. 泰国手语【步行】　　c. 法国手语【有……的习惯】

图 8-1　哑剧中的手势动作及手语中的手势词

图 8-1a 勾画了一个正在走路的男人,它用走路这个姿势来表达"走路"的意思。这种用全身或至少用双腿来表示的姿势动作是哑剧,它在任何一种手语中都不能称作是手势词。一个姿势动作想要成为一个手势词,而不再是哑

剧，必须满足一些条件。一个重要的条件就是手势词是由双手发出的，有时伴有非手控成分（本书第 1 章第 1.2 节已讨论过）。手势词的手控部分至少是由手型、位置、手部朝向（掌心和指尖）和运动等组成。图 8-1b 和图 8-1c 中的手势都满足这个条件，但图 8-1a 不满足。图 8-1b 中的手势词来自泰国手语，意思是"步行"，其实很多手语都用这个手势（或至少非常相似的手势）来表示"步行，行走，散步"这个概念。图 8-1c 手势词来自于法国手语，意思是"有……的习惯"。这两个手势词里都含有清晰的手型、位置和运动。

手势词要满足的第二个条件是必须要有一个可清晰描述的意义，尤其是对手语实词来说，像图 8-1b 和图 8-1c，不过很多功能性手势词也要有一个清晰的意义，如手语连词或印度巴基斯坦手语中的通用疑问词（见本书第 5 章）。手势词的意义具有**规约性**，这意味着手语使用者要认同该手势词的意义。

## 8.3　形式和意义：象似性

每个单词都具有形式和意义。一般而言，形式和意义这两个要素之间的关系是**任意的**。例如，英语单词"chair"的形式并不反映它所指称物体椅子的任何意义信息，这个单词是被任意选出来以代表这个物体，这就是为什么同样是椅子，德语是用"Stuhl"，而土耳其语是用"sandalye"来表达。然而，有声语言中有一些例外。例如，一些鸟的名称是基于它鸣叫的声音，例如，英语单词"cuckoo"（杜鹃鸟）。同样，英语单词"snake"中的"s"被认为是模仿蛇发出的声音。语言中那些用来刻画动物所发出的声音的动词，通常都是模仿现实声音，这就是英语中形容猫叫的单词是"meows"（喵）的原因。再如，英语单词"buzz"和"slither"，从这两个例子里，我们可以观察到动词的语音形式跟现实中这个动词所指代的动作声音是有关联的。"buzz"中的"zz"模仿了蜂鸣器或蜜蜂的声音，而 slither 中的"sl"是模仿蛇行或滑行时所发出的声音。以鼻辅音从"sn"开始的单词"sneeze, snort"和"sniff"也是分别模仿打喷嚏，打鼾，用鼻子吸气时发出的声音。以上所有例词形式和意义都呈现如下关系：单词**所指**对象的现实声音和单词发音具有象似性。形式和意义之间具有这种清晰关联的单词称为**拟声词**。但是请注意，在大多数有声语言中，这类拟声词相对而言还是少的。

然而与有声语言不同，不同手语的词库里一个词位的形式和它意义有一定关联，通常更为常见。手语是一种视觉－空间语言，所以这一结果也是符合逻辑的。毕竟，从视觉上模仿和展示一个具体的事物或动作，要比使用声音来模仿更容易些。本书第1章第1.6节已讨论过，当一个手势词的形式和意义之间有联系时，我们称之为**象似性手势词**。而当手势词的形式和意义之间没有明显的联系时，我们称之为**任意性手势词**。从图8-2到图8-4，我们提供了其他分属象似性手势词和任意性手势词的手语例词。

手势词的象似性程度有高有低。实际上，一个手势词究竟是象似性手势词，还是任意性手势词，往往很难断然分开。我们面对的其实是一个从高度象似性到完全任意性过渡的连续统。

即使对那些完全不懂手语的人来说，图8-2a中的手势词的含义也是清晰可见的。这个手势词打在嘴边，半握的手型表示手正端着一个容器，手部运动是朝向嘴里输送液体。这三个形式要素合在一起，人们很容易猜出这个手势词的意思是"喝"。这类手势词称为**意义透明的手势词**。在图8-2a中，我们指明这个手势词来自冰岛手语，这一相同的手势词形式在很多手语中表达同样的意思，考虑到其意义透明的特点，这不足为奇。图8-2b的手势词也是打在嘴前，该词的手势动作也与图8-2a相同，但手型不同，这个手势词在巴西手语中也表示"喝"。此处，手型跟拿玻璃杯的姿势并无关联，手型在这里是反映水杯的形状。因此，象似性也受文化因素制约。就这两个例词而言，它们分别是各自国家里约定俗成的词。

a. 冰岛手语【喝】　　　b. 巴西手语【喝】　　　c. 法国手语【猫】

**图8-2　象似性较高的手势词**

如果你不懂手语，你将很难猜到图8-2c法国手语里这个手势词的意思。但是，一旦你听说这个手势词的意思是"猫"，你能一下子理解为什么：这个手势词是模仿猫的胡须。通常,知道一个手势词的意思就足以让人明白这个手势词的形式和所指之间的关系。

对图 8-3a 来说,建立该图中手势词形式和意义之间的关联会更难一些。这个手势词表示一个东西在另一个东西上转动,但是它究竟是什么呢?这个手势词在英国手语中的意思是"咖啡"。如果人们知道过去咖啡是放在咖啡研磨器上磨制,那么他们现在就会知道手势词和其意义之间的关系。而对于那些不了解这点的人们,这个手势词仍然是任意性的。图 8-3b 阿达莫罗贝手语的【星期四】也是这样的情况。阿达莫罗贝手语在加纳的一个村庄使用,在那里,依据传统,星期四这一天,村民们会到当地市场修理他们的工具,所以手势词【星期四】中可见的锤击动作就与此有关。如果不知道这个文化事实,我们就很难理解该手势词的象似性。

a. 英国手语【咖啡】　　　　　b. 阿达莫罗贝手语【星期四】

图 8-3　形式和意义关联不太明显的手势词

图 8-3 中的手势词表明:随着时间的推移,手势词可以从象似性手势词转变为象似性不太强,甚至完全变为任意性手势词。图 8-4 是任意性手势词的例词。图 8-4a 荷兰手语名词【手表】是指计时器。很久以前这个手势词是打在胃的右面马甲口袋这个位置,因为以前手表是从这里拿出来的。这个动作模仿了把手表从那个口袋拿出的动作。随着时间推移,这个手势词的位置向上偏移接近脖子处,动作也变化了。所以,对于新一代的手语使用者,这一手势词的形式和它的意义之间的关联不再明显,也就是说,象似性已经不见了。图 8-4b 美国手语【家】也是如此。起初,这个手势词是由象似性手势【吃】(手把食物送到嘴前)和【床】(伸开的手掌放在脸颊旁,头向掌心倾斜仿佛正在睡觉)构成的复合词。随着时间的流逝,复合词中这两个单独的手势词都发生

了语音变化，音变到我们已经不能说它是个复合词（见本书第9章第9.3节复合词的语音变化）。现在手势词【家】中，【吃】这个手型仍然保留着，手从嘴到耳朵有一个很小的动作。这些音变的结果是原始手势词的象似性几乎不复存在。

a. 荷兰手语【手表】　　　　　　　b. 美国手语【家】

图 8-4　任意性较强的手势词

总之，我们可以说，手语获益于视觉-空间语言模态所给予的可能，它的象似性比有声语言更加显著和普遍。但手势词的形式随着时间不断演变，手势词的象似性可能会逐渐减少，甚至消失。本书第11章第11.9节和第13章第13.4.1节将对此继续讨论。

## 8.4　固定词汇与能产性词汇

第一语言和第二语言学习者知道一个特定的手势词可以表达一个特定的意义。它的特征是：固定的手型、位置、手部朝向和运动（也可能带有非手控成分）。语言学习者必须学习这些形式，并且在适当的时候将它们从"心理词库"中提取出来。这样的可以从心理词库中直接提取出来的词称为**固定词汇**，或已成词词汇。固定词汇是可以拓展的，而且会发生变化。过去十几年里，电脑领域出现许多新术语。手语里也随之产生很多表达"电脑、因特网、电子邮件、平板电脑"和"Whatsapp"等意义的新词。在手语中，新手势词可以有很多办法进入手语词库（见本书第9章和第13章）。例如，两个已经存在的手势词可以组合成一个复合词从而形成一个新的术语（见本书第9章第9.3节）。另外，还可以从另外一门手语中借用手势词，构成自己手语里的新词（见本书第13章第13.5.3节）。例如，图8-5a中的手势词【电脑】是德国手语从美国手语里借来的。此外，手势词也可以基于已经存在的或意义相关的手势词形式，来重新创造新词。图 8-5b 意大利手语【电子邮件】就是一个例子。这个手势词在手部运动上和手势词【送】相关。这两个手势词的共同点是都有一个路径运动和手型变化：当手从身体向外移开时，手指张开。然而【送】的起始手型是✊，而【电子邮件】的起始手型是✋（拇指和食指相捏）。

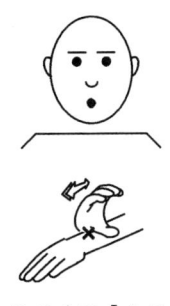

a. 德国手语【电脑】　　　　b. 意大利手语【电子邮件】

**图 8-5　手语中的新词**

图 8-6 是荷兰手语的三个例词，它们都跟"电话"有关。这表明在表达【电话】时，一个旧的手势词可以被一个新的手势词代替，而这时词形与手势词所指的象似性关联正发生改变，或已经不存在。图 8-6a 是最老式的、有手柄须摇动的电话，后来它被新的"电话"手势词代替，在这个新手势词中，它的手型是模仿拨号电话的听筒。图 8-6c 的词义是"手机"，如今越来越多的荷兰手语者把这个手势词当作指称电话的标准形式。

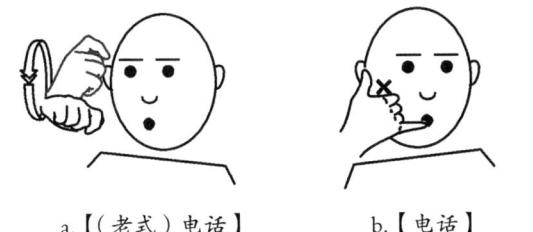

a.【(老式)电话】　　　b.【电话】　　　c.【手机】

**图 8-6　荷兰手语不同时期的"电话"手势词**

受发音影响，手势词的音系参数也会随着时间变化而发生演变，就像我们在图 8-4a 和图 8-4b 里可看到的【手表】和【家】的手势变化（另见本书第 13 章第 13.4 节）。但是对当前语言使用者而言，手语固定词汇中的词是确定的，它只有一种打法（当然要除去语音变异情况，见本书第 10 章第 10.4 节讨论）。

与固定词汇不同，手语里还有一些没有固定形式或意义的词。与固定词汇中的手势词一样，它们也是由手型、位置、运动和非手控要素组成。但与前者不同的是，这些手势词通常是临时形成的。这类词属于**能产性词汇**。例如，当讲有关开车的故事时，西班牙手语者会用图8-7a表示【驾驶（在轿车里）】，这个手势词有固定的形式和意义，因此属于西班牙手语固定词汇。但若此时讲故事的人想使大家明白轿车的引擎出故障了，导致车向前行驶时忽动忽停，他可以修改这个词。通过改变运动形式和非手控要素，他创造了一个新手势词，来充分说明这辆车一颠一停驾驶的状态（请见图8-7b），该手势词所表达的意思是"在轿车里，忽动忽停地驾驶"。这是个临时创造出来的手势词，它没有固定的形式或意义，但是从故事语境中，我们能清楚地明白它的意思。而在另一语境中，相同手势词可理解为"在凹凸不平的鹅卵石街道上颠簸行驶"。因此，这个手势词属于能产性手势词。

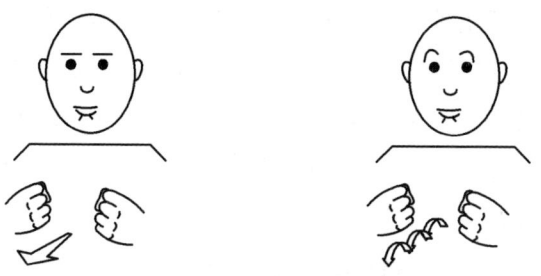

a.【驾驶（在轿车里）】　　b.【驾驶（在轿车里，忽动忽停地）】

**图8-7　西班牙手语中的能产性手势词**

美国手语【给】也是能产性词汇里的例词。在选择组成这个动词的手型和运动要素时，手语者要考虑被给的物体。在图8-8a中这个手势词为🖐手型，它表示所给的物体可以放在手掌上。图8-8b表达"给"的手势词是用✌手型，它表示所给物体仍是扁平的东西，如一本书可以用手横着拿住，递给对方。图8-8c手语者使用双手，模仿托起和递送的动作，来表示这是更大的扁平物体，同时手部的运动和非手控表情体态（鼓腮）表明这个物体很沉，也就是说，这个被给出去的物体需要很用力才能给出去。

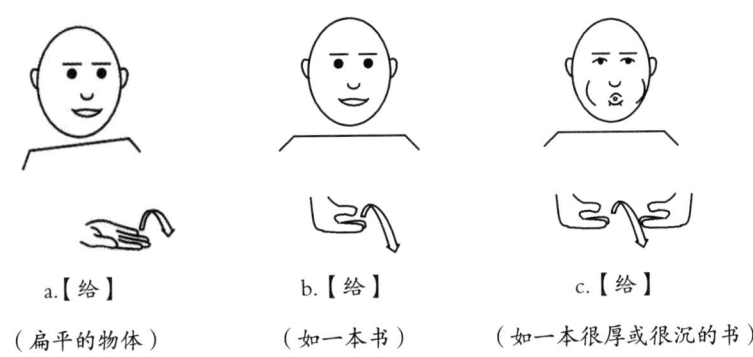

图 8-8 美国手语中的能产性动词【给】

根据打手语者视角的不同，物体的具体打法可以发生变化。例如，一座教堂塔楼从远处看细细高高，但是当你站在教堂塔楼之前，它变得高大宏伟宽阔。手语使用者可把不同视角作为考虑因素，选择不同视角下的不同手型来指称这所教堂塔楼，即他可以用不同手型表达同一物体。

可能这类手势符号跟其他手势符号特别组合在一起的表达方式，在以往手语里从未出现过。然而在这些特定语境下，其他手语者非常清楚和完全理解它们所表达的意义。这是因为手语者并非以个性化的方式创造新词，相反，他们是以一种有规律可循的方式，将能产性词汇中的意义成分组合在一起，而这种方式可以为其他手语者所理解。我们之前的假设是：能产性形式在故事和诗歌中出现的频率很高，在其他语境则很少出现。然而最近的研究表明，手语中的能产性形式远比我们之前以为的多，它们在手语词库中所占比例很可观，而且，能产性词汇也经常用于法律、医疗和其他科学对话中。能产性词汇的使用是一个充满创造性的过程：为了使表达变得清晰，手语使用者临时创造了必要的新词。本章第 8.7 节将介绍在手语隐喻里大量使用的能产性词汇。

一些手势词已经进入固定词汇，但是它们所使用的手型在能产性词汇里也经常出现。图 8-9 巴西手语中的手势词就可以说明这一点。图 8-9a 中的手势词【公寓楼】，扁平形的手掌用来指代建筑的水平面；图 8-9b【轿车】中的拳头手型是在模仿司机握持方向盘的真实动作；图 8-9c【骑马】一词里，两根伸出的手指（食指和中指）分别代表人的两条腿（另见图 8-1b【步行】）。

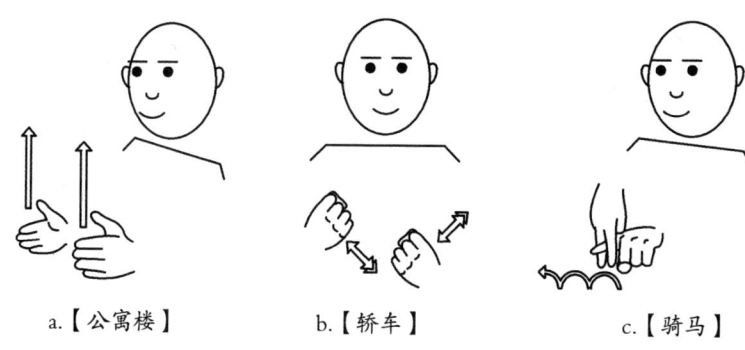

a.【公寓楼】　　　　b.【轿车】　　　　c.【骑马】

图8-9　巴西手语固定词汇中也常用于构成能产性性词汇的手型

　　这些手势词属于巴西手语中的固定词汇，所以其手型并不依赖语境。我们发现固定词汇和能产性词汇其实是一个连续统：当手语能产性形式被认为是词汇的一部分时，它们就可以被录入到词典中；当它们被认为仅是形态修饰和变化形式时（请见本书第9章），那么它们就不会被录入到词典中。就像在有声语言词典中一样，那些仅是形态变化的词通常不会单独列为词条。对于是否要把能产性词汇收录在词典中，词典编纂者观点不一。

## 8.5　手语词典

　　到目前为止，我们使用术语"词汇"来表示有声语言中的所有单词或手语中的全部手势词。在逐一列出这些单词或手势词，并形成一个列表时，我们通常对每一个单词或手势词都加以简要说明。这样的列表称为"词典"。

　　有声语言的词典是由词目组成的，本书第1章第1.8节中已简要提到。**词目**是位于词条首位的词项，在其下面列出彼此相关联的含义。例如，英语单词"awesome"有几个不同但相关的含义，它们被列为一个词目，而单词"steer"有两个不同的含义，即"引导"和"一头年轻的公牛"，因此它们是两个词目。词与意义之间没有一对一的关系，一个词可以有多种含义，一个含义可以对应不同的单词。许多手语词典，无论是图书还是DVD形式，都是用有声语言**释义**或翻译出手势词，并将它们列成词表。要注意的是，释义和翻译时常一样（例如，美国手语【轿车】的翻译就是"轿车"），但两者并非必须完全相同，对许多复合词来说，它们的释义和翻译就不一定相同（例如，德国手语释义标注【修道士＾老板】须翻译为"男修道院院长",见本书第9章第9.3节)。无论是何种情形,这类双语词典中的词目都来自有声语言(见本书第1章第1.8节图1–12美国手语词典样例)。这意味着使用者只能在词典中找到"我想表达"×××"这个意思,请问它的手势词打法是什么?"这类问题的答案,而不是"我见过这样打的一个手势词,它究竟是什么意思呢?"。这类词典通常只列出固定词汇,而且只列出固定词汇的**词典形式**,即脱离语境影响没有形态或语音变化的手势词的原形形式。

也就是说,这类词典的出发点仍是有声语言单词的含义,而不是手势词的含义。一些词典编纂者使用释义而不是翻译作为手势词的词目,他们试图削弱有声语言单词含义对手语词典的影响。在本章的引言里,我们已经清楚地说明释义并不是手势词的翻译,而是该手势词含义的表征(或跟其含义最接近的意义表征形式)。可是由于释义也是借助有声语言翻译而来,词典使用者潜意识上将持续受有声语言单词意义影响:使用者可能会坚持认为该词语是这个意思,即使它只是释义。如果释义时尽可能详细和具体,那么这一弊端可以得到一定克服。例如,在释义中标示清楚意义差别。对于一个手势词,不要只简单地释义为【打破】,应更详细地释义为【打破(打断进程)】或【打破(使某物破裂)】。

当然,的确也有以手势词为出发点的手语词典,手势词是根据其打法和外形来排列的。例如,使用者可以根据手型是单手还是双手来查找一个手势词。第一部以这种方式编纂的手语词典是1965年威廉·斯多基编纂的美国手语词典。威廉·斯多基是手语语言学创始人和先驱。还有其他几部以这种方式编写的词典,例如,1988年第一部为聋童父母编写的《荷兰手语词典》,1992年的《英国手语词典》,1998年的《澳大利亚手语词典》,以及1998年的《芬兰手语词典》。所有这些早期词典都是书本形式,里面包含对手语词的描画或拍照。20世纪90年代早期,信息技术的快速发展使数字词典的开发成为可能,其词目是词典形式的手势词的录像。因此,理论上看,目前完全可以编纂单语词典,使用者可以根据手语的基本构成成分,(如手型、位置、手掌和手指的朝向,以及运动等)来搜索手势词。手势词的定义和语法信息等也以相应的手语语言来说明。尽管这样的单语数字词典仍未出版,但是目前已经有一些DVD或在线形式的双语手语词典,使用者可以基于手势词的基本构成成分或释义来搜索不同手势词，例如，佛兰芒手语（佛兰芒手语在线词典）、澳大利亚手语和荷兰手语都已经有了这样的词典。然而，它们手势词的意义仍然是通过有声语言的书面形式来传递。

手语词典的编纂方式有很大差别，这会影响到词典所提供信息的可靠性。有的词典只是词典编纂者自身手势词使用情况的反映，他们只收录自己使用的手势词，或者有的手语词典仅包含某个领域的手势词。通常这些手语词典里手势词变体，或手势词选取方式等信息非常有限（见本书第12章）。它们与有声语言词典差异显著，这表明手语的词典学尚处于起步阶段。然而，许多国家当代的手语词典，无论是数字词典还是书本词典，都越来越多基于全国范围内的手势词列表，如基于语料库项目，考虑了手势词的地域变体和年龄变体（见本书第12章）。

手语词典的差别还体现在不同词典里每个词目所包含的信息内容有差异。有的词典里词义和手势词只是一对一的翻译，即手势词和它对应的词义。这其实并不是词典，而是词的汇总。另外，有的词典会提供有关手势词的形式和用法等信息，尤其是数字词典，它们可以包含更丰富的信息（请见表8–1）。

表8–1　手语数字词典可提供的信息

1. 提供手势词词形的额外信息，尤其是当手势词是以绘画或照片的形式呈现时；
2. 提供该手势词的打法摄像，而不是绘画或照片；
3. 当单词词义与该手势词的真正含义不完全相同时，提供手语例句，或用有声语言书面形式转写出一个例句，或提供手语例句视频录像（数字词典）；
4. 提供词性和其他语法信息；
5. 提供地域变体信息；
6. 提供该手势词与其他手势词在形式和意义上的关联信息

谈及有声语言词典印刷品时，使用者与录入词典内容的打字员或提供信息的人员，他们彼此之间没有任何关系。但是手语词典的情况却有所不同，各类手语词典都可能包括一些照片和绘画，而这些照片和绘画是基于真实的人物。数字词典通常是录制真人如何打手语，词典使用者很容易通过照片和视频片段辨认出手语模特是谁，尤其是对聋人社群成员而言，识别模特身份更是轻而易举。因此，参与手语录制的模特必须为该国聋人社群成员所接受。手语模特的身份会影响该词典的被接受程度。为了克服这个问题，可以使用虚拟动画技术,即采用真实手语模特的数字替身(见本书第 10 章第 10.6 节)。然而,该技术尚未广泛使用。有一个在线美国手语词典使用了动画替身,但它包含的手势词数目相当有限。本书中,我们使用真实手语者的照片,也使用了与真实人物无关的简笔画。

## 8.6 意义和意义关系

图 8-10a 是德国手语中十分常见的手指动作。根据其语境,该手势词(至少)具有四种含义:(1)打字;(2)键盘;(3)秘书处;(4)信息通信技术(ICT)。显然,这些含义是相关联的。他们之间的关系包括:(1)一种活动;(2)该活动所使用的工具;(3)该活动常见场所;(4)(包含该活动的)抽象学科领域。

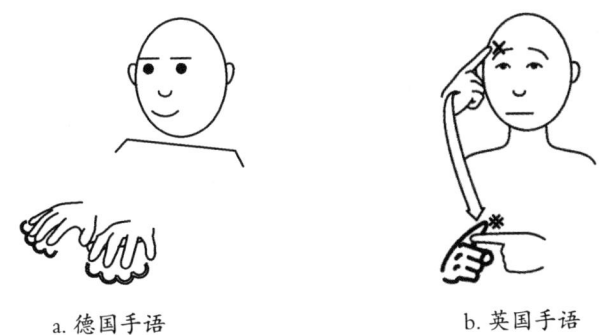

a. 德国手语　　　　　　　b. 英国手语

**图 8-10　手语中的一词多义**

同样,图 8-10b 中的英国手语例词也包含各种相互关联的含义:(1)生病;(2)疾病;(3)无效;(4)有缺陷。德国手语和英国手语的例词都须借助上下文来确定究竟是什么意思。以上是**一词多义**的例子,即它存在多种含义,但这些含义是相互关联的。

图 8-11 中的英国手语例词不止一个含义:(1)比利时;(2)比利时人;(3)厕所;(4)可能。最后两个含义是一些地区特有词的含义。(1)和(2)之间有清晰的意义关联。然而它们跟(3)和(4)之间没什么意义关联,所以后一种关系被称为**同形异义**,它是指多个手势词碰巧表达形式相同,但它们的

意义却没有什么关联（本章前一节提到的英语单词"steer"也是同形异义）。

**图 8-11　英国手语中的一词多义和同形异义**

一词多义和同形异义都会导致**歧义**，即想表达的确切意义含糊不明。但是，正如前文所述，语境通常会帮助我们理解手语者想表达的确切意义。在一些手语中（如德国手语和荷兰手语），这种歧义通常是借助仿话口型来进行歧义消解，即打手势词的同时，手语者无声地作出有声语言单词（或词的一部分）的发音动作。（见本书第 11 章第 11.6 节）。一旦仿话口型成为该手势词的固定组成部分，那么它就是该手势词的语音构成部分，这时我们面对的就不是一个一词多义的手势词。相反，我们处理的是不同的手势词，此时一词多义或同形异义都不存在了。

如第 8.5 节所述，一词多义和同形异义在词典中的处理方式不同。一词多义，所有相关的含义都在同一个词目下。相反，同形异义，两个（或更多）含义会被列为不同的词目。也就是说，图 8-10b 的英国手语例词在词典里是一个词条，而图 8-11 的英国手语例词则有三个词条（会提供附加信息，即其中的两个是地域变体）。

图 8-12 中的三个美国手语例词也有一种语义关系：图 8-12b【悲伤】和图 8-12c【嫉妒】是图 8-12a【感觉】的具体例子，也就是说，它们都从属于【感觉】这个手势词。这种语义关系被称为上下义关系。**上下义关系**是指词目之间的上下层次关系，所有语言中都有这种语义关系。例如，英语中的"animal"（动物）和"giraffe"（长颈鹿），"furniture"（家具）和"chair"（椅子），后面的两个单词分别是前面表示系属种类单词的下位词。

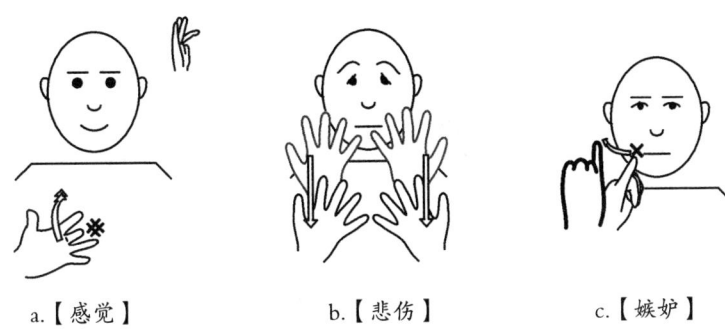

a.【感觉】　　　　　b.【悲伤】　　　　　c.【嫉妒】

图 8-12　美国手语中的上下义关系

图 8-13、图 8-14 和图 8-15 提供了来自 3 种不同手语的 3 对儿手势词，其中每对儿手势词里，前后两个词意义正相反，所以每对儿词之间是**反义关系**。荷兰手语例词图 8-13a【困难】与图 8-13b【容易】词义相反；泰国手语例词图 8-14a【远】与图 8-14d【近】词义相反；佛兰芒手语例词图 8-15a【活着】与图 8-15b【死】词义相反。

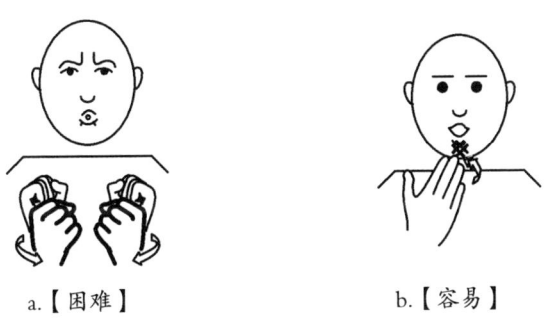

a.【困难】　　　　　b.【容易】

图 8-13　荷兰手语中的反义词

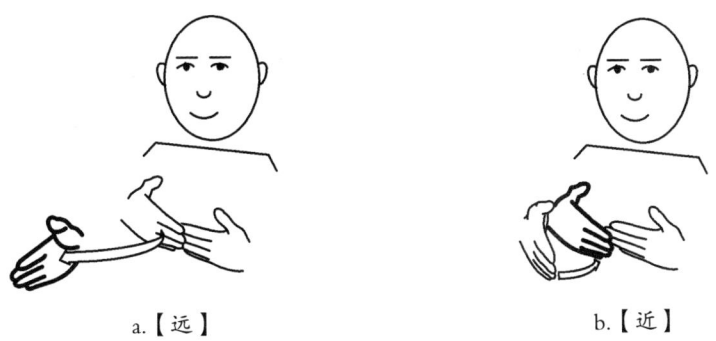

a.【远】　　　　　b.【近】

图 8-14　泰国手语中的反义词

a.【活着】　　　　　　　b.【死】

**图 8-15　佛兰芒手语中的反义词**

最后，图 8-16 中的手势词是荷兰手语中**同义关系**的例词，即两个不同手势词具相同含义。图 8-16a 和图 8-16b 都表示"报纸"，图 8-17 是英国手语同义关系的例词，图 8-17a 和图 8-17b 都表示"开始"。

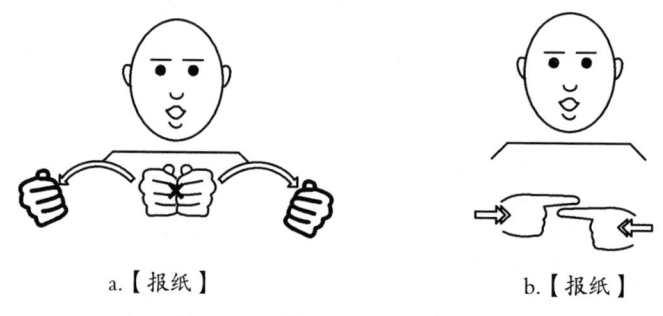

a.【报纸】　　　　　　　b.【报纸】

**图 8-16　荷兰手语中的同义词**

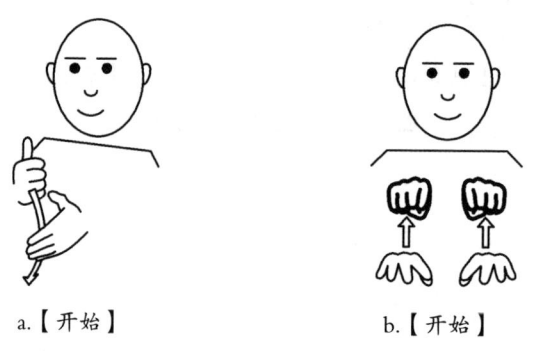

a.【开始】　　　　　　　b.【开始】

**图 8-17　英国手语中的同义词**

请注意一个重要方面：通常所谓同义词的几个手势词其实在意义上并不完全相同，因为一个词或许只能用于跟它同义词完全不同的语境。也就是说在特定语境中，只能用这个手势词，而不可以用它的同义词。这与一个事实有关，那就是一个手势词不仅有**外延**（指称的一个现实对象，即它的**指称义**），而且还有**内涵**（即它的**内涵义**）。一些影响因素，诸如情感意义、话语风格和社会涵义等，这些都很重要，都可能决定你最终使用同义词中的这个手势词，而不是那个（见本书第12章第12.4节）。

## 8.7　隐喻与习语

无论是在有声语言中，还是在手语中，使用者都经常将一个实体或动作比作另一个实体或动作，借此来解释说明前者，这种策略被称为**隐喻语言的使用**。例如，英语"the heart of the town"（城镇中心），活跃的城镇中心被比作了生命体的心脏。"time flies"（时间飞逝），动词"flies"的用法是它的非字面义。显然，时间不能像鸟一样飞，但此动词唤起了"事物迅速过去了"这一理解。日常交流中我们非常频繁地使用这类表达。实际上，我们常常忘记了两个实体或动作之间的最初类比，而是将这些表达变成约定俗成的惯例，如"fork in the road"是指岔路口，"to be down"是指情绪低落。从隐喻的分类上，我们发现许多语言，包括手语，都使用一些相同类型的隐喻。

语言中相当多的隐喻是借助了**空间类比**（例如，*向上－向下*、*向前－向后*，这类空间隐喻）。手语特点之一是它们可以充分利用身体周围空间。对不同手语的研究表明，手语者确实常借助空间来表达手语隐喻概念。许多表达积极意义的手势词都使用向上的手势动作，如图8-18所示。

a. 美国手语【骄傲】

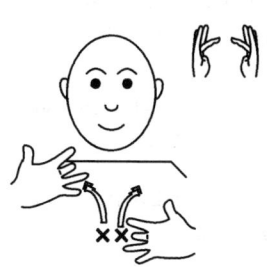
b. 美国手语【兴奋】

c. 中国手语【增加】　　　　　d. 荷兰手语【更好】

图 8-18　手语中表达积极意义时的空间隐喻

相反，在具有消极含义的手势词中，我们经常看到向下的手势动作，如图 8-19 所示。有声语言中也可以观察到积极意义与向上联系在一起，而消极意义与向下联系在一起，如表 8-2 英语隐喻例子所示。

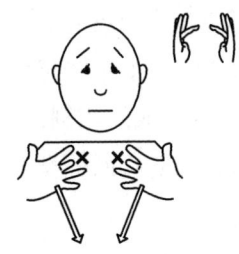 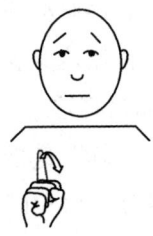 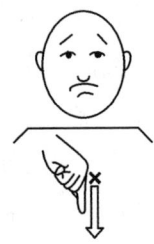

a. 美国手语【沮丧】　　　b. 中国手语【气馁】　　　c. 荷兰手语【失望】

图 8-19　手语中表达消极意义时的空间隐喻

表 8-2　英语中表达积极和消极意义的单词中的隐喻

---

a. "向上"隐喻：表达积极的意义

例如，快乐（英语"to be in high spirits"，意思是"精神振奋"）
　　　有意识（英语"to wake up"，意思是"醒来"）
　　　健康（英语"to be in top shape"，意思是"处于最佳状态"）
　　　地位显赫（英语"high status"，意思是"在职业生涯的巅峰时期"）

b. "向下"隐喻：表达消极的意义

例如，悲伤（英语"feeling down"，意思是"感到沮丧"）
　　　无意识（英语"to fall asleep"，意思是"入睡"）
　　　疾病和死亡（英语"to fall ill, to drop dead"，意思是"生病，倒地而亡"）
　　　地位低微（英语"a lower rank"，意思是"级别较低"）

---

在图 8-18 和图 8-19 中的手势词里，空间隐喻是通过向上或向下的运动参

数来表示的；在表 8-2 中的英语例词里，隐喻则是采用介词、形容词、名词或动词等来暗示向上或向下的趋向。在手语中，这些运动成分或参数被认为是能产性词汇的一部分，请见本章第 8.4 节的讨论。

同理，在有声语言和手语中与时间相关的表达通常都借助空间隐喻。在许多有声语言中，过去被概念化为在我们后面的事物，而未来被视为在我们前面，请见表 8-3 英语隐喻例子。

表 8-3　英语中对时间关系的空间隐喻

a. "后面" 隐喻：指的是过去的事件
例如，"back in the old days"（回到过去）
　　　"this lies behind us now"（这事现在已经过去了）

b. "前面" 隐喻：指的是未来的事件
例如，"years ahead"（未来几年）
　　　"to look forward to"（期待）

图 8-20 泰国手语的 6 个例词全都打在手势空间里的特定位置（还带有特定的运动）。图 8-20a、图 8-20b 和图 8-20c 中的手势词都是指过去，手语者在肩膀的上方或后方打出向后的运动，而图 8-20d、图 8-20e 和图 8-20f 是表示未来意义的手势词，手语者是在肩膀前方打出向前的运动。如果给这些运动和位置标画出空间路径，我们可以看到一条从后往前的连续的线，它的一个终点位置是图 8-20a【很久以前】所示的身体后方位置，另一个终点位置则是图 8-20f【遥远的未来】所示的身体前方位置，这样的线通常被称为**时间线**。

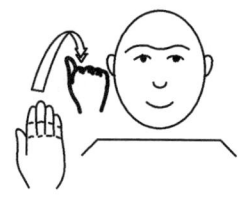
a.【很久以前】

b.【过去】

c.【昨天】

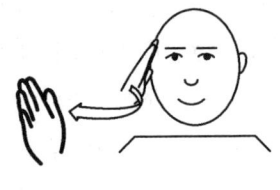

d.【明天】　　　　　　　e.【未来】　　　　　　f.【遥远的未来】

图 8-20　泰国手语中的时间线

　　在表 8-3 和图 8-20 中所观察到的规律与这样的抽象概念有关，即过去的都已经在你的身后，而未来的都是在你的前面。然而，在另一些文化里，他们的时间指称和空间位置的关系，与我们刚刚所描述的完全相反。在乌鲁布卡波尔手语（一种巴西印第安人使用的手语）和阿达莫罗贝手语中，过去被视为在肩膀前方，而未来在肩膀后方。这种映射反映了一种世界观，即过去是已知的，因而是可见的，而未来是未知的，因而是不可见的。鉴于隐喻映射受文化影响这个事实，因此，时间指称会受相邻有声语言影响而采用相同的表达方式，这就不足为奇了。有声语言情况也如此，例如，马达加斯加语，它是一种马达加斯加人所使用的语言。有趣的是，在汉语口语中，一些时间表达采用垂直的时间线，未来是在时间线的下方，而过去是在时间线的上方。这种空间隐喻在中国手语的时间表达中也可以见到。例如，手势词【下周】包含一个向下的运动，【上周】则包含一个向上的运动。

　　除了借助空间之外，手语中的隐喻也可以通过手型来表达。英国手语中有"散发或发射隐喻"，含有这类隐喻的手势词中，闭合的手型或手型变为展开的手型，即五指伸展开来，手指略微弯曲。这种手型变化具有隐喻性，例如，它是在隐喻光的照射（参见本书第 11 章图 11-27b 荷兰手语例词【灯】），或在隐喻水的流动。图 8-21a 英国手语例词【春天】隐喻新生命的萌芽；图 8-21b 法国手语例词【拒绝】也有类似的隐喻，它手型的变化是在模拟将一个想法扔出去的动作；图 8-21c 美国手语复合词【思考能力^掉落】，它的意思是"昏倒"。可见，图 8-21b 和图 8-21c 这两个手语例词都是"把抽象事物当作现实物体"这类隐喻：一个想法或思考能力被概念化为具体的实物，它们可以被双手操控拿捏（参见英语表达"to grasp an idea"）。

a. 英国手语【春天】  b. 法国手语【拒绝】  c. 美国手语【思考能力 ^ 掉落 】"昏倒"

图 8-21　手语中借助手型变化来表达的隐喻

　　隐喻语言的使用是有声语言**习语**的重要来源，习语是指有固定形式和固定含义的表达，其意义不能从构成习语的单个词的含义叠加而推断出来。以例 8-1a 句中的英语习语 "kick the bucket"（去世）为例，去世事件中其实并没有涉及英语单词 "bucket"（桶）。习语有明确的形式限制，它们不能像改动其他话语表达那样被随意改动。所以例 8-1b 句是一个病句，因为它将例 8-1a 句里的习语变为被动形式，而这是不符合语法的。

### 例 8-1　英语习语

　　a. He finally kicked the bucket.

　　　'他终于死掉了。'

　　b. *The bucket was finally kicked by him.

　　在手语中，习语似乎很少见。荷兰手语有【容易 / 小菜一碟】这样的习语表达。多个手势词组合在一起，有固定的形式和固定的含义，而这个固定意义不是从每个单词的意义相加推得出来的。像这样的手语习语例子非常少见，屈指可数。美国手语习语【火车 + 离开 + 对不起】用来表示不得不重复已经说过的内容时的懊恼情绪，它的意思是"抱歉，你已经错过我说的内容了，我不会再重复它"。另外，【完成】和【接触】组合在一起的习语意思是"我去过那里了"。佛兰芒手语习语【现在 + 电话】用来表示"我要去洗手间"。

## 小结

　　手控和非手控成分组合在一起被看作是一个手势词时，这时它的形式和意义必须符合一定标准。手势词的意义具有**规约性**，这意味着在手语使用者之间已经形成了对这个手势词含义的规定和惯例。有声语言中除了**拟声词**之外，其他单词形式和意义之间的关系通常是**任意的**。手语是视觉–空间语言，它的一个显著特征是它有许多**象似性手势词**，即手势词的形式跟它所**指称的**物体之间有象似性关系。尽管有象似性，但往往只是在学习者知道了手势词的意义时，手势词形式和意义之间的关系才变得一目了然。当即使是非手语使用者也能立刻看清手势词的形式与意义之间的对应关系时，这种手势词被称为是**意义透明的**手势词。相反，那些形式和意义之间不具有象似性特点的手势词，则是**任意性手势词**。

　　手语的词汇包括**固定词汇**和**能产性词汇**，其中固定词汇是具有固定形式的手势词，能产性词汇则是一个不断创造新的手势词的语素库。词典中每个词条都是按照**词目**来组织的，就是说一个单词或手势词的所有有关联意义的词条都被放置在这个词目之下。许多手语词典借助有声语言中的词来说明手势词的含义，即给这个手势词**释义**。这些被释义的手势词通常都是以它们的**词典形式**记录下来的固定词汇。词目按照手势词本身的词形来编排组织，这是一个难点，而信息技术的发展使得创建此类词典和数据库变得更为可行。

　　就像有声语言单词一样，手势词彼此之间可以有不同的意义关系。当手势词具有不止一个意义时，而且这些意义彼此关联，这种情况称为**一词多义**。当两个手势词外在词形相同，但意义却不一样时，我们称之为**同形异义**。一词多义和同形异义都会产生**歧义**，然而一些手语可借助仿话口型来消解歧义。其他常见的意义关系有**上下义关系**、**反义关系**和**同义关系**。被当作是同义词的手势词，它们其实在含义上通常也不完全相同，因为同义词可能在**指称义（外延）**和**内涵义（内涵）**方面存在差别。情感意义和话语风格等因素会对同义词有重要影响，使一个同义词具有与众不同的内涵。

　　在**隐喻**语言中，被指称的对象经常被比作其他事物。日常话语中夹杂着很多隐喻，而且许多彼此不相关的语言里都含有类似的隐喻。许多有声语言和手语都经常使用**空间类比**。例如，积极意义被概念化为向上的运动，消极意义被概念化为向下的运动。对时间的指称也可以基于空间类比，手语中的时间表达通常借助**时间线**。**习语**可来自于隐喻语言的使用，它是一种具有固定句法形式的固定表达。然而，在手语中习语似乎很少见。

## 自测

1. 手势词是由什么所构成的？请说出手势词构成的两个标准。
2. 什么是释义？释义有什么弊端？
3. 象似性手势词和任意性手势词之间有什么区别？
4. 什么是固定词汇和能产性词汇？
5. 什么是词目？
6. 请说出使用手势词释义作为词条的手语词典与基于手势词的词形来编纂的手语词典之间的区别。
7. 一词多义与同形异义有什么区别？
8. 一词多义与同形异义的区别在手语词典里如何表现出来？
9. 什么是上下义关系、反义关系和同义关系？
10. 隐喻语言和习语有什么区别？

## 任务

1. 请从词典或其他来源，查找出一个释义和词义之间关系清晰的手势词，以及关系不清晰的另外一个手势词。请描述在哪些方面该词的释义和词义之间的关系不清晰。

2. 在高度象似性和完全任意性之间存在一个连续统。请将以下南非手语的四个手势词放在此连续统中，并选出哪些词的象似性强、哪些词的任意性强，同时说明你的理由。

a. 南非手语【女人】

b. 南非手语【男人】

c. 南非手语【下午】　　　　d. 南非手语【公交车】

3. 请你从某种手语中找出固定词汇的三个例词和能产性词汇的三个例词。请你解释它们为什么属于固定词汇或能产性词汇。

4. 请你找出一部以手势词释义作为词目的手语词典，再找出另一部以手势词的词形来组织词目的手语词典。请你从以下几方面描述这两部词典：词典里手势词的可视化方式；词典里提供了关于手势词的哪些信息；词典里使用有声语言来介绍的事项和使用手语来介绍的事项，以及词典中这两种语言的使用比例。

5. 请你从你所了解的一门手语中，分别举出具有一词多义、同形异义、上下义关系、反义关系和同义关系的手语例词。

6. 请描述以下手势词里的隐喻（视频剪辑请见 www.spreadthesign.com）。

a. 德国手语【失望】

b. 波兰手语【失败】

c. 土耳其手语【死】

d. 美国手语【仰慕】

## 参考文献和拓展阅读

基于英国手语数据，Brennan（1992）对象似性、固定词汇和能产性词汇进行了非常好的介绍。Perniss, Thompson, Vigliocco（2010）概述了象似性在有声语言和手语中所发挥的作用和用法。Mandel（1977）第一次详细分析了美国手语的象似性策略。对于同样论题，Pietrandrea（2002）讨论了意大利手语，Cuxac, Sallandre（2007）讨论了法国手语的象似性。Pizzuto, Volterra（2000）对象似性和意义透明性进行了跨语言和跨文化分析。Padden 等（2013）对不用手语的象似性规律进行了对比研究。Supalla（1986）对能产性词汇的语素进行了分析。Taub（2001，2012）对象似性、隐喻及他们之间的关系进行了更加深入的调查研究。Meir（2010）讨论了象似性手势词进行隐喻拓展的有趣的制约因素。Wilbur（1990）和 Wilcox（2000）描述了美国手语里的不同隐喻。Grushkin（1998）聚焦于美国手语中有关"愤怒"的隐喻表达，讨论同样话题的除了 Wilcox 主编的 2005 年《手语研究》专刊外，还有 Brennan

(1992，2001) 的英国手语研究。Schermer，Koolhof（1990）讨论了荷兰手语时间线，Cabeza Pereiro，Fernández Soneira（2004）研究西班牙手语时间线。Lakoff，Johnson（1980）发表了影响深远的有声语言隐喻研究。

对手语词典和手语数据库进行研究的有 Brien 等（1995），以及 Schermer，Brien，Brennan（2001），Hanke，Konrad，Schwarz（2001），Johnston（2001a，2003b），Schermer（2003，2004，2006）等人。下面筛选一些可用的手语词典：Stokoe，Casterline 和 Cronenberg（1965）及 Valli（2005）等人的美国手语词典；Johnston（1989，2005）的澳大利亚手语词典；Brien（1992）的英国手语词典；Malm（1998）的芬兰手语词典；Tang（2007）的中国香港地区手语词典；Fundación CNSE（2003a）的西班牙手语词典；Schermer 等人（2006，2014）及 Schermer，Koolhof（2009）的荷兰手语词典；De Weerdt 等（2004）的佛兰芒手语词典。一些在线手语词典的网址如下：荷兰手语网址 www.gebarencentrum.nl；澳大利亚手语网址 www.auslan.org.au；佛兰芒手语网址 www.gebaren.ugent.be；有关数字手语词典的概要介绍网址（待完善）www.yourdictionary.com/languages/sign.html；以及用数字动画替身做手语模特的美国手语词典 http://signsci.terc.edu/SSD/about/animation.htm。

阿达莫罗贝手语例子来自 Nyst（2007），泰国手语例子来自 Wrigley 等（1990），巴西手语例子来自 Capovilla，Raphael（2001），荷兰手语例子来自 Schermer 等（2006），美国手语例子来自 Klima，Bellugi（1979），Sandler（1996a），英国手语例子来自 Deuchar（1984）。

# 第 9 章 形态

罗兰·普福

## 9.1 引言

在许多（但并非所有的）有声语言中，人们可以把语素组合起来构成复杂的词，所以手语也可以这样构词就不足为奇了。本章将对手语的各种形态过程进行分析，同时指出有声语言与手语在形态上的异同。

本章第 9.2 节先讨论形态过程的大致类型。当谈及复杂词的形成时，有声语言和手语之间的情况看起来非常不同。接下来的两节，第 9.3 节和第 9.4 节将分别介绍如何借助合成与派生来扩充手语的词汇。第 9.5 节讨论各种屈折过程，如"时"和"体"、一致关系和复数等。最后第 9.6 节将单独讨论两种特殊的构词策略：组并与分类，因为这两种构词策略与前面所讨论的形态过程很难归为一类。

## 9.2 构词法：序列性和同时性

本节将概述手语构词过程的类型。不同的有声语言在其复杂词的形成方式上有很多不同。事实上，从形态特点上分类，我们可以将人类语言划分为不同形态类型的语言，也就是孤立语、黏着语、屈折语和复综语。手语究竟属于哪种类型的语言呢？所有的手语都是同一种类型吗？

请先看一个例子。和许多其他手语一样，图 9-1a 日本手语例词【给】的词典形式是 手型（掌心朝上），手在身体正前方向前递出。如果给出的物体形状是扁平的，像图 9-1b 所示是给出一本书，那么 手型就需变成 手型（见本章第 9.6.2 节手型的修饰性变化）。但是如果给出的是很大、很厚、很沉的书，那么就需要增加辅手，辅手和主手在手型和运动上完全一样。另外，还可以如图 9-1c 所示，手语者通过添加皱眉和鼓腮等面部表情，进一步说明动作发出者是非常吃力地递给他人这本书。

通过不同构词过程，我们最终得到了一个含有复杂意义的手语动词，即"吃力地给了某人一个很大的扁平形状的物体"（如本例中的一本厚书）。请注意：为了解释这个手势词，我们几乎要用上一整句英语。

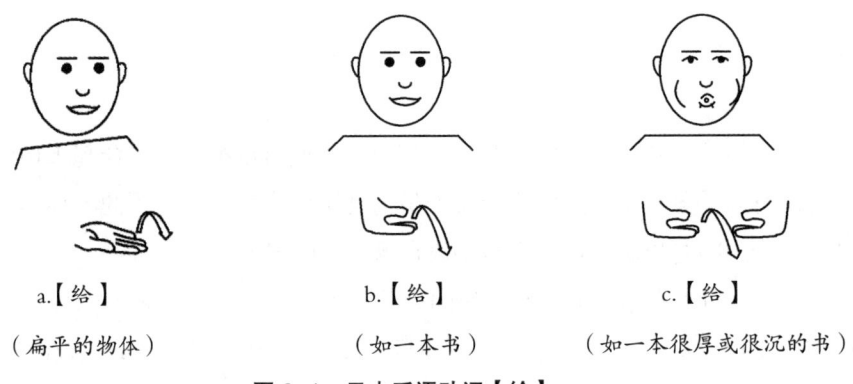

a.【给】　　　　　b.【给】　　　　　c.【给】

（扁平的物体）　　（如一本书）　　（如一本很厚或很沉的书）

图 9-1　日本手语动词【给】

其实许多有声语言也有这种现象。以例 9-1 土耳其语为例，土耳其语经常把大量语素组合到一起，每添加一个语素，意义就会有一个具体的变化。它复杂，但屡见不鲜。"Ev-"是土耳其语"房子"的名词词干，词干之后添加了一些语法后缀，如复数、属格（第一人称复数）、方位格，以及关系从句语法标记（用来表明它是指在某地的某人）等，最后，该词干再一次添加了一个复数后缀。

**例 9-1　土耳其语**

　　ev-ler-imiz-de-ki-ler

　　房子 – 复数 – 人称 1 复数 . 属格 – 方位格 – 关系代词 – 复数

　　'在我们房子里的那些东西'

在例 9-1 中，通过语素组合最终构成的土耳其语例词也是一个意义相当复杂的词，如果用英语来解释它的话，需要用上很长的英语短语。然而，这个土耳其语的例子却跟日本手语例子有十分明显的不同。作为形态上非常严格的黏着语，如土耳其语，它的不同语素是一个接一个地串联在一起，每个语素都令单词变得更长一些。与之相反，图 9-1c 中的日本手语例词的复杂形式几乎不比在图 9-1a 里它的**底层形式**（词典形式）长，这是因为它所有添加和组合语素的形态操作都是同时进行的。该词的形态上更复杂的词形仅仅比其词典形式略长一点儿，因为前者的运动是绷紧的，所以会慢一点儿。可是显然，它两个词形的基本结构是一样的，都是从位置到运动再到位置（见本书第 11 章的讨论）。

一般来说，有声语言在构词过程中会使用词缀（例 9-1 的土耳其语例子只涉及后缀）。这类构词方法称为**序列性**构词法，因为每个黏着语素都是以线性方式串联在一起。然而，语素序列性组合并不是有声语言里唯一的构词策略，有声语言里一些词形变化是发生在词干之内的，这种构词方法称为**同时性**构词法。我们将用以下两个有声语言的例子解释这种同时性构词策略。

英语过去时一般是用后缀"-ed"来标记，如例 9-2a 中的英语动词"walk"的过去时。但是也有不加后缀，只改变词干元音的一些例外情况，如例 9-2b 中的英语动词"win"的过去时。

**例 9-2　英语**

 a. I walk ------ I walked

  我　步行　　　我　步行（过去时）

 b. I win ------ I won

  我　赢　　　　我　赢（过去时）

有时，就连音系特征也能起到语素的作用。例如，在声调语言中，调值的改变会导致语法变化（如变成体标记）。然而实现语素功能，声调并不是唯一的音系特征。在例 9-3 巴西的特雷纳语中，音系特征［鼻音］可以标记第一人称单数这一语法意义，鼻音符号"~"表明此音段发鼻音。

**例 9-3　特雷纳语**

 a. unae → ũnãẽ

  '老板'　　'我的老板'

 b. emoʔu → ẽmõʔũ

  '话'　　　'我的话'

在词干内发生形态变化是例 9-2 和例 9-3 的共同点，也就是说，它们是同时性的形态过程。例 9-2b 中的形态变化影响了词干的元音，而在例 9-3 中，多个元音都添加了［鼻音］这个特征。显然，这些例子都不涉及语素的线性串联，它们的底层词和派生词的音段结构是一样的。

可见，有声语言里的确也有一些同时性的形态过程，但是，手语里同时性发挥了更大的作用。此外，与有声语言不同的是，在手语里同时实现各种形态修饰不仅是可以的，而且还很常见。原因在于手语里每个音系参数（如手型、运动，以及非手控标记等）都能用作语素，而且多个参数都可以同时发生变化（见本书第 11 章）。请看图 9-1 日本手语例子，手势词【给】的运动参数可以被视为词干，它的起始位置和终止位置既标记了语法中的一致关系，也是限定该手势词运动方向的重要语素。手型（包括辅手的手型）是一种反映论元特点的类标记，所以它也是一种语素。最后，面部表情语素可标记动作的方式。本章接下来的小节中，我们会看到这种同时性构词方式在手语里非常典型，即使序列性构词也偶尔会出现。

## 9.3　合成

在**复合词**中，两个或两个以上的词根相互合成，构成一个复合词。图 9-2a 荷兰手语例词的意思是"父母"，它的打法是把【父亲】和【母亲】两个手势词按顺序分别打出来，但是它的运动参数通常是被截短了，这两个手势词在一起表达"父母"，是**并列式复合词**。在并列式复合词中，组合在一起的两个手势词地位相等。就是说，在此类复合词中，两个组合在一起的词或词根成分都不具备修饰或限定功能；相反，这两个词把各自的词义合成在一起。例如，英语复合词 "bittersweet"（又苦又甜）和 "fighter bomber"（战斗轰炸机）就是这种情况。与荷兰手语的手势词【父母】一样，例 9-4a 汉语普通话的"父母"一词，也是把"父亲"和"母亲"这两个下义词组合在一起，构成并列式复合词，而表达"子女"这个意思时，把"儿子"和"女儿"两个词合成到一起。

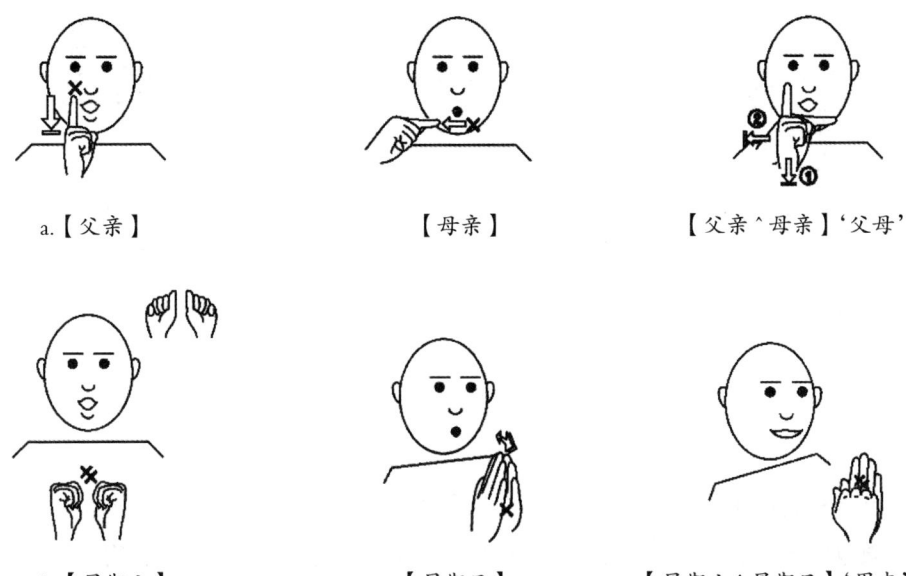

图 9-2　荷兰手语中的复合词

## 例 9-4　汉语普通话

a. fùmǔ　　'父母（父亲和母亲）'

b. zǐnǔ　　'子女（儿子和女儿）'

图 9-2b 荷兰手语例词【周末】也是一个并列式复合词，它将【星期六】和【星期日】这两个手势词合并在一起。但是这一复合词与图 9-2a 中的例词特点不同：它的两部分并不是将两个词先后打出，按顺序组合在一起，而是将两个手势词同时打出并组合在一起。【星期六】和【星期日】都是对称的双手手势词：手势词【星期六】由两个 ✊ 手型组成，手势词【星期日】由两个 ✋ 手型组成。复合词【周末】则将这两个手型进行了组合，主手打出一个手型，辅手打出另一个手型。复合词【周末】的运动参数是选用【星期日】一词的动作，即双手做重复接触动作。

与图 9-2 例词不同，在图 9-3 和图 9-4 这两个例词里，构成复合词的两个手势词作用是不同的。在图 9-3 德国手语例子中，构成复合词的两个手势词都属于名词词类（与图 9-2 中的一样），但是这两个手势词的地位不同，一个手势词修饰另一个手势词，即【修道士】修饰【老板】，从而创造了"男修道院院长"这个概念。

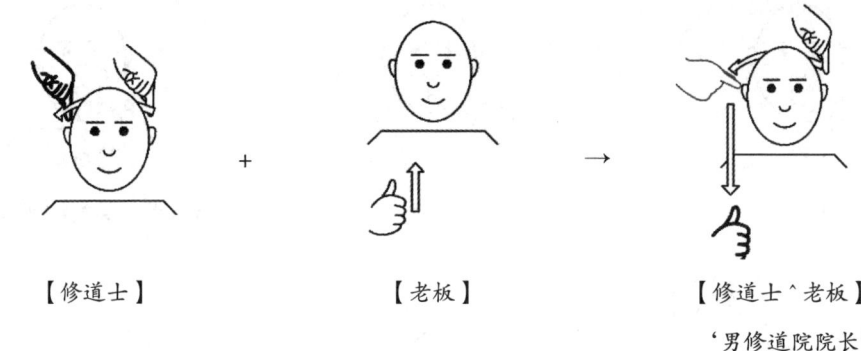

图 9-3　德国手语中的偏正式复合词

理论上讲，不同词类的所有词都能够组合在一起，合成一个复合词，如形容词和名词组合起来构成英语复合词"blackbird"（乌鸦）。图 9-4 美国手语例词也属于这种情况，手语形容词【黑色的】修饰名词【名字】，得出复合词"坏名声"这个新概念。请注意：此复合词也具有隐喻性质，因为【黑色的】表达消极意义。

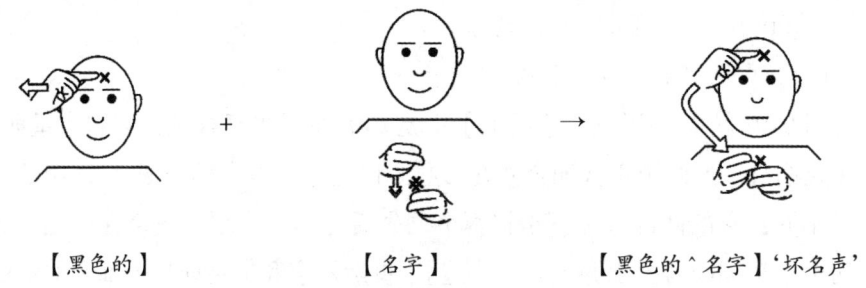

图 9-4　美国手语中的偏正式复合词

对有声语言复合词来说（包括英语和德语的复合词），它们的规则是：复合词里在右边的成分决定了复合词属于哪个词类范畴，也就是说，右边的成分是复合词的**中心**。从图 9-3 和图 9-4 的例词释义，我们可以看出手语复合词的中心也是在右边，而左边的成分起到修饰或限定作用。这种由中心成分和修饰成分组合而成的复合词称作**偏正式复合词**。

与构成复合词的两个独立的手势词相比，手语复合词通常显示出显著的语音和韵律变化。首先，我们可以观察到有趣的节奏变化，这影响了复合词的音长。在对美国手语复合词进行了细致分析后，研究者发现在合成复合词时，之前的两个手势词的发音都变短了。当其中一个手势词成分包含重复运动参数时，它的重复运动通常会被省略。例如，图 9-4 手势词【名字】，它在构成表达"坏名声"这个意思的复合词时，就失去了重复。正是因复合词形成过程中的这种节奏变化，由两个手势词组合而成的复合词的音长，要比出现在一个手语句子中的这两个手势词短很多，许多复合词的音长就相当于单个手势词的音长。

图 9-3 德国手语复合词【修道士^老板】（男修道院院长）的运动参数也发生了变化：手势词【老板】是向上的运动，然而复合词【修道士^老板】是向下的运动。这种运动变化保证了复合词两个合成成分可以过渡自然（见本书第 11 章第 11.8 节），因而它再一次缩短了复合词的音长。德国手语复合词【耳^鼻^喉^医生】（耳鼻喉专家）是从德语借用而来的复合词（见本书第 13 章 13.5.4 节），但是德语复合词"Hals-Nasen-Ohren-Arzt"内部成分的语序跟手语复合词有所不同，前者直译的话，语序是"喉－鼻－耳－医生"。德国手语表达"耳鼻喉专家"时，为了能打出一个持续向下的运动，其合成成分的顺序发生了改变（因为最后打出的手势词【医生】是打在辅手手腕上，所以【耳】和【喉】互换了位置）。如果不做这样的手势词顺序调整，那么打手语时手语者就不得不先做（从喉咙到鼻子的）向上运动，再做向下运动。其实手语复合词具有一个整体倾向，即复合词都具有向下的运动。

图 9-5 瑞典手语复合词【红色的^鸡冠】（公鸡）是由手势词【红色的】和【鸡冠】合成而来的。复合词前段构词成分【红色的】其实原本带有重复运动，但是如前所述，【红色的】在复合词中失去了重复参数。另一个有趣的变化是：复合词的两个组成部分的手型也变得一样了。这种变化是**手型逆同化**的结果。它意味着第一个手势词【红色的】采用了第二个手势词【鸡冠】的手型。在整个复合词【红色的^鸡冠】中，前段的成分【红色的】只保留了原词的位置参数。

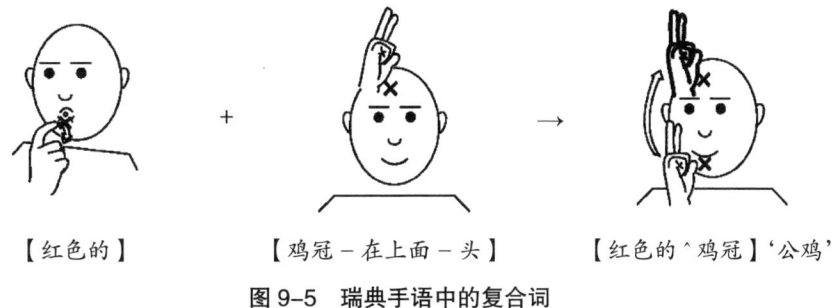

【红色的】　　【鸡冠－在上面－头】　　【红色的^鸡冠】'公鸡'

图 9-5　瑞典手语中的复合词

如果复合词的构词成分里含有一个双手手势词，那么其他变化也会出现在这个复合词中。请见图 9-4 表达"坏名声"的美国手语复合词，它由【黑色的】和【名字】合成，【黑色的】是一个单手手势词，但是【名字】是用双手打出。【黑色的^名字】中，当手语者打【黑色的】时，双手手势词【名字】的辅手手势已经出现在手势空间里了（只是这里的辅手要比它平时发音位置略高一些）。此现象称作**辅手延展**，这是因为辅手的手型延展至复合词的词首了。

　　可见，最后合成为一个复合词的手势词历经很多词形变化：弱化、删音、运动发生改变、手型同化、辅手延展。这些变化有助于两个（或更多）手势词融合在一起，合成一个手语复合词，而像这样融合而成的复合词，其发音所需要的时长并不比单个手势词的时长多。

　　此外，根据复合词的两个构成成分，我们并不能预测出复合词的词义，因为复合词被合成出来后，词义往往发生了变化，其词义并不是构成它的那两个词或词根意思的叠加。因此，复合词和构成它的词必须分别记录在手语词典里（见本书第 8 章）。所以把词义是"枕头"的美国手语复合词【床^柔软的】，与手势词【硬的】放进同一个句子中，这并不自相矛盾。手语句子【我的　床^柔软的　硬的】所表达的意思并不是"我的柔软的床很硬"，而是"我的枕头很硬"。

## 9.4　派生

　　与复合词不同，单词（即自由语素）在派生过程中与黏着语素结合，构成派生词。图 9-6 美国手语例词【感觉^零】的前一部分是动词【感觉】，后一部分是一个单手打出的手势，即用手指拼成一个零形，从词源学上看，该零形手势与双手手势词【零】相关。作为一个单手打出的后缀形式，零形手势的意思是"完全没有"，所以形态上更为复杂的派生词【感觉^零】是在手语动词【感觉】的基础之上派生出来的，它的意思是"浑然不觉"。

图 9-6　美国手语中的派生词【感觉 ^ 零】

美国手语里可以加后缀【－零】的动词还有【看见】【吃】【说】【接触】【理解】。当添加了后缀的手势词包含运动参数时，通常它的运动时长会被截短，以手势词【感觉】为例，它派生出新词时就省掉了它的重复动作。另外，派生出来的这个复杂手势词的词义也不总是完全可以预测的，例如，派生词【说 ^ 零】的意思是"没有提到"，派生词【接触 ^ 零】的意思是"未使用"。本章第 9.3 节提到运动参数弱化或删音使得意义有变化，这也是手语复合词的特点。那么图 9-6 中的例词为什么不可以看作是一个复合词呢？词类限制和音系限制这两个特点决定了此处的【－零】其实是派生后缀：一是，它只能加到动词上；二是，它只能跟单手手势词相结合。然而复合词在合成时并没有这样的限制，因此【－零】是一种具有否定意义的派生后缀。

与图 9-6 情况相类似的序列性派生过程在有声语言中很常见。总的说来，在派生过程中，一个单词（或词干）与另一个自身不是（或不再是）单词的语素成分结合在一起，这种派生性的形态操作可以改变单词的词类。例如，将英语单词"eat"与黏着语素"-ery"相结合，一个名词"餐馆"就可以从动词"eat"里派生出来。相比之下，图 9-6 中的序列性派生词【感觉 ^ 零】并没有改变单词的词类。当然英语中也有不改变词类的例子，如添加否定前缀"dis-"派生出动词的否定形式（如"disrespect""disfavor"），因此图 9-6 派生词的例子清楚地表明手语确实也存在序列性**派生过程**。然而，研究者指出，手语的构词过程里序列性派生占比很小。

本书第 5 章第 5.4.1 节举过一个美国手语派生过程的例子，就是动词通过改变运动参数和重复等来派生出跟它同义的名词。这类派生兼具了同时性和词类改变这两个特点。与图 9-6 中的派生例词一样，这种形态变化会影响手势词中的手控型成分。非手控型成分的形态变化其实在手语派生中也发挥作用，而且这些非手控变化通常是跟手势变化同时发生的。

小称变化和大称变化是两个同时性的派生过程,两者相互关联,而且两者都不改变派生词的词类。在许多手语中,小称和大称都可以用在很多名词上,前者表示"很小的某物",后者表示"很大的某物"。例 9-5 是荷兰手语的例句,与许多其他手语一样,它小称和大称这两种变化都是借助非手控的表情体态标记——例 9-5a 句中的小称变化是通过嘟着嘴唇和吸腮(用符号"腮帮内凹"标记)来表示的,通常还要露点儿舌尖;例 9-5b 句中的大称变化是通过鼓腮(用符号"腮帮鼓起"标记)来表示的。这些非手控变化通常是跟手控变化一起出现:例 9-5a 句中手势词【房子】的发音动作略小,而例 9-5b 句中手势词【球】的运动参数要比平时动作幅度大。

### 例 9-5　荷兰手语

　　　　　　　　腮帮内凹
a.【上一次 周,我的　朋友　　　房子　买。】
　'上周我的朋友买了一个小房子。'

　　　　　　　腮帮鼓起　　　　　/shhh/
b.【花园 $_{3a}$　　　球　　　系词 – 出现 $_{3a}$。】
　'那个花园里有一只很大的球。'

英语和德语也有小称词缀,例如,英语单词"sweetie"里的小称后缀"-ie",德语单词"Kätzchen"(小猫)里的小称后缀"-chen"(派生自"Katze",猫)。从德语的例子我们可以看出,在德语中,添加小称后缀的同时,词干还有一个内部变化。另外很多有声语言都有大称标记,但是英语和德语没有大称标记。

有声语言中也会有同时性的派生过程,但并不像手语中这么常见。英语单词"the próduce / to prodúce"和"the pérmit / to permít"是有声语言同时性派生的例子。在这两个例子中,名词和动词只是重音音节有差别:名词重读第一个音节,动词重读第二个音节。此外,许多有声语言构成新词时并无任何发音标记,这时这种形态过程称为**转化**(如英语名词 – 动词对儿"love – to love"和"walk – to walk")。在手语语言中,转化似乎也很常见。例如,荷兰手语【(骑)自行车】一词既可以用作名词,也可以用作动词,它没有任何标记单词词类改变的语音变化。

本节介绍了派生性构词法。有声语言的词语派生过程主要是序列性的。与有声语言不同，手语中借助序列词缀的派生过程比较罕见。相反，手语的派生过程通常是借助词干内部变化来实现的（也可能伴以手势重复）。词干内部变化可能会对手控和（或）非手控成分产生一定影响。

## 9.5 屈折

不同于前文所讨论的合成和派生，屈折构词过程是由句子的语法结构和（或）句子中两个（或更多）成分的相互关系所决定的。合成和派生通常被认为是词汇层面的构词，而屈折则是**句法层面上的构词**。本章第 9.5.1 节讨论"时"和"体"这两种不同的屈折变化类型；第 9.5.2 节分析屈折变化和动词一致；第 9.5.3 节研究屈折变化和复数。本节相关的语法范畴"时""体"、人称和"数"，也被称为**语法特征**或**形态句法特征**。

### 9.5.1 时和体

在例 9-6 佛兰芒手语中，两个句子的动词（【学习】）形式一样，尽管例 9-6a 表示的是过去发生的事件，而例 9-6b 表示的是现在时事件。

**例 9-6　佛兰芒手语**

a.【昨天　属格₁　朋友　三＾小时　学习。】

'昨天我的朋友学习了三个小时。'

b.【今天　全部－日　学习　指代词₃ₐ。】

'今天一整天他都在学习。'

以上两个例子中，"时"的信息来源于句子中的副词。实际上，迄今几乎所有的手语都没有非常系统化的形态标记策略来标记动词语法上的"**时**"（是指相当于英语中"walk - walked"这样成系统的"时"标记）。这初看似乎很特殊，但实际上，许多有声语言，如汉语和越南语，也是没有"时"标记。例 9-7 中的越南语例句借助副词"hôm"（昨天）来指明句子的时态，正如例 9-6 佛兰芒手语例句，它用手语副词【今天】和【昨天】来指明句子的时态。另外，越南语确实有"体"标记"dã"，它表示动作已经完成。但是，无论是佛兰芒手语，还是越南语，这两种语言的动词都没有语法上的"时"屈折变化。

### 例 9-7 越南语

Hôm qua, lúc tôi gõ cua,
日 过去 时刻 我 敲 门
thì họ dã ăn com xong rồi.
然后 他们 体标记 吃 米饭 完成 已经。
'昨天当我敲门的时候，他们已经吃完饭了。'

在不同的手语中，似乎一些动词带有"时"信息。荷兰手语只有【发生】这个动词符合这一情况。该词是双手手势，主手和辅手都是✋手型，掌心朝向身体。当双手向前做环形运动时，它表示某事现在正在发生，或未来将要发生。然而，如果手语者想表达过去发生了的事，那么他双手的环形运动必须调转方向，他需要将双手向自己身体这边做环形转动（通常手语者身体也会略向后倾斜）。荷兰手语例词的两个表达形式，唯一的区别就在于运动方向。然而不同情况是，英国手语例词【赢】和【赢（过去时）】却有很多语音方面的差别。图 9-7a【赢】的"现在时"打法是：手腕在身体前方做回转运动，同时手型从✋变成✊。相比之下，图 9-7b【赢（过去时）】的打法是：手从身体前方移动至对侧胸前，直至接触；在移动的同时，其他四指和拇指捏合接触。显然，这两个例词是例外情况，因为相关的语音变化只适用于唯一手势词。也就是说，这些词形其实已经**成词**，它们在手语词典中要作为单独的词条分别录入词典（见本书第 8 章第 8.5 节）。

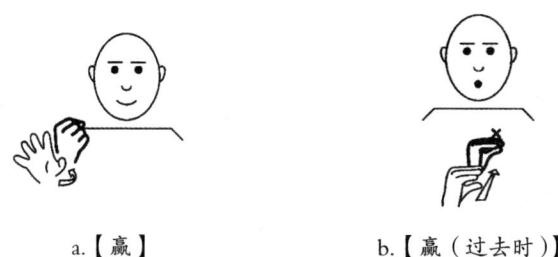

a.【赢】　　　　　　　　b.【赢（过去时）】

图 9-7 英国手语动词的"时"

前文提到荷兰手语例词【发生】的过去时可伴有身体略微向后倾斜的表情体态。意大利手语记录了这种系统性的非手控"时"标记策略。相关非手控"时"标记是肩膀位置：如果肩膀后倾，那么它表示在说话前，事件就已经发生了（过去时）；如果肩膀直立，它表示句子是现在时；如果肩膀前倾，那么事件将在说话之后才可能发生（将来时）。这一形态变化适用于意大利手语中的所有动词，所以它可以被看作是标记"时"的屈折变化。

手语中"时"的屈折变化比较罕见。手语被认为是**体**屈折变化丰富的复杂系统。跟"时"一样，"体"也是一个与时间概念相关的语法范畴。但是，"时"是把事件放在时间线上，看它与另一个时间点（通常是指说话时间点）的关系，"体"则是与事件的内部时间结构有关。

图9-8是美国手语词动词【看着】的三种形式。比较这三种形式后，我们发现三者的运动参数不同。图9-8a【看着】词典形式的运动参数是很短的向前运动。图9-8b的运动参数则有快速重复的动作，这可以产生"习惯性地或经常地看某物"这样的含义，它被称为"看着"这个动词的**惯常体**形式。图9-8c也有重复的动作，但是其运动特征是不同的：它的运动很短促，而且在运动的终点，在向后做弧形运动之前，手在空间中短暂停留了片刻，它被称为动词"看着"的**反复体**形式，其含义是"反复看某物"。其他手语也有跟这样类似的体标记。具体说来，手语的惯常体和反复体通常是采用特定的运动变化，同时它们还将手势词的基干部分**重复**（反复）打出来。

a.【看着】'看着'　b.【看着】（惯常体）'常常看'　c.【看着】（反复体）'反复看'

**图9-8　美国手语动词的"体"**

总的说来，英语副词提供"体"信息，但是动词的"体"屈折变化也是英语的特点之一。例9-8英语句子所表达的整体事件是发生在过去，主句动词"walk"添加了"时"屈折变化后缀"-ed"。另外，后缀"-ing"用于标记唱歌事件的"体"特征，即唱歌会持续很长一段时间，这种体类型称为**延续体**（或持续体）。手语也可以表示延续体，通常它借助大的环形运动和重复手势词的基干部分来表达延续义。

### 例 9-8　英语

Peter　walk-ed　　down　the　　street　sing-ing.
彼得　步行 – **过去时**　向下　定冠词　街　唱歌 – **进行体标记**

'彼得一边在街上走,一边唱着歌。'

当谈及"体"屈折变化时,许多有声语言都有比英语更为细致的体的说明与分析。例 9-9 埃维语(属于尼日尔 – 刚果语,使用于多哥共和国)句子解释了三种不同的"体",其中有两个"体"意义是标记在动词上:例 9-9a 句中的后缀"-a"是惯常体标记,例 9-9b 句中的前缀"ga-"是反复体标记。

### 例 9-9　埃维语

a. é-du-a　　　　　　mó li.
　 人称 3 单数 – 吃 – **惯常体**　米饭

　 '他／她经常吃米饭。'

b. é-**ga**-du　　　　　mó li.
　 人称 3 单数 – **反复体** – 吃　米饭

　 '他／她(一碗一碗)没完没了地吃米饭。'

c. é-du　　　　　mó li **vo**.
　 人称 3 单数 – 吃　米饭　**完成体**

　 '他／她吃完了米饭。'

因此,与图 9-8 美国手语例词一样,在例 9-9a 和例 9-9b 埃维语的例句中,"体"标记是利用动词的变化来实现的(采用重复或词缀)。例 9-9c 句却有所不同,因为它借助了一个**自由语素**。句尾语素"vo"表示动作已完成,这种类型的"体"称为**完成体**。许多手语中也发现了相似的形态独立的体标记。例如,以色列手语有一个**完整体**标记,它释义为【已经】,表示动作已经完成。例 9-10 以色列手语例句清楚地表明手势词【已经】并不是过去时标记,因为它也和表示将来时的时间副词同时出现。这类体标记也出现在其他手语里,尽管它们的用法在不同手语中有所不同。以例 9-11 的荷兰手语句子为例,它有一个类似的表示完整体意义的手势词【准备好】。例 9-11 第一个分句中所使用的手势词【准备好】指明事件的时间结构是:在第二个动作("给")发生之前,手语者必须先完成第一个动作("读")。

▍例 9-10　以色列手语

【周　接下来　指代词（双数）　已经　结婚。】

'下周，他们就成婚了。'

▍例 9-11　荷兰手语

【指代词₁　书　读　准备好，指代词₁　₁给₂。】

'等我把这本书读完了，我就给你（这本书）。'

例 9-10 句子中的【已经】和例 9-11 句子中的【准备好】完成了各自的语法功能，因为它们添加了动词的"体"意义。然而，这两个语素也具有词的功能。例如，荷兰手语形容词【准备好】能出现在像【我的　作业　准备好】这样的手语句子中，其句义是"我完成了家庭作业"，此句中【准备好】是句子的谓语。这些手势词的实词意义和功能是其初始功能。在手语和有声语言中，从某个词语成分中发展并逐渐形成出一种语法标记的这类语言现象十分常见，我们称之为**语法化**（详情见本书第 13 章第 13.4.2 节）。

## 9.5.2　一致关系

**一致关系**是指两个句子成分之间必须在人称、"数"、"性"等**语法特征**方面互相匹配。一致关系可以体现在各个层面。以西班牙语为例，一方面，我们发现名词短语中"性"的一致，例如，名词短语"una camisa roj-a"（一件红衬衫）和"un zapato roj-o"（一双红鞋），前一个短语的名词是阴性，后一个短语的名词是阳性，它们的形容词分别借助后缀"-a"和"-o"，以保持跟名词在语法的"性"上的一致。另一方面，在句子层面，主语和动词必须在人称和"数"上保持一致，例如，句子"El hombre habl-a"（这个男人在说话）与句子"Los niños habl-an"（孩子们在说话）相比，前句是单数第三人称，后句是复数第三人称。本节接下来的部分只专门讨论动词一致。本节末尾，我们将对在"一致关系"标题下所讨论的现象的本质，作出谨慎提示。

迄今为止，在大多数被研究过的手语中，一致关系是通过动词在**手势空间中的方位轨迹**来实现的。这些方位轨迹或者是在会话现场的所指的真实位置（在场的所指包括手语者、信息接收者、第三人），或者是任意位置，即用该位置来指代和引出并不在场的所指。人们通常利用指点手势【指代词】来确定位置，另外，目光注视的方向或类标记等也可以定位会话中的位置（见本章第

9.6.2 节）。图 9-9 西班牙手语例句说明了用【指代词】来定位的策略。

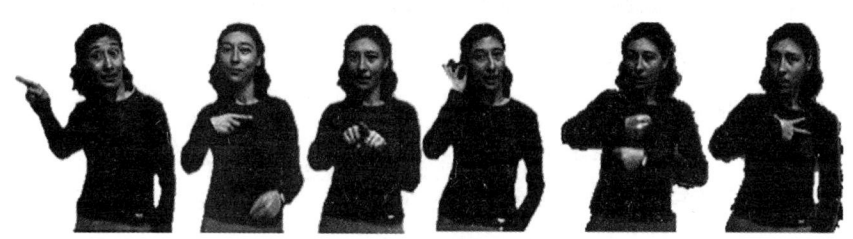

【指代词】₃ₐ　指代词₁　兄弟姐妹＾女性　　　工作　　　律师。】
'我妹妹是律师。'

**图 9-9　西班牙手语中用【指代词】来定位的语言学策略**

　　该句中，有一个在场的所指，即手语者本人，她谈到了并不在会话现场的妹妹。手语者通过指点手势【指代词ₓ】，指向手势空间中身体同侧的任意位置"3a"，将其妹妹定位在这一位置上（请注意，手语者的目光注视也需扫向这个位置，另见本书第 5 章第 5.5.1 节）。位置是抽象的，并不反映真实空间意义，因为她妹妹并不在这个手语者的右侧。第二个指点手势【指代词₁】是第一人称属格代词（"我的"），它指向手语者的胸膛。

　　手语中一些手语动词可以根据这些方位轨迹来改变它们的动词词形。例 9-12 荷兰手语例句可以说明这一点。在例 9-12a 句中，有两位在场的所指对象，即手语者和信息接收者。指点手势【指代词₂】（你）指向信息接收者，同时指点手势【指代词₁】（我）再一次指向手语者（这两个手势都是任选的，非强制打出；见本书第 6 章第 6.9 节）。荷兰手语**一致动词**【给】的词典形式规定它的运动轨迹是向远离手语者身体的方向打出，就跟日本手语一样（见图 9-1a）。而例 9-12a 句中动词的动作与词典形式正好相反，它是从位置 2（远处会话对象的位置）向靠近身体处运动，即向手语者的胸膛（位置 1）方向移回。在例 9-12b 句中，两位不在场的所指对象【老师】和【同学】跟句法手势空间中的不同位置相关，前者关联位置是身体同侧（位置 3a），后者是身体对侧（位置 3b）。请注意在荷兰手语里指代位置的【指代词】通常出现在名词之后，而在图 9-9 西班牙手语例句中【指代词】是在名词之前。

### 例 9-12　荷兰手语

a.【指代词₂　指代词₁　想　书　₂给₁。】
'你想给我一本书。'

b.【教师　指代词₃ₐ　学生　指代词₃ᵦ　₃ₐ召唤₃ᵦ。】
'那位老师召唤那个学生。'

与动词【给】不同，荷兰手语动词【召唤】不涉及路径运动，但它在腕关节处作出一个幅度较小的反复运动。所以在这个动词里手掌朝向就是相关音系参数：手背指向主语方向，而指尖指向的是宾语的方位。在其他动词中，如荷兰手语动词【参观】，其运动和手掌朝向都是有重要关联的。在所有的例子中，所指和它们各自所对应的位置都是清晰和确定的，没有歧义。许多手语都呈现出这个特点，包括美国手语、英国手语、日本手语和西班牙手语。

图 9-10 是视频定格画面的截图，用以说明例 9-12 的两个句子中两个谓语动词的打法，图 9-10 给出了动词【给】的起点位置和终点位置。

【₂给₁】'你给我'　　　　　　　　【₃ₐ召唤₃ᵦ】'她／他召唤他／她'

图 9-10　在例 9-12 荷兰手语例句中的动词截图

这些例子里最引人注目的一点是：一致动词不仅与句子的主语一致，而且与宾语也一致。例 9-12 荷兰手语例句乍看有点奇怪，但其实宾语一致现象在许多有声语言中也得到了证实，堪察加半岛地区（俄罗斯远东）所讲的伊捷尔缅语就是这样。在例 9-13 的两个伊捷尔缅语例句中，及物动词"看见"跟它的主语（前缀）和宾语（后缀）都具有语法上的一致关系。

### 例 9-13　伊捷尔缅语

a. t'-əlčqu-ɣin.
人称 1 单数－看见－人称 2 单数.宾格

b. n-əlčqu-z-um.
人称 3 复数－看见－现在时－人称 1 单数.宾格

'我看见你。'　　　　　　　　　　　'他们看见我。'

然而，手语要实现语法上的一致其实要比以上例子复杂得多，在此我们简要讨论三个难点。

第一，在已经研究过的手语中，只有一部分动词可以按上述方式进行变化，以实现一致关系。实际上，手语大多数动词是**非一致动词**（即**简单动词**），所以它们并不能改变动词的运动方向和手部朝向。情况确实如此，对于发音部位必须固定在头和身体上的动词，如例 9-14 荷兰手语动词【理解】，手语者在前额处打出该词；再如图 9-11 西班牙手语动词【想要】，手语者在胸膛处打出该词。这两个动词都是及物动词，句法上它们都可以带宾语，但是这两个动词的手势打法是：它们都不可以离开手语者的身体，都不可以移向宾语位置。

▎例 9-14　荷兰手语

　　　　　　　　　　　　 _____否定_____
【指代词₁　同事　指代词₃ₐ　任务　理解。】
'我的同事不理解这项任务。'

图 9-11　西班牙手语【想要】

第二，一些一致动词的运动并不是从主语到宾语，相反，它们是做反方向运动，如图 9-12a 句所示，这些动词称为**反向一致动词**。在西班牙手语中，这类动词包括图 9-12a【邀请】和图 9-12b【理解】。图 9-12a 视频定格画面截图显示，动词的手势运动是从起点位置 1 移动到终点位置 3b。根据我们之前的解释，这个屈折动词的意义可以理解为"我邀请了她"，但事实并非如此。这个表达的意义恰恰相反，它是"她邀请了我"的意思，这是因为它的起点与宾语相关，终点与主语相关。简单地讲，我们想要特别指出的是，一些学者认为，对手语的一致动词来说，主语和宾语这样的语法角色并不重要，相反，重要的是"来源和目标"这种语义角色（见本书第 6 章第 6.4 节）。这是因为一致动词与反向一致动词中的运动参数，其实都是从"来源"论元移动到"目标"论元。请比较例 9-14 荷兰手语句子与图 9-12b 西班牙手语，一个有趣的发现是：因为它们的音系特征不同，所以这两种手语的动词【理解】其实分属不同类型的动词。荷兰手语里的【理解】是简单动词，而西班牙手语里的【理解】却是一个（反向）一致动词。

a.【₁邀请₃b】'她邀请我。'    b.【₂理解₁】'我理解你。'

图 9-12　西班牙手语

第三，一些手语里已经发展出了表达一致关系的其他方式，它们会专门使用**标记一致关系的助动词**，把助动词跟非一致动词和形容词谓语等结合起来。从语义上讲，这个专门的助动词并没有实词意义，它只表达一致关系。德国手语、中国台湾地区手语、印度巴基斯坦手语、希腊手语和荷兰手语等一些不相关的手语中都有这种语言成分，美国手语和英国手语等则缺少这样的助动词。中国台湾地区手语特殊之处在于，它有三个不同的一致关系助动词。例 9-15 中的【助动词 2】，打在动词之前，与非一致动词【爱】组合使用。它的打法和动词【看见】相似（用 手型打出，指尖朝向宾语），但它已经失去了本义，这点从例 9-15 中也可以看出来。所以这暗示我们，当前的这种语言现象其实也是一个语法化的过程（从动词语法化为助动词，见本书第 13 章第 13.4.2 节）。

▍**例 9-15　中国台湾地区手语**

【这　女人　₃助动词 2₁　爱。】

'这个女人爱我。'

例9-16 荷兰手语助动词通常出现在句末位置，释义为【助动词-OP】，这是因为它总伴随着仿话口型 /op/，/op/ 是从荷兰语而来的借词。【助动词-OP】是用✍手型打出从主语位置移动到宾语位置的路径运动，食指指尖指向宾语。在例9-16中，【助动词-OP】辅助（非一致）形容词谓语【骄傲】来表达一致关系，它从手语者的身体前面打出，移动到手势空间中身体同侧的所指对象【弟弟】被定位的位置。

**例9-16　荷兰手语**

$$\overline{\quad\quad\quad\text{/op/}\quad\quad\quad}$$

【指代词$_1$　弟弟　指代词$_{3a}$　骄傲　$_1$助动词$-OP_{3a}$。】
'我为自己的弟弟而骄傲。'

在这一点上，特别需要注意的是，尽管上述实现一致关系的方法在手语中十分常见，但是并非所有手语都使用这种方法。研究显示，有两种手语不允许在手势空间里对动词进行修饰性改变，一种是艾尔赛义德贝都因手语（以色列的一种乡村手语），另一种是卡塔科洛克手语（巴厘岛的一种乡村手语）。以艾尔赛义德贝都因手语为例，手语者要表达"你给我"这个句义，必须这样打：【指代词$_2$　给　指代词$_1$】，也就是说，此处动词【给】是词典形式，手势词从手语者的身体移向前方。

手语一致关系的相关特征究竟是什么？在手语语言学的文献中，动词一致一直是争论的热点，另一个核心争议话题是"人称"。大多数有声语言将语法上的"人称"分为第一、第二和第三人称。实际上一些学者已经提出"人称"的三分法是语言共性。然而，手语中的"人称"似乎有所不同。在手势空间里，唯一可固定不变的位置其实只有手语的第一人称单数，而第二和第三人称单数的空间位置随时可变。考虑到手语的这个特点，有研究者提出手语只区分第一人称（手势打在手语者身体前或身体上）和非第一人称（其他任何位置），这意味着就"人称"这个语法范畴而言，手语违反了当前学者所提出的语言共性。另一个难点是，理论上分配给非第一人称的空间位置是无限的，它取决于会话情景，那么一致关系的语法标记数量也是无限的。所以为非第一人称单数的语法标记提供一个固定的语音形式，简直是不可能（有声语言却不同，它们的一致关系标记有固定的语音形式，如英语第三人称单数的标记是"-s"）。所以我们把手语中的这种难点称为**无法穷尽列举问题**。

最后，我们想指出，并非所有手语语言学家都认可本节所做的假设。我们讨论了"一致关系"标题下动词的空间修饰性变化。我们的基本假设是：句法空间中的方位轨迹是一致关系的实现的方式，换句话说，这些方位轨迹是手语语法系统的一部分。然而，考虑到无法穷尽列举问题（以及其他我们没有谈及的难点），有研究者认为这些方位轨迹并不是语法的一部分，相反，从本质上看它们是手势。鉴于一致关系语法现象与手语动词空间修饰性变化的差别，他们更倾向于把有这类修饰变化的动词称为"方向"或"指示"动词。然而，我们所谈到的一致关系的规律（如区分动词的不同类型、有类似助动词成分存在等）不依赖对现象的理论处理。

### 9.5.3 复数

就像其他语法特征可以用许多不同的方式表达一样，语法上"数"范畴的表达也显示出相当大的差异。在有声语言中，名词**复数**的主要实现策略是加词缀、重复和零标记。即便是在同一语言之内，也可以采用不同的复数策略。以德语为例，它可以使用**词缀**，德语有四种不同的复数后缀，请见例 9-17a、例 9-17b、例 9-17c 和例 9-17d；它还可以使用**零标记**，请见例 9-17e（符号"ø"代表零标记后缀）。另外，正如例 9-17b 和例 9-17e 所示，后缀和零标记方法都可能同时伴随词干内部变化（元音变音）。

**例 9-17　德语**

a. Kino → Kino-s
电影院　　　电影院 - 复数后缀 -s
'电影院（单数）'　'电影院（复数）'

b. Zahn → Zähn-e
牙齿　　　牙齿 - 复数后缀 -e
'牙齿（单数）'　'牙齿（复数）'

c. Tasche → Tasche-n
袋子　　　袋子 - 复数后缀 -n
'袋子（单数）'　'袋子（复数）'

d. Kind → Kind-er
儿童　　　儿童 - 复数后缀 -er
'儿童（单数）'　'儿童 -（复数）'

e. Mutter → Mütter-ø
母亲　　　母亲 - 零标记后缀 -ø
'母亲（单数）'　'母亲（复数）'

可见德语复数系统相当复杂。另外，预测名词要加什么后缀几乎是不可能的。相比之下，其他语言则可以根据词干的发音特征来预测可选的后缀。情况的确如此，以土耳其语为例，复数后缀有两个**语素变体**"-ler"和"-lar"究竟要选择哪一个取决于词干的最后一个元音：如例9–18a和例9–18b所示，"e–i–ö–ü"之后要加"-ler"；而如例9–18c和例9–18d所示，"a–o–u"之后，要加后缀"-lar"。这种现象称为"元音和谐"，因为在[±back]这个语音特征上，后缀元音与词干元音是和谐一致的。

**例9-18　土耳其语**

  a. ev　　→　　ev-ler　　　　b. gün　　→　　gün-ler
  　房子　　　房子–复数后缀-ler　　白天　　　白天–复数后缀-ler
  '房子（单数）''房子（复数）'　　'白天（白天）''白天（复数）'
  c. adam　　→　　adam-la　　　d. çocuk　→　　çocuk-lar
  　男人　　　男人–复数后缀-lar　　儿童　　　儿童–复数后缀-lar
  '男人（单数）''男人（复数）'　　'儿童（单数）''儿童（复数）'

  最后，在一些有声语言中，复数是通过**重复**来实现的。例9-19是来自澳大利亚的瓦尔皮里语的两个例子，它们可以说明这种实现复数变化的方法，在这两个例词中，它们整个词干都被重复了。

**例9-19　瓦尔皮里语**

  a. kurdu　　→　　kurdu-kurdu　　b. kamina　→　　kamina-kamina
  　儿童　　　儿童–儿童　　　　　女孩　　　女孩–女孩
  '儿童（单数）''儿童（复数）'　　'女孩（单数）''女孩（复数）'

  在许多手语中似乎重复都是很重要的复数策略。鉴于复数是以象似性的方式来表达的，把重复用作复数标记就并不奇怪了：打出一个手势词，意思是一个实体；重复打出多个同样的手势词，意思就是很多这样的实体。有趣的是，德国手语有两种不同形式的重复。在一些单手打出的手语名词里，如图9–13a中的【儿童】，它的复数表达方式是单手向一侧运动；而其他双手打出的名词，如图9–13b中的【书】，它的复数形式就是只重复词典形式，位置并不发生变化。请注意，在这两个例子中，手势重复的次数并不一定反映人或物体的真实数量。也就是说，图9–13a中的重复并不表示有三名儿童，图9–13b中的重复也并不一定意味着是两本或三本书。

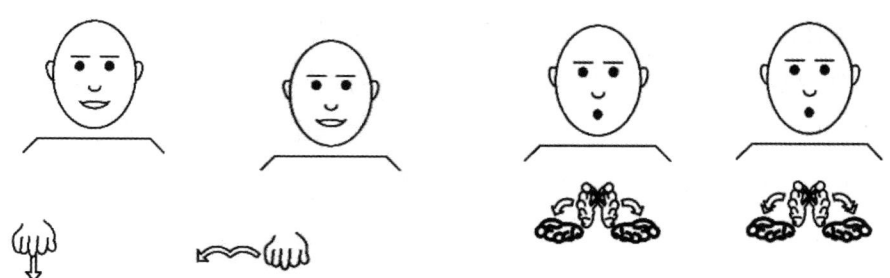

a.【儿童（单数）】【儿童（复数）】　　b.【书（单数）】【书（复数）】

图 9-13　德国手语的复数表达

但是，并不是所有德国手语的名词都是用重复来表达复数。有一个重要的限制，那就是词典形式中已经有重复或其他复杂运动的名词不能再使用重复。显然，这是**音系限制**。由于这种制约，图 9-14a 中的【饭店】与图 9-14b 中的【自行车】不能使用重复，因为他们的词典形式是有反复和交替运动（**直线形或环形的**）。那么，这类名词的复数形式是零标记。如果语境也无法清楚地表明它是复数，手语者可以借助像【许多】这类的数词或量词。

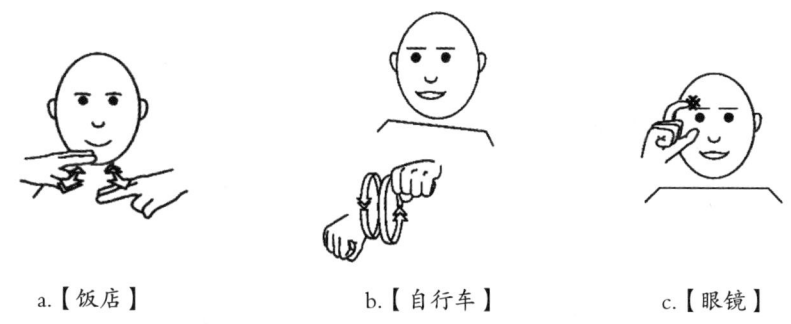

a.【饭店】　　　　b.【自行车】　　　　c.【眼镜】

图 9-14　德国手语中词典形式包含重复或其他复杂运动的名词

这些例子表明：与德语或土耳其语不同，德国手语并不使用词缀来标记复数。然而，德国手语的复数确实也跟有声语言复数有很多有趣的共同点。第一，与例 9-19 瓦尔皮里语一样，名词的重复也是德国手语里一种重要的复数策略。第二，就像例 9-18 土耳其语复数后缀的选择一样，重复策略是否适用于一个手语名词必须取决于该名词词干的发音特征。第三，跟例 9-17e 德语中某些名词一样，那些受音系限制而无法重复的手语名词，须使用零标记。

不同手语在实现复数的方式上也可能各自不同。一般说来，荷兰手语和德国手语在复数语法范畴上非常相似，但两者也有区别。例如，像【眼镜】这样打在人体部位上的手势词，在荷兰手语中它可以借助重复来表达复数意义。但是，如图9-14c所示的德国手语【眼镜】一词，尽管它发音与荷兰手语【眼镜】相同，但它却不能够借助重复来构成复数，其他打在人体部位上的德国手语词也是这样规定的。印度巴基斯坦手语从来不允许名词重复，在这种手语里，复数是采用零标记（它似乎只有【儿童】一词例外，【儿童】可以重复）。

最后，手语还有另外一种表达复数的策略，即借助类标记手型，将此**类标记手型反复打出**（见本书第5章第5.4节和本章第9.6.2节）。图9-15荷兰手语例子说明，此策略除了可以用于那些可重复名词（如【书】）外，它还可以用于那些不可重复的名词（如【自行车】）。然而，请注意，这些被重复的类标记手型其实并非"纯粹"的复数形式。相反，在图9-15的两个例子中，类标记都增加了一些意义，它们尤其可以增加有关宾语空间位置的信息。图9-15中被重复打出的类标记手型增加了这些物体是"彼此相邻"的含义。

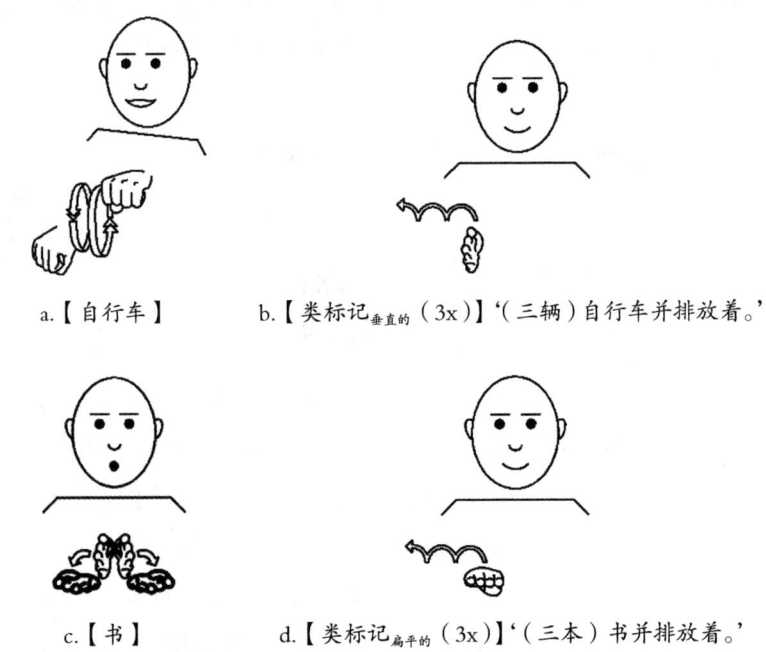

a.【自行车】　　b.【类标记<sub>垂直的</sub>（3x）】'（三辆）自行车并排放着。'

c.【书】　　d.【类标记<sub>扁平的</sub>（3x）】'（三本）书并排放着。'

图9-15　荷兰手语借助类标记手型重复打出而实现"复数"意义

综上，本节讨论揭示了手语具有相当复杂的屈折系统。借助重复（也可能配合其他语音变化）的两个重要的形态句法过程分别是"体"标记和复数。从类型学视角看，这并不特别奇异，因为许多有声语言的"体"和复数也是通过重复来表达的。另外，手语似乎很少去标记"格"和"时"，许多有声语言也是如此。

此外，我们看到手语一些动词可以通过运动和（或）手掌朝向的变化来实现与主语和宾语在语法上的一致。手语如何实现屈折过程，本节在比较了各手语之后发现了惊人的相似，然而有声语言中的情况显然不是这样。手语屈折变化的相似可归因于视觉－空间模态所提供的可能，手语更容易作出运动或朝向等屈折变化，换句话说，到目前为止，我们还没有发现哪一种手语能借助手型变化来表示"体"，或通过位置变化来表示复数。

## 9.6 组并与分类

本章最后一部分将讨论两种特殊的构词过程：组并和分类。有声语言中也存在这两种现象。这两种构词过程在两节里分别讨论，这是因为对它们应归入哪种手语构词这个问题，或者它们是否能算得上完全不同的手语构词，目前仍存在争议，有声语言也存在这个争议。

### 9.6.1 组并

手语科研文献中经常看到一个术语是**组并**。本节我们先介绍组并究竟是什么，然后再描述手语中一种典型的组并过程——数词并入。

组并是句子层面的一个构词过程。这意味着，与派生和合成不同，组并的两个成分的组合不是发生在词的层面，而是发生在一个句法结构里（如句子里）。但是，它跟屈折变化也不同，组并过程中的两个组合在一起的成分各自都是自由语素。有声语言中最常见的组并是名词并入，即直接宾语并入到动词。从北美语言南蒂瓦语（例 9-20a）可见，直接宾语"seuan"（男人）是一个单独的词（伴有特定的名词性后缀），而在例 9-20b 的另一个结构里，直接宾语"seuan"（男人）变成了复杂动词结构的一部分，此结构包含一个动词词干"mũ"（看见）。在例 9-20b 中，标记语法一致的前缀"ti-"在宾语之前，这表明此例中的宾语实际上是复杂动词结构的一部分（例中主语"我"省略了，因为南蒂瓦语允许代词脱落）。

**例 9-20　南蒂瓦语**

a. Seuan-ide　　ti-mũ-ban.

男人－后缀　　人称1单数－看见－过去时

'我看见了那个男人。'

b. Ti-seuan-mũ-ban.

人称1单数－男人－看见－过去时

'我看见了那个男人。'

例 9-20 中的两个例子彼此互为内容再述与解释，这是组并的一个重要特征，所以两个句子表达同样的意思。其他有声语言中的一些动词复杂结构，例如，荷兰语动词"pianospelen"（弹钢琴）可能看起来像是组并结构（因为"钢琴"是动词"spelen"的宾语），但是，与南蒂瓦语不同，在荷兰语中，"*Ik pianospeelde gisteren"（*我钢琴－弹奏（过去时）昨天）这样的句子是不符合语法的。

手语中的**数词并入**是跟以上南蒂瓦语例句情况相类似的一个手语构词过程。许多手语都可以把数词（它主要用所选手指的个数来表达）并入到含义是"周""月""年"等的时间表达中。实现数词并入只需改变一下时间词的手型，然后同时（而不是单独）打出数词。以荷兰手语为例，在图 9-16a 中，数词【4】并入到时间词【周】里面。在图 9-16b 的印度巴基斯坦手语例子中，时间词【年】的手型替换为数字【3】的手型。

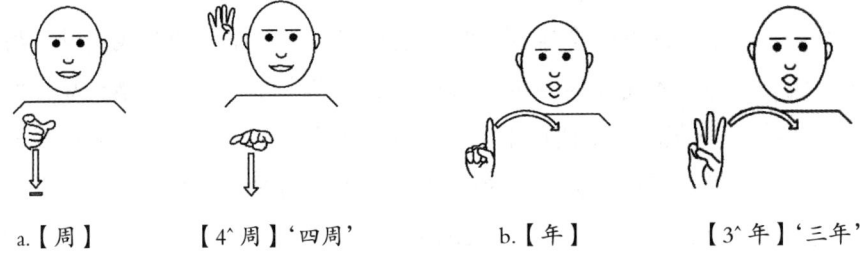

a.【周】　　　【4^周】'四周'　　　b.【年】　　　【3^年】'三年'

图 9-16　荷兰手语（a）和印度巴基斯坦手语（b）中的数词并入

手语者也可以分别打出数词和时间词，这一事实说明图 9-16 中的形态变化确实是一个组并过程。例如，在荷兰手语中，手语者可以选择分别打出手势词【4】和【周】，而不是打出数词并入形式的【4^周】。究竟哪一个数词的手型可以被并入时间词，这因语言而异。除去其他语言限制因素外，数词并入还取决于该手语的计数系统是单手计数还是双手计数。与美国手语和许多其他手语一样，荷兰手语和印度巴基斯坦手语用单手计数（尽管如此，它们的计数系统也彼此各异）。美国手语可以并入比 5 大的数词，但荷兰手语却似乎罕有比 5 大的数词被并入。约旦手语也是单手计数，但是因为数词【7】和【8】手势里含有运动参数，所以这两个数词不能并入到时间词里面（与数词【2】一样，它两都含有 ✋ 手型）。中国手语大于 10 的数词有时也可以并入时间词里，但从跨语言视角看，这相当少见。因此，数词并入是有很大限制的。一般来说，这个限制线或者是 5，或者是 10，但是即使是在数词并入允许范围之内，由于音系限制，也可能会出现例外情况。此外，即使在同一门手语之内（如美国手语），是否允许数词并入也可能因单个手势词而异。

虽然许多手语都已介绍过数词并入，但并不是所有手语都有这种语言现象。例如，在豪萨手语（尼日利亚）中，与前文所讨论的手语相比，它数词并入的可能性要小得多。在豪萨手语中，指称时间单位的手势词不能并入数词。它唯一的例外是副词【昨天】:【昨天】的原形手型是 ✋，但是这个手型可以变化，用以表达"两 / 三 /……天之前"等意义。

### 9.6.2 分类

分类是一个形态过程。在该过程中，手语借助一个黏着语素来反映某个名词特有的语义特征或词形特点，如有生命的、可食用的、液体的或扁平的等（译者按：可理解为对句法结构或语义结构中的名词性成分或论元成分进行分类和标记）。迄今所研究的大多数手语似乎都有对名词进行**分类**和标记的语言现象，只是其普遍性程度有所不同。然而，手语的类标记并不是跟所有动词相结合，它仅限于与**移动和方位动词**相结合，它是通过手型变化来实现分类这一形态过程的（所以它是同时性过程）。

我们将举例说明类标记手型。在例 9-21a 句中，德国手语的移动动词【移动】与指称人的类标记手型 ✋ 相结合，✋ 手型有时被称为"指人类标记"，释义为【类标记: ✋】。手势词【移动】是从右向左移动，该句句首还打出了手势词【街道】，所以其句义是"过马路"。例 9-21b 句里包含相同的动词，但在此句中【移动】的手型是 ✋ 手型（掌心朝下），而 ✋ 手型是德国手语汽车和其他四轮交通工具的类标记手型。

### 例 9-21　德国手语

a.【街道，男人 　右移动－类标记：⚐左。】
'这个男人横穿过这条街。'

b.【街道，轿车 　身体一侧移动－类标记：⚐身体正前方居中。】
'这辆轿车沿着这条街向前行驶。'

例 9-21 中的例句都是不及物动词句（方位词【街道】是附加语，见本书第 6 章第 6.2 节），类标记手型反映了动词主语所指称对象的外形特点。这一类标记称为**实体类标记**。请问在例 9-21 中，类标记手型告诉了我们有关主语所指称实体外形的什么特点？答案是：一个男人，即使他是发福身材，他的身高也一定大于他的身宽，而⚐手型就反映了这一实体外形特点。另外，一辆轿车比较长和宽，但一定不是很"高"，⚐手型恰好反映了句子主语轿车实体的这两个特点。

尽管类标记手型和它所指的实体对象通常在外形上非常象似，但是不同手语各自的实体类标记会有所不同。图 9-17 展示的是三种手语的交通工具类标记。显然，图 9-17a 德国手语的交通工具类标记手型忠实于它所指实体的外形，而图 9-17b 美国手语和图 9-17c 约旦手语交通工具类标记手型和它们所指对象的外形之间的关系就不那么明显了（请注意，这些类标记手型其实都是手心朝向一侧，不是图片中画出的朝向）。美国手语⚐手型据说可以追溯到以往的交通工具，船舶的类标记，伸出的拇指代表船上的烟囱，然而美国手语者也用它指代轿车和卡车等其他交通工具。

a. 德国手语　　　　　b. 美国手语　　　　　c. 约旦手语

**图 9-17　不同手语的交通工具类标记**

手语研究者还区分出了另外一种类标记——**操持类标记**。这种类标记可以反映出含及物动词的手语句子里宾语所指实体的外形特征。正如图 9-1 所示，动词【给】可以根据它所给出物体的不同而作出手型变化。在例 9-22a 中，德国手语句子动词【给】是 ✋ 手型，说明这个操持类标记所牵涉的物体是细长物体；而在例 9-22b 中，✊ 手型的使用说明操持类标记所牵涉的物体是圆柱形物体。

### 例 9-22　德国手语

a.【男人　指代词₃ₐ　女人　指代词₃ᵦ　花　₃ₐ给-类标记：✋₃ᵦ。】
　'这位男士送给那位女士一枝鲜花。'

b.【母亲　指代词₃ₐ　杯子　₃ₐ给-类标记：✊₁。】
　'我的母亲送给我一只杯子。'

我们可以这样表述这两种类标记的区别。（1）实体类标记：它是用手直接表征出它所指称实体的形状，手其实就是实体。（2）操持类标：它是用手间接地表征出实体的形状，即用如何拿着这个实体、如何使用这个实体等来间接说明这个实体的外形。请注意，手语文献也有其他类型类标记的相关讨论（如身体类标记、工具类标记），但本章不做讨论。

本书第 6 章第 6.3 节指出，有时同一个谓语可以跟不同论元相互结合使用，从而使谓语发生"价"的改变。现在已有类标记类型相关术语，我们可以明确地讲，在许多手语中，动词词根【断】既可以和实体类标记结合（双手都是 ☝ 手型），也可以和操持类标记结合（双手都是 ✊ 手型），第一种情况是不及物小句（句义是"这根棍子折了"），而后一种情况是及物小句（句义是"彼得掰断了这根棍子"）。

有声语言中也有类标记语素。例 9-23 来自北美地区的切罗基语，它与例 9-22 德国手语的例子非常相似，因为这两者的类标记语素都反映了动词词干直接宾语所指对象的外形特点。例 9-23a 反映出宾语实体的属性是"液体"，例 9-23b 则表明宾语实体的属性是"有柔韧度的"。然而，与德国手语不同的是，切罗基语类标记语素的形态过程实现是序列性的（切罗基语也是一种代词脱落语言，前缀"gà-"是主语和宾语一致关系的标记）。

### 例 9-23　切罗基语

a. Àma　gà-nèèh-néé'a.
　水　　人称 3 单数 . 主语 / 人称 3 单数 . 宾语 - 类标记（**液体**）- 给 . 现在时
　'她正递给他水。'

b. Àhnàwo    gà-nʋʋ-nèè'a.

衬衫　　　人称3单.主语/人称3单数.宾语–类标记（**有柔韧度的**）–给.现在时

'她正递给他一件衬衫。'

与第9.5.2节所讨论的一致关系情况类似，研究者对手语以类标记进行分类的问题也观点各异。有人认为手语分类问题是组并的一种，这表明类标记是一个被组并的论元（包括主语或宾语论元），就像例9-20b南蒂瓦语例子一样。但是，其他人则将分类过程当作一致关系的一种特例，这是因为类标记的选择取决于相同句子里的另一个成分，而这一点恰好是一致关系过程的特点。根据后者的观点，例9-22中的动词【给】借助类标记手型变化，来与其宾语保持语法上的一致关系。有学者甚至提出，类标记并不是手语语法系统的一部分，而是非语言的手势。

总之，我们的观点是：虽然迄今所研究的大多数手语都使用了类标记手型，但是并不是所有手语都是如此。一种加纳乡村手语（阿达莫罗贝手语），对它的研究显示，其移动动词从不与实体类标记相结合，只是极少见地与操持类标记相结合。与前文提到的手语不同，阿达莫罗贝手语使用一组可以表示"有方向性的移动"的手势词，即"方向性的"手势词，它们的意义比较概括和宽泛，可以表达【从】（从某个参照点出发）、【向】（向某个参照点移动），以及【进入】（进入到某空间）。前两种意义可参见下文阿达莫罗贝手语例9-24a句。重要的是，这两个"方向性的"手势词都具有用比较松弛的发音方式打出的手型变体（如👌手型，或🖐手型），而且它们既可以单手打出，也可以双手打出。

## 例9-24　阿达莫罗贝手语

a.【指代词　从<sub>左</sub>　立刻　再一次　向<sub>右</sub>。】

'他们去了又迅速地回来了。'

b.【向<sub>头部</sub>　从。】

'我把它放在头上就出去了。'

在例9-24b中，有两个"方向性的"手势词出现在同一个句子里。然而，与例9-24a不同的是，例9-24b的手势词【向】是指让一个物体（篮子）发生移动，它并没有使用操持类标记。两个例句中的【从】都表示主语的移动，但是同样，这里的手势词其手型并不反映所指对象的外形特点。德国手语和其他手语很可能借助指代人的实体类标记 手型来表达"人的移动",很可能借助双手打出的操持类标记 手型来表示"把篮子放到……上面"。

## 小结

在迄今研究的所有手语中,形态复杂的手势词可以由不同语素组合而来。在这些复杂手势词的构成过程中,我们发现了一个受语言模态制约的有趣规律:手语的大多数形态过程从本质上讲并不是**序列性**的,而是**同时性**的形态变化,然而同时性形态过程在有声语言中却是例外。

**复合词**有不同的合成方法。**并列式复合词**与**偏正式复合词**不一样,后者具有一个**中心**。与构成该复合词的独立手势词相比较,复合词中出现了非常有特点的词形变化:原本的手势词的运动参数被截短或被删除了。**手型同化**和**辅手延展**也很常见。此外,复合词的含义也有一定变化。手语中的合成构词过程很常见,但是其**派生过程**,也就是说,将词干和**黏着语素**(手控型或非手控型的)相结合的构词过程却非常少见。另外,手语中的**转化**似乎相当常见。

屈折变化是基于特定**形态句法特征**的形态过程,它在手语中发挥重要作用。"**体**"的不同类别,既可以借助手势**重复**和运动改变(如**惯常体**、**反复体**和**延续体**)来表达,也可以借助**自由语素**(如**完成体**和**完整体**)来实现。属于自由语素的体标记通常是从手语中的实词,历经**语法化**演变而来。与"体"范畴不同,手语中的"**时**"通常不借助动词形态变化来标记。

实现手语语言里的语法**一致关系**,句法空间里的位置或方位轨迹起着至关重要的作用。从一致关系属性上看,手语动词可以分为以下不同类型:**非一致动词**(**简单动词**)和**一致动词**(包括一般一致动词和**反向一致动词**)。此外,当它们的实义动词不能表达一致关系时,这些手语可借助**一致关系助动词**来标记一致关系。讨论手语的一致关系仍存在一个棘手问题,即一致关系标记的**无法穷尽列举问题**。

在许多手语中,名词的**复数**是借助**重复**或**零标记**来实现的。它并不借助于添加**词缀**。复数形态变化策略的选择似乎取决于**音系限制**。与一些有声语言类似,手语中复数的表达也借助不同的**语素变体**。**类标记手型**的重复也是实现复数形态变化的策略之一。

**组并**与**分类**，这两种特殊的手语构词方式在很多手语里都存在。在**数词并入**这种形态过程中，数词的手型取代了时间名词的手型。手语借助类标记手型对名词论元进行分类，这类形态过程只影响**移动和方位动词**，通过手型变化来实现。手型可以反映论元所指称对象的外形特点。**实体类标记**和**操持类标记**是两种重要的手语类标记类型。

## 自测

1. 并列式复合词与偏正式复合词的区别是什么？

2. a. 请说出两种"体"，并解释手语的"体"是如何借助语音变化来实现。b. 英语如何表达和实现这些相同的"体"？

3. a. 你所了解的手语，它是如何表示一致关系的？请说出不同的动词类型。b. 你所了解的手语，它的一致关系语法系统与它周围的有声语言有何不同？请说出两方面的不同。

4. 请说出两种能出现在移动和方位动词里的手语类标记，并解释这两种类标记的区别。

## 任务

1. 请仔细观察以下每个手势词及它们如何组合在一起成为复合词：图 9-18 选自美国手语，图 9-19 选自南非手语。在这些复合词中你观察到哪些变化？请使用相关术语来回答问题。（例图已给出南非手语复合词手势的开始位置和结束位置。）

 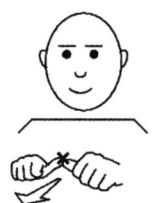 

【知道】　　　　　　【停留】　　　　　【知道^停留】'记得'

图 9-18　美国手语复合词

【沙子】　　　　　　　　　　【地方】

【沙子^地方】'沙漠'

图 9-19　南非手语复合词

2. 如何从构词过程的角度来分析图 9-20 南非手语例词？请说出你答案的依据。

a.【机修工^人】'技工'　　　　b.【管子^人】'水暖工'

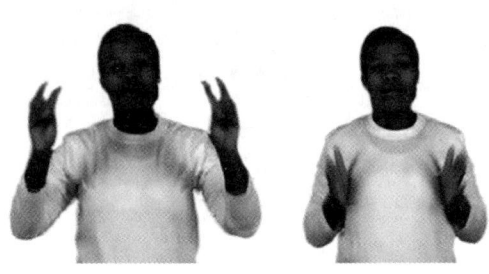

c.【电^人】'电工'

图 9-20　南非手语例词

3. 图 9-21 德国手语三个例词的复数形式将是什么样？请说出你答案的依据。

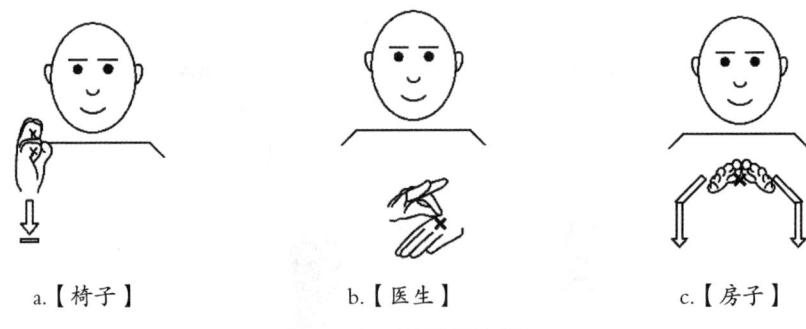

a.【椅子】　　　　b.【医生】　　　　c.【房子】

图 9-21　德国手语例词

4. 请问在手语形态变化中，为什么同时性的（词干内部的）构词变化要比在有声语言中更常见？

5. 本章第 9.2 节开头提出了一个问题，即"手语是哪种形态类型的语言？"但本书并未给出答案。请问你的答案是什么？你了解的那门手语属于分析语、黏着语、屈折语，还是复综语？或许还有另一种可能，即有声语言的这些语言类型分类并不适用于你所知道的这门手语？

## 参考文献和拓展阅读

Aronoff, Meir, Sandler（2005）对手语形态的特点和特性进行了有趣的描写。最近的综述可参考 Meir（2012）。不同手语形态过程的概述性研究，可参见以下文献：Sutton-Spence, Woll（1999）英国手语；

Johnston, Schembri（2007）澳大利亚手语；Meir, Sandler（2008）以色列手语。对复合词及其构形特点进行详细介绍的文献可参见Klima, Bellugi（1979），Liddell, Johnson（1986），Vercellotti, Mortensen（2012）的美国手语研究；Wallin（1983）的瑞典手语研究；Becker（2003）等人的德国手语研究；Meir等（2010a）的艾尔赛义德贝都因手语（一门年轻的乡村手语）。相比之下，除了名词-动词对儿研究（请参见本书第5章）外，派生过程很少受到关注（但仍可参阅Aronoff, Meir, Sandler 2005）。Zucchi（2009）研究了意大利手语"时"语法范畴的非手控标记。"体"的语法修饰性变化可参见Klima, Bellugi（1979）；Bergman, Dahl（1994）；Rathmann（2005）。自由语素体标记研究可参阅Fischer, Gough（1999 [1972]）；Meir（1999）。"时"和"体"标记的概述请参阅Pfau, Steinbach, Woll（2012b）。在手语一致关系研究中，Padden（1988）首次区分了不同的动词类型。Meir（2002）对比了有声语言与手语的一致关系。Zwitserlood, van Gijn（2006）讨论荷兰手语一致关系的特征。对手语一致关系概览和性质的讨论可参阅Lillo-Martin, Meier（2011）；Mathur, Rathmann（2010，2012）；Wilbur（2013）。Steinbach, Pfau（2007）；Sapountzaki（2012）描述了一致关系助动词（及其语法化过程）。复数研究可参考Pfau, Steinbach（2006b）德国手语复数比较研究；Zwitserlood, Nijhof（1999）荷兰手语复数研究；Zwitserlood, Perniss, Özyürek（2012）土耳其手语复数研究。Liddell（1997）研究了美国手语数词并入；Ktejik（2013）研究了日本手语数词并入。手语类标记的经典研究可参阅Supalla（1986）；实用的手语类标记综述研究请见Schembri（2003）和Zwitserlood（2012）。关于荷兰手语类标记的全面理论解释，可参见 Zwitserlood（2003）。Benedicto, Brentari（2004）讨论了类标记和论元结构的相互作用。

　　手语复合词的例子来自Klima, Bellugi（1979），Leuninger（2001），Wallin（1983）。 Aronoff, Meir, Sandler（2005）介绍了美国手语否定后缀。Sutton-Spence, Woll（1999）讨论了英国手语例词【赢】和【赢（过去时）】。Meir介绍了以色列手语"体"标记【已经】的用法。西班牙手语的例子均摘自Costello（2015）。Smith（1990）讨论了中国台湾

地区手语助动词。Aronoff等（2005）和Marsaja（2008）分别讨论了艾尔赛义德贝都因手语和卡塔科洛克手语缺少一致关系的问题。所有德国手语的复数例子均取自Pfau，Steinbach（2006b）。数词并入的例子来自 Zeshan（2000）的印度巴基斯坦手语研究和Schmaling（2000）的豪萨手语研究。本书所有约旦手语例子摘自Hendriks（2004）。Nyst（2007）描述了阿达莫罗贝手语中的"方向性的"手势词。南非手语例子来自南非国立聋人学院（2011）编纂的南非手语词典。有声语言特雷纳语的例子来自Akinlabi（1996）；越南语例子来自 Đình-Hoà（1997）；伊捷尔缅语的例子来自Bobaljik，Wurmbrand（2002）；瓦尔皮里语的例子摘自 Olsen（2014）；南蒂瓦语例子来自Baker（1988）；切罗基语例子选自Aikhenvald（2000）。

# 第 10 章 语音学

奥诺·克拉斯伯恩和埃尔丝·范德科艾

## 10.1 引言

有声语言和手语之间最重要和最显著的区别是**语言模态差异**。两者的交际信号渠道非常不同：在有声语言中，发音器官发出可被人耳感知的单词的声音；在手语中，人的上半身肢体发出的手势词是由交际对象的肉眼来捕捉和理解的。在这两种语言中，一个完整的**交际链**都是由三部分组成的：**信号**的产生、信号本身、信号的**感知**。图 10-1a 是有声语言的言语交际链，图 10-1b 是手语的交际链。

在语言学领域内，研究交际链的学科有两门。其中**语音学**研究交际链过程的物理特征，音系学（见本书第 11 章）则侧重于研究一门特定语言系统里所使用的单词和手势词的组成部分。我们认为，手语者把一个手势词的抽象形式（音位形式）存储在记忆里，每次打出这个手势词时它都会有细微差别：它的发音（即语音形式）是有变化的。以美国手语为例，图 10-2 手势词【说】的运动参数是"食指伸直，从下巴处开始向前移动"。每次这个手势词的发音都会有所不同：有时是食指移动了 10 厘米，用时半秒；有时也很可能是移动了 30 厘米，耗时更长。

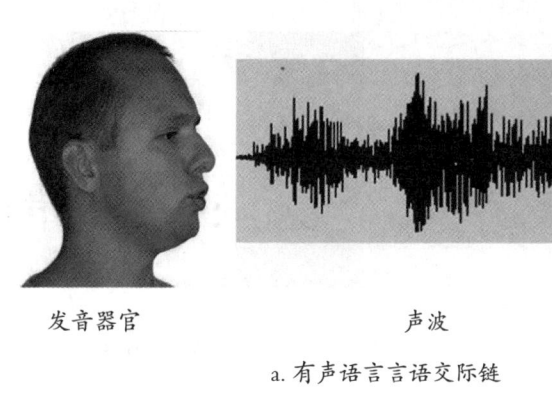

发音器官　　　　　　　声波　　　　　　　耳

a. 有声语言言语交际链

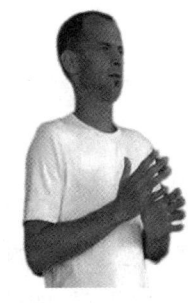

b. 手部、上半身、头部　　　光波　　　　　眼睛

b. 手语交际链

图 10-1　有声语言的言语交际链和聋人的手语交际链

【说】的打法（发音）：把食指从下巴处向前移动大约 30 厘米

图 10-2　美国手语中的手势词【说】

　　有声语言当然也有这样的情况。例如，在"zoom"这样的英语单词中，元音[u]的发音与它在其他单词中相比，这里[u]圆唇的特点会更明显，即这时的嘴唇需要嘟起得更圆。

　　语音学和音系学研究不能完全分开，本章和下一章的讨论会让你清楚这一点。发音和感知的物理限制会制约手语的样子，因此也约束着抽象音位形式的外形。显然，手语中不会出现那些人手无法打出的手势词。另外，相比复杂的手势符号，简单的手势符号更受人们的青睐，这在有声语言中也是如此。在语言系统中，那些复杂的形式是有标记的：它们较少使用，较少出现，与其他语言形式的组合类型也较少（见本书第 3 章）。有时，手势词的运动参数会被简化地打出来，例如，当你手里拿着东西的时候，此时不做过多运动而简化地打手语会令沟通更高效。另外，在手语的固定词汇中（见本书第 8 章第 8.4 节），我们发现，更受使用者青睐和出现频率更高的是那些更简单的手型和不那么复杂的运动。

在判断哪个手势词简单而哪个手势词更难时，一定要区分手语者的视角和会话对象（手语感知者）的视角。他们的利害常常是相悖的。例如，手语者用小指打出一个微小运动时，他几乎不费吹灰之力，但是他的会话对象却较难感知出和识别到这个微小运动。所以说，没有绝对意义上的这个手势词比那个手势词更"简单"。因此在判断难易时，一定要将手语者和感知者分开，单独讨论。

本章第 10.2 节首先讨论手势词的语音生成，第 10.3 节探究手势词的语音感知。第 10.4 节将详细讨论语音变异。第 10.5 节简单介绍当前不同的手语标音系统。最后，第 10.6 节介绍语言技术，尤其是手势词识别、手语虚拟动画角色和手语数字替身等。显然，对手语语音学，我们当前仍知之甚少。与本书其他章节对手语语言特征的讨论相比，当前人们对手语语音学的研究还非常有限。

## 10.2　语音生成

### 10.2.1　肌肉、关节与身体部位

在手语者明确了自己想表达的内容后，手势词的**发音**就开始了（见本书第 2 章第 2.4 节）。此时肌肉收缩，引起部分手臂、手部和手指的运动。这些运动可以从几个层面来描述：参与发音而被激活的**肌肉**、运动过程中涉及的**关节**、作出移动动作的**身体部位**。这个分析和描述过程也同样适用于一个手势词

的非手控部分：上半身的姿势、头部的位置、面部表情。例如，美国手语动词【说】的发音可以描述如下（见表10-1）。

表 10-1　对美国手语动词【说】的发音描述

| 肌肉 | 肘伸肌收缩 |
| --- | --- |
| 关节 | 肘关节伸展60度 |
| 身体部位 | 前臂、手和食指往远离下巴的方向，向前下方倾斜移动，即以肘中央点为圆心在空中旋转60度 |

上面的描述非常简练，只与手势词的运动参数有关。在运动完成过程中，多处肌肉处于激活状态，它们使前臂和手在空中抬高。在此之前，手势词初始位置的达成也依靠其他肌肉。例词【说】的初始位置是：食指指尖触摸下巴，其他四指紧握。使手或其他发音器官移向初始位置的运动称为**过渡性移动**。严格意义上讲，过渡性移动不属于手势词本身，而且过渡性移动的差异也很大，因为在手势词发音开始之前，手的位置并不确定。

面部表情的发音也可以用同样的方法来形容。面部表情只涉及下颌这一个关节，这是面部表情跟手和手指运动的主要区别。下颌关节主要用于非手控成分，即仿话口型（模仿口语里词的发音口型）和自然口动（聋人手语特有的口部动作，不是来自有声语言口语词，见本书第11章第11.6节）。然而，作为发音器官，面部可以作出复杂表情主要在于人的脸部有为数众多的肌肉，以及面部皮肤充满弹性。这几十块肌肉的运动可以从面部皮肤的凹凸与褶皱处看出，包括嘴唇处、脸颊处、眼睑处、眉毛处等。

除面部肌肉外，呼吸也很重要。例如，在很多手语中可以经常见到鼓起的腮部。为了鼓起腮部，肌肉会收缩以紧闭嘴唇，然后呼出的空气会令两腮鼓起。然而，大多数面部表情只需要面部肌肉参与即可，这些肌肉的伸缩会使表情展现在面部皮肤之上。这些超过三十块的面部肌肉可以联合起来，作出大量表情。图10-3是两个有关手语中的面部表情的例子，它们来自荷兰手语。

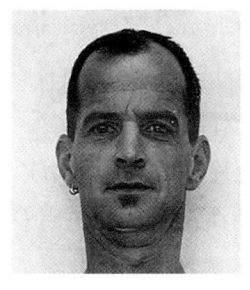
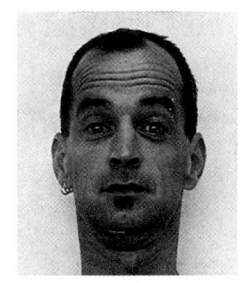

a. 放松状态下的人脸　　　　　　　　b. 扬起眉毛

图 10-3　手语中的面部表情

图 10-3b 中面部表情的语音生成可以描述如下（见表 10-2）。

表 10-2 面部表情"扬起眉毛"的语音生成描述

| 肌肉 | 眉毛附近的肌肉，比如额肌收缩 |
| --- | --- |
| 关节 | —— |
| 身体部位 | 眉毛扬起，前额出现皱纹 |

图 10-4 标出了手臂上和手上的多处关节。与身体部位的运动相关的肌肉数量很多，相应地，手语者能打出的运动也多种多样。形容手臂的和手部的组成部分有两个重要术语：**近端**（靠近身体的）和**远端**（远离身体的），如图 10-4 所示。它们只是相对而言的概念，指一个关节或一个运动距离人体躯干的远近。例如，手腕的运动相比肘部运动而言，它属于远端；但是相比手指上的运动，它则属于近端。

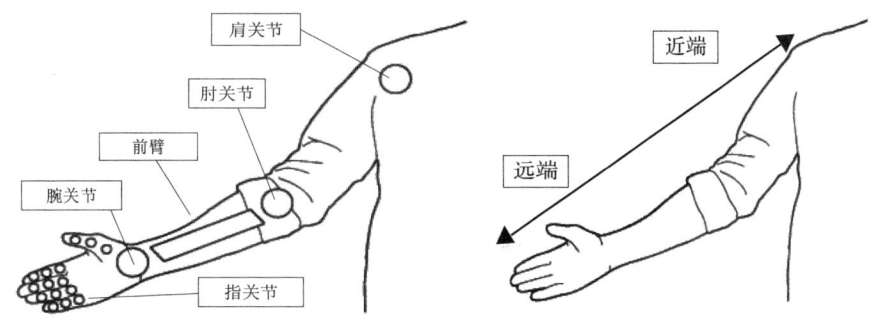

图 10-4　手臂和手部的不同部位和关节

远端运动通常比近端运动好打些。远端运动只需要移动手指，不费力气；而近端运动则需要移动整个手臂，比较费力。不过，远端运动需要精细的运动控制能力，儿童需要很长时间才能习得，所以对他们来说近端运动更容易一些，这一点本书第 3 章第 3.3.2 节已谈及。是否使用双手手势可以用来区分简单词和难词（从手语者角度来看）。很多手势词在发音时必须用双手做完全相同的运动。用单手打这些双手手势更容易一些，多数人在非正式对话中也经常采用单手方法（见本书第 12 章第 12.4 节）。这个过程称为**辅手脱落**：打手语时，辅手手势有时会消失不见。本书第 11 章第 11.8 节将对此做进一步讨论。

我们的身体结构限制了打手势的诸多可能性。例如，关节扭到一些极端位置时，会让关节周围的肌肉和组织很吃力，因此像这样打出的手势是极少出现在手语中的。同样的道理，似乎在全世界范围内的手语里，人们都倾向使用只有小指或食指伸开的手型，而不是只有中指或无名指伸开的手型。像图 10-5a 只伸出中指的手型，以及图 10-5b 只伸出无名指的手型，在手语中较为少见。

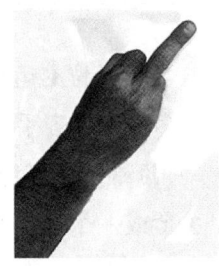  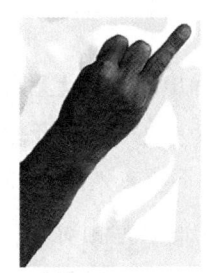

a. 只伸出中指的手型　　　b. 只伸出无名指的手型

**图 10-5　在全世界的手语里都极不常见的手型**

当然，在许多西方国家的文化里，伸中指是禁忌手势，这也是一些手语几乎不用这种手势的原因之一。然而，伸中指较少被使用其实也是一种身体限制，因为食指和小指有自己的额外的指伸肌，分别是示指伸肌和小指伸肌。而中指和无名指却没有额外专属的指伸肌。所以为了能够伸出中指和无名指，人们不得不使用控制所有手指的指伸肌，同时还要费力收缩中指和无名指之外的其他三根手指的指屈肌，使其他三指不被伸出来。另外，如果不同时伸出其他三根手指的话，中指和无名指也不能伸直到像食指或小指一样非常笔直的程度。因此，在手语里，其他手指伸开而中指和无名指是弯着的情况更为常见。

手腕的运动也会受到约束，进而影响手势符号的发音外形。因为伸展手指所用到的肌肉肌腱是从前臂一直延伸到手腕，所以在手腕运动时，手指也会不自觉地稍微伸开：我们的肌肉灵活度是有限的，当前臂到指尖的距离增加时，手指如果没有受到来自指屈肌的抑制就会伸开。反之，当手指快速握拳时，手腕也会伸展一些。从手语的语音和音系系统中可以看出以下生理趋势：手指在伸开或闭合的同时，通常也会伴有一定手部运动。图10-6波兰手语的手势词【洗澡】就呈现了这种手指和手部运动之间的交互影响：在手指伸展时（如伸开），会伴有一个手部运动，从而影响手掌朝向（如朝向头部）。这个伴随的手部运动通常只是手腕弯曲一下。

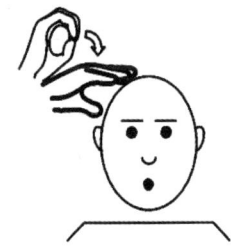

【洗澡】（初始位置、最终位置）伸开手指的同时伴有手腕运动

图 10-6　波兰手语中的手势词【洗澡】

## 10.2.2　对称的发音器官：双手

有声语言的发音和手语发音最明显的区别之一是我们只有一张嘴，但是有两只手。也就是说，供手语者使用的发音器官有两个，并且它们是对称的。单手手势词（如【洗澡】），无论用左手还是右手打均可。做各种手部运动的手，如写字、用勺子喝汤等，我们往往会偏向只使用双手中的一只。多数人是右利手，只有少数人是左利手，极少数人没有明显的**惯用手**（这些人双手都很灵巧）。通常手语者在打单手手势词时也会用他们的惯用手，我们称之为"主手"。在沟通时，用左手和右手都是一样的——就我们所知，无论打手语的主手是左手还是右手，聋人都能理解。

手语中很多情况下聋人会同时使用双手。首先，有双手手势词，即这些手势词的词典形式就规定它们要用双手打出来，如图10-7芬兰手语例子所示。除此之外，含有类标记的多种形态句法结构也须用双手打出（类标记见本书第9章第9.6.2节；本书第11章第11.7节也讨论了双手手势词）。通常来讲，我们在使用双手时不能将两只手完全独立开来（当然音乐家，如小提琴家和鼓手等例外）。这并不是肢体的局限问题，毕竟双手之间并没有肌肉或肌腱来彼此连接。相反，这来自于大脑的局限，因为大脑皮层运动感觉神经系统对人体运动的**协调**是受约束的。因此，双手只有在做类似的手部动作时才能被同时打出。在这种情况下，双手的运动可以**同步打出**（图10-7a 手势词【聚会】）或**交替打出**（图10-7b【骑自行车】）。如果双手的手部动作迥然不同，那么一只手在移动的同时另一只手必须保持静止（图10-7c 手势词【东西／物体／故事】）。

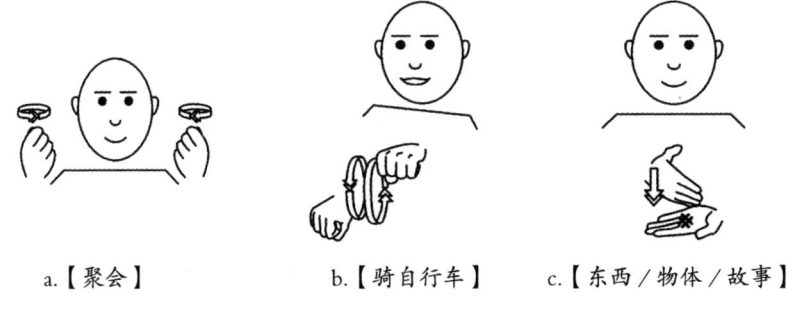

a.【聚会】　　　　b.【骑自行车】　　　c.【东西／物体／故事】

图10-7　芬兰手语中的双手手势词

综上，我们已经知道手势词的语音生成是一种复杂现象，它需要肌肉、肌腱和关节共同参与。由于我们的身体结构使然，一些手语运动参数的发音比其他运动要简单。本章下一节将讨论在手势词的语音感知中，容易被感知和很难被感知的手势词究竟是什么样的，以及会如何影响手势词的外形。

## 10.3　语音感知

在打手势词时（即手势词的语音生成），手部运动被感知的方式也会限制手势词的可能形式。显然，手语者不会把手势词打在他自己的身后（因为这样的话他眼前的会话对象无法作出语音感知，即看不到），除非是有会话对象在手语者的身后。另外，手语者也不轻易使用非常细微的运动，因为会话对象很难注意到它，很难使它进入语音感知。

通常，当观察手语者时，会话对象的眼神并非时刻盯着手语者的手部运动。

相反，他们的视线聚焦在手语者的面部或面部周围的注意点上。研究表明，手语母语者和手语的二语学习者，他们**目光注视**的规律有所不同：前者往往注视手语者的眼睛，而后者则把注意力更多的放在了手语者的嘴部（见图10–8）。

图10-8　人类视野的中心和边缘部分

通常在**视觉感知**中，人类在他**视野**的中心可察觉到的更多细节，而不是在视野的边缘（见图10-8大圈的边缘）。因此我们有理由认为，与上腹部位置比较而言，手指上的细微运动当打在面部周围位置时，才更容易被感知到。语音感知的特点和限制，反过来也影响手势的外形，手语中那些有位置和运动细微区别的手势词的确是常常打在面部或面部周围的位置。就位置参数而言，情况似乎确实如此。以荷兰手语为例，荷兰手语音系中有［嘴部］［下巴］［面颊］三个位置参数，尽管这三者其实位置非常接近，图10-9是含有这三个位置参数的例词：图10-9a 手势词【红色】是在嘴部周围发音；图10-9b【爸爸】是在下巴处发音；图10-9c 手势词【白天】是在面颊发音。

a.【红色】　　　　　　b.【爸爸】　　　　　　c.【白天】

图10-9　荷兰手语打在面部位置的三个例词

与视野的中心不同，身体上部仅［胸腔］［腹部］和［肩部］这三个位置具有区别性，它们彼此间的距离较远。显然视野的限制是原因之一，但是除此之外，手语者展现在面部（如嘴部和鼻子上）的语言特征更加引人注目，更有利于会话对象识别位置的细微差别，这一点不可否认。这些差别还会影响手势词外形的历时变化（见本书第 13 章第 13.4 节）。

与听觉感知相比，视觉感知更擅长处理同时出现的各种类型的信息。因此，我们能同时处理从不同信息渠道传来的信号，如面部表情、头部和上半身的位置、手型，以及手指在手势空间里的朝向。本书第 6 章和第 7 章的手语句法讨论，以及本书第 9 章的手语形态探讨，都充分说明了手语语法经常用到这些。例如，在手语形态学上，手语对同时性语素的使用比有声语言多。换句话说，许多意义单位的发音不是序列性地发出来，而是同时性发音（见本书第 9 章第 9.2 节）。

从语音感知视角描述一个手势词时，不需要提到关节。以图 10-2 中的美国手语为例，手势词【说】的语音感知可描述为"食指指尖先触摸下巴，然后向前移动"，其中虽然也提到了发音器的一部分（指尖），但它主要是说明聋人如何识别出该手势，即描述正确识别一个手势词所需要的信息。本书下一节将讨论手势词的语音变异，我们将认识到，尽管手语有许多发音变体，但一个手势词的抽象感知特征是稳定不变的。

## 10.4　语音变异

与有声语言一样，手语中当一个手势词被发出后，它也存在大量的发音变异现象。英语单词"collect"在发音清晰时，第一个音节中有一个明显的[ɒ]的声音。然而当它出现在句子中，人们更快地读出它时，它的[ɒ]音往往会变成"不发音的 e"（[ə]，也叫央元音）。实际上，许多非重读元音都可能发生这种元音央化现象。

手语者打手语时也会出现相似的**语音变异**。以美国手语双手手势词【死亡】为例，这个手势词有时发音为：双手在手势空间里作出曲线形路径运动，这个发音要用上肘关节，见图 10-10a；但是它也可以简化为另一个发音：只旋转前臂，见图 10-10b。手势词是同一个，但它的两次发音却不一样。图 10-

10a 中的发音是词典形式，图 10-10b 中的发音是语音弱化，它减去了双手的曲线形路径运动。这个语音变异可以类比为英语单词"collect"发音时从 [ɒ] 到 [ə] 的变化，即发弱化的央元音 [ə] 时嘴张的没有发清晰元音 [ɒ] 时大。

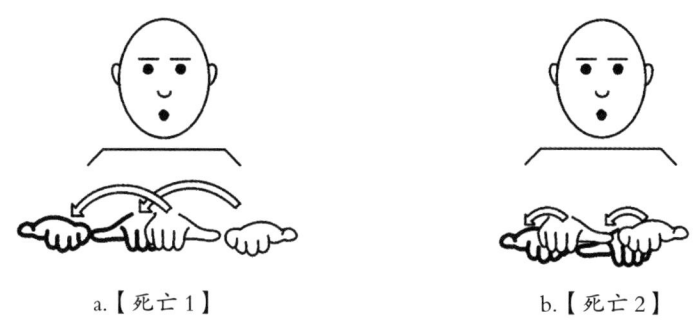

a.【死亡 1】　　　　　　　b.【死亡 2】

图 10-10　美国手语手势词的语音变异

与词语选择（词汇层面）和句子结构（句法层面）变异相似，语音变异一定程度上与**社会因素**有关：女性与男性说话方式不同，不同种族人群也存在语音差异，甚至每位个体在说话和打手势时都有自己的风格（见本书第 12 章第 12.4 节）。从语音角度上讲，我们可以从运动的速度或幅度、运动的重复次数等方面看出差异。然而，究竟哪种语音特征会发生变异？而这种变异又与特定社会语言学群体或个人风格有什么相关性？就目前的任何手语来说，我们对答案都知之甚少。

接下来重点讨论引起语音变异的**语言学因素**。以协同发音现象为例，**协同发音**是指句子中一个手势词的发音会受它前面或后面手势词发音影响。有时这种协同发音会导致一个手势词的语音构成要素发生改变（见本书第 11 章）。例如，我们前面提到的双手手势词有时会只用一只手来发音（辅手脱落）。这是个**删除语音要素（删音）**的例子：它没有慢慢调整手势词的发音，而是直接删去了手势词的一部分（为了只用一只手发音）。一个手势词的音位特征也会受相邻手势词的影响而发生变化，这个过程称为**同化**。因此，在一个句子中，一个手势词可能会采用前一个手势词的手型（与本书第 9 章第 9.3 节讲到的复合词类似）。以图 10-10 美国手语【死亡】一词为例，如果【死亡】后面的手势词是第一人称代词，那么这个代词的发音可能就不是食指完全伸开向上，其余四指紧握的手型，而是变异成了五指都完全伸开向上的手型。

以上的变异类型都很清晰，除了这些，在较低的语音学层次上，手势词的语音变异极其常见。这种类型的语音变异需要细致的语音标注，或者经过发音或视觉感知测量，才可被捕捉到。例如，一些微小的语音变异与手指确切的弯曲程度有关。这些手势词涉及"弯曲的手指"这一语音特征。以德国手语为例，图 10-11a 手势词【电脑】和图 10-11b 手势词【茶】都含有一个 ✎ 手型。它在发音时并不总是精确到"所有指关节成 30 度角"这样的程度，有时手指会伸展得更开一些。这两个例子说明，这种语音变异既可发生在辅手上，见图 10-11 手势词 b；也可发生在主手上，见图 10-11 手势词 a。

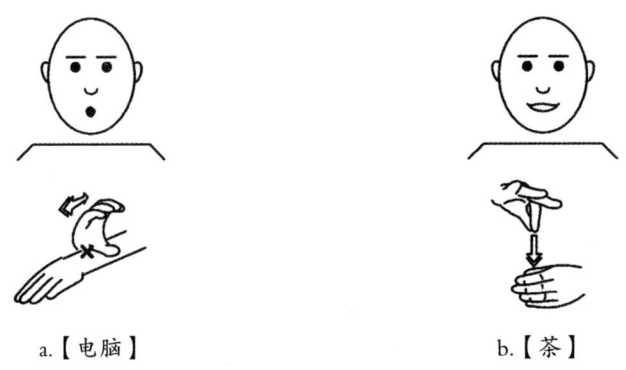

a.【电脑】　　　　　　　　　　b.【茶】

图 10-11　德国手语主手和辅手上的语音变异

手语中，在做伸开的手指这样的语音产出时，语音变异现象会更多。最远端的指间关节几乎总是完全伸展的，第一指间关节的弯曲程度差异会很大。有明显迹象表明，第一指间关节同腕关节和其他上肢关节一样，在区分手势不同含义方面不发挥明显的音位差异作用，它只是协调好自身以方便其他音系学特征的语音产出。以荷兰手语为例，手势词【拜访】食指的弯曲度取决于运动的方向：手语者会确保指尖始终指向运动的方向。在图 10-12a "我拜访你"中，手势运动的方向是向前，此时手指指向前方是最"经济的"方式，只需要手语者完全伸展手腕和手指就能做到。另外，在其屈折变化形式图 10-12b "你拜访我"中，指尖需指向手语者的身体。要做到这一点，打手语者可能会尝试完全伸展开他所有的手指（包括第一指间关节），同时只弯曲手腕。然而这几乎不可能做到：一方面是由于手腕不够灵活；另一方面必须得把肘部移到很远，才可能使指尖指向手语者。所以，正如图 10-12b 所示，弯曲腕关节，再弯曲第一指间关节处的手指才是把指尖朝向手语者身体的简单方法。

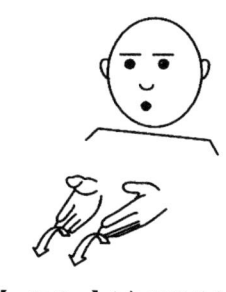 

a.【₁拜访₂】'我拜访你'　　　　b.【₂拜访₁】'你拜访我'

图 10-12　荷兰手语中的语音变异

如上所述,一个手势词的发音会受到前面或后面手势词的音位特征所影响。图 10-13a 是荷兰手语【课程】的词典形式,请注意这个手势词的发音位置相当高,是接近面部的位置。而在图 10-13b 中,手势词【课程】的前面是手势词【手语】(两者构成一个复合词,词义是"手语课程"),此时它的发音位置要低一些,与身体的距离也很远。之所以会有这样的变化,是因为【手语】在较低的位置处发音。在这种协同发音或语音同化中,手势词的语音产出有了微小的变化,但【课程】之前的发音位置(与面部齐平,见图 10-13a)并没有完全被【手语】的发音位置(与隔膜齐平)所换掉,而是略微低了一点儿。换句话说,尽管出现语音同化现象,但手语感知者也不会因为手势词的发音形式不同,而把它误解为另外一个词。

a.【课程】(词典形式)　　　　b.【手语^课程】

图 10-13　荷兰手语发音位置上的语音变异

在手语沟通中,手势词发音时的幅度往往比其词典形式要小一些。幅度小的运动耗费的能量也少,只要手语感知者在语境中获得的信息足够,就可以识别出手势词，这时更小幅度的运动不会造成语音识别上的困难。运动的缩减经常借助较远端（如不是那么近端的）关节来完成。因此，想打出图 10-2 美国手语【说】时，手语者通常会伸展肘关节。但是，如果他只伸展较远端的腕关节也是可以完成它的发音的，请见图 10-14。在关节的选择上产生了大量的语音变异，这可能与社会语言学因素（见本书第 12 章第 12.4 节）和会话因素（如情绪的表达）等有关。

**图 10-14　仅伸展远端腕关节的美国手语【说】**

这种发音上的差异清楚地解释了打手语者和手语感知者之间的利害冲突。当手语感知者近距离观察时，用腕关节完成小幅度运动就足够了；而当手语感知者在 30 米之外时，为了让他们识别出手势词，手语者需要使用发音更为清晰的运动。在后一种情况下要完成更大幅度的运动，手语者既可以让手腕的运动幅度最大化（如把手腕伸展 120 度），也可以使用较多的近端关节（如肘关节和肩关节）。这些改变格外延长了手势词的持续时间，放大了指尖的向前运动。换句话说，虽然打手语者倾向使用小幅度的运动（发音轻松），但是大幅度的运动更有利于手语感知者（易于感知和理解）。

## 10.5　手语的标音系统

聋人在日常生活中并不用手语来写字。他们用笔记录事情时，使用的是他们熟悉的有声语言的书写符号，所以西班牙聋人使用西班牙语的字母，写出的是西班牙语中的句子。目前并没有记录单个手势词或手语句子的标准**手语书写系统**。虽然在现代技术条件下，手部运动和面部表情是能够测量的，但是大多研究者是从几种**标音和转写系统**中挑出一种来记录手语形式。对其他的运动形式，如舞蹈，人们也发展出了类似（语言标音）的记录系统，意图通过形容所有关节的位置来尽可能精确地记录舞蹈的物理形式。1960 年威廉·斯多基首次提出对手势词的音系学分析，现存的大多数手语标音系统都是基于他的研究而发展出来的。这些标音系统全面形容了手部的特征：手型、手在手势空间里和身体上的位置，以及手或手指的运动。手型、位置和运动等范畴更接近手势词的感知特征，但它们不提供手臂和手关节上的那些发音细节。

有几种标音系统被用到了研究中，这些标音系统的区别主要是能否记录手势发音中的一些小细节。显然这些细节在语音学研究中非常重要，但是在其他领域，如手语词典编纂，更重要的是使用者能够查找到更全面的手势特征。例如，在使用电子词典时，使用者可能忘记了某个手势词里手跟面部的具体接触位置，他会借助检索项"发音在头部的手势"来搜索这个手势词。另外，如果语言学家想要了解前后手势对某手势词的发音位置产生的影响时，那么他就很有必要分清"面颊上方"和"面颊下方"的区别。以汉堡标音转写系统（HamNoSys）为例，在此系统中，使用者可以选择抽象或细节信息，这对科学研究非常有利。那么，这种手语标音系统就与有声语言国际音标（IPA）非常相似，后者可以详细记录不同层次的语音细节。表 10-3 是英文单词"time"和"language"在国际音标系统下的两种标音方式，其中的宽式标音方法采用比较宏观的视角，细节较少，而它的严式标音方法则更加微观，记录很多细节，同时也包含了重读、音长和送气等信息。

表 10-3 国际音标系统下的两种标音方式（以 time 和 language 为例）

| 英语单词 | a. 宽式音标 | b. 严式音标 |
| --- | --- | --- |
| time | [ ˈtaɪm ] | [ ˈthaɪːm ] |
| language | [ ˌlæŋwɪdʒ ] | [ ˈlæːŋwɪdʒ ] |

图 10-15 是荷兰手语例词【滚开】（它是一种极不礼貌的"让别人走开"的手势）。图 10-16a 是该词在汉堡标音转写系统中的标音记录，与之对比的图 10-16b 是该词在荷兰 KOMVA 手语标音系统中的标音。这两个标音都标记了相当多的细节，而图 10-16c 美国斯多基标音转写系统对该词做了较为宽泛的

标音。请注意，汉堡标音转写系统并没有使用当地德语手指字母来标记手语的手型（见本书第 1 章第 1.4 节），所以它不受某一具体国家或手语语言的制约。从图 10-16 可见，荷兰 KOMVA 手语标音系统和斯多基标音转写系统把手型分别转写和记录为"1"和"G"，而汉堡标音转写系统是采用手型符号。另外，汉堡标音转写系统可以使用电脑字体进行输入和记录。

图 10-15　荷兰手语【滚开】

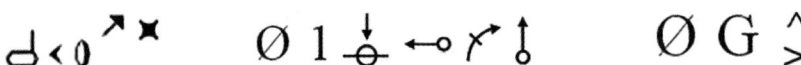

a. 汉堡标音转写系统　　b. 荷兰 KOMVA 手语标音系统　　c. 斯多基标音转写系统

图 10-16　不同标音系统下的荷兰手语手势词【滚开】

荷兰 KOMVA 手语标音系统和汉堡标音转写系统，两者与斯多基标音转写系统的一个重要区别是：对于手的朝向的细节，斯多基标音转写系统记录得更少些。它的系统只能区分两个朝向：前臂内旋（"俯卧的"；手掌向下）和外旋（"仰卧的"；手掌向上）。而荷兰 KOMVA 和汉堡系统更具体和细化地区分了手掌和手指的朝向。这两种系统包含的语言学数值非常丰富，不仅有手臂的旋转信息，还有手腕和手肘的状态信息。以前文的例词【滚开】为例，手指可以指向正左方（【滚开】的初始位置），或指向上方（【滚开】的最终位置）。汉堡系统可以表示的细节比荷兰 KOMVA 系统还要多。斯多基标音转写系统和荷兰 KOMVA 手语标音系统主要是为了描写手语词典中的手势词，而汉堡标音转写系统则有多种设计目的，其中包括语音学研究和音系学研究。

上述讨论的标音系统只包含单个手势词的手部特征，大多数标音系统不记录手势词中的非手控成分的特征。虽然已经有很多规则和惯例来规范手语标注中非手控特征，如眉毛的位置和嘴唇的形状等，这些规则和惯例主要用于标注整句，即在标注手语句子时用（见本书第 6 章和第 7 章例子）。一个赋码符号可能用于标注某一非手控标记的语法功能（如符号"是/否"，表示该句子是非疑问句；符号"否定"，表示该句子是否定句），或者用于标注它的语言形式（如符号"扬眉"，表示扬起的眉毛；符号"摇头"，表示摇动头部）。请注意，这些情况并不属于手势词的标音转写，而是在做句法分类，明白这两者的区别是很重要的。

除了语言学标音系统外，手语书写系统也在发展之中，并越来越流行。书写系统旨在使用清楚的、视觉化的手势形式来记录手语，以便直接书写和阅读手语。有效书写系统必须尽可能省略细节，以保证书写形式将所有可能的发音都高度抽象化。其中有一种名称是"SignWriting"（手势书写）的书写系统，世界上的许多地区都采用了这种手语书写系统，但是它并不是标准系统，聋人社群目前并未把该系统当作标准书写系统来用。图 10-17 是日本手语【跳舞】和印度巴基斯坦手语【抽象】。图 10-18a 和图 10-18b 分别是"手势书写"系统下，日本手语例词【跳舞】和印度巴基斯坦手语例词【抽象】的书写形式。

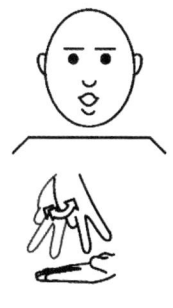
a. 日本手语【跳舞】

b. 印度巴基斯坦手语【抽象】

图 10-17　日本手语和印度巴基斯坦手语例词

a. 日本手语【跳舞】的书写形式

b. 印度巴基斯坦手语【抽象】的书写形式

图 10-18　"手势书写"系统下日本手语和印度巴基斯坦手语例词的书写形式

总之，标音系统和书写系统在用途和形式上的区别很明显。语言使用者在书写系统（如有声语言中各种各样的字母或文字系统）的帮助下能轻松书写他们语言中的词语。标音系统类似于书写系统，但标音系统能更精确地转写和记录手势词（或单词）的形式，甚至该手势词的具体发音细节。标音目的决定了把更多的还是更少的语音细节记录到语音标记里。

## 10.6 语言技术

**语言技术**发展迅速，已经出现了兼备听、说和翻译功能的电脑。例如，在拨打通信公司的求助热线时，接听人经常不是真人，而是电脑，该电脑能够（在有限程度上）对客户的话语作出反应。然而打过热线的读者都清楚，这样的电脑服务有时会发生误会：即使说话人已经清楚地表达了指令，但电脑还是会不断地重复"我没有听清您说的话，请您再重复一遍"。**语音识别技术**有时能让人摆脱因重复敲击键盘和拖动鼠标带来的肌肉劳损：我们只需向电脑发出口头命令，或者大声朗读要书写的文字。当然，电脑还必须配备语音识别软件，它能够识别出目标词语的各种可能发音（即语音变体）。

事实上，语言技术的开发与应用面临的一个难点是：单词和句子的发音有大量的语音变异。虽然人脑可以很轻松地处理这种"杂音"，可以识别出任何形式的语音变异，但电脑却很难将其过滤清晰。除语音问题外，从一种语言（的书面形式）到另一种语言的**自动翻译**也面临挑战。"宝贝鱼翻译软件"或"谷歌翻译"等网站可以提供在线的自动翻译，但它们在处理含有多个意义的词语，以及固定短语时问题很大。例如，英语单词"organ"有两个意思，一是指乐器风琴，二是指身体器官。当这个词出现在"The musician needs an organ"这个句子中时，尽管根据上下文词义已经很明显了，但是在翻译到其他语言中时，谷歌翻译还是会把它误翻译成"身体器官"。习语"I need a hand"的意思是"我需要帮助"，目前谷歌翻译仍逐字翻译成"我需要一只手"，这种翻译显然用处不大。相比之下，人类在使用语言时经常借助语境来理解话语意义和说话人意图。

目前很多人在开发手语识别与自动翻译的对比软件过程中也面临着同样的问题。例如，一些人赞同机器可以代替（要价高昂、工作压力大的）手语翻译员这种观点。然而其他人则认为机器翻译很冷淡，没有人情味。

过去，聋人普遍使用文本电话，但目前它正逐渐被电脑和手机上的视频聊天取代。未来电子产品的屏幕可能会显示虚拟的动画人物来打手语，不再显示真人，这种所谓的**阿凡达**式虚拟替身会在翻译软件程序指令下生成手语表达。虽然两种语言之间的转换就已经很困难了，但是手语里还需要考虑虚拟替身的手势词运动的流畅性问题，更是难上加难。图10-19是名为特萨（Tessa）的"阿凡达"，即真人手语者的一个虚拟动画和数字化的替身，她正在打手语。

图 10-19　正在打手语的"阿凡达"（虚拟动画和数字化的替身）

为了让"阿凡达"的手语更流畅，我们需要了解真人在打手语时的具体运动。为此，非常有必要研究手势词发音时精确的语音特征。虽然这一领域发展迅速，但是手语动画替身的手语还是明显暴露出当前语音知识的缺乏。"阿凡达"打出的手语看起来相当僵硬和笨拙。这究竟是什么原因造成的呢？到目前为止研究者还没有弄清楚。这是运动速度的问题，还是手势词的节奏问题？是因为手势词之间的转换时间不够长，还是因为面部表情不够自然？这些问题都表明我们对手语语音知识的了解还处于初级阶段。因此，能够打出自然流畅手语的虚拟角色和手语者的数字化替身在短时间内还不会出现。

## 小结

　　**语音学**研究言语和手语的发音与感知，因而它很关注视觉-空间语言和口头-听觉语言的**语言模态差异**。这两类语言的言语**交际链**都有**发音**、信号和信号的**感知**三个环节，然而它们在这三个环节都存在差别。在手势词的**视觉感知**中，**目光注视**决定了**视野**的中心是哪里，所以目光注视在手语交际中发挥重要作用。当目光注视停留在视野的中心区域时，手语感知者就可以捕捉到更多难以察觉的细节。在手语中，对发音的描写涉及手势词发音所用到的各个**身体部位**，如手臂、手部和手指。容易打出的手势词往往更难以被察觉，反之，即容易引起特别注意的手势词，往往更难被打出来。我们可以通过观察**关节**和**肌肉**在发音中所起的作用来理解这些区别。将手语发音器官移动到手势词初始位置的运动称为**过渡性移动**。

手势词与单词一样，词每次的发音并非完全一样，例如，有时一些手势词在打出时要比平时更谨慎。所以，手语中存在相当多的**语音变异**。有些语音变体可以用运动的幅度来形容，它会随着所使用的关节是**远端关节**还是**近端关节**而发生语音变异。手语者通常在打单手手势词时使用他的**惯用手**，发音时他们更愿意用的手称为**主手**。双手手势词是指发音时双手都需要打出和使用的手势词。两只手的**协调运动**可能会有所不同：两只手的运动既可以是**同时打出**的，也可以是**交替打出**的。双手手势词的语音变异也可能涉及**删音**，即删除辅手发音，这种现象称为**辅手脱落**。当一个手势词的发音受到语言学语境中另一个相邻手势词发音的影响，这种现象称为**协同发音**。当手势词的部分发音为了适应它之前或之后相邻手势词的发音而作出相应发音调整时，此过程称为**同化**。除了**语言学因素**外，**社会因素**也可以决定手语表达的语音形式。

手势词具有不同的语音变体，它们的语音形式可以借助若干**标音和转写系统**记录下来，以供研究之用。**手语书写系统**是为了更加普遍的用途而开发的，但是当前它的使用并不广泛。全方面的手语语音知识对手语**语言技术**的开发也十分重要，如手语**语音识别技术**（如研发可以识别和处理手语的电脑软件）、手语**自动翻译**，以及虚拟动画和数字化的手语者替身或手语**阿凡达技术**等。

## 自测

1. 荷兰手语【书】一词的两种打法如下图所描述，请你说出这两种打法（发音）有什么不同，这两种打法的【书】哪些语音特点是一样的。

a.【书1】　　　　　　　　b.【书2】

2. 你认为下面的两种手语形式所表达的意义是一样的吗？请认真思考后给出答案，并说明理由。

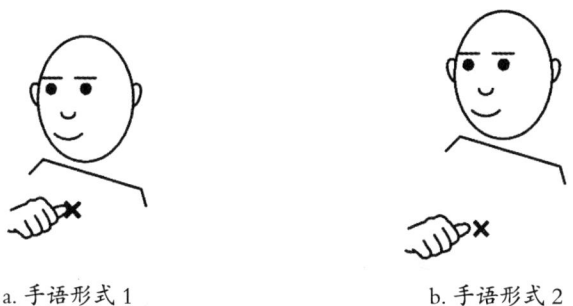

a. 手语形式1　　　　　　　b. 手语形式2

## 任务

1. 从DVD，CD-ROM或网上找出某个手语中同一个（常见）手势词的五个（至少三个）不同发音方法。例如，你可以从网址（http://sign-lang.ruhosting.nl/echo）中下载用三种不同的手语打出的寓言故事。请形容这些手势词在发音时相关关节的运动。

2. 请从你最熟悉的手语中举出三个词，它们因受其相邻手势词的影响而发生变化（真实语境或假设语境均可）。请试着找出例词中受到影响的参数，并详细描述语音变异是怎样发生的。

3. 在打单手手势词时，左利手的手语者习惯用左手，而右利手的手语者习惯用右手。这种情况属于发音变体吗？请你认真思考后给出答案，并说明理由。

## 参考文献和拓展阅读

　　Crasborn（2012）对手语语音学的概述更为全面些，也更有技术性。Luttgen, Deutsch & Hamilton（1992）详细探讨了手臂和手的解剖学结构和运动。Ekman, Friesen & Hager（2002）详细描述了面部表情及其语音转写。Siple（1978），Mandel（1979），Ann（1993）和 Crasborne（2001）研究了手语语音感知和手语语音产出对手势词形式的影响。Lindblom（1990）研究了有声语言中说话者用更容易的方式发音与听者用更容易的方式感知之间的对立与平衡。Crasborn（2001）对手语的语音变异进行详细讨论；Mauk & Tyrone（2012）对语音参数位置进行了专门探讨。Tyrone & Mauk（2010）和 Grosvald & Corina（2012）都论述了手语的协同发音问题；Corina（1990）研究了手型同化问题。Battison（1978）首次讨论了双手手势词的发音限制问题；对于辅手脱落问题，Battison（1974）和 Brentari（1998）基于美国手语语料进行了研究讨论，Van der Kooij（2001）则在荷兰手语中对此现象进行了研究。

　　Prillwitz 等（1989）介绍了汉堡标音转写系统，相关内容可登录以下网址：www.sign-lang.uni-hamburg.de/hamnosys 进行查阅。Stroomberger, Schermer（1988）介绍了荷兰 KOMVA 手语标音系统（文献语言是荷兰语）。Frishberg, Hoting, Sobin（2012）详细概述了现有的标音系统。浏览如下网址 www.visicast.co.uk，你可以找到有关"Visicast"项目和虚拟手语替身"阿凡达"特萨的相关信息。互联网上语言自动翻译服务平台有：宝贝鱼翻译软件平台（www.babelfish.org）；谷歌翻译平台（http://translate.google.com）。"Sign Writing"手势书写系统的详细内容可查阅以下网址：www.signwriting.org。

# 第 11 章 音系学

埃尔丝·范德科艾和奥诺·克拉斯伯恩

## 11.1 引言

音系学研究词的（语音）构成成分及这些构成成分可能的组合方式。在有声语言音系学中，人们分析了一门具体语言中的声音，以及这些声音是如何组合成音节和单词。并不是所有语言都使用同样的一套声音，也不是在所有的语言里每种声音组合都是可以的。例如，单词"tlaak"不可能出现在英语里，然而至少在一种语言里，如（阿拉斯加东南部的）特林吉特语，这个单词是语音构形合格的单词，进入了该语言的词汇库，词义是"湿的"。

单词的语音构形合格与单词有意义，两者并不相同，认清这一点很重要。任何讲英语的人都清楚"tlaak"不可能是一个英语单词，依据是：在英语单词词首位置，/t/ 音后面不能有 /l/ 音出现。另外，"blim"这个词虽然没有意义，但是它却可能是一个英语单词，根据是：在英语中，/b/ 音之后可以接 /l/ 音（如"blue"）。这两个无意义的词都不属于英语词汇，但是与"tlaak"相比，在理论上"blim"可以是一个英语单词。

手语中也存在这种区别。不是任意用手比划一下，就能够把它当成手势词。例如，本书第 10 章图 10-5b 无名指伸出的手势，它绝对不会是荷兰手语中的手势词，因为这种无名指伸出的手型不在荷兰手语的手型资源库里。本章图 11-1 中的手势词也不属于英国手语，英国手语者会将它看作"外来的"。碰巧的是，中国手语中就有这种手势词，它是【应该】。

图 11-1　中国手语【应该】( 手型变成 手型)

通常来讲，人们之所以觉得一个手势是"外来的"，要么是因为该手语中并没有该手势（如荷兰手语中伸直的无名指），要么是因为该手语中并没有这类手势组合。以图 11-1 中国手语中的手势词为例，英国手语中确实也有构成该词的这两个手型，词首手型（ ）和词尾手型（ ），但是在英国手语这两个手型并不能前后连接在一起使用。

图 11-2a 中国手语中的手势词【帝国主义】，从语音构形上看，它在法国手语中也是可以出现的，但是它恰巧却不是一个有意义的词。它看上去语音构形完好，其所有构形成分在法国手语中都有：两个 手型，手臂交叉在胸前，双手手心朝向身体。实际上，这个手势词很像法国手语的手势词【奥地利】，见图 11-2b。

a. 中国手语【帝国主义】　　b. 法国手语【奥地利】

图 11-2　中国手语（a）和法国手语（b）的例词

为了找出手语中哪些音系成分存在而哪些不存在，我们需要进行音系学分析。在有声语言中，我们区分元音和辅音。在手语中，我们使用手型、位置和运动等有区分性的音系成分，这些成分要素通常被称为**参数**（见本书第 1 章第 1.2 节）。

语言中具有区别特征的语音单位叫作**音位**。不同有声语言的音位库各不相同：一门语言中**有区别性**的音位可能数量很少，而另一门语言中它却可能数量庞大。音系学分析要做的是确定哪些语音是音位。例如，语音 m 和 b 是英语单词"make"和"bake"的区别之处。这两个单词词义不同，但除词首辅音外，两个单词其他位置的发音一模一样，这样的两个单词叫**最小对立体**。由此我们可以确定 /m/ 音和 /b/ 音是英语中的音位。我们可以在不同层次上来理解这些音位的区别性。深入分析 /m/ 音和 /b/ 音后我们会发现其实两者是相似的，都属于浊音和双唇音。唯一的不同是发 /m/ 音时，空气从鼻腔呼出，发 /b/ 音时空气从口腔呼出。

因此单词"make"和"bake"的区别就是"鼻音"这个特征，这样的特征称为**区别特征**。其区别性既可以体现在构成音位的语音特征上，也可以体现在音位的性质上（音位的组合与交替）。为了明确一门手语中的区别特征，我们需要分析这门手语的整个构成成分系统，找出能够区别意义的那些构成成分，并且我们还要弄清楚这些构成成分是如何发音的。本书第 10 章第 10.4 节讲到，手势词同英语单词等一样，在发音时会随语境的变化而发生细微的音变。对音位（即能够区分意义的最小语音构成成分）来说，它可预测的那些变异形式称为音位变体。例如，在英语辅音中，爆破音 /p/ 在发音时需要送气，即它是送气音 [pʰ]；但是如果 /p/ 前面是 /s/，其送气特征就会消失，读成 [p]。因此 [pʰ] 音和 [p] 音是英语辅音音位 /p/ 的音位变体。

所有手语都有最小对立体。以图 11–3 英国手语最小对立体为例，a 是【残忍】，b 是【甜】，这两个手势词除了位置参数外，其他所有构成参数都相同，两者都是 ⚐ 手型做转动动作。然而手势词【残忍】是在喉咙处发音，而【甜】是在嘴角发音。换句话说，这两个位置参数具有区别性，它们可以列入英国手语的音系特征库。

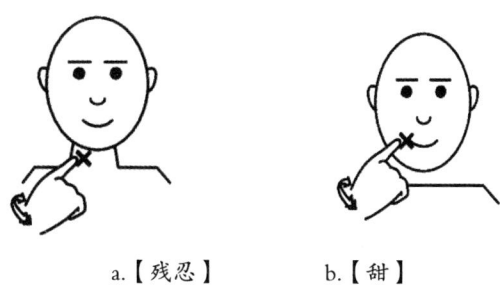

a.【残忍】　　b.【甜】

图 11–3　英国手语最小对立体举例

以下几节将依次讨论构成手势词外形的不同参数，它们包括：手型（第11.2节）、位置（第11.4节）和手部运动（第11.5节）。一些手势词受到的约束比其他手势词多，在这些手势词中，手部朝向（第11.3节）和特定的非手控成分（第11.6节）也能起到区分意义的作用。本书第10章第10.2节曾谈到单手手势和双手手势是手势词的重要发音特征，本章第11.7节将进一步探讨这个特征。第11.8节重点描述音系过程中形式的调整。第11.9节从音系学视角讨论象似性的作用。第11.2节到第11.9节聚焦手势词的语音结构。第11.10节则拓宽视角，从句子层面，即手语韵律层面，讨论手语的音系。

## 11.2 手型

就不同参数而言，**手型**似乎是含区别特征数量最多的参数。虽然我们对许多手语的音系还知之甚少，但现有的研究显示，可以区别意义的手型，在数量上要比可区别意义的位置和手部运动多得多。每种手语的全部手型可能有多有少，但手语的手型发生音变的丰富程度似乎比不上有声语言的音位。研究者已经研究并列出许多手语中的常用手型，但迄今他们并没有系统分析过音位变体问题。虽然我们能举例说明两种手语的区别，但由于缺少对音位变体的研究，我们很难对比这两种语言。以图11-4芬兰手语例词【茶】的手型为例，这种手型在荷兰手语中并不属于音位手型，但是它的确是荷兰手语 ⚑ 手型的一个音位变体（见图11-13）。

图11-4　芬兰手语【茶】

确定一种手型是否属于某一手语，我们必须考虑该手型更多的细节与特征。其中手指的选择和被选手指的姿态在区分不同手型特征时非常重要（见本章第 11.2.1 节）。第 11.2.2 节讨论手型的频率和标记性。第 11.2.3 节分析手型参数中的音位变体。

### 11.2.1 手指的选择与姿态

描写一个手型的特点时，必须澄清其手指的选择和姿态。我们将用图 11-5 中的五种手型来解释手指的选择和姿态这一区别特征。

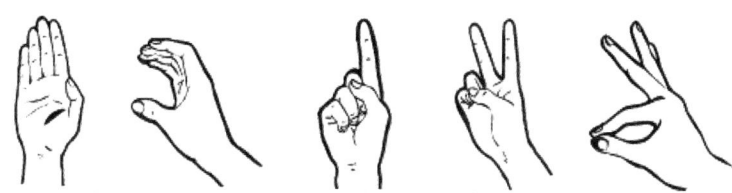

**图 11-5　用来说明手指的选择和姿态的五种手型**

**被选定的手指**是指"活跃的"或"突出的"手指。以图 11-5 中的第一个手型和第二个手型为例，这两个手型的四个手指都被选定了；而在第三个手型中，只有食指是被选定的手指；在第四个手型，食指和中指都是被选定的手指。被选定的手指通常都是呈伸开的状态（如 ）；但是在第五个手型中（荷兰手语的【生活】；见本章末的任务 4），中指、无名指和小指虽然不是被选定的手指，但是它们也伸开了。在确定哪些手指是被选定的手指时，我们依据表 11-1 中的原则。

**表 11-1　被选定手指的确定原则**

| 被选定的手指 |
| --- |
| － 可以和身体、头部，或另一只手和手臂相接触； |
| － 可以采用某种特殊的姿态（弧形的、弯曲的、闭合的，或伸展开的）； |
| － 可以运动（张开或闭合）。 |

我们观察了不同手语中所使用的手型，发现并不是所有的手指组合都会被选定为手型。图 11-6 中的手型在手语中几乎从没出现过：图 11-6a 是同时伸出无名指和中指，图 11-6b 是同时伸出的无名指和小指，图 11-6c 是同时伸出的食指和无名指，图 11-6d 是同时伸出的小指、食指及中指。

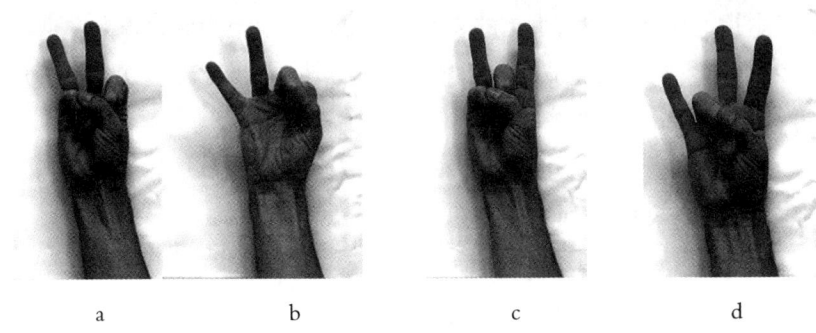

图 11-6 手语中几乎从来没有出现的手型

我们的双手是能够作出这些手型的，但是很明显要很费劲才能打出这些手型。此外，在同一手语内和在不同手语中，每个手型的使用频率是不同的。似乎那些使用最频繁的手型，不是选定一根手指，就是选定全部的五根手指。如果被选定的手指是两根手指，那么它们通常是选择了食指和中指。三根手指被选定的手型在所有手语中都很罕见。

如上所述，被选定的手指通常会伸开。然而，单个手指的姿态可以影响被选定手指的姿态。同是被选定四根手指的✋手型和🖐手型，前者是完全伸开的（张开），而后者却是弯曲的。有时被选定的手指可以是两两分开，如✌手型。手指的分开和聚拢是✋手型和🖐手型的唯一区别。此外被选定的其他手指跟拇指之间有时会形成孔隙，根据手指间不同的孔隙特征，我们也能够区分不同手型。在✌手型中，拇指和食指轻轻接触在一起，这种接触是手语的"闭合"特征。图 11-7 是张开和闭合的三对手型。

张开　闭合　　张开　闭合　　张开　闭合

图 11-7 三对张开和闭合的手型

当打出一个手势词时，手指的姿态可以发生变化，这时我们经常处理的手指姿态变化情况：或者是手指从张开到闭合，或者是手指从闭合到张开。显然，在打出同一个手势词时，手指的姿态允许发生改变，但是被选定的手指却不可以发生变化（见本章第 11.5 节）。以荷兰手语为例，图 11-7 中那些张开手型只能出现在有它对应闭合手型的词里，即被选定手指完全一样的这对张开和闭合手型必须出现在同一个手势词里。图 11-8 就是包含了成对张开和闭合手型的荷兰手语例词。

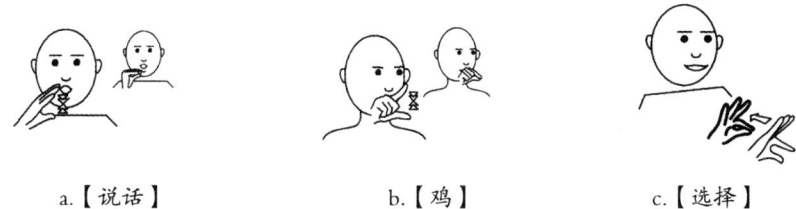

a.【说话】　　　　　　b.【鸡】　　　　　　c.【选择】

图 11-8　荷兰手语包含张开和闭合成对手型的例词

被选定手指的**姿态**可以用表 11-2 中的三个姿态特征来表述，所有的手指姿态都是通过这三组特征来形容的。这些姿态特征通常只适用于被选定的手指。

表 11-2　被选定手指的三组姿态特征

- 手指弯曲（如 手型）
- 手指分开（如 手型）
- 拇指和被选定手指之间形成孔隙（如 手型）

## 11.2.2　频率及标记性

图 11-9 所列出的手型是相对而言在最常见的手语里出现频率最高的手型。

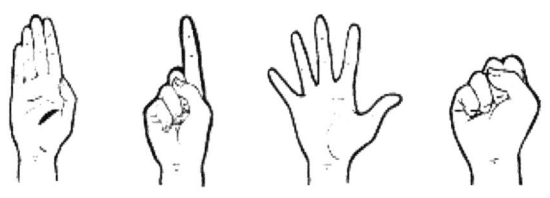

a. 最常见的无标记手型

b. 也很常见但标记性较强的手型

图 11-9　最常见的手语中使用频率最高的手型

很多手语和手势词中都有图 11-9a 中的手型，这些手型称为**无标记手型**。无标记手型很容易被打出（语音产出容易，即发音轻松；见本书第 10 章第 10.2 节），很容易被识别出来（语音识别容易，即感知轻松；见本书第 10 章第 10.3 节）。儿童最先习得的就是这些手型（见本书第 3 章第 3.3.2 节）。此外，无标记手型与其他参数（如位置）的结合效果最好。也就是说，无标记手型出现的位置要比**有标记手型**多得多。图 11-9b 中的手型虽然也经常出现在多种手语和手势词中，但是这些手型要更复杂些，标记性也更强些。图 11-10 则是一些标记性很强、很少出现的手型。例如，✋手型在荷兰手语中具有标记性，这个手型不会跟头部及身体的不同位置相互组合。然而，有些手语中却没有这样的限制。正如图 11-1 所示，在中国手语中这个✋手型可以在贴近下巴的下方位置打出。有标记手型的另一个特点是，在双手手势词中除非主手和辅手的手型相同，否则这些有标记手型绝对不会用在辅手上（详见本章第 11.7 节）。与之相反，无标记手型✋可以和所有位置组合，在双手手势词中，这个手型也经常被用作辅手手型。

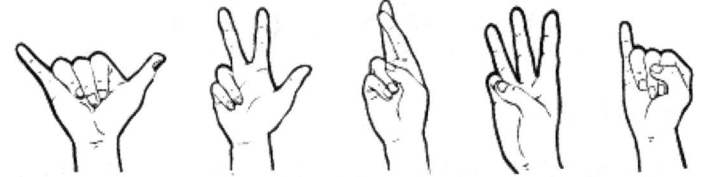

图 11-10 （当前已有充分研究的手语中）标记性较强且较少出现的手型

从音系学上描述手型可以帮助我们理解为什么儿童通常先学会的是无标记手型。如表 11-3 所示，要描述图 11-9a 中的✋和✋两种无标记手型，我们只需要考虑一个特征——手指的选择，这看起来非常简单。相反，图 11-9b 中的✋手型标记性较强，我们需要借助三个特征来形容它，因此这个手型描述会更加复杂些。

表 11-3　无标记手型和有标记手型的特征

| 手型 | | 描述 |
| --- | --- | --- |
| 无标记的 | | 被选定的手指数：[4]<br>被选定的手指数：[1] |
| 有标记的 | | 被选定的手指数：[4]<br>手指屈伸情况：手指弯曲<br>指间孔隙：张开 |

在形容不常见的手型时，我们需要一些特别的、不在其他手型中使用的特征，例如，特征［交叉］（即中指与食指交叉）只用于形容有标记的手型。这些带有不常见特征的手型（如中指和食指交叉的手型）往往具有特殊的功能，而且与其他手型不同，这些手型实际上带有一定指称意义，可细分为三类：类标记手型、代表字母的手型和代表数字的手型。

本书第 9 章第 9.6.2 节已讨论了类标记手型，该手型要么用来指称具有相同形式特点的一组事物，要么用来表示如何持拿或操控一些物体。一些手型仅有（或者至少在绝大多数情况下）类标记功能，如图 11-11 中所示的三个手型。

图 11-11　只用作类标记的手型

手型可以指代手指字母表中的不同字母，这些手指字母用来指拼其有声语言中的词语（见本书第 1 章第 1.4 节），手型还可以指代手指计数系统中的不同数字。手指字母手型可以指代有声语言单词的首字母，带有这种手型的手势词叫做**单词首字母指拼词**。另外一组经常包含手指字母手型的手势词是表示姓名的手势词。图 11-12 是荷兰手语里指代字母或数字的几种手型。除最左侧的手型外，这些手型的作用仅限于指拼，表示首字母，或用于计数和数词并入，它们很少用在其他方面。

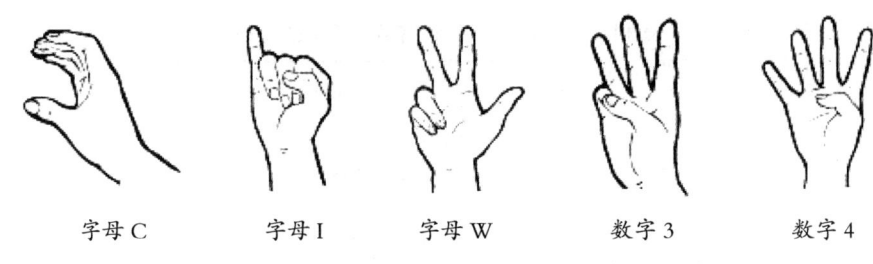

| 字母 C | 字母 I | 字母 W | 数字 3 | 数字 4 |

图 11-12　荷兰手语中可指代字母或数字的手型举例

### 11.2.3　互为音位变体的手型

有些手型虽然在语音上存在差异，但却具有共同的音位特征。如果其中任何一个手型变体出现的确切语境都可以描述出来，那么这些手型互为音位变体。这里我们将从手指的弯曲现象出发，解释音位变体关系。手指的屈伸有两种：第一，所有的指关节都发生弯曲（这时称为"手指弯曲"）；第二，手指的弯曲只发生在手指末端的掌指关节处（这种情况称为"掌指关节的弯折"）。手型 即为一种手指弯曲的手型，图 11-13 则是掌指关节弯折的手型。

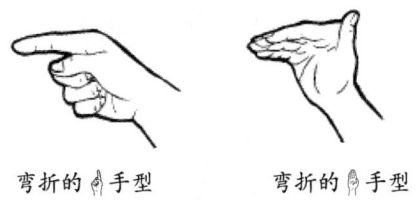

弯折的 手型　　　弯折的 手型

图 11-13　掌指关节弯折手型

掌指关节弯折的手型比它们所对应的手指伸展开的手型（如 手型和 手型）在视觉上更显著，所以它们可以成为进入手型库的手型。然而，根据手势词的其他语音或音系特征（见本书第 10 章第 10.4 节），这些掌指关节弯折手型的出现往往是可以预测的。因此，图 11-13 中的弯折手型分别被认为是 手型和 手型的**音位变体**或**语音变体**。以荷兰手语为例，本书第 10 章第 10.4 节提到过它的动词【拜访】，请看图 11-16，在表示"你拜访我"这一意义时，【拜访】使用了屈折形式，被选定手指的指尖与上半身上的某个位置接触。与上半身接触是引发音位变体手型，即掌指关节弯折手型的诱因之一。因为指尖在指向身体时，掌指关节必须弯折起来。为了说明平伸手型和掌指关节弯折手型互为音位变体关系,我们先讨论手部朝向。

## 11.3 手部朝向

图 11-14 荷兰手语的手势词【容易】和【假设/认为】是一个最小对立体。这两个手势词的唯一区别是**手部**的**朝向**。我们可以从手掌和手指所指向的方向来描述这两个手势词的朝向。两个手势词中的手指指尖均朝上,图 11-14a【容易】的掌心朝向身体,图 11-14b【假设/认为】的掌心则朝向身体左侧。

a.【容易】　　　　　　　b.【假设/认为】

**图 11-14　荷兰手语中的最小对立体**

另一种更好地描述方向的方法是说明究竟是手的哪一部位朝向手势词的发音位置。在手势词【容易】中,是手掌心朝向手势词的发音位置(下巴);在手势词【假设/认为】中是拇指一侧朝向下巴。我们现在其实并未讨论手指的朝向,但姑且假设掌心或拇指一侧与下巴接触时,最简单的做法是指尖都(或多或少)朝上。

不同手势词和不同手语者都存在大量的语音变异,这种方向描述方法的优势是它可以帮助我们处理这些变异。如果我们要根据手掌和手指的绝对朝向来描述手部朝向,那么我们将不得不承认,图 11-15a 荷兰手语手势词【也 1】与其变体图 11-15b【也 2】的朝向参数的绝对值是不同的。然而这样的音系描写是不可取的,因为音系表征关注的是形式的本质。不管手势词的一次具体发音是什么样子,其本质是不变的。在各种各样的音位变体中,它都是手的一侧朝向发音位置。这一点从荷兰手语【也】的两个音位变体里可以明显看出来。

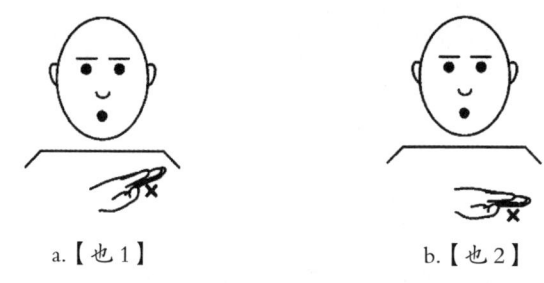

　　　　a.【也1】　　　　　　　　b.【也2】

**图 11-15　荷兰手语手势词【也】的两个音位变体**

在【也】的两种音位变体中，都是拇指一侧的手与胸腔接触，然而两者手掌朝向和手指朝向都发生了变化。在所有【也】的音变中，"拇指一侧朝向手势词的发音位置"这种说法始终是准确的。因此，我们可以区分的手的朝向特征是跟手的某一侧对应的，它们或指向某个发音位置，或与该发音位置相接触。手的某一侧包括：掌心、手背、拇指（桡骨）一侧、小指（尺骨）一侧、手腕和指尖。

通过手的具体部位和发音位置之间的关系来描述朝向，我们也可以给发生空间屈折变化的动词的不同形式（见本书第9章第9.5.2节）作出一个统一描述。本书第10章第10.4节讨论了荷兰手语动词【拜访】的两种形式，如图11-16所示。

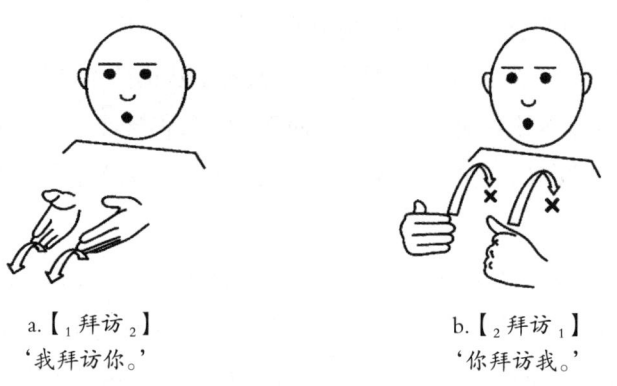

　　a.【₁拜访₂】　　　　　　　b.【₂拜访₁】
　　'我拜访你。'　　　　　　　'你拜访我。'

**图 11-16　荷兰手语动词【拜访】的两种形式**

动词【拜访】的所有变形形式，都是指尖指向被拜访的人或物。从本例中我们能看出，手型会根据指尖的朝向作出调整，图11-16a中的【₁拜访₂】指尖指向谈话对象，手指全部伸展开。相反，图11-16b【₂拜访₁】中 手型的掌指关节弯折，这是相对朝向值[指尖]与最终发音位置[胸腔]组合发音的最容易的方法。因此，此例表明，借助**相对朝向**，我们可以为本章第 11.2.3 节掌指关节弯折这一类音位变体手型，确立出明确的语境条件：当在胸膛发音的手势词包含朝向值［指尖］时，手型和手型都要变异为其音位变体手型，即手型和手型。

## 11.4 位置

图 11-3 中的最小对立体表明，手势词发音的**位置**也是区别意义的音位特征之一。在英国手语中，在嘴角处转动食指是手势词【甜】，而同样的运动如果是在喉咙处发音则是手势词【残忍】。因此这组最小对立体证明了在英国手语中，这两个位置（嘴角和喉咙处）属于两个不同音位类别。

基本上每种手语都有四个主要位置：头部、上半身、辅手和身体前方的中性空间。以上英国手语的两个手势词都是在头部附近打出的，荷兰手语的【也】则是在上半身发音的。位置参数之所以要划分出以上四个次类是有原因的。如果某个手势词在运动的开始和结束时都和身体发生了接触（是所谓的双接触手势），那么这两次接触的位置总会落在同一个主要位置上。以图 11-17 巴西手语为例，它的双接触手势词【聋】正说明这一点：手从耳朵处移动至面颊处，它的两个接触位置都在头部。但是请注意，从来没有一个单语素手势词起始接触位置是在头部，而结尾接触位置是在辅手上。

图 11-17　巴西手语【聋】

事实上，仔细观察双接触手势词后我们发现，手势词中的运动不仅会停留在这四个位置之一处，实际上它是在它主要位置的更小区域里。位置音位似乎并不是一个位置点，而是一块较小区域。所以巴西手语【聋】的发音位置其实是在面颊，两次触碰运动是发生在这一小块区域里。词形简单的手势词（如非复合词），其发音位置是指手可以移动的区域。这意味着在发音位置是头部的单语素手势词中，我们不会发现手从前额移动到面颊，或者从鼻子移到下巴。

多语素手势词不会受到主要位置的限制，如复合词或曾经是复合词的手势词（见本书第9章第9.3节）。以美国手语复合词【记得】为例，图11-18c中的手势词【记得】手从前额（头部）移动到辅手，这种情况是可能发生的，因为【记得】最初是一个复合词，它是由图11-18a中的手势词【知道】和图11-18b中的手势词【停留】组成的。

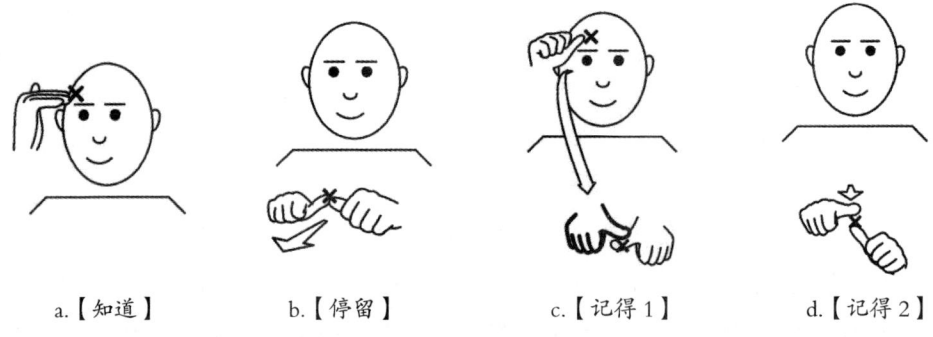

a.【知道】　　b.【停留】　　c.【记得1】　　d.【记得2】

图11-18　美国手语复合词【记得】的两个音位变体及构词成分

有趣的是，这个手势词已经发展出如图11-18d所示的第二个音位变体。在它的第一个音位变体，即图11-18c所示图画中，手语者的手是在手势词【知道】和【停留】的原本位置之间移动。然而在图11-18d该词的第二个音位变体中，它只有一个位置，即辅手位置，它是手势词【停留】的位置。这一音位变体已经失去了标志它是复合成词的特殊语音特征（即两个主要位置），因此它变得跟形态简单（非复合词）的手势词一样了（见本书第13章第13.4.1节）。

这种以手部移动区域作为位置的音系分析，优点之一是可以采用较少的位置来描述手语。另一个优点是，运动不仅保持在音位位置上，而且还充分利用了它。一般说来，发音体总是从位置（或区域）的一侧移动到另一侧。在某种程度上，这让我们能够预测运动的相对大小：下巴上的运动比胸膛上的运动要小，手臂上的运动比面颊上的运动要大。

"头部"的区别性位置次类最多。手语中常见的头部区域有额头、太阳穴（额头的侧面）、面颊、耳朵、鼻子（面部的中央）、嘴和下巴。正如本书第10

章第 10.3 节所提到的,当人们观察手势词时,他们实际上会把注意力集中在手语者的脸上。这种聚焦方式可以使人们更容易区分分布在面部的不同位置而不是胸膛处不同位置。此外,头部有许多显著的视觉关注点,如眼睛、鼻子和嘴。综上,头部的位置音位比其他部位如上半身等更多,这是有数个语音学原因的。

这些头部位置上的突出视点或"地标"通常跟手势词的特定含义有关。根据一个手势词的意义,我们经常可以推测出该词的发音位置,尤其是当词义跟"地标"的功能相互对应时。因此,所有与"吃"或"说话"有关的手势词都是在嘴边打出的(见本书第 8 章第 8.3 节象似性相关讨论)。

相反,在上半身,我们却找不出很多区分意义的位置。只有一个特例,就是我们上半身的偏下那部分。在这些偏下位置处打出的手势词,它们的位置往往跟它们的含义有关。例如,在很多手语中,【愤怒】【分娩】【小便】等手势词都是在上半身的偏下位置打出来的。荷兰手语中只有图 11–19 中的手势词【肾脏】在这个发音位置,此外再无任何词打在这里。中国香港地区手语【尾巴】这个手势词是在身后偏下位置发音的,此外再无任何其他词打在这个位置。在这些例子中,手势词的意义决定了其发音位置是在身体上一个更加具体的位置。

图 11–19　荷兰手语【肾脏】

手在身体上的具体位置也可以与手的朝向有关(即手的哪一侧与身体接触,见本章第 11.3 节)。以荷兰手语为例,单手手势词【也】(图 11–15)和【兄弟】(图 11–23a)都是拇指与身体接触。为了方便发音,多数情况下手的接触位置是打在身体的对侧,而不是身体同侧。

理论上,我们可以将身体前方的空间即所谓的"中性"手势空间区分出许多不同的位置，然而这些位置似乎并没有被用来区分手势词。相反，身前空间似乎主要用于其他语法功能，如所指的位置分派和动词的屈折变化等（见本书第 9 章第 9.5.2 节）。与打在上半身的手势词类似，打在身前空间里的一些手势词在发音时双手的位置相对较高或较低，这通常也与手势词的含义有关。例如，在许多手语中，【太阳】【淋浴】和【阁楼】等手势词在身前空间中的位置相对较高。

最后，辅手也可以用作发音位置。本章第 11.6 节讨论与它有关的双手手势词及其音系限制时，我们将这些放一起讨论。

## 11.5　运动

自从斯多基首次对美国手语进行音系描写以来，**运动**一直被认为是手语的音系参数之一。运动的类型有两种：手指和手腕的运动（**手内动作**和**朝向改变**）、整只手的运动（**路径运动**）。图 11-18c 是美国手语含路径运动的手势词【记得】，在该词中手从前额移动到辅手。但是图 11-15 荷兰手语的手势词【也】，它整只手的小幅度运动也被认为是路径运动。图 11-8 展示的是荷兰手语手势词的手内动作，手型从张开到闭合。除了只含路径运动，或只含手内动作的手势词外，有的手势词中同时含有路径运动和手内动作，图 11-20 荷兰手语例词【百】就是其中一个例子，它的路径运动是从中心位置向身体同侧移动。另外，在整只手移动过程中，它的手型从张开变到闭合。

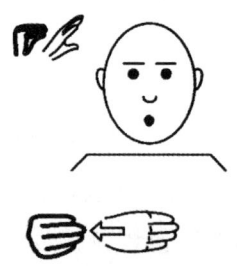

图 11-20　荷兰手语例词【百】

我们认为手势词【百】中的运动参数更加复杂，理由之一是，儿童开始习得手语时，往往会忽略掉两个同时发生的运动中的一个。因此，习得荷兰手语的儿童在打【百】时要么只打出最终的手型和路径运动，要么先打出闭合的手内动作，然后才打路径运动。

拇指和被选定手指之间的孔隙变化如图 11-8 和图 11-20 的手势词所示，它们是出现最多的手内动作。我们可以把这个运动描述为从一个手型到另一个手型的过渡。这样描述会出现的问题是，任意两个先后（序列性）打出的手型理论上都可能是手内动作。然而这就很难解释为什么在现实中情况并非都是如此。例如，在图 11-21 中，从 ✍ 手型闭合到 ✌ 手型的变化，至今为止任何手语中都没有发现过像这样的手势词。

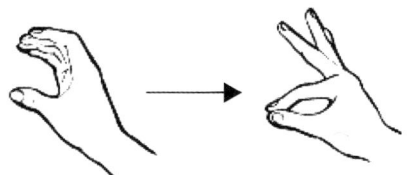

图 11-21　不太可能出现的手内动作

在已经证实的手内动作中，只有手指的姿态会出现变化，然而手指的选择不会改变。在图 11-20 中的手势词【百】，以及图 11-8 中的手势词【说话】【鸡】和【选择】中，情况确实如此。这种对手的内部动作的约束被称为**被选定手指的限制**。

除了路径运动和手内动作之外，还有一些运动是因为下臂的旋转从而改变了手部朝向，图 11-3 英国手语的【残忍】和【甜】就是这种情况。与手的内部动作一样，手部的朝向变化也可以同时伴有路径运动，图 11-22 中的荷兰手语例词【认出】可以说明这一点。

图 11-22　荷兰手语例词【认出】

虽然有一些手内动作中含有朝向的变化（见本书第 9 章第 9.5.1 节英国手语中的【赢】），但这通常不属于复杂的运动。不过，手内动作与朝向变化都可以跟路径运动结合起来。表 11-4 总结了不同的运动类型及它们之间可能的组合。

表 11-4　手语中的简单和复杂运动

| 简单运动 | 复杂运动 |
| --- | --- |
| 路径运动 | |
| 手内动作 | 路径运动 + 手内动作 |
| 朝向改变 | 路径运动 + 朝向改变 |

手势词从初始位置到最终位置之间的运动称为过渡运动。也就是说，当我们知道手的初始位置和最终位置，那么几乎所有手势词的过渡运动都可以被预测。因此，像图 11-4 的芬兰手语【茶】或图 11-18b 的美国手语【停留】，它们可预测出的过渡性的直线运动并不需要进行音系学描述。相反，轨迹是圆形的运动则需要进一步说明其运动的轨迹形状，如芬兰手语【骑自行车】（见本书第 10 章图 10-7b）。

与位置一样，手势词的运动参数通常也跟它的含义有关。例如，芬兰手语中的手势词【骑自行车】就是模拟脚蹬在自行车踏板上的骑车运动。此外，表示消极情绪的手势词往往会采用向下的运动，如美国手语的【沮丧】和荷兰手语的【失望】。反之：积极情绪的手势词往往包含向上的运动，如英国手语的【快乐】（见本书第 8 章第 8.3 节和第 8.7 节）。

## 11.6　手语词汇中的非手控成分

虽然手势词的大部分音位特征都与手部的发音有关，但是非手控成分在词汇里也发挥作用（本书第 1 章第 1.2 节已提到）。**非手控成分**是指参与手势词词形构成的身体和头部的姿势、面部表情，以及嘴巴的特定动作或形状等。本书前几章已经详述非手控成分在韵律中发挥更加重要的作用，它们与手语句法和语篇也密切关联（见本章第 11.10 节）。此外，考虑到人脸上的不同部位可以作为单独的发音体，所以非手控成分也起到黏着语素的作用。鼓起的腮帮就是非手控标记用作黏着语素的一个例子。当与名词【毛衣】或【外套】同时发音时，鼓起的腮帮就为这两个名词添加了"厚"这个意义（见本书第 5 章第

5.4.2 节）。

然而，我们感兴趣的是起到音位功能的非手控成分，也就是说，这些成分是出于构词需要。非手控成分在手语词汇里的作用相当一般。广义上讲，我们可以把面部分为上、下两部分。脸的下部，尤其是面颊和嘴巴，在构词时起的作用最大。如本书第 1 章第 1.2 节所述，词汇中的口部动作被细分为与有声语言有关的**仿话口型**和与有声语言无关的**自然口动**。前者是从有声语言单词发音中衍生出来的外来成分，而后者则不是。两者都能起到区分意义的作用。图 11-23a 和图 11-23b 中的荷兰手语例词手势完全一样，它可以表示"兄弟"或"姐妹"，如果它伴随的仿话口型是荷兰语的"broer"（见图 11-23a，那么该手势词就是【兄弟】，如果它伴随的仿话口型是荷兰语的"zus"（见图 11-23b），那么该手势词就是【姐妹】。事实上，在仿话口型中，荷兰语的单词并不是全部被仿读出来，它常常做了很大删减。并不是所有手语都使用仿话口型，例如，沙特阿拉伯手语的手势词【兄弟姐妹】，手语者打出这个手势词后，要再加上另一个表示性别的手势词，他们并不使用仿话口型。此外，在有些手语中，仿话口型的使用要比其他手语少。

a.【兄弟】　　　　b.【姐妹】　　　　c.【白痴】

图 11-23　荷兰手语伴随手势词的仿话口型和自然口动

图 11-23c 荷兰手语【白痴】可以解释与有声语言无关的自然口动如何参与构词。该手势词的自然口动是：在呼气的同时，将舌头放松，以微露的状态搭在嘴边。与仿话口型不同，自然口动本身并没有独立的意义。

## 11.7 双手手势词

与有声语言不同，手语的独特之处是它有多个活跃的发音器官，这一点很重要。除了嘴这个独立的发音器官之外，双手在很大程度上也可以相互独立运动。在某种程度上，我们用手语表达时也会出现这种情况。例如，将一只手停在空中指向某物，而另一只手继续打手语。然而在手势词中，这种情况很少发生。本书第 10 章提到了很少出现这种情况的部分原因，即大脑皮层运动感觉神经系统限制这样的手势词。然而，神经系统限制并不是唯一原因，毕竟一些复杂的双手动作虽然不能构词，但是它们确实在手语表达中出现了。这表明，除了神经肌肉运动限制外，语言学规则也会制约手语构词，虽然它并不限制句法结构。

研究者首先发现了美国手语**双手手势词**的限制规律，但随后基于其他手语的研究使人们明白这些规律适用于全部手语。这表明这些限制性条件是来自发音限制或认知限制。当前有两条双手手势词发音的限制性条件：第一条是表 11-5a 栏所示的**对称条件**，它适用于双手都移动的手势词；第二条是表 11-5b 栏中的**主导条件**，根据主导条件，手型不同的手势词其发音形式受到一定制约，主手运动时，另外的辅手是静止的，且用来表达方位。

表 11-5 手语里双手手势词发音的限制性条件

**a. 对称条件**

当手势词打法需要移动双手时，该手势词的双手手型相同，双手朝向呈对称性一致，双手或同时作出同样的运动，或交替作出同样的运动。

**b. 主导条件**

当主手和辅手的手型不同时，辅手（非主导手或静态手）必须保持不动。辅手手型只能是有限几种手型中的一个（在美国手语中，辅手备选手型是 👆, 🖐, ✊, 🖐, 👌, 🤟, 🤘）。

图 11-24 是来自不同手语的对称手势词（符合对称条件的手势词），图 11-25 是符合主导条件的手势词。

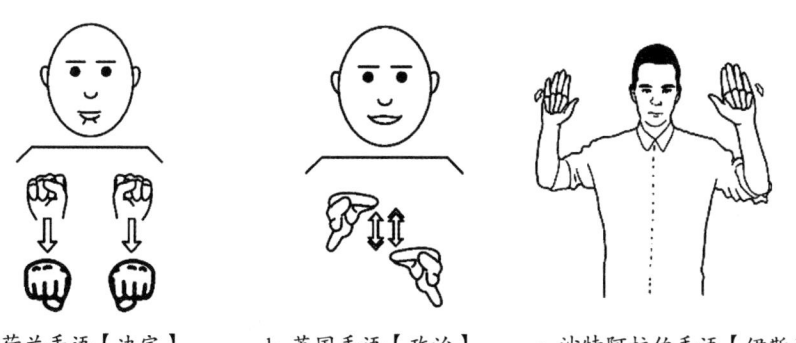

a. 荷兰手语【决定】　　b. 英国手语【政治】　　c. 沙特阿拉伯手语【伊斯兰】

图 11-24　荷兰手语、英国手语和沙特阿拉伯手语符合对称条件的手势词

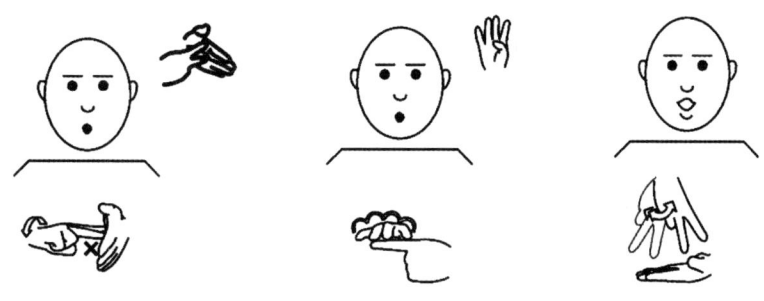

a. 荷兰手语【政治】　　b. 英国手语【音系学】　　c. 日本手语【跳舞】

图 11-25　荷兰手语、英国手语和日本手语符合主导条件的手势词

所有语音学上可能存在的手势词都受到这两个重要条件的限制，但如前所述，这种限制只适用于手势词。这也解释了为什么目前为止手语研究中还没有发现类似图 11-26 中的手势词，即右手 ✊ 手型，左手 ✌ 手型，双手交替做上下运动。

图 11-26　（并不存在的）语音形式有误的手势词

在一些手势词中，以双手打出是一个区别特征。这意味着有成对的手势词，而这成对但意义不同的两词唯一的形式差别就是另一只手是否出现。

## 11.8 音系过程

音系学不仅研究区分意义的所有形式要素，它还描述单词或手势词在话语中连成句子时所发生的形式调整或**语音同化**现象，本书第 10 章第 10.4 节已讲到同化。本书第 9 章第 9.3 节指出这种同化现象在复合词中非常普遍。另一个语音同化的例子来自荷兰手语复合词【柱子＾灯】，其词义是"灯柱"，由手势词【柱子】和手势词【灯】复合而成。当手势词【柱子】单独使用时（见图 11-27a），手是向下的运动。然而，当要表达"灯柱"，在【柱子】后面打出【灯】时，因为【灯】的发音位置则略微偏上（图 11-27b），这时【柱子】的运动被【灯】同化了，它的手上运动变为向上移动（见图 11-27c）。

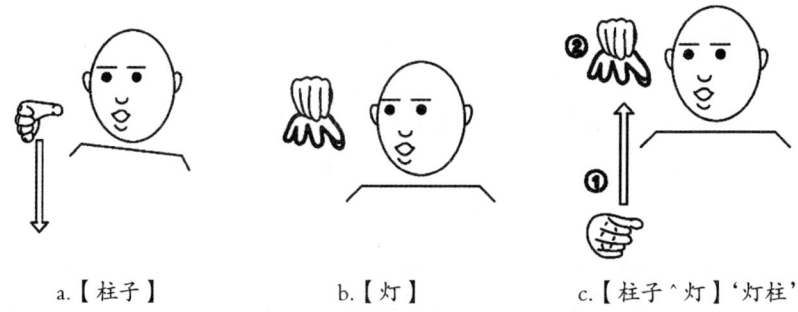

a.【柱子】　　　b.【灯】　　　c.【柱子＾灯】'灯柱'

图 11-27　荷兰手语复合词的语音同化音系过程

音系过程的另一个例子是**弱化**。弱化意味着发音时词典形式所规定的语音信息被丢失了（见本书第 10 章第 10.4 节）。以英语单词"banana"为例，它第一个音节中的元音被弱化为非重读央元音，即 /bənana/，而弱化这一音系过程的一个适用条件是央元音不在单词的重读位置。语音信息也可能完全丢失：还是单词"banana"，它的第一音节 /ba/ 可以整个被删除，只剩下 /nana/ 这种儿童常用表达形式。在手语中，某些词典形式规定用双手发音的手势词，它有时可能只用一只手打出。本书第 10 章第 10.2 节提到，只用一只手打出的双手手势词，这种**删音**现象称为**辅手脱落**。辅手在图 11-24 这一类对称手势词中经常被省略而不打出。此外，不对称手势词中的 ⟨ 手型也经常被省略。由于对称性和 ⟨ 手型是一个手势词的音系学特征，所以我们认为辅手脱落是一个语音弱化（或**删音**）的音系过程。

## 11.9 象似性与音系

象似性表示形式的某些部分与意义（的某些部分）相似（见本书第 8 章第 8.3 节）。手势词通常具有象似性这一特征。在有声语言中，形式和意义之间的密切关联只是偶尔才出现（如在英语拟声词"hiss"中）。然而，迄今为止在所有手语中，这种形式和意义的象似性理据都十分常见。虽然有声语言中的音位或区别特征通常是无意义的，但我们在手语音系结构的各个层次上都发现了象似性成分。

仔细研究所谓的象似性手势词后，我们发现手势词的象似性理据通常是与一个或多个特定的音系参数相关。以图 11-28a 土耳其手语的【说】和图 11-28b 德国手语的【吃】为例，两个手势词的发音位置都是在嘴部，这一位置都与人类说话和吃饭都要用到嘴巴这个事实有关，而且在大多数手语中，这两个手势词的打法其实都是在象似性地模仿说话和吃饭时的真实动作。

a. 土耳其手语【说】　　　　b. 德国手语【吃】

**图 11-28　土耳其手语和德国手语发音位置具有象似性的手势词**

手型参数也往往具有**象似性**。从本书第 8 章第 8.3 节可见，巴西手语的【喝】采用 手型来模仿装水或饮料的瓶子。同样是在巴西手语中， 手型也可用来模仿飞机（飞机的双翼）的形状。在图 11-29b 爱沙尼亚手语中，表示"助听器"的手势词【听－辅助】的手型模仿它所指称的助听器的形状。同样，例图 11-8b 荷兰手语【鸡】的手型是模仿禽类的喙。

手势词的运动参数也可能具有象似性。例如，在芬兰手语【骑自行车】一词中的手部模仿骑自行车动作的圆周运动，图 11-25c 日本手语【跳舞】一词中的手部模仿人跳舞的动作（ 手型代表跳舞者的双腿）。

象似性还可能导致罕见的（或例外的）语音形式成分。例如，图 11-19 中的荷兰手语【肾脏】和中国香港地区手语中的【尾巴】，这两个手势词的发音位置比较罕见，它们通常在各自的手语中几乎不出现。因为人的身体可以作为绝对位置，所以这些特例只在位置参数中尤其常见。这也可以解释为什么爱沙尼亚手语（以及其他手语）中的【耳蜗－植入】一词的发音位置为什么那么特殊，为什么是在耳朵偏上偏后位置，因为它是人工耳蜗真实被植入的地方（见图 11-29a），而这个发音位置没有任何其他词会用到。图 11-29b 表示"助听器"的手势词【听－辅助】的情况也与此相同。

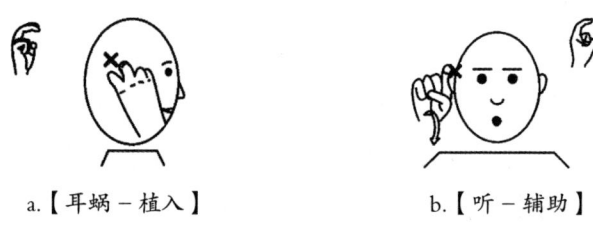

a.【耳蜗－植入】　　　b.【听－辅助】

图 11-29　爱沙尼亚手语

## 11.10　韵律

本章前几节都是关于手势词的语音结构，也就是讨论音系构成要素和这些要素在特定语境下可发生的变化。然而，音系在句子层面的影响也很重要，有时细微的语音变化就会使句子含义产生重要差异。句子层面上的音系研究称为**韵律**，其通常包括语调、重音和节奏，接下来我们简要讨论语调和重音。

在有声语言中，语调曲拱是由一连串的高声调和低声调组成，这些声调与自带声调的语言单位（大部分是元音）相关。因此，**语调**属于音段层之上的层次，即**超音段层**。例 11-1 中的两个例句在本书第 6 章第 6.7.1 节出现过，它们用来说明是非疑问句的韵律标记。在语序是 SOV 的印地语中，只有通过语调升降才能区分出是非疑问句和与之对应的陈述句：在例 11-1a 句中，动词发音时采用了高声调，使句子语调上升，从而表示该句是疑问句。

## 例 11-1　印地语（a）和印度巴基斯坦手语（b）

a. Bacca　bemar　hai?
　 儿童　　生病　　系词．第三人称单数．现在时
　 '这个小孩生病了吗？'

　　　　　　　　是非疑问
b.【父亲　汽车　存在？】
　 '你的父亲有车吗？'

印度巴基斯坦手语也是 SOV 语序的语言，例 11-1b 句表明它的是非疑问句语序也是 SOV。只有借助非手控标记，即眼睛睁大，同时头部向前倾斜，才可以表明手语者是在表达疑问语气。因此，手语语言学家通常认为，特定的非手控标记可以发挥韵律功能，它们根据语法要求，给小句（或小句的一部分）添加语调曲拱，例 11-1 是一个疑问语调。本书第 6 章讲到的话题和祈使句等，也可以通过语调升降来标记其功能。

在例 11-1b 中，非手控标记延展和覆盖了全部小句（但它可能只在句尾处才增加表情强度）。此外，语调模式也有助于句子的韵律结构。以例 11-2 德国手语为例，它是一个带有话题化名词短语的特殊疑问句。从韵律上来讲，话题【属格$_2$　狗】和问题【名字　什么】显然是分开的，它们都有自己的**语调短语**。这是通过以下方式标记的：第一，两个语调短语都带有自己的非手控标记，当这些标记延展到整个韵律成分时，它们被称为**域标记**；第二，两个语调短语的右边界都有一个韵律**边界标记**，即眨眼，眨眼通常与韵律边界重合；第三，语调短语也可以借助手控标记，例如，借助一个韵律停顿，即在打语调短语内的最后一个手势词时，这个手势词可以比平常多保持一会儿。

## 例 11-2　德国手语

　　　　　　　眨眼　　　　　　　　眨眼
　　　　话题　　　　　　　　特殊疑问
【［属格$_2$　狗］语调短语，　［名字　什么］语调短语？】
'你的狗，请问它叫什么名字来着？'

**重音**是我们要探讨的第二个韵律成分。重音通常用来突出信息，例如，强调小句中的一个成分，或者与之前语篇中提到的信息进行对比。在有声语言中，重音通常是通过增加响度、提高音高和（或）增加元音的长度来实现的。在手语中，我们发现被强调的手势词会发生各种手控和非手控成分的变化。根据手势词的语音形式（如它的运动参数中是否含有路径运动），被强调的手势词可能存在下列一项或多项特征：手势幅度增大、持续时间增长或速度加快，手型的边界变得突兀尖锐，重复，在手势空间中的发音位置变高，以及一系列非手控标记，如扬起的眉毛、鼓起的腮帮、倾斜的身体或点头。例 11-3 是荷兰手语的一个句子，它是对特殊疑问句的回答。从此句中我们可以观察到如上一些特征。特殊疑问句的答案部分通常是焦点，因为它提供了新信息（见本书第 4 章第 4.6.2 节），所以它经常会被重读。在例 11-3 中，按顺序指拼出来的英语字母串"a-s-l"，即表示"美国手语"的指拼单词是该句的焦点。由于拼音字母不具有路径运动，因此它不能借助增大手势幅度或增加速度来重读。然而，我们发现"a-s-l"的发音位置要比其他指拼词都高（例句中用向上的箭头"↑"来表示发音位置变高了）。此外，在指拼出这几个字母时，手语者伴有眉毛扬起的表情体态。

### 例 11-3 荷兰手语

语境：你弟弟学的是哪种语言？

```
                  _____扬眉_____
【指代词₃     a-s-l（↑）    学习。】
```
'他学习的是美国手语。'

综上，手语表达的韵律结构可以借助手控和非手控成分来标记。这些韵律记号既可以标记句子类型（如疑问语调），又可以为复杂结构添加韵律成分，还可以用来强调个别手势词。

## 小结

与有声语言中的单词相同，手势词也是由一些本身无意义但可以区分意义的成分组合而成的，这些成分跟有声语言中的音位一样，具有**区别性**。手语中的音系构成要素有手型、手部朝向、位置和运动，我们称为**参数**。只有一个参数不同的一组手势词被称为**最小对立体**。那些可以预测的、参数出现差异的变体形式，称为**音位变体**或**语音变体**。

手型有两组**区别特征**，一种是**被选定的手指**，另一种是被选定手指的**姿态**。与不常见的**有标记**手型相比，经常被使用的**无标记**手型不需要太多、太复杂的音位特征描写。**手部朝向**参数包括手掌朝向和手指朝向，但是手势词在描述朝向时用处较大的是**相对朝向**。在所有手语中，大约有四个需要描述和有意义区分功能的重要**位置**：头部、上半身、辅手和身体正前方。有意义区别性的位置并不是位置点，而是区域。在运动参数中，**手内动作**和**朝向改变**可以与**路径运动**相结合。手内动作（手型变化）受**被选定手指**的限制，不会再发生手指选择的改变。除了手控型构成成分外，**非手控成分**在手语音系中也发挥作用。在词汇层面上，口部动作能起到区分意义的作用，我们应该将与有声语言有关的**仿话口型**和与有声语言无关的**自然口动**这两类口部动作区分开来。**双手手势词**的手型和运动受**对称条件**和**主导条件**两则音系规则所制约。

与有声语言相似，手语中连续打出手势词时会出现手势词的语音形式调整和语音**同化**现象。另外，这时还会出现语音特征的**弱化**和**删音**现象，例如，**辅手脱落现象**，即手语中辅手的语音删除。与有声语言中的音位相比，手语中的形式构成成分，如类标记手型、**单词首字母指拼词**的手型等，并非总是无意义的。实际上，所有手语构成参数都含有**象似性**成分。

**韵律**的重要组成部分是**语调**和**重音**。就手语语调而言，韵律上的**域标记**和**边界标记**通常是标记在**语调短语**上。当语调标记采用了非手控形式时，它们可构成手语的**超音段层**。手控和非手控成分都可以标记手语的**重音**。

## 自测

1. 手势词中的哪些构成部分（区别特征组）可以被区分出来？

2. 请举出一个手语最小对立体的例子，并说明它与英语最小对立体"sell-tell"有哪些不同？

3. 手型是用被选择的手指和手指姿态来描述。请问为什么？请各举出两者的一个音位特征。

4. 请问有哪些例外手型？是什么令它们特殊？

5. 手部朝向的相对位置描述，跟绝对位置描述相比，具有哪些优点？

## 任务

1. 请用本章第 11.2 节介绍的手型特征来描述下列手型，请问哪个手型的标记性最弱？为什么？

2. 请从本书第 10 章音位变体角度，讨论🖐手型和掌指关节弯折的🖐手型互为音位变体手型。

3. 从小就在巴西手语环境中长大，习得巴西手语的儿童会按以下顺序习得不同手型。请问在不同阶段儿童都习得了哪些特征？

I:

II:

III:

IV:

V:

4. 为什么下例 a 中国手语的【话题】的与下例 b 荷兰手语的【生活】两者手型的音位描述不同？

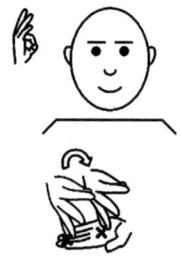

a. 中国手语【话题】　　　b. 荷兰手语【生活】

5. 高棉手语例词【美味的】手型是从 过渡到 。请问为什么这个手势词的手内动作很特殊？请问它为什么是可能的？

高棉手语【美味的】

## 参考文献和拓展阅读

　　Klima，Belluqi（1979，第2章）对手语音系学的介绍仍然称得上精彩，它对分析一门（新）手语很有益处。Brennan等（1984）分析了英国手语的构成成分，其中对手语音系的简介虽然很不错，但却有些复杂。1960年，Stokoe 第一次分析了手语音系学，至今堪称经典。最近的关于手语音系的概述可见Brentari（2012）。对特定手语的系统音系学分析可参考 Sandler（1989）和Brentari（1998）的美国手语研究，Van der Kooij（2002）的荷兰手语研究，Demey（2005）的佛莱芒手语研究。以上所有研究都包含大量信息，但阅读时需要读者有相关的理论背景知识。Van der Kooij 和 Demey 详细讨论了音系参数的象似性理据。Nyst（2007）调查了阿达莫罗贝手语的音系。Brentari等（2012）和Sandler等（2011）分别描述了家庭手势和一门年轻手语音系结构的出现。

　　Van der Hulst（1993，1995），Sandler（1996a），Brentari（1998）和 Van der Kooij（2002）分析了手型。本章中讲到的手部朝向概念是由 Crasborn，Van der Kooij（1997，2003）提出的。Sandler（1996b）和 Hansen（2011）论述了运动参数。很多手语都研究了口部动作的功能，例如，Boyes Braem，Sutton-Spence（2001） 及 Nadolske，Rosenstock

（2007）对美国手语，Bank（2014）对荷兰手语的研究。Crasborn 等（2008）比较了荷兰手语、英国手语和瑞典手语的口部动作。Battison（1978）首先提出了双手手势词的限制条件。最近，Morgan 和 Mayberry（2012）调查了肯尼亚手语的双手手势词的限制条件。更多关于双手手势词的研究可见 Sandler（1993）和 Van der Hulst（1996）。有关语音同化现象和辅手脱落现象，可参考本书第 10 章。Sandler（1999），Brentari, Crossley（2002）和 Dachkovsky, Sandler（2009）探讨了手语的韵律特征。相关概述请见 Sandler（2012）。Wilbur, Schick（1987）调查了美国手语中的重读。

  本书中特林吉特语的例子来自 Ladefoged, Maddieson（1996）。中国手语的例子摘自 Yau（1977）所说的标准词汇。沙特阿拉伯手语的相关信息来自 Kozak, Tomita（2012）的研究。韵律一节中的印地语例子来自 Zeshan（2004b），印度巴基斯坦手语例子来自 Zeshan（2003b），德国手语例子来自 Herrmann（2010），荷兰手语例子来自 Crasborn, van der Kooij（2013）。最后，巴西手语语言习得的数据来自 Karnopp（1999）的学位论文。

# 第 12 章 语言变异与标准化

特吕德·舍默尔

## 12.1 引言

在英国,来自伯明翰与来自利兹或杜伦郡的聋人使用的手语不同。在巴西,弗洛里亚诺波利斯和圣保罗的聋人使用的手语也不同。在荷兰,格罗宁根聋人使用的手语与荷兰西部聋人的手语也有很大的差异。

图 12-1 中的两个手势词非常相似,它们在荷兰手语中的词义都是"奇怪的/陌生的"。两者的发音位置和运动也都一样,唯一的区别就是手型(或者,更准确地说,两者只相差在伸出的小指)。图 12-1a 中的手势词是  手型,而图 12-1b 是 手型。第一个手势词主要是在荷兰西部使用,而第二个手势词主要是在荷兰北部使用,换句话说,这两个手势词是地域变体。在这种情况下,它们是发音变异的实例,因为它们只在手型上不同,而在意义上是相同的(见本书第 10 章第 10.4 节)。图 12-1b 中的手势词是荷兰手语【奇怪的/陌生的】一词的两个标准形式之一。

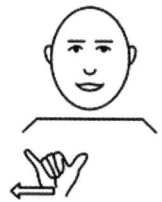

a.【奇怪的/陌生的】( 手型)    b.【奇怪的/陌生的】( 手型)

图 12-1　荷兰手语例词的地域变体

所有成人语言使用者或多或少都熟悉自己语言的地域差异，当然，手语使用者也是如此。本章将讨论什么语言可算作标准语（见第12.2节）；什么可以称作是手语中的一种方言（见第12.3节）；本章第12.4节将讨论语言中可能出现的不同的变异现象；第12.5节将讨论手语的地位和知名度问题；第12.6节则讨论语言政治和语言政策；第12.7节将详细解释手语的标准化过程。

## 12.2 什么语言可以称作标准语？

**标准语**是在公共领域普遍使用的语言，也就是说，它可以用在公共生活中的所有重要领域，如政府部门、行政管理、司法、教育和媒体等。标准规范的词语、表达、发音或语言结构，原则上可用于上述领域和场景。然而，这并不意味着标准语是一个固定的、静态的形式。相反，标准语会随着时间的推移而改变，在任何特定时刻标准语中也存在变异。有时标准语中会有两个或更多相异的词语、表达或结构，同时表达（大致）相同的事物。此外，有些单词可以有不同的发音。因此，标准语是一种被清楚描述的语言。法兰西学术院所规定的法语形式就属于这种情况。然而，标准英语却涉及许多不同变体，包括标准美式英语、标准英式英语等。标准语和书面语的缺失是许多（手语）语言存在变异的重要推手。

## 12.3 什么可以算作是手语的一种方言？

关于语言和**方言**差异的讨论，从未清晰解答究竟语言是什么而方言又是什么，将一个交流系统划分为前者还是后者的语言学依据也尚未提出。

语言和方言之间的区别似乎更多的是地位差异。在西方社会，一门语言通常比一种方言更有地位。在欧洲，对于应该正式承认哪一种少数民族语言存在着相当多的争论。一旦得到正式认可，那么这种语言变体就有资格被使用于教育和司法行政等领域。

对聋人语言的研究始于20世纪50年代，但是直到1960年手语的基本音系构成要素被识别出来后才有了突破（见本书第1章第1.2节和第11章）。最初，研究者主要关注有声语言和手语的异同。这种关注在很大程度上是因为当时需要证明手语是独立的和自然的语言，而不是有声语言的派生形式。因此，20世纪70年代和80年代，研究者很少注意到不同手语之间可能存在的差异和相似之处，而是主要考虑手语是否是一种语言。因此，某一特定手语是否可能是一种方言，这样的问题并未出现。

直到世纪之交，研究者才开始关注手语之间可能的关系。20世纪90年代末，尽管人们已经明确了澳大利亚手语和新西兰手语是起源于英国手语，但是英国手语、澳大利亚手语和新西兰手语几乎总是被描述为独立语言。然而，在这种情况下，研究已经清楚地表明，将这三种手语视为三种不同的语言从语言学上讲是不合理的。相反，它们是同一语言的不同变异，至少在词汇方面三者存在很大程度的相似性。这是因为英国手语使用者在18世纪移民到澳大利亚和新西兰，他们将英国手语引入那里。

很多人认为英国手语和美国手语一定有关联，因为这两个国家都说英语。然而事实并非如此，美国手语实际上与法语手语有关。19世纪，法国聋人劳伦特·克莱克来到美国康涅狄格州哈特福德，在美国第一所聋人学校教书（始建于1817年），他在教学中将法国手势词引入美国。

尽管它们存在地域变体，但我们在讨论时依旧使用美国手语、英国手语、意大利手语等表述。最重要的标准似乎是地域变体之间几乎没有语法差异。正是因为这一点，我们认为20世纪80年代人们所说的荷兰手语是存在的，世纪之交的南非手语情况也一样。不同变体之间确实存在词汇差异，但在形态和句法上的差异通常很少。其他国家也是如此，如美国、英国和巴西，在这些国家人们已经发现不同区域手语的词汇有差别。然而，因为研究者也发现这些手语变体具有相似的形态和句法结构，所以我们的表述仍然是"美国、英国和巴西"手语。在本书中，术语"方言"专指手语语境下的地域变体。

## 12.4 手语中的变异现象

和有声语言一样,所有手语在不同层面上都存在变异,也就是说,有词汇变异、语音变异、形态变异和句法变异。与有声语言相比,手语的词汇变异更常见。但是,就变异程度而言,不同手语也一定有所不同。美国手语似乎比南非手语、意大利手语等更为统一。对此的解释是:这或许是因为在哈特福德的美国聋人学校对 19 世纪末早期聋人教育起到了核心作用,那时在美国基本上每个使用手语的人都就读于哈特福德聋校。因此,那里的手语可以很容易地被受训教师传播到美国各地。与美国情况不同,在许多国家,无论是现在还是过去,都没有全国性的聋人教师教育中心,在教育中也没有使用手语,聋人之间的交流也非常有限。例如,意大利不同地区的聋人过去很少接触。因此,意大利北部地区聋人手语词汇与中南部的词汇相比,有非常明显的不同。

跟有声语言一样,手语的变异与语言使用者的社会差异有关。如前所述,手语的来源地是促成词汇变异的一个重要因素。手语使用者的背景也会导致手语变异,尤其是他父母的语言和他本人受教育类型。此外,变异与年龄、性别、种族和民族,以及社会阶层等语言使用者因素也有关联。另外,不同使用环境也可造成语言变异。以下两小节将讨论导致语言变异的不同因素。

### 12.4.1 与语言使用者有关的因素

到目前为止,针对手语**词汇变异**,人们研究得最多的是**地域**变体问题。这种变异可能与语言的地理分散传播有关,但也常常是教育机构影响的结果。荷兰和比利时的佛兰德地区就是这种情况,在荷兰的不同聋人学校出现了荷兰手语的变体,在佛兰德不同聋校则出现了佛兰芒手语。西班牙手语似乎也是这种情况,它的动词【问】有三个变体,分别来自以下三个区域:图 12-2a【问 1】来自瓦伦西亚,图 12-2b【问 2】来自巴斯克地区,图 12-2c【问 3】来自马德里。

a.【问1】　　　　　　b.【问2】　　　　　　c.【问3】

图 12-2　西班牙手语【问】的三个变体

很奇怪的是，一些手语在地理面积非常广阔的区域内使用，但其变异却相对较小，如我们已介绍过的因纽特手语和印度巴基斯坦手语。即便如此，在大多数手语中，词汇的区域差异确实存在。对词汇差异已经展开广泛研究和记录的手语有以下几种：荷兰手语、佛兰芒手语、丹麦手语、德国手语、英国手语、澳大利亚手语和美国手语。有时来自城市和来自乡村的手语使用者之间的词汇也有差别。因此，在尼日利亚豪萨手语中，手语新词主要用于城市，而城市手势词与乡村手势词相比也享有更高的地位。

手语中也有**形态变异**和**句法变异**，虽然两者并没有手语词汇变异那么常见。以俄罗斯手语为例，手势词【自己】在莫斯科和鄂木斯克地区（见图 12-3a），即使它是用于指称会话对象或第三人称，【自己】在手势空间中也不跟所指对象保持语法一致，它是打在了手语者自己的身体上。然而非常不同的是，俄罗斯联邦西北部的摩尔曼斯克地区所使用的【自己】，可以在手势空间中进行修饰，该手势词具有人称屈折变化（见图 12-3b），此处的【自己】通过将指尖指向身体同侧处，即第三人称所在的方位，从而与第三人称所指保持了语法一致。

手语使用者的**背景**，如他所接受的**教育类型**，也会影响他的语言使用：接受口语聋教育的聋童几乎不打手语或不使用校园手语，本书第14章将进一步讨论。另外，接受双语聋教育的聋童则学会根据不同场合去使用手语和口语，并且他们还使用并发展了校园手语。而那些选择接受普通教育或进入听力障碍学校读书的聋童则几乎不使用，甚至从不使用手语，因为他们的同学都不懂手语。显然，这会影响聋童的语言使用，特别是在词汇层面。以尼日利亚一所特殊教育学校（图金马利基学校）为例，那里的聋童与聋人社群几乎没有任何接触，但他们却自创出丰富的校园手语。另外，在豪萨手语中，我们发现与聋人沟通时听力障碍者和听人有专用手势词,聋人彼此间却并不使用这些词。

a. 莫斯科和鄂木斯克地区非屈折形式的手势词【自己】

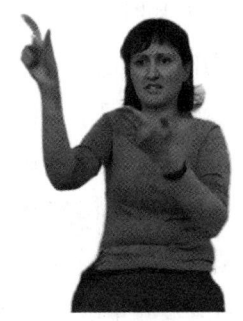 

b. 摩尔曼斯克地区屈折形式(第三人称)的手势词【自己】

图 12-3　俄罗斯手语【自己】的地域变体

　　通常语言是代代相传的。然而对手语来说,这只适用于很小范围的人群,因为有 95% 的聋童他们的父母是听人。显然此种情况下聋童通常不能从父母那里习得手语,这种不寻常的语言习得情况导致手语有非常明显的代际差异。此外,每一代手语使用者都有自己的典型词汇,有声语言使用者情况也是如此。事实上,与**年龄**相关的语言变异主要是在词汇层面上。在聋人去寄宿学校的那些国家里,某些手势词最终成为来自某一学校的某一代人的代表性手势词。教育系统也不断变化,它有时鼓励大量使用手语,有时却鼓励少使用手语,如土耳其。同样,这也会影响不同年代聋人的手语使用。当寄宿学校减少时,如在英国,年轻手语使用者的语言变异也会减少,因为他们更加频繁地接触更为通用的手语。

　　地方特色很强的手势词可发展为通用的标准手势词。请见图 12-4 荷兰手语【费嫩达尔市】一词,该词最初是指当地一所聋校的教师,其姓氏是费嫩达尔，而且他长着一只长长、尖尖的鼻子。而现在，原本表达他姓氏的手势词成为表示费嫩达尔市名称的手势词。

图 12-4　荷兰手语【费嫩达尔市】

有声语言对手语的影响程度也可导致手语变异。由于接受的是口语教育，所以与那些享受双语教育的年轻一代聋人相比，欧洲不同国家年长聋人的手语受有声语言影响更大。这方面的例子可以从德国、荷兰、希腊和意大利等国找到。在这些手语中，一些手势词只能借助仿话口型来区分彼此。以英国手语为例，图 12-5 中的手势词既可以表示"丈夫"，也可以表示"妻子"，但是它的确切词义可借助与英语单词相对应的仿话口型来确定，即在打手势词的同时，模仿英语单词"husband"或"wife"的发音口型（另见本书第 11 章第 11.6 节荷兰手语例词）。

图 12-5　英国手语【丈夫/妻子】

在一些手语中，男性使用的手语和女性使用的手语有明显的区别。与**性别**相关的手语差异主要跟词汇有关（见本书第 13 章第 13.4.1 节西班牙手语例子）。教育系统再一次发挥重要作用。以爱尔兰手语为例，在都柏林的聋童女校和聋童男校里，男女聋童所使用的手语差别很大。有趣的是，男童和女童之间的交流并无问题，因为女童适应了男童的手语。在与男童接触时，她们使用男童手语；但是女童彼此交流时，她们使用女童手语。

在美国，除去其他因素，由于早期的种族隔离制教育，白人和黑人手语者也存在语言差异。音系层面上语言具有**种族**差异。许多英语变体与种族差异有关，如牙买加英语。美国手语也有类似现象：白人美国手语者是在身体前方的正中央处打手语；而黑人手语者在打同样的手势词时，发音位置却比较低和更靠近身体。确实有美国手语的"黑人打法"这样一种形式，但是它与美国手语的"白人打法"究竟有何区别，这个问题仍有待研究。

**社会阶层**也会引发语言变异。在某些文化中，除了其他特点，主要阶层差异的特点之一是语言使用差异。英国上层阶级和下层阶级的差异就是例证。另一个社会阶层差异例子是印度、巴基斯坦和孟加拉等国家的种姓制度。种姓制度是一种古老的制度，它把人们分成不同的群体，这些群体在社会中有特定的地位和作用。职业、权利和义务与种姓密切相关。更具体地说，人们被期望的行为方式、他们必须吃什么、他们说什么语言、他们和谁结婚、他们做的工作类型等，这些都是由他们所属的种姓来决定。然而，问题是：是否与周围听人文化一样，聋人社群内也存在同样的阶层差异。大多数国家的聋人接受高等教育的机会微乎其微，因为他们无法达到入学要求。因此，从事社会地位较高职业的聋人也比较少。在美国，甚至会有人说，在加劳德特大学或罗切斯特国立聋人技术学院受过教育的聋人与没有受过这种教育的聋人之间存在阶层差异。问题是：我们可以发现这些可归因于社会阶层差异的手语使用差异吗？

### 12.4.2 与语言使用环境有关的因素

**会话的主题**、**会话的对象**，以及**会话的语境**也将影响语言形式的选择。与有声语言一样，正式和非正式场合的话语风格并不相同，尽管这一领域的手语研究很少。在有声语言中，一门语言的标准变体更常用于正式场合。就手语使用者而言，他们所选用的手语词汇有时确有差异。请见图 12-6 荷兰手语【茶】，它有两个变体，图 12-6a 的变体要比图 12-6b 的变体更为正式。

a.【茶（正式）】

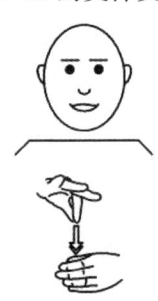
b.【茶（非正式）】

图 12-6　荷兰手语【茶】的变体

然而打手语的方式差异更容易被观察到。非正式手势词往往手势动作更大，面部表情更多，而且只用一只手打出双手手势词（辅手脱落，见本书第 11 章第 11.8 节）。图 12-7a 是西班牙手语【兄弟姐妹】的非正式、单手打法，而图 12-7b 则是正式的双手打法。有趣的是，在单手打法中，原本是双手之间的移动动作（双手食指相互触碰）被一个手内动作所代替，即只交替晃动食指和中指指尖。

　　a.【兄弟姐妹（非正式）】　　　　b.【兄弟姐妹（正式）】

**图 12-7　西班牙手语【兄弟姐妹】的变体**

中国香港地区手语的自然口动可用于非正式场合，此时完全不需要手控成分，也就是说，该词只包含非手控成分。例词分别是图 12-8a 的【完成】和图 12-8b 的【没有】。

　　　a.【完成】　　　　　　　　b.【没有】

**图 12-8　中国香港地区手语非手控成分单独构词以表达意义**

谁打手语和打给谁看，也会导致词汇差异。以荷兰手语【愤怒】一词为例，图 12-9a 中的手势词仅限于儿童使用，成人从不这样打【愤怒】，请比较图 12-9a 和图 12-9b。【香蕉】一词也同时具有儿童变体和成人变体，分别如图 12-9c 和图 12-9d 所示。

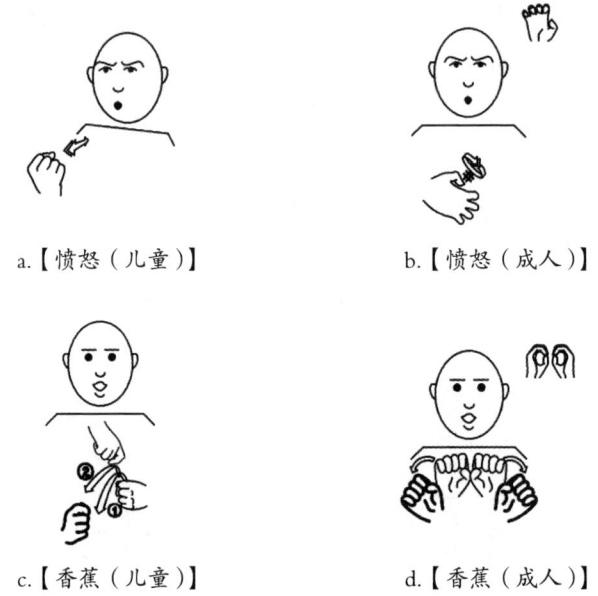

a.【愤怒（儿童）】　　b.【愤怒（成人）】

c.【香蕉（儿童）】　　d.【香蕉（成人）】

图 12-9　荷兰手语例词【愤怒】和【香蕉】的儿童和成人变体

最后，会话对象的**听力状况**也会影响语言变异，显然听力状况是手语语言模态特有的语言变异诱发因素：当会话对象是听人时与当会话对象是聋人时，打手语的聋人所使用的手语并不一样。也就是说，聋人将根据听人手语者的情况调整自己的手语表达，例如，他在打手语时，可能更多地借助口语发出声音。

在特定场合和特定人群中，使用与该场合和该人群相适合的语言，这称为**语域**。不同群体，如足球运动员、科学家、医生等，都有属于他们自己工作场合的独特语言。手语中也有语域：巴厘岛本卡拉村聋人所使用的卡塔科洛克手语中就有大量的与农业和贸易有关的词汇，而因纽特手语中则有相当多的跟捕鱼有关的词汇。

## 12.5　手语的语言地位与认可度

手语的**语言地位**与聋人在社会中的地位、历史背景，以及手语在聋人教育中的作用密切相关（见本书第 14 章第 14.3 节）。当手语被禁止用作聋教育的教学语言时，这是由于当时手语使用者的地位很低，与之密切相关的手语地位自然也低。零星有一些社群聋人的边缘化程度较低，而且相当多的听人社群成员也使用当地手语。像这样的社群有：玛莎葡萄园岛（美国马萨诸塞州附近的海岛）、巴厘岛的本卡拉村、阿达莫罗贝手村，以及墨西哥尤卡坦的一个村庄（见本书第1章第1.3节）。

20世纪60年代以来，手语的语言地位发生了巨大变化。语言研究表明，手语是自然语言，聋人手语使用者有他们自己独特的文化，这也在一定程度上促成了聋人的自立。虽然直到20世纪中叶，人们还普遍认为手语次于有声语言。但是到了21世纪后，人们不再怀疑手语实际上是成熟、自然的语言。与有声语言相比，在大多数欧洲国家，手语的语言地位跟少数民族语言地位相当。在美国，美国手语是位列第四、使用人数第四多的语言，这清楚地表明美国手语并不是一门少数群体使用的语言。

早在1953年，联合国教科文组织就已确定了母语作为教学语言的重要性。直到20世纪80年代，欧洲大陆和其他大洲部分地区的聋教育还普遍认为有声语言（口语）是聋童的母语，因此必须作为教学语言。然而，这种观点发生了改变，因为对手语的科学研究结果显示，接受口语教学的聋童教育成效不佳。1981年，瑞典政府成为世界上首个在聋教育中要求强制使用手语（瑞典手语）的国家。大多数欧洲国家，如挪威、瑞典、芬兰、葡萄牙、西班牙、德国、丹麦、英国、奥地利、比利时（佛兰德地区）、匈牙利、芬兰、爱沙尼亚、拉脱维亚、立陶宛、波兰、法国和希腊等，当地手语已被**官方正式认可**。欧盟之外的国家，如俄罗斯联邦、乌拉圭、巴西、乌干达、泰国、越南、墨西哥、南非、美国，以及加拿大等，均已正式认可了各自的国家手语。

然而，认可并不一定意味着授予手语使用权。例如，在俄罗斯联邦，2012年俄罗斯手语得到正式承认，但这对俄罗斯手语在聋教育中的使用影响甚微。欧盟的少数民族语言政策也不具法律约束力，这意味着欧盟无权强迫其成员国执行具有政治或法律后果的举措。尽管如此，欧盟确实制定了少数民族语言政策，包括1992年正式通过的《欧洲区域或少数民族语言宪章》。2003年以来，尽管欧盟承认手语是少数群体使用的小语种，但这对手语翻译、手语教育权等的影响，在不同欧盟国家差异较大。

聋人社群各种各样，但并不是所有聋人都以相同方式组织在一起。有些聋人社群组织良好，他们有共同的手语和文化，如美国聋人社群、斯堪的纳维亚聋人社群。然而，在巴西和墨西哥的一些地方，聋人被听人社会忽视或边缘化，仍然没有形成真正的聋人社群，这仅仅是因为他们彼此住得太远、接触太少。教育对社群形成、手语和文化发展起着重要作用。不可思议的是，欧洲寄宿学校聋教育中的口语教学反而促进了手语的发展和保护。寄宿学校是聋童彼此遇见和相互沟通的场所，所以他们能够在那里相互学习手语。当聋人社群发展成语言社群后，我们称这样的聋人社群为**少数群体的语言社群**。

## 12.6 语言政治与语言政策

**语言政策**或**语言规划**是指在语言发展的自然过程中进行积极干预。语言规划可涵盖两方面：语言的内部结构（语言本体规划）和语言的地位（语言地位规划）。语言本体规划的具体措施可包括：语言书面形式的开发、拼写改革、词汇清单的编制，以及语法书的编写等。手语并没像有声语言那样的书面形式。正如前文所述，确实有不同的手语转写和记录方法，但世界上任一门手语都没有通用的书面形式（见本书第 1 章第 1.7 节和第 10 章第 10.5 节）。一些手语的语法确实已经得到揭示与记录，如美国手语是当前描述得最全面的手语。尽管如此，许多手语的语法仅仅被部分研究和描述，或者根本就未经研究过。

**语言的标准化**在语言本体规划中发挥核心作用。这里它是指对一门语言的语言学形式进行编纂和整理。一门语言可以从非标准化语言（如大多数没有书面形式的语言，包括手语）变为现代标准语，荷兰语、英语和西班牙语等就是这种情况，这些语言现在用于所有交际场合。

## 12.7 标准化

标准化可以通过语言接触而间接发生，也可以使用更直接的方式来促成。提供词典之类的语言材料，以及最大程度地将这些材料传播开来，这些都是间接促成语言标准化的重要措施。例如，词典中收录了哪些手势词，这其实向使用者传递了一个事实，即这些手势词是标准和规范的（见本章第 12.7.1 节）。

权威部门希望积极和直接干预语言的标准化，这对任何社群来说都将极具争议。标准化这个概念经常被误解为是在处理正确词位和错误词位。对聋人社群而言，听人自上而下施加的语言政策会被看成是对聋人语言和文化的严重侵蚀。持这种观点一定程度上是因听人长期以来压制手语。荷兰是政府明确干预手语标准化自然过程的国家之一，本章第 12.7.2 节将简要介绍它的实施方式。为了提升教育，政府当局经常施压，让人们在不同手势词中作出选择，从而得出一种标准语。标准化与国家的大小并不一定相关：荷兰是一个小国家，它执行了手语标准化；但是在比利时的佛兰德地区，它与荷兰接壤，面积甚至更小，但当地的人们明确反对任何形式的手语标准化。

只要有需要，手语中就会出现**新词**。然而，许多手语的词汇量通常少于它周边有声语言的词汇量。很多情况下，这是因为手语并不是用于、也无法用于全部交际场合。大多数欧洲手语直到 20 世纪 90 年代中期才在小学使用。自从聋人摆脱束缚、手语作为自然语言的地位得到承认，以及双语教育引入聋校后，这时学校里不同学科的手势词，以及不同工作场合要使用的手势词等需求在许多国家开始大增起来。因此，许多不同概念迅速出现，手语新词也随之产生。这一过程既可以是无导向的，也可以是有导向的。

### 12.7.1 无导向的标准化：手语词典和媒体的作用

为了使一门语言更加统一，提供语言材料（如**词典**）、使这种语言材料的传播尽可能广泛，这两点非常重要。在初步描写一门手语时，研究者往往是从编纂一部手语词典做起。20 世纪 70 年代和 80 年代有许多词典被编纂出来，但实际上，在这些词典当中，许多至多称得上是词汇列表而已。在大多数情况下，这些词典只是给出了一个词表及跟词表相对应的手势词的打法图，有关手语语言结构的信息非常少。此外，因为编者并没有具体说明他们调查了多少地区，所以这些词典或单词列表中所包含的大多数手势词的代表性往往无法确定（见本书第 8 章）。若干国家已经建立了专门负责手语词典编纂的工作中心，尤其是要进行该国手语正式认可等相关工作。他们录制了手势词，尽管这些记录形式比较粗糙原始，只有一张照片或一幅图画，再配上一个翻译，它确实具有标准化的意味。当然，迄今几乎无人系统研究过这些手语词典对手语语言的真实影响究竟有多大。

手语在**媒体**上的使用，如在电视和互联网上，对手势词在使用者之间的传播也有重要影响。在许多国家，至少一些电视节目，尤其是新闻，是提供手语翻译的。另外，还有致力于服务聋人群体的特别节目。例如，英国广播公司的电视节目《见闻！》在英国影响力非常大，因为它塑造出很多出色的聋人手语主持人。

当一个新的概念出现或手语在一个崭新环境开始使用时，人们需要使用手语新词。例如，当互联网变得很普遍时，人们需要一个新手势词【互联网】。在美国手语中，最初人们使用了三种不同的手势词来表达"互联网"，但目前只有一种是常用的。这个例子正好可以解释什么是手语标准化的自然过程。

### 12.7.2 有导向的标准化过程

迄今为止，手语直接标准化的例子很少。由于荷兰对这一过程的每个步骤都有详细记录，因此我们将特别参考荷兰的情况来讨论直接标准化。

1998 年，荷兰政府希望支持双语教育在聋校的推进工作，为此，他们打算将荷兰手语标准化，以便教学材料最终只以一种语言形式为媒介。政府与不同聋人组织机构签订了合约。手语研究者和聋人社群提出了异议，他们认为应该也允许无导向的标准化。

然而，一个工作小组最终还是成立了。它包括来自不同地区的聋人，这些聋人精通荷兰手语；它还包括两位听人语言学家和两位双语娴熟（荷兰手语和荷兰语）的听人。工作组不仅制定了建立标准手语的准则，而且还制定了创造手语新词的准则。手语词汇标准化的前提是，没有一个地域变体会成为所有手势词的标准变体。不这样做的一个重要原因是，人们并没有找到语言学证据来证实只选择一个地域变体是可行的。

这个项目得到聋人社群全员支持是至关重要的，因此荷兰在全国范围内招募了尽可能多的聋人。项目总共涉及大约 5000 个手势词，其中许多是手语新词。将一个手势词选定为"标准词"意味着该词将在全国范围内用于学校教育和家庭指导。但与此同时，工作组明确指出那些未经标准化的手势词并非"不正确"或"错误"。

确立哪些词是标准词需要依据语言学指导原则，对语言学指导原则的探讨始自词典编纂工作。表 12-1 列举了其中的几条语言学指导原则。

表 12-1　确立标准手势词的若干语言学指导原则

1. 如果一个手势词在该国的所有地区都具有相同含义，都以相同方式打出，都可以被理解和识别，那么该手势词是标准词
2. 如果表达某个特定概念的手势词仅在一个地区被使用，其他地区并没有表达此概念的手势词，那么该手势词是标准词
3. 对于那些在语义上彼此相关的手势词，其在形态学上的相关性也必须加以保留

现在我们举例说明表 12-1 中的语言学指导原则 3 是如何指导手势词的标准化。以图 12-10a 中的荷兰手语【电】为例，从形态上看，该手势词采用了 🤟 手型。因此，与【电】有语义相关性的手势词，即图 12-10b 中的【插头】一词，就被确定下来也是标准词，因为两者都是 🤟 手型，这种形态相关必须保留下来。同理，其他与【电】有语义相关性的手势词，如【电流】【插座】【电池】等，它们也都被确认为标准词，部分原因正是因为它们在形态上都包含了 🤟 手型。

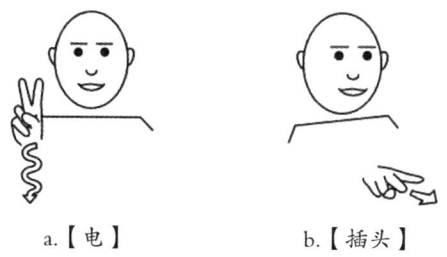

a.【电】　　　b.【插头】

图 12-10　举例说明荷兰手语标准手势词的选择

另一个有语义相关性的手势词例子是【昨天】和【明天】。在阿姆斯特丹地区使用的手势词【昨天】和【明天】都是 ✊ 手型，而在格罗宁根地区使用的【昨天】和【明天】都是 ✋ 手型。显然，从一个地区选择一个手势词【昨天】，再从另一个地区选择另一个手势词【明天】，这样做会令人非常困惑，因此是非常不可取的。

最后，即使依据以上标准，仍然还会有一些手势词无法被标准化。在这些情况下，该手势词的两种变体都会被收录于词典，用作同义标准词。因此，

【爸爸】【父母】和【教】等手势词在标准荷兰手语词典中都具有同义词。

在一些国家,人们积极创造手语新词,而不是使用来自其他手语的借词(本书第13章第13.5.3节)。显然,创造手语新词必须遵守和受限于各自手语的音系规则(见本书第11章)。在荷兰手语标准化过程中,只有聋人手语者才被允许创造手语新词。学校学科教学中出现的概念需要创造许多手语新词,所以在标准荷兰手语中,如图12-11a中所示的【发散】和图12-11b中所示的【附着力】,这两个物理学科新词被创造出来。

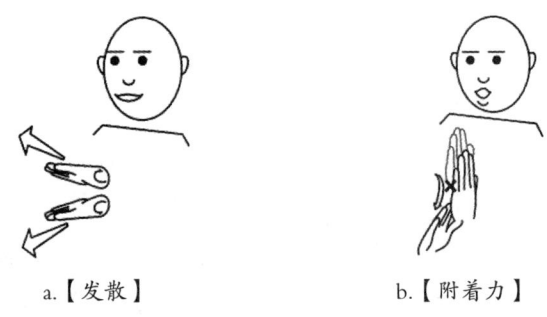

a. 【发散】　　　　b. 【附着力】

图 12-11　荷兰手语中的新词

其他国家也已作出要创造手语新词的明确努力。例如,德国研究者编纂了一部专门用于收录心理学术语的德国手语词典,他们需要为一些概念创造手语新词。这些新词通常被录入一个大型数据库中,以便未来能编辑出教育工具和手语词典(见本书第8章第8.5节)。

有时,某个概念可能已经有了一个手势词,但是由于某种原因,聋人不想使用这个现有的手势词,因此也需要创造新词。例如,荷兰手语中有现成的表示"星期几"和"几月"的手势词,但是由于它们都是以指拼打出,也就是说,它们是从荷兰语派生出来的不是很自然的形式。而聋人手语者更喜欢使用符合荷兰手语特色的自然手势词,所以他们重新创造了表示"星期几"和"几月"的标准词。图12-12a和图12-12b分别是【星期二】和【星期三】的标准词,图12-12c和图12-12d分别是【一月】和【二月】的标准词。

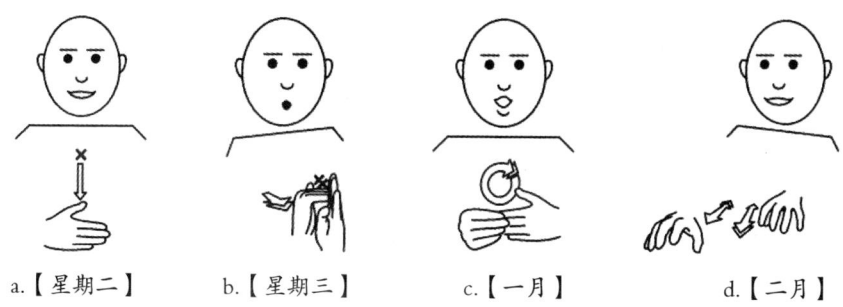

a.【星期二】　　b.【星期三】　　c.【一月】　　d.【二月】

图 12-12　聋人新创的具有自然手语特点的荷兰手语标准词

最后，一些手势词因为具有歧视性，在标准化时必须作出形态修改（见本书第 13 章第 13.4 节语言的历时演变）。所以荷兰手语使用了新的【犹太人的】标准词，如图 12-13 所示，它替换掉了用鹰钩鼻代表犹太人的旧词。

图 12-13　荷兰手语【犹太人的】的标准词

## 小结

就像有声语言一样，手语中也有很多变异。手语有**标准语**，也有**方言**。然而，手语方言的确切含义尚需澄清。变异可以出现在所有语言学层面上：**语音变异**、**形态变异**、**句法变异**和**词汇变异**，其中最后一种变异在大多数手语里最为显著。所有层面上的语言变异通常都与使用者的社会差异有关，如**地域**、手语使用者的**背景**（如**受教育类型**）、**年龄**、**性别**、**种族背景**和**社会阶层**。此外，**会话主题**、**会话对象**，以及使用手语的**语境**等也会导致语言变异。会话对象的**听力状况**尤为重要。特定学科领域和特定使用者群体的手语使用构成**语域**。

手语是少数群体的语言。手语的**语言地位**与一个国家聋人社群的历史背景和教育状况密切相关。并不是每一个聋人社群都可以被称为**少数群体的语言社群**，因为只有当这个聋人社群发展和变化为语言社群时，这个少数群体的语言社群才可能真正形成。当前在一些国家里，聋人社群所使用的手语已经**被官方正式认可**为该国的国家手语。

  手语的**标准化**是**语言规划**或**语言政策**的一部分。对手语统一性和手语标准语的需求使得一些国家采取了有导向的手语词汇标准化进程。选择哪些词作为手语的基本词，语言学标准可以为这类选择和决策提供理论依据与指导。手语中**新词**的出现是回应实际需要的必然结果。**词典**与**媒体**，如电视和互联网等，在手语的标准化过程中发挥重要作用。

## 自测

1. 方言和标准语有什么区别？
2. 影响语言变异的因素有哪些？
3. 请解释手语发生词汇变异的可能原因。
4. 为什么承认手语是一门语言很重要？
5. 请问一个聋人社群在什么时候才称得上是一个少数群体的语言社群？
6. 语言规划有哪些类型？
7. 标准化是什么意思？
8. 为什么手语的标准化经常引起争议？
9. 荷兰手语标准化项目的目的是什么？
10. 荷兰的手语标准化项目采用了哪些标准？
11. 为什么许多手语在词汇上存在缺口（即手势词有限，甚至缺乏）？
12. 词典和媒体如何为手语的标准化作出贡献？

## 任务

1. 请说出手语语言变异的四个影响因素，并分别举例说明。
2. 请从你会的手语中，或者你在互联网上搜索到的手语中，找出两个语音变异的例子，要求该变异涉及不同参数。
3. 中国香港地区手语的手势词【狗】有以下变异形式，它们分别用于两所不同的聋人学校。请问此例所揭示的手语语言变异影响因素是什么?请问此例说明了什么?

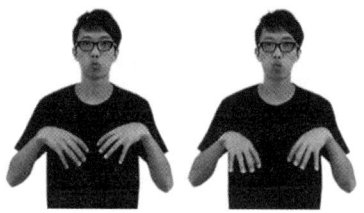

【狗(变体1)】　　　　　　　　【狗(变体2)】

4. 手语的语言地位得到认可,它具体有几种认可形式?它们的效果如何?

5. 与有声语言社群相比,年轻人文化对聋人社群的影响是否有所不同?

6. 在因纽特手语中有两个不同的【北美驯鹿】手势词:一个来自兰金因莱特(左图),另一个则来自塔罗尤克地区(右图)。请问此例是何种语言变异?你认为这种变异会导致沟通障碍吗?请说明你的理由。

【北美驯鹿】(兰金因莱特)　　　　【北美驯鹿】(塔罗尤克)

## 参考文献和拓展阅读

Lucas(2001b),Lucas,Bayley(2010),Schembri,Johnston(2012)的研究概述了手语变异的各个方面。此外,Lucas(1989,1995)主编了多部关于不同手语中的不同语言变异的书籍。Stamp(2014)和Sutton Spence, Woll(1999)讨论了英国手语中的词汇变异。Schembri(2010)的澳大利亚手语和新西兰手语变异研究丰富了当前的研究图景。Johnston(2003a)调查研究了英国手语、澳大利亚手语和新西兰手语三者的关联。对于导致语言变异的不同因素，Leeson, Grehan（2004）讨论了性别变异，Schermer（2004）和 Van-hecke, De Werdt（2004）研究了地区变异，Lucas（2001a）和 McCaskill（2011）研究了语言的种族变异（非裔美国人的手语打法）。Lucas（2003）讨论了语言变异在词典编纂学中的作用。Lucas（2013）概述了语言变异研究中的方法问题。

Nyst（2012）概述了"聋人村"的独特社会语言学特征；对这些特征的评论，可参见 Kusters（2010）。Krausneker（2000，2001）概述了与手语语言相关的欧盟语言政策，而 Schermer（2012）则讨论了语言规划的不同方面。Johnston（2003b）基于澳大利亚手语，Schermer（2003）基于荷兰手语，两位学者分别研究和讨论了这两种手语的语言规划和标准化问题。Allsop, Woll, Sutton-Spence（1990）探讨了媒体对语言规划和标准化的影响。

豪萨手语的相关信息来自 Schmaling（2000），而南非手语的相关信息来自 Aarons, Akash（1992）。因纽特手语的例子选自 Schuit（2013），西班牙手语的例子选自 Minguet Soto（2001），以及西班牙手语数据库（Gutierrez-Sigut, 2015）。中国香港地区手语的例子来自香港中文大学。有关荷兰手语标准化的例子选自 Schermer（2003，2004）。

# 第 13 章　语言接触与演变

特吕德・舍默尔和罗兰・普福

## 13.1　引言

与所有的有声语言一样，手语也经历了历时性演变。也正如有声语言那样，手语发生演变可能是受外部因素（如语言接触）或内部因素（如易于发音）的影响。显然，本书第 12 章讨论的语言变异与语言演变之间有清晰的关联。在某个时间点，两个或多个变体可能共存，无论它们本质上是词汇变异还是语法变异；但是在一个特定时间点，其中一个变体可能占据了主导地位，而另一个变体却因此消失，从而导致语言演变。

实际上，语言中的许多变化都可归因于耗时更长的进化过程。例如，在当前的英语中，单词"ask"（问）不仅是一个动词，而且还用作名词，如它用在例句"that is a big ask"（这可是一个不简单的要求）中。这种名词化的用法在 50 年前还不为人知。本章将讨论手语的演变，请注意这些演变并不是由本书第 12 章所讨论的那些因素（如年龄、性别和种族）所促成的。

首先，第 13.2 节简要介绍手语的历史。第 13.3 节介绍手语的谱系。第 13.4 节探讨手语的历时演变，即手语在较长时间内发生的语言变化：第 13.4.1 节将给出不同语言学层面的手语演变的实例，第 13.4.2 节聚焦手语的语法化，第 13.4.3 节讨论手语的词汇化。第 13.5 节将探讨与语言接触有关的各种现象，如手语和有声语言之间的关系等：第 13.5.1 节将讨论不同的手势形式，如手势英语等，第 13.5.2 节探讨语码转换和语码混合，第 13.5.3 节讨论手语如何相互影响，第 13.5.4 节将探讨周围的有声语言如何影响手语。

## 13.2 历史视角下的手语语言

想要弄清手语所发生过的演变，我们需要知道早期的手势形式是什么样。只要聋人社群出现了，手语就会随之而生，例如，古代希腊柏拉图的作品中就曾提到聋人可以使用手势。甚至有学者推测手语可能比有声语言更古老，也就是说，人类的手势交流先于声音交流，这有时被称为"人类语言起源的手势说"。然而，我们不可能对更古老一些的手语形式进行语言学研究，原因很简单，手语没有书面记录形式，对于那时的手语我们几乎没有任何相关材料或描述。大约从 18 世纪开始，一些手语的文字描述和手语图画才开始出现，但一般来说，这些只是描画和解释每个手势词的打法，所以它们对研究手语来说（如研究手语语法）是根本不够的。只有在电影胶片出现后，我们才可能记录手语的话语表达和自然会话。

18 世纪人们认识到可以借助手势来教导聋人。在一本关于聋童教育的书中，法国神职人员夏尔·米歇尔·德莱佩描述了手势的使用。他区分了自然手势（听人也用的手势），他的聋人学生打出的手势词，以及他本人设计出的手势符号，借助这些符号人们可以将法语语法以可视形式展示出来。这种手势符号我们现在称为：学习法语口语的辅助手势形式或手势法语。德莱佩的教学方法对其他欧洲国家及美国都产生了巨大影响。在美国手语和荷兰手语的词汇中，我们仍然看到它们受早期法国手语影响的痕迹。例如，美国手语的【好】，以及荷兰手语一种方言里的【好】，这两个手势词都来自于早期法语手语里具有同样意义的手势词【好】。

如上所述，大多数手语的相关描述材料只是最近才出现，所以我们几乎不可能都从历史角度来考察特定手语。就美国手语而言，它的一些影像资料可追溯到 20 世纪早期，美国国家聋人协会录制和保留了早期美国手语的影像，因为当时他们担心在口语教学的压力下"纯粹"的美国手语可能会消失。事实证明这些影像材料对美国手语历时研究是非常有价值的。此外，还有一些对 18 世纪和 19 世纪单个手势词的描绘材料，以及 1870 年前后制作的早期美国手语影像的翻译材料。另外，对于芬兰手语，芬兰赫尔辛基聋人博物馆收藏的手势词的照片可追溯到19世纪。这些照片在那个时代是非常先进的，照片上还添加了注明手势词运动情况的箭头。西班牙手语也有一些历史资料，可以对比1981年版西班牙手语词典和2003年版词汇列表。重要的是，请记住，手语的历史与使用手语的聋人社群历史及聋人教育密切相关（另见本书第14章）。

## 13.3 手语的谱系

手语与有声语言之间没有什么关联，它并不是从有声语言发展分化出来的，但是不同手语之间是有一定关联的。当前研究表明，手语之间存在**语言谱系**，这一点跟有声语言之间有语言谱系是一样的。研究者近年来才开始手语谱系研究，因为这需要对许多不同手语进行描述从而建立语言彼此间的关联。然而，最初的手语研究关注的是单个儿手语。从政治角度来看，对每一个聋人社群来说，更重要的是，他们有属于自己社群的手语，而且有权使用它。所以直到20世纪90年代，针对不同手语之间亲属关系的研究才真正开始。

与有声语言的比较研究一样，建立语言之间的亲属关系需要进行词汇比较或者做词汇统计研究。这种方法通常适用于那些几乎未经多少研究和描述的语言。基于一个概念列表，研究者考察一种语言的词汇与另一种语言的词汇彼此间的关联程度。最常用的这种列表称为斯瓦迪士100词列表，它是由美国语言学家莫里斯·斯瓦迪士（1909—1967）编辑并提出的，试图借助**词汇统计比较法**来确定一种语言与另一种语言，两者间亲属关系的密切程度。因此，它们列表概念对应的词条如果有81%～100%都是相同的，那么这两者是同一门语言的方言变体。如果两者的词条36%～81%是同样的，那么它们是不同语言但属于同一语系。

20世纪70年代研究者就已经明确了美国手语和法国手语之间的关系。然而，将斯瓦迪士核心词列表原封不动地应用于手语，这并非没有问题。很重要的一点是，列表中的一些概念（如"树"，"看"和"2"）可能是象似性手势词。也就是说，两种手语使用了相似或相同的手势词，然而这并不一定意味着它们属于同一语系。相反，这种相似很可能是因为视觉-空间模态的手语语言都倾向于象似性地表征客观事物。鉴于此，学者们提出了一个更适合手语的改编词表。最近，基于这个改编的手语核心词列表，手语研究者揭示了若干越南当地手语与法国手语有亲属关系，而现代泰国手语与美国手语有密切的亲属关系。由于美国手语和法国手语也属于同一语系，所以可以推断这些越南当地手语与现代泰国手语亲属关系非常密切。

澳大利亚学者的研究显示，澳大利亚手语、英国手语和新西兰手语，三者的词汇在很大程度上是一样的。因此，它们不应被视为不同手语，相反它们是同一门手语，即英国手语的变体（有时，这三者可用首字母缩略语"BANZSL"来统称）。英国手语、澳大利亚手语和新西兰手语在语法上也有诸多相似，这进一步证实了这三者是同一门手语。有趣的是，英国手语中的一些变体与澳大利亚手语之间的相似性，甚至高过这些变体彼此间的相似性。显然，19 世纪从英国移民到澳大利亚和新西兰的聋人使得这两个地理位置遥远的语言彼此相似。

非洲一些国家的手语也受到了西方手语的影响，这是因为欧洲或北美传教士通常在那里用手语开展聋童教育，因而美国手语影响了南非手语，以及在肯尼亚、坦桑尼亚和加纳等地的手语。另外，英国手语却对印度巴基斯坦手语影响甚微，这是因为殖民时期当地大多数聋童并没有在使用英国手语的那些聋校就读。

## 13.4 历时演变

对于语言演变研究者有不同的观察视角。**共时语言学**研究在一个特定时间点上的语言演变，它可能是语言的共时变异。另外，**历时语言学**是比较跨越一个时间段内的不同共时研究结果，进而研究语言如何随时间流逝而发生演变。以英语为例，动词"do"在古英语和中古英语时期是实义动词，意思是"行动"。直到后来，"do"才有了其他更多的语法功能，例如，它可用于强调句"He does sleep"（他确实睡觉），还可用于否定句"She doesn't like dogs"（她不喜欢狗）。此外，历史文献显示英语的基本语序已经从"主语 – 宾语 – 谓语"演变为"主语 – 谓语 – 宾语"。

手语的语法也会发生演变。历史资料显示，以前美国手语最常见的语序是"主语－宾语－谓语"（与法国手语一样），而现代美国手语的常用语序演变为"主语－谓语－宾语"（见本书第 6 章第 6.5 节）。这种手语语序演变很可能是因为它受到了有声语言美国英语的影响。演变也可以发生在语言的词汇层面。例如，英语单词"cool"最初的含义是"凉的，尚未到寒冷程度"，但是在现代英语中它具有了"有别于传统的"或"时尚的"等额外含义。同样，手势词也可以从手语词汇中消失，或者开始有了其他含义（见本书第 8 章）。事实上，手语中的词汇演变非常常见。这主要是因为 95% 的手语使用者，他们的父母都是听人，所以他们自然无法从父母那里习得手势词。本书第 12 章简要讨论了一些手语如何通过创造新词来填补和扩充手语词汇。本章主要探讨手语中无导向的词汇演变。跟有声语言一样，许多因素可以诱发或影响不同语言学层面上的语言演变。

### 13.4.1　不同语言学层面上的演变

本章第 13.2 节提到，相关手语的历史材料非常少，这使手语历时演变研究难上加难。迄今为止，只有美国手语和英国手语对历时演变（主要是语音演变）进行了较为详细的研究，因为这两种手语有相关历史文献和记录。

例如，研究者比较了 19 世纪初的早期法国手语和 1918 年的美国手语，前者是用绘画形式记录下来的。随后他们又把早期法国手语与 20 世纪 70 年代的美国手语进行比较。通过这种方法，他们识别出美国手语词汇的演变趋势，其中一个普遍趋势是，在美国手语中，手势词逐渐从象似性强的符号演变为任意性强的符号。在英国手语中研究者也发现了类似的词汇演变趋势。显然，象似性对创造手语新词来说非常重要，但是在稍后阶段，其他因素的重要性可能会超过象似性（见下文）。例如，与现实动作高度象似的身体运动经常被手的（内部）运动所取代。以俄罗斯手语为例，早期的手势词【阅读】包含一个非手控成分，即头部的左右移动，它是模仿一行一行看书时人头部的动作。然而在现代俄罗斯手语中，打手势词【阅读】时，非手控成分头部移动不见了，取而代之的是双手的左右移动。所以该手势词的象似性被消减了，毕竟我们在静静阅读时手不太可能左右来回移动。

**词汇演变**中还有一种"象似性变换"的情况。在这种情况下，新出现的那个手势词和原来的手势词两者都具有象似性，只是它们象似性所模拟的原型实体发生变化。通常，这种象似性变换是因为技术进步。以英国手语为例（其他手语情况可能也一样），原有的手势词【电话】是双手手势，因为过去的那种老式电话既有一个听筒，也有一个话筒，是由两个分体的部件构成的。再后来，手势词【电话】变成单手手势，它的 ✌ 手型模仿耳朵旁边接收器的形状。现在，【电话】的最新手型则是模仿当前人们手握手机时的真实动作。其他一些手语中【电话】的最新形式是 ☝ 手型，它模拟整个手机的形状，但这也可能会发生变化，因为伸出的食指是模仿天线，而现代智能手机并没有天线（见本书第 8 章第 8.4 节）。但是请注意，技术变化不一定总是促成词汇演变。现在的荷兰手语【咖啡】一词仍然采用以往的用机器研磨咖啡豆的动作。

在荷兰手语中，词汇演变还发生在表示"公民"这一概念的手势词上。与前面几个例子不同，这是一个复合词，它最初的形式是【城市ˆ人】，现在它的前一部分【城市】被替换为【写】，所以"公民"的新词形是【写ˆ人】。发生这种词汇演变是因为法律规则的改变：每个荷兰公民都必须去市政厅注册。现在荷兰要求执行这项法律条款，每个荷兰公民都必须去注册以持有有效身份证。所以以前的手势词【城市ˆ人】仍可使用，但是它仅限于用在过去历史语境中；而当需要指称现代荷兰公民时，使用它就是不恰当的，必须改用新词【写ˆ人】。

如本章引言所述，当手势词曾出现不同变异形式时，一个手势词会最终成为最常用的词。在西班牙，男孩和女孩通常是按性别分隔开，各自在男生或女生聋校接受教育。在表达一些相同概念时，男生聋校和女生聋校所使用的手势词也并不相同（见本书第 12 章）。因此，手势词【星期三】具有图 13-1a 所示的女孩打法，以及图 13-1b 所示的男孩打法，这两种打法各不相同。通常，男孩所使用的那个形式最终会成为标准词。

a.【星期三（女孩打法）】　　　　b.【星期三（男孩打法）】

**图 13-1　西班牙手语【星期三】的不同打法**

词汇演变总会涉及音位变化（例如，在前面那些例子中，运动或手型参数都发生了变化）。但是，演变也可能发生在语音层面上。从某种意义上讲，这类演变本质上是更为"纯粹"的**语音演变**，因为它们发生演变的原因通常是为了使该手势词的发音和（或）感知更加容易，而不是因为它失去象似性或受技术进步推动。以美国手语的【依靠】为例，请见图 13-2。

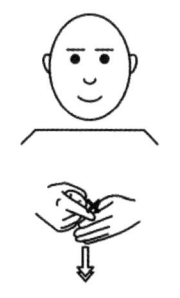

a.【依靠（旧的打法）】　　　　b.【依靠（新的打法）】

**图 13-2　美国手语【依靠】的新旧打法**

【依靠】旧的打法中有两个不同的手型：辅手 手型和主手 手型。然而，它新的打法两只手都是 手型。似乎在许多手语中双手手势词都向对称手型演变，这种趋势是由发音方便所决定的，是语言演变的内因。同样，随着时间的推移，手部复杂的运动也趋向于变得更加简化，以英国手语为例，研究者发现它的一个演变趋势是单手手势词越来越多。前文也曾指出（整个）身体和头部的运动可以用手的（内部）运动来代替。同样，这些演变是为了手势词的发音更加容易。以沙特阿拉伯手语为例，本书第 11 章第 11.7 节中提到的手势词【伊斯兰教】，似乎整个身体的运动（上半身向前弯曲）都被手内的动作（从

手型到 手型）所取代。图 13-3 中的美国手语【感觉】一词，呈现的是另外一种类型的语音演变。

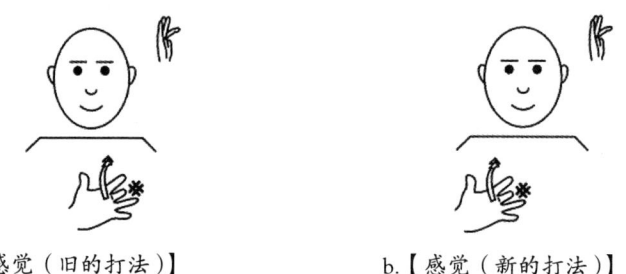

a.【感觉（旧的打法）】　　　　b.【感觉（新的打法）】

图 13-3　美国手语【感觉】的新旧打法

当比较这两个打法时，很明显手势词的发音位置从身体的对侧演变为打在身体中间位置。发生这种演变的原因很可能是新的打法更易于发音，手无须再费力越过身体中线。当然，除此之外，这种演变还可能是为了方便手势的感知和理解。本书第 10 章第 10.3 节指出手语者在手势交流时关注的是彼此的面部，并不是盯着对方的双手。图 13-3b【感觉】新的打法更接近会话对象的注意力焦点区域，因而会更容易被感知和观察到。出于同样原因，很多手势词的发音位置从面部的正前方逐步演变为打在头部一侧。这种演变趋向是为了让会话者的面部清晰可见。正如本书前几章所强调的，手语很多重要的语法信息都呈现在会话者的面部，因此最好不要用手遮挡面部。另外，从我们目前所讨论的例子不难看出，发音位置贴近面部的那些手势词是用单手打出的，而发音位置远离面部的那些手势词是用双手打出的。

在美国手语和其他手语的历时演变研究中，研究者还观察到了语音趋于同化和发音更加流畅这个重要演变趋势。以美国手语的复合词【通知】为例，它最初打法是：先打出单手手势词【知道】，再打出双手手势词【带来】。然而现在的【通知】一词，其打法看起来更像是只有一个手势词。它的前部已经演变为用双手打出（即双手都打在前额处），该词的前部和后部已经融合在一起，形成了一个更加流畅的从前额到身体前方的手部运动（见本书第 9 章第 9.3 节复合词）。当语音同化不能发生时，复合词的一部分可能会消失。例如，美国手语中的【鸟】，它最初的打法是由【喙】和【翅膀】组合而成的复合词。但是在【鸟】的现在打法中，只有前面的【喙】被保留下来，如图 13-4 所示。

图 13-4　美国手语【鸟】

手语中还有**形态演变**。以英国手语和荷兰手语为例，动词【打电话】过去的打法是非方向的（简单）动词，它的发音位置就是它词典形式所规定的位置，即靠近耳朵。然而，在【打电话】的现代用法中，这个手势词却经常出现用来标记"人称"的屈折变化，它的发音位置发生演变，不是固定在耳朵边；相反，它是从一个空间位置移动到另一个空间位置，以表达"你给我打电话"这一复杂含义（见本书第 9 章第 9.5.2 手势空间里的修饰性变化）。图 13-5 西班牙手语的历时材料则揭示了手语中的语音演变和形态演变并不一定同时发生。图 13-5a 双手手势词【陪伴】最初打法是两个 手型同时向前移动；但图 13-5b【陪伴】的现代打法是两个 手型同时向前移动。有趣的是，图 13-5c 和图 13-5d 中的西班牙手语例词【在一起】，它是双手在身前相互触碰一下，它与手势词【陪伴】一样，也经历了相同的由 手型到 手型的手型演变。因为手势词【陪伴】和手势词【在一起】语义上有所相关，所以这两个手势词发生了同样的手型变化也许并非巧合。图 13-5e 中的【同事/伙伴】打法是双手在身前反复触碰两下（见本书第 9 章第 9.4 节），它是从手势词【在一起】的早年打法派生而出的一个名词化形式。然而，这个名词化形式保留了最初的 手型，也就是说，语音演变并未影响这个派生名词。

目前，手语句法演变的讨论不多，因为相关证据太少。但是请记住，前文已指出，美国手语的语序已从"主语 - 宾语 - 谓语"（SOV）演变到"主语 - 谓语 - 宾语"（SVO）。

对于语言出现和演变，当前有一些引人注目的观点，它们是基于最近才形成的尼加拉瓜手语。1977 年，尼加拉瓜首都马那瓜建立了一所聋人学校，聋童第一次从分散的村庄聚集在一起，第一次接触到其他同伴。这些聋童不懂任何一门手语，但他们借助各自的家庭或村庄手势，很快就开始了彼此的沟通与交流。在相对较短的时间内，一个更加复杂的手势交流系统出现了。因而之后入学的聋童可以接触到更复杂的手势交流系统，他们所获得的手势输入更像语言,他们再进一步发展这个手势系统。所以**尼加拉瓜手语**研究中会经常提到"一批人",根据入学年份研究者来确定他们是哪一批人。从这一批人再到下一批人,聋童的交际系统变得愈发复杂。尼加拉瓜聋校所发生的这一切得到了密切的语言学视角的关注和观察,所以研究者目前已经大量记录和充分分析了尼加拉瓜手语的诞生,以及它稍后所发生的语言演变。显然,这是一个特例,可以说,这是语言学家的梦想,因为通常一门新语言的出现是不会在真实时间里被目睹到的。

a.【陪伴(1851年)】　　　　　　b.【陪伴(2008年)】

c.【在一起(1989年)】　　d.【在一起(2008年)】　　e.【同事/伙伴(2008年)】

图 13-5　西班牙手语手势词的历时资料

至于尼加拉瓜手语的形式,研究者发现第一批聋童打出的手势词幅度较大,经常是对称型的手势词,而后来的那几批聋童,他们所打出的手势词幅度稍微变小,手势词的发音位置更多地集中在身体前方呈三角形的手势空间之内,就双手手势词而言,也经常出现不对称型的手势词。这个发现非常有趣,因为它暗示着尼加拉瓜手语逐渐出现了复杂的音系结构。正如分析图 13-2 时,我们所提到的随着语言演变，在稍后阶段，这种复杂性或许会再次让位于发音方便。随着时间推移，尼加拉瓜手语的语法结构也逐渐出现，它包括手语者可以利用空间来实现不同的语法目的，如他们使用代词和方向动词时所添加的语法意义。换句话说，除了语音演变外，尼加拉瓜手语还观察到了形态演变。

### 13.4.2 语法化

前面几节讨论了随时间推移手势词所经历的语音和形态演变。除此之外，手势词还会发生功能演变。接下来的两节将分别讨论两种功能演变，即语法化和词汇化。

**语法化**的定义是：一个实词，随着时间推移，它从一个具有实际意义的实词成分（如名词、动词或形容词）逐渐演变为具有某一特定语法功能的成分（如代词、助动词或介词），这种语言功能方面的历时演变称为语法化。语法化在有声语言中极为常见，例如，一个名词可以演变为一个人称代词，一个动词可以发生演变从而获取"体"语法功能。以哥特语为例，它属于日耳曼语族的东日耳曼语支，从语言谱系树上看算是英语的祖先语言。单词"leik"在哥特语中是一个词形完整和有实际意义的名词，意思是"身体"。它既可以独自使用，也可以用在复合词中。哥特语复合词"sildaleiks"的字面意思是"奇怪的身体"，但是这个复合词逐渐发展演变，它拥有了一个更加抽象的意义，即"奇怪地"。名词"leik"因而也逐渐演变，具有了标记"方式"的语法功能，最终它语法化为现代英语的副词后缀"-ly"。

语法化进程可分为两个步骤。在表 13-1 所标出的第一个语法化步骤①中，有实际意义的实词成分转变成一个语法成分，该语法成分仍然是一个独立的单词，只是它获得了额外的语法功能。而且，在此过程中，该成分可能发生了语音弱化。在第二个语法化步骤②中，语法成分可进一步**语音弱化**，变成一个黏着语素、一个词缀，或者像后缀"-ly"这种情况。这种从有实际意义的实词成分演变到语法成分，再演变到词缀等的发展过程，称为**语法化路径**，表 13-1 列出了不同语言中常见的三种语法化路径。

表 13-1　不同语言中常见的三种语法化路径

| 路径 | 语法化步骤 | ① | ② |
|---|---|---|---|
| | 有实际意义的实词成分 | → 语法成分 | → 词缀 |
| 第一种 | 名词 | → 人称代词 | → 语法一致 |
| 第二种 | 动词 | → 副词 | → 标记"时"的词缀 |
| 第三种 | 名词 | → 附置词 | → 标记"格"的词缀 |

有趣的是，手语也有类似的语法化路径，我们将用两个例子来说明。在分析这两个手语例子时，我们还会从有声语言中各选出一个对照讨论的例句，以说明许多语法化路径是语言的共性，它并不受语言模态制约。

第一个手语语法化例子是名词演变为连词。在德国手语中，名词【原因】也可以充当连词，该连词引导出一个状语从句（见本书第 7 章）。这个语言成分用作实义名词的功能可见例 13-1a 句，用作语法成分的功能可见例 13-1b 句。在打出例 13-1a 句和例 13-1b 句中的这两个手势词时，手语者都是使用主手的✌手型（手指微微弯曲）轻触辅手手掌，但是在名词【原因】中，轻触动作需重复打出，而在连词【原因】中，只需轻触一下。因此，作为语法成分的手势词【原因】其实已发生了语音弱化，如上所述，这一现象正是语法化的特征。

**例 13-1　德国手语**

　　　　　　否定
a.【原因　指代词₁　明白。】
'我不明白是为了什么。'

b.【指代词₁　悲伤　原因　属格₁　祖母　去世。】
'我祖母去世了，我很悲伤。'

英语也有类似的语法化现象，它的连词"because"是由系词"be"和名词"cause"组合在一起，最终语法化而形成的。

第二个例子来自美国手语，它解释了一个手语动词如何语法化为一个"体"标记。美国手语的实义动词【结束】也可以当作完成体标记（见本书第 9 章第 9.5.1 节）。也就是说，虽然【结束】在例 13-2a 句中是一个实义动词，但是在例

13-2b 句中，它跟另一个实义动词【写】组合使用，因此在例 13-2b 句中，它起到"体"助词的作用，是表示"写"这个动作已经完成了。

### ▍例 13-2　美国手语

a.【课　几乎　结束。】

'课程基本结束了。'

b.【故事 指代词₁　结束　写。】

'我写完了这个故事。'

拉玛语，一种尼加拉瓜美洲印第安语，它也有同样的语法化路径。与美国手语例词【结束】一样，拉玛语实义动词"atkul"的用法如例 13-3a 句所示，它的词义是"结束"。另外，从例 13-3b 句可见，"atkul"还可以和其他动词（如跟词义是"关闭"的拉玛语动词"aakang"）结合使用，表示该动词的动作已完成。但是请注意，与美国手语例句不同的是，"atkul"的语法化路径还包括了表 13-1 中所列出的步骤②，也就是说在发挥其"体"语法标记作用时，"atkul"已经语法化为一个附在动词之后的后缀，因为该句完成体标记之后，还有一个"时"标记。

### ▍例 13-3　拉玛语

a. tabulaak　tkeeruk　nsu-atkul-u.

　傍晚　　　坟墓　　人称 1 复数 – 结束 – 时标记

'我们今晚（挖）完了墓穴。'

b. dor　　y-aakang-atkul-u

　门　　人称 3 单数 – 关闭 – 完成体 – 时标记

'她把门紧紧地关上了。'

以上我们举例说明了我们认为与语言模态无关（所有语言都共有的）语法化路径。然而，确实还有一些有趣的语法化现象，它们似乎受语言模态影响，是某一模态语言所特有的。鉴于手语是视觉 – 空间语言这个事实，手语可以把手势和身体姿势融入它们的语法系统中，这是手语的语言模态赋予它们的独特可能。本书第 6 章第 6.8 节提到在许多手语中，摇头可以用作句子否定的唯一标记。当然，在听人社群里，摇头通常也是伴随听人话语的身势语（副语言）。但是在手语中，摇头的用法和分布与手语的句子结构紧密相连，它还受特定手语的语法限制。显然这说明，摇头在许多手语中已经具有了特定的语法功能，即它已经发生了语法化。

另外，在手语中，手控型非语言手势也可以发生语法化。指点手势就是一个典型例子，它在听人说话和指指点点时也经常被用到。在所有的手语中，指点手势都被用于各种语法功能（见本书第 5 章第 5.5.1 节），所以我们认为这是一个从非语言手势演变到语法成分（如代词）的手语语法化路径。除了使用食指的指点手势外，我们再提供另一个手语例子，即"掌心向上"的手势。在有声语言中，听人说话使用这个手势时，它通常是引出一个所指，或者在更为隐喻的层面上，是分享给会话对象一个想法。而在新西兰手语中，手势词【掌心向上】（既可用单手也可用双手打出来）可以实现各种相关话语功能：除其他功能外，它可以用在句子开头作为语篇标记（相当于英语句首的"Well…"），可以作为连词来连接两个分句，可以用在句末作为疑问小品词。它后两种用法的例句请见例 13-4。请注意，在例 13-4a 句中，【掌心向上】伴随着仿话口型 / 所以 /。对于它在例 13-4b 中的用法，我们可以认为这是手语者在某种意义上向会话对象提了一个问题。从这个意义上讲，此例中的【掌心向上】可标记话轮结束。

▎例 13-4　新西兰手语

　　　　　　　　　　 / 所以 /
a.【那里　没有东西　那里　掌心向上　我　那里　下一个　这　星期五。】
　'他们什么也没有，所以我说我下星期五会回来。'

b.【哪里　杰　掌心向上？】
　'（所以）杰在哪里？'

### 13.4.3　词汇化

在一个典型的语法化过程中，标记语法的成分来自于原本含有具体和实际意义的词。而**词汇化**则是指：一个原本意义非常抽象的成分，逐渐变成一个意义具体、词形确定、反复被使用的词。我们用例 13-5 中的北美语言来举例说明词汇化这种语言现象，其中例 13-5a 是卡尤加语，例 13-5b 是莫霍克语。

▎例 13-5　卡尤加语（a）莫霍克语（b）

a. te-ká:-the

　双的 - 它 - 飞 . 离开 . 惯常体

'飞机'（逐字翻译是：'它常常飞离'）

b. t-ahuht-a-né: kv

双的－耳朵－增量－不定式符号．系词．旁边．靠近．旁边

'兔子'（逐字翻译是：'两只耳朵并排立着'）

这两个例词，很明显从形态上看它们非常复杂，也就是说，两者的动词词干上都添加了数量标记、"体"词缀，或者被并入一个名词，使它们拥有更为具体的词义。例 13-5a 中的复杂单词，理论上讲，也可以指称另外一个（有两个翅膀）飞走了的物体，然而这个结构却专门用来表达"飞机"，它以这个具体词义和这个固定词形被收录于该语言的心理词库中。同样，例 13-5b 中单词的字面意思"两只耳朵并排立着"，其实它可以去指称任何有两只耳朵的动物（因为耳朵通常都是并排长着的），但是这个已经完成了词汇化过程，最后成词了的语言形式，它专指兔子。

手语中也有词汇化过程，甚至有人认为与有声语言相比，词汇化这种功能演变在手语更为常见。手语的词汇化通常与**类标记结构**有关，因为随着时间的推进，手语中的类标记结构将获得更加具体的含义。我们将用图 13-6 中的澳大利亚手语两个例词来解释说明手语词汇化现象。图 13-6a 是一个轮廓勾勒手势词（也称大小和形状限定词）。在澳大利亚手语中（其他手语中也一样），这个大小和形状限定词意义宽泛，可以指代许多不同物体（如窗子、镜子等）。尽管如此，它仍然有一个具体的实词意义，也就是说它是澳大利亚手语中的名词【图像/绘画作品】。

a.【图像/绘画作品】　　　　　　b.【见面】
（逐字翻译：'垂直平面上的方形物体'）　（逐字翻译：'两个细长的实体移向彼此'）

图 13-6　澳大利亚手语词汇化例词

图 13-6b 中的例词涉及另外一种类标记结构，也就是说它是由两个实体类标记组合而成（见本书第 9 章第 9.6.2 节）。该结构的组成成分原本的构成意义

是"两个细长的实体（如人）移向彼此"。该结构至少包含三个语素：一个运动语素、一个类标记手型，以及辅手（该辅手的运动和手型与主手，即类标记手型，完全一样）。然而，【见面】在完成词汇化过程后，具有一个非常明确的词义"见面"，该手势词不再被理解为具有复杂的形态句法意义。那么【见面】可以指超过两个人的见面，或者指两组人的见面，它甚至可以表达不涉及任何物理位移的见面（如表达"我们是在网上遇见的"这个意义）。

比较语法化和词汇化这两种语言现象，我们可以非常概括地说，语法化是一个实词成分演变为一个语法成分；而词汇化正相反，它是一个语法结构演变为一个有具体意义的实词。

以上例子表明，从跨语言视角看，手语的语言演变规律与有声语言其实非常相似。换句话说，从历时角度，手语和有声语言经历了同样的语言演变路径。实词成分有可能具有语法功能，而形态复杂的结构也可以成词进入手语词库，从而具有更加明确和特定的含义。然而请注意，手势和身体姿势也可以经历语法化过程成为标记语法意义的重要成分，而这是手语语言模态所特有的语言历时演变现象。

## 13.5 语言接触

### 13.5.1 手语与有声语言

在手语研究的第一阶段（从 1965 年到 20 世纪 70 年代后期），语言学家试图描述因手语和有声语言接触而导致的语言变体。一些研究者记录下了这种因接触而造成的**双言现象**，即在正式场合（如媒体、学校、政府、教会）总是使用一种特定语言变体，而在非正式场合（如家里、街上、商店里）总是使用另一种语言变体。就语言地位而言，不同的语言变体差异很大。对一些研究者来说，美国聋人或者使用美国手语，或者使用手势英语，这乍看似乎非常接近"双言制"，即手势英语是在正式场合使用的"语言"变体，美国手语是在非正式场合使用的语言变体。依照这个逻辑，那么美国手语就不是一门独立的语言，而研究者后来却对此据理力争。他们证明美国手语不是英语的一个变体，相反它是独立的语言，具有自己的语法和词汇。为了描述这些既不是手语也不是有声语言的变体，有美国研究者提出，一边是有声语言英语，另一边是美国手语，两者之间存在着一系列可能（即**连续统**），可能存在混合形式。从表 13-2 所示的连续统中可见，这个观点确实是将有声语言和手语看作两门独立的语言。

表 13-2　手语与有声语言的连续统

有声语言 —————— 洋泾浜手势英语 —————— 美国手语

在 20 世纪 70 年代，讲英语时伴随着打出美国手语的词汇，这种语言形式是洋泾浜语言，称为洋泾浜手语。术语"洋泾浜"是指发生语言接触的两组人群，母语不同，也不会对方的语言。然而，今天使用美国手语的美国聋人，他们不太可能对英语一无所知（至少就书面语来说），因此洋泾浜手势英语这个词不再贴切，推断有声语言和手语之间关系的连续统方法也并不适合实际情况。

手语和辅以手势的有声语言，对于这两者之间的关系，我们可以用另一种方式来思考。手势英语这种手势符号系统是指，将有声语言和手语合在一起使用。如图 13-7 所示，这些语言分属不同的**语言应用领域**，每种语言都有各自的语法、词汇和使用群体。

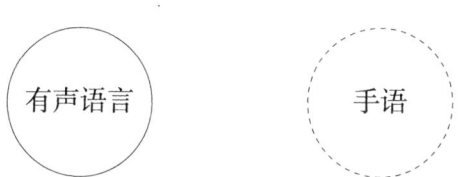

图 13-7　有声语言和手语的语言应用领域

如果两种语言的使用者相互接触，就会产生一种混合语言或"接触语"，请见图 13-8。

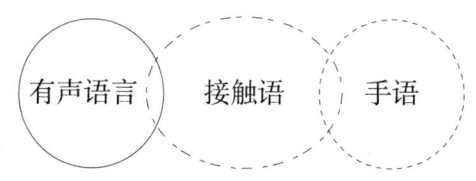

图 13-8　有声语言、手语，以及接触语的语言应用领域

如图 13-8 所示，许多手语中确实出现了这种情况。这些**接触语**通常会被冠以手势英语、手势俄语等称呼。这看起来似乎清晰简单，然而，有声语言和手语其实在语言模态、使用者、语法和语言地位等方面都差别很大。有声语言

是借助听觉来感知的，这对它们的语法结构是有影响的。正如本书之前所讨论的，有声语言结构主要是序列性的：语音和单词必须一个接续一个，以线性的方式发出，同样也是一个接续一个地被感知。手语则非常不同，它是一种视觉语言，手语语法也倾向于依据视觉原则。而视觉原则从根本上不同于有声语言原则。手语的视觉原则之一是同时性，这意味着手语的音系和形态等构成成分可以同时发出。如果使用者试图同时使用这两种语言，那么有声语言和手语在语言模态和语法上的差异，会令表达困难重重，冲突不断。例如，手语的某些非手控成分和空间特征可能会被删除。这就是为什么任何有声语言和手语的组合形式都不能被认作是一种语言。

这两种语言的混合有若干不同方式。如表 13-3 所示，接触语可分为三种形式。形式 1 最接近有声语言；形式 3 最接近手语；而在形式 2 中，有声语言和手语大概处于"均衡态"，两者的使用频率大致相同。请见表 13-3 对接触语的三种形式及其特点的概要说明。

表 13-3　接触语的三种形式及其特点

| 形式 1 | 形式 2 | 形式 3 |
| --- | --- | --- |
| 句子结构来自有声语言 | 句子结构来自有声语言 | 句子结构来自有声语言，但有时它的句子表达与手语表达的结构形式相同 |
| 词汇来自手语 | 词汇来自手语 | 词汇来自手语 |
| 具有有声语言的语法特征 | 具有手语的语法特征（空间定位、面部表情、动词） | 广泛使用手语的语法特征（仿话口型和自然口动、类标记、空间定位、面部表情、角色转换） |
| 句子中所有有声语言的单词都一一对应地打成相应手势词 | 只在可能情况下，才将单词和它对应的手势词一一对应地机械打出 | 语序主要依照有声语言，但没有机械的词语一一对应关系 |
| 每一个手势词都伴有它所对应的有声语言单词的仿话口型 | 大多数手势词都带有各自对应的单词的仿话口型 | 有些手势词已摆脱仿话口型 |

有些令人困惑的是，有时"手语"一词会被用来统称接触语的不同变体。如前所述，使用者选择哪一种变体取决于许多因素（见本书第 12 章）。当前的研究文献中还会使用**接触手势**一词，用它来表示有声语言和手语相互接触而产生的所有手势语的变体。

### 13.5.2 语码转换、语码混合、语码融合

**语码转换**是指会话时从一种语言变体转换到另一种变体，以适应情境变换、主题改变等动态变化。它既可以指一门语言中不同语言变体之间的切换，也可以指两种或更多种语言之间的切换。下面是一个语码转换的例句，它从荷兰语切换到英语："Gisteren was ik in Amsterdam. We had a nice dinner with friends from Spain"（我昨天在阿姆斯特丹。我们和来自西班牙的朋友吃了一顿丰盛的晚餐）。通常，这样的对话会出现在英语和荷兰语都很娴熟的两个朋友之间。**语码混合**是指在一句话之内的从一种语言到另一种语言的转换。由于各种原因，双语者或多语者在会话中经常出现语码转换和语码混合。这两种语言机制在聋人和听人的相互沟通中也发挥重要作用。针对手语和有声语言语码转换的研究揭示，不仅会话情境是重要因素，参与者的语言娴熟程度也是重要的因素，两者都会影响语码转换。

两种有声语言之间的语码转换，以及一种有声语言和一种手语之间的语码转换，这两种语码转换其实有一个关键区别，即在前一种切换中，两种有声语言的词语和句子等语言单位不可能被同时说出来。非常不一样的是，由于手语和有声语言发音体不同，会话者很容易打出手语的同时也说出有声语言。所以会话时这种不同语言的组合表达称为语码融合（译者按：香港中文大学的学者对此术语的译法是"语码截搭"），研究表明，在手语会话中，**语码融合**是一种很常见的策略，而序列性的语码混合似乎相对较少。就如表 13-3 所显示的，一种语言形式可能比另一种语言形式更占主导地位。例 13-6 是荷兰手语和荷兰语语码融合的例子，它包括了语码融合的不同类型。例 13-6a 句是一个非常简单的句子，两种语言的使用不分伯仲。例 13-6b 句，有声语言占主导地位，它使用词更多。而例 13-6c 句，手语占主导地位，手语用词更多。例 13-6b 和例 13-6c 这两个例句中，有声语言和手语各自的对方语言模态（即手语和有声语言）都只取了一个单词成分。例 13-6d 这个例子很有趣：每个手势词都伴随一

个荷兰语单词，但是两种语言表达的内容其实并不完全一样。请注意：荷兰手语动词【射击】比荷兰语动词"杀"更为具体。然而，与此同时，射击并不一定意味着杀死。因此，在这个例子中，两种语言都不占主导地位。

▎例 13-6　荷兰手语与荷兰语的语码融合

　　a. 手语　　　　　【书　取】
　　　有声语言　　　书　取
　　　句义　　　　'我要去把书取回来。'
　　b. 手语　　　　　　　　【落下】
　　　有声语言　　　它　要　落下了
　　　句义　　　　'它快要落下了。'
　　c. 手语　　　　【指代词　外套　蓝色】
　　　有声语言　　　　　　　　　蓝色
　　　句义　　　　'他有一件蓝色的外套。'
　　d. 手语　　　　【警察　其他　人们　射击】
　　　有声语言　　　警察　其他　人们　杀
　　　句义　　　　'警察击毙了其他人。'

在这种双语环境中，语码融合的不同变异类型经常出现，通常它被称为**双模态双语现象**。

### 13.5.3　手语之间的语言接触

　　在这一章中，我们看到语言并不是彼此孤立的，也不是静止不变的。相反，语言容易发生演变，这种演变可能是它们与其他语言相互接触的结果。一门手语既会受到其他手语的影响，也会受到它所在地区有声语言的影响。

　　一种语言与其他语言接触而产生的语言演变主要反映在它的词汇上，本节和下一节都将重点讨论反映在词汇上的演变。把另一种语言里的词语融入自己的语言词汇中，称为**词语借用**。那些借词或外来词，通常可以通过它们特别的发音被识别出来。例如，外来词的发音中可能有一个特殊的语音成分，而它所借入语言的音系中找不到这个语音。英语"think-tank"（智囊团）就是这种情况，该词被借用到许多语言中，但是它的辅音 /th/ 并不是其他语言音系中的一部分，因此，"think-tank"很容易被认出来是个外来词。然而，随着时间的推移,外来词可能会经历语音演变,它们外来词的特征就不那么明显了。例如,英语单词"fact"是源自拉丁语"factum"的外来词,但它现在已经是英语词汇中必不可缺的一员。

手语也有词语借用现象,所以手语中也有**手语借词**。其中一个例子就是瑞典手语的【语言】,它已经被英国手语所借用。另一个例子是美国手语的【树】(见图13-9a),其中的手势词【树】已经被借用到许多不同手语中,通常与当地表示"树"的手势词共存。中国香港地区的手势词【凤梨】来自中国台湾地区,请见图13-9b,在欧洲的手语中并没有这个中国手语借词,这说明地区接触是非常重要的。

a. 美国手语【树】　　　　　　b. 中国香港地区手语【凤梨】

图13-9　美国手语(a)和中国香港地区手语(b)例词

图13-10a西班牙手语的【自信】看上去似乎是从图13-10b的英国手语借来的,因为两者发音非常相似。有趣的是,这个西班牙手语的借词包含与指拼字母C对应的🤏手型,尽管西班牙语表示"自信"的单词是"autoestima",它并不是以C开头。目前一些西班牙手语者开始使用与指拼字母E(来自西班牙语单词"estima")相对应的手型来打这个借词,这表明西班牙手语正在将这个借词的词形加以修改,并融入它自己的词汇里(虽然🤏手型也是西班牙手语音系的一部分)。

有一种特殊类型的借词,它借自其他手语,但也对该词形做了部分修改。以芬兰手语的借词为例,芬兰手语【异性恋者】一词,其手控成分与美国手语【异性恋者】相同。然而,它非手控成分跟美国手语不同。芬兰手语的【异性恋者】,非手控成分即嘴巴的形状,是模仿芬兰语单词"异性恋者"的口型。

a.【自信（西班牙手语）】　　　　b.【自信（英国手语）】

图 13-10　西班牙手语（a）和英国手语（b）例词

聋人教育一直为语言接触提供重要支持，因而它也是手语借词出现的原因之一，正如我们前面对英国手语、澳大利亚手语和新西兰手语的讨论。以色列手语中有许多来自德国手语的借词，这是因为该手语受德国教师马库斯·赖希影响（见本书第 14 章第 14.3 节）。中国台湾地区手语中有来自日本手语的借词，据估计，中国台湾地区手语和日本手语词汇重合超过 40%。中国台湾地区这种方言手语里还有非常多的中国手语手势词。

因纽特手语是加拿大北极地区努纳维特部分区域使用的手语，该地受到美国手语影响，因为在那里加拿大的聋人教育使用美国手语。所以从图 13-11 中我们可以看到，因纽特手语【男孩】【水】与美国手语是完全一样的。

a.【男孩】　　　　　　　　　b.【水】

图 13-11　因纽特手语中的来自美国手语的借词

在某些情况下，当地原住民最早期使用的手语由于过度语言接触而遭受语言侵蚀。因纽特手语就是如此，因为在那里的加拿大聋人学校越来越多地使用美国手语，这使得因纽特手语不断遭受侵蚀。在牙买加，同样也是因为聋人学校都使用美国手语,牙买加当地手语几乎消失了。在极端情况下,这样的语言接触甚至可能导致语言消亡。

在国际集会上,使用不同手语的人迫切需要能够彼此交流与理解,这使得**国际手势**愈来愈多地被采用为沟通语言。这种语言变体形式是将各种手语混合在一起使用,美国手语词汇通常占主导地位,但也有英国手语和其他手语的词。例如,表示国家和城市等的手势词,它们是经常被用到的手语借词,这些词借自当前所讨论的国家或城市。以希腊手语为例,图 13-12 就是希腊手语的【希腊】一词被用在国际手势中。从语法方面看,国际手势较少使用仿话口型,但是它使用较多的自然口动,这些自然口动可发挥副词的作用。此外,打国际手势时,使用者所用到的手势空间范围通常会更大些。

图 13-12　希腊手语例词【希腊】

与许多人的想象不一样,其实并没有"国际手语"这一说法。相反,只有"国际手势",而国际手势也取决于手语使用者所采用的词汇。对国际手势的语法人们几乎没做什么研究,所以当前我们所知甚少,无法去评判国际手势在多大程度上利用了其他手语,如美国手语或英国手语等的语法规则,或者它在多大程度上也有一套自己的语法。世界聋人联合会在 2007 年马德里大会上明确提出,国际手势不是一种语言,因为它并不是拥有自己专属词汇和语法的自然语言。尽管如此,国际手势仍然是一种日益常见的沟通方式,来自不同国家的聋人可以在需要用和想用它的时候,来使用它。

### 13.5.4　手语与有声语言的接触

手语的借词不仅仅来自其他手语,也有一些手语借词是在有声语言影响下产生的。以荷兰手语为例,请见图 13-13 手势词【蓝色】。

图 13-13　荷兰手语例词【蓝色】

这是一个**指拼**手势词，它按照荷兰语单词"blauw"（蓝色）指拼而来，即它是从荷兰语借词而来：它初始的手型是 手型（代表字母 B），然后变成了 手型（代表字母 L）。其余的字母没有用手型表示出来，但是从 B 到 L 的过渡可以看到手腕旋转的动作，这是荷兰语手指字母表上字母 U 的一个发音特征。像其他手语借词一样，这类基于指拼的手语借词通常也是按照其借入语言的音系规则来调整借词的发音，它主要有以下几种语音调整策略，请见表 13-4。

表 13-4　借词的语音调整策略

- 省略一个或多个指拼字母
- 改变位置、运动、朝向
- 改变一个或多个手型
- 增加另一只手为发音器官
- 增加非手控表情体态成分

手语借词也可以来自有声语言的书写系统，对于这一类借词，已有研究表明，中国台湾地区就有这类"汉字手势词"，也就是说，其手势词是模仿汉字的外形。以中国台湾地区手势词【人】为例，它是由两个 手型指尖轻触模仿汉字"人"。基于指拼的手势词也会经历词义演变。以美国手语手势词【不】为例，它是由手指字母 N 和 O 组合而成，但它并不是意义为"不"的否定小品词；相反，借入到手语后它用作动词，意思是"说-不"。请注意，这个 N 和 O 的双字母手势串，语音弱化了很多，以至于剩下的其实是一个简单词形，在这个词形中，食指和中指轻触拇指。

有声语言本身也会影响一个手势词，**仿话口型**是有声语言影响手势词的最明显例子。一些手势词会伴有仿话口型，即它需要一边打手势词，一边作出与词义相关的口部动作。也就是说，手语者的嘴唇和口部动作是直接模仿其周围有声语言单词的发音（或部分发音）。例如，打英国手语【结束】一词时，要同时配上仿话口型，即英语的"fs"；打英国手语【关上】一词时，要同时配上仿话口型，即英语的"off"（见本书第 11 章第 11.6 节仿话口型的作用）。当手语周围的有声语言不止一种时，就会出现一个有趣的情况。以因纽特手语为例，因纽特人彼此沟通交流时，因纽特语和英语都被广泛使用，因此，因纽特手语的手势词，它的仿话口型既可以是来自因纽特语单词的发音口型，也可以是来自英语单词的发音口型。

手语中还有许多**仿译词**，例如，模仿有声语言中词语的词形，把该词形借用并翻译到手语中。以中国香港地区手语为例，词义是"牛仔裤"的这个手势词，就是从汉语复合词"牛仔裤"仿译而来。汉语复合词"牛仔裤"包括三个汉字："牛""仔"（意思是"小孩"）和"裤子"。从图 13-14 中可见，虽然仿译而来的手势词当中并没有借用汉语复合词的第二汉字"仔"，但是显然中国香港地区手语复合词【牛＾裤子】就是基于汉语。

【牛】　　【裤子】

图 13-14　中国香港地区手语中的仿译词

综上，我们看到，手语的演变既可以是它与其他手语相互接触的结果，也可以是它与有声语言相互接触的结果。请注意，有一点非常重要，不同手语受其周围有声语言的影响，可能情况会各不相同。如果一个地方的手语受到了更加严重的有声语言影响，这通常是因为当地的聋教育使用了口语教学法（见本书第 14 章第 14.3 节）。

## 小结

聋人社群一出现,手语几乎也就随之而生了。然而,直到18世纪我们才开始看到关于法国的手势词用于教育的一些记载。从19世纪开始,我们才获得一些手语的不同手势词的照片和摄像片史料。与有声语言一样,手语也有**语言谱系**。我们可以利用**词汇统计比较法**来弄清楚手语之间的亲属关系。随着时间的流逝,手语会在各种因素的诱发下而呈现语言演变现象。语言演变有不同的研究视角:**历时语言学**关注时间推移下的语言演变,而**共时语言学**则揭示在特定时间点下的语言系统。在手语中,语言演变也是发生在不同的语言学层面上:**词汇演变**的诱因可能是技术进步;**语音演变**的原因通常是为了让手语发音或手语语音识别更加便捷。手语中也有**形态演变**。最近才出现和形成的**尼加拉瓜手语**是语言演变的有趣实例。

随着时间推移,手势词的功能也会发生演变。**语法化**的特点是有实际意义的实词成分转变为语法成分。一个单词或手势词的语法功能演变历程,称为**语法化路径**。在这条路径上,单词和手势词会发生**语音弱化**。而相反的演变历程,即从语法结构转变为实词成分的演变过程,称为**词汇化**。在手语中,涉及词汇化过程的语言单位通常是手语中的**类标记结构**,当类标记结构拥有了一个更加具体的意义时,它就完成了词汇化。

当谈到手语和有声语言的使用和接触关系时,研究者看法不一:起初有人认为手语和有声语言是**双言现象**,然后有人认为两者是**连续统**,后来有人提出两者的关系可解释为有交叠的**语言应用领域**。不同语言发生接触且由此产生的语言形式通常称为**接触语**,或者就手语的语言接触情况来说,可以将最后的接触形式称为**接触手势**。**语码转换**是指会话过程中,会话者从使用一种语言变体或一种语码切换到使用另外一种语言变体或语码。所以语码转换既可以指一种语言之内的不同语言变体之间的切换,也可以指两种(或更多)语言之间的语码切换。**语码混合**是指发生在一个句子之内的语码转换。**语码融合**是指会话时,在打手势词的同时,会话者同步说出该手势词所对应的有声语言的单词。语码融合经常出现在**双模态双语现象**中。与其他手语的接触会导致一门手语发生演变，而演变最常反映在手语的词汇上：**手语借词**就是词汇演变的例子之一。有时手势词的完整词形被**借用**到另一门手语中，但有时它们的一部分词形在借入语中得到了调整和修改。当那些打不同手语的人需要互相交流时，他们可以借助**国际手势**这种沟通方式。国际手势须从不同手语中借用手势词，大家通常认为国际手势并不是一门自然手语。一门手语的词汇也会受到有声语言（包括其书面形式）的影响。有声语言的影响主要反映在这几类手势词上：基于**指拼**的手势词、伴有**仿话口型**的手势词，以及**仿译词**。

## 自测

1. 历时语言演变和共时语言变化有什么区别？
2. 为什么英国手语、澳大利亚手语和新西兰手语属于相同语系，而美国手语和英国手语却属于不同语系？
3. 请问语言演变受哪些因素影响？
4. 请问语码转换和语码融合有什么不同？
5. 请问为什么不可以把国际手势称为国际手语？

## 任务

1. 在俄罗斯，手势俄语的语言地位要比俄罗斯手语更高。请你解释为什么会有这种情况？
2. 请你在以下网址 http://www.spreadthesign.com/ 查找属于手语之间词语借用的例词，即请你找出手语中的借词。请解释你为什么认为它们是手语借词？
3. 在美国，白种人和打美国手语的非裔美国人，尽管双方都打美国手语，但他们所使用的手势词有时并不一样。请你说明为什么会这样？
4. 在中国香港地区，一些手势词在历经几代人使用后，逐渐发生了语言演变。请问下图中的手势词【鱼】究竟发生了哪些演变（从第一阶段到第四阶段）？请说明在何种语言学层面上该手势词发生了演变？

阶段 1　　　　　　阶段 2　　　　　　阶段 3　　　　　　阶段 4

5. 在西班牙手语中，手势词【时间】有两种词形：一种是较年轻的手语者（左图）所使用的，另一种是较年长的手语者（右图）所使用的。请问这种语言变异是否会使西班牙手语将来发生语言演变？

## 参考文献和拓展阅读

　　McBurney（2012）讨论了手语的语言谱系。McKee, Kennedy（2000）和 Johnston（2003a）揭示了更多有关英国手语、澳大利亚手语和新西兰手语三者亲属关系的内容。Schermer, Vermeerbergen（2004）研究了荷兰手语与佛莱芒手语的亲属关系。Woodward（2000）比较了越南手语和现代泰国手语。对于在手语比较研究中使用斯瓦迪士核心词表等，请参见 Hendriks（2008）对此的批判性讨论。

　　Armstrong, Wilcox（2007）和 Pfau（2012）讨论了手语演化的普遍规律，包括人类语言起源的手势说。Fischer（1975），Frishberg（1975）和 Rimor 等（1984）讨论了美国手语的历时演变。Woll（1987）讨论了英国手语的历时演变。Schembri, Johnston（2012）总括性地探讨了不同手语的历时演变。尼加拉瓜手语词汇和语法的具体演变，以及尼加拉瓜手语的最终形成，可参考 Senghas（1995）和 Kegl, Senghas, Coppola（1999）。Sandler 等（2005）和 Senghas（2005）研究和记录了艾尔赛义德贝都因手语的出现。关于新兴手语的探讨，还可参见 Meir 等（2010b）。

Hopper, Traugott（1993）和 Heine, Kuteva（2002a）研究了有声语言的语法化和常见的语法化路径。Sexton（1999）专门讨论了美国手语的语法化问题。Pfau, Steinbach（2006a, 2011）概述了不同手语的演变规律，他们还比较了手语和有声语言历时演变的异同。Wilcox（2004），Van Loon, Pfau, Steinbach（2014）研究了手语中的手势的语法化，而 Pfau（2015）专门研究身体姿势"摇头"的语法化问题。Johnston, Schembri（1999），Zeshan（2003a），Zwitserlood（2003）研究了手语中的词汇化问题。关于手语的语法化和词汇化，还可参见 Janzen（2012）。

Lucas, Valli（1989）研究了美国手语的语言接触。Schermer（1990）讨论了荷兰手语的语言接触。Sasaki（2007）探讨了日本手语与中国台湾地区手语的语言接触。Meir, Sandler（2008）研究了以色列手语中的语言接触问题，更概括性的讨论可参见 Adam（2012）。Brentari（2001）主编的书籍章节中，有关于不同手语中的借词的讨论。Stokoe（1970）研究了手语中的双言制现象。Woodward（1973a）描述了手语和有声语言的连续统。Woodward（1973b）介绍了术语"洋泾浜"，并以此描述手语和有声语言语之间的关系。Smith（2005）介绍了中国台湾地区手语使用的详细情况。Adam（2012）和 Stone（2012）分别从语言学特点和手语传译等角度，介绍了国际手势。

本章中，美国手语的例子选自 Frishberg（1975），Klima, Bellugi（1979），Baker, Cokely（1980），以及加劳德特大学出版的美国手语词典（Valli, 2005）。荷兰手语的例子来自 Schermer（2003）和 Schermer 等（2006）。法国手语的例子改编自 L'Epee（1784）；英国手语的例子取自 Kyle, Woll（1985），Woll（1987）和 Vinson 等（2008）。芬兰手语的例子来自 Vivolin-Karén, Kaisa（2003）。西班牙手语的例子选自 Fundación CNSE（2003b）的西班牙手语心理健康术语表，以及 Minguet Soto（2001），其研究是基于 Fernandez Villabrille（1851）历史资料中的例子。德国手语语法化的相关例子改编自 Pfau, Steinbach（2011）。美国手语语法化的相关例子选自 Isenhath（1990）。新西兰手语的例子则来自 McKee, Wallingford（2011）。澳大利亚手语词汇化的例子选

自 Johnston, Schembri（1999）。语码融合的例子来自 Baker, van den Bogaerde（2008）所汇报的荷兰语和荷兰手语研究，例句被我们翻译为英语。中国香港地区手语的例子是由香港中文大学提供的。中国台湾地区的仿字手势词可参见 Ann（1998）。至于本章的有声语言数据，拉玛语的例子来自 Heine, Kuteva（2002b）。卡尤加语的例子来自 Zeshan（2003a）。莫霍克语的例子来自 Zwitserlood（2003）。

# 第 14 章 双语制与聋人教育

贝皮·范登博哈尔德、马尔约莱因·比雷和康妮·福特根斯

## 14.1 引言

伊尔德方索出生在墨西哥，他的父母、兄弟姐妹就像周围的其他人一样，全部是听人，而他是聋人。跟他的兄弟姐妹不同，他没有上学，所以当他成年后去美国时，他不会阅读，也几乎不知道如何打手语。没有人能教他，他是一个没有语言的人。伊尔德方索后来在学校遇到了一位愿意费力教他手语的手语翻译员，他没有语言的情况才得到改变。伊尔德方索过了很久才明白事物是有名字的，才明白世界上有"语言"这种东西。

对过去的大多数聋人来说，伊尔德方索的命运并不罕见。对世界上许多其他聋人来说，这可能仍是事实。在那些并非全部儿童都接受教育的国家，特别是当那里没有聋校时，聋人和重听人往往是在孤单中长大。事实上，这些特定对象很少或没有机会习得语言，无法发展，这样的事实可能会导致他们的语言被剥夺（见本书第 3 章第 3.2 节）。

本章将讨论聋人教育，重点是聋人的双语教育。第 14.2 节概括介绍双语社群；第 14.3 节讨论聋人双语教育，我们将描述聋人教育的历史和介绍不同形式的双语教育。

## 14.2 聋人双语社群

经常使用两种语言的人称为双语者。**双语社群**有多种类型,一般说来,我们可以把它分为以下三种类型(见图14-1)。

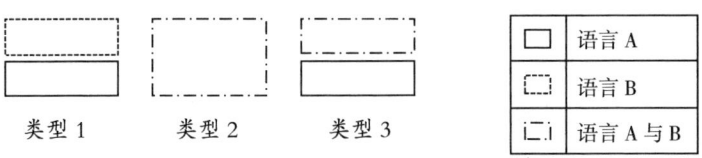

**图14-1 三种双语社群的图式表征**

图14-1表明,一些社群里有两种或多种语言被使用,但几乎每个人都是单语者(类型1)。例如,比利时就是这样的情况,比利时的官方语言有很多种,但这里大多数人或使用荷兰语,或使用法语,或使用德语。然而在其他双语社群中,几乎每个人都是双语者(类型2)。一个典型例子是南非,在那里几乎所有居民经常使用不止一门语言。最后,还有一些社群,他们当中有一部分人是双语者,另一部分是单语者(类型3)。澳大利亚就是这样的双语国家,在那里即使大多数居民都只说英语,但是也有许多人群在说英语的同时也使用其他语言,如土著语言或意大利语。

聋人经常见面的社群通常是第三种类型(即类型3)的双语社群。例如,在法国大多数人只会法语,但是一小部分人(其中包括大多数聋人)是既会法语也会法国手语的双语者。印度尼西亚的巴厘岛有一个村庄,在那里大多数听人是双语者(使用当地有声语言和当地手语,即卡塔科洛克手语),而大多数聋人居民是单语的。也就是说,我们正应对一种不同情形的第三种类型(即类型3)。这种情况出现是因为这个村子里聋人太多了。聋人村民不去上学,因此他们中的大多数人没有学习有声语言,而听人社群成员常常与聋人接触,学会了手语。在美国的玛莎葡萄园岛,曾经出现过第二种类型的双语社群。那时当地居民失聪情况非常普遍,以至于每个人,包括聋人和听人,都会用当地的手语,即玛莎葡萄园手语(现在已绝迹)。除了这种手语之外,那里的聋人和听人也都使用英语。

在跟另一位双语者对话时,听人双语者可以选择使用语言中的一种或另一种。聋人双语者,如果他们使用的双语是一种手语和一种有声语言的话,那么他们的情形与听人双语者是不同的。对聋人来说，使用手语和使用有声语言差别很大。他们可以毫不费力地与另一位聋人使用手语，但是很显然，他们有声语言使用的情况并非如此，因为有声语言对他们来说并不容易获得或驾驭。不过，聋人在与其他双语者交谈时，他们并不总是选择使用手语。就像熟练掌握手语的听人一样，他们也经常借助本书第 13 章第 13.5.2 节所讨论的语码融合。

聋童通常是在双语环境长大，但他们的情况不同于听人双语儿童。听人双语儿童通常从父母那里学习他们的第一语言，在许多文化中，是先从母亲那里学，这就是为什么第一种语言经常被称为母语。在大多数情况下，第一语言是一个人最了解或使用起来最得心应手的语言。双语儿童既可以在成长中同时接触和学会两种语言，也可以稍晚再学会第二种语言。因为许多聋童并不是从他们（听人）父母那里学习手语（见本书第 3 章），所以**首选语言**这个术语更适合他们的情况。通常，他们的首选语言是手语。聋童的第二语言是他们出生以来所在社群的有声语言。如上所述，聋童习得有声语言这种第二语言是困难的，因为语言资源的通达有障碍，他们或听不到，或很难接触到，即使接触到也不容易学会。研究显示，有声语言的声音只有三分之一可借助看嘴唇形态或嘴巴大小而感知。大多数聋童必须学习他们国家官方语言的书面语，对他们来说，他们遇到的困难比听人儿童多，因为聋童几乎没有什么基础，他们（听不到）无法建立"声音"和"代表声音的字母"这两者之间的关联。

想学好两种语言，必须要有丰富的语言环境。跟听人双语儿童相比，聋童往往是在更糟糕的语言环境中长大。大多数聋童（90%～95%）的父母是听人，这些父母尚且需要去学习手语，如果他们真的愿意费力去学的话。因此，幼年的聋童很少能接触到打手语的人，更少接触到手语娴熟、自然的手语母语者。所以聋童接受手语输入的机会要少得多，无论是来自专门导向他们的语言输入，还是来自他成长环境中的任何语言。

## 14.3 聋人教育

### 14.3.1 聋人教育的历史

我们所知道的关于聋人教育的历史大部分来自欧洲。在 16 世纪，聋人的第一位老师大概是佩德罗·庞塞·德莱昂（1520—1584，见图 14-2）。他和他的后继者负责教育西班牙德委拉斯开兹（De Velasquez）家族的聋童。他们教育的重点是帮聋童学会说话，因为在那个年代，西班牙法律规定不会说话的人也不享有什么权利。德委拉斯开兹家族不想让自己的家业、财产旁落他人，为了让家里的聋童后嗣们被认可为合法继承人，他们决定家里的聋童必须学会说话。

图 14-2　佩德罗·庞塞·德莱昂

强调会说话在一个世纪后依然威力不减。那时一位瑞士医生约翰·康拉德·安曼（1669—1724）宣称，学习说话在基督教传统中至关重要，因为人是按照上帝的形象塑造的，只有说话才能使一个人成为真正的人。这一时期人们对手势略有一些使用，但主要是以指拼的形式，而且人们使用它是为了辅助有声语言的学习。

从 18 世纪下半叶开始，聋校在整个欧洲建立并发展起来。聋人教育是欧洲特殊教育早期形式中的一种。创办聋校的教师往往是受到基督教价值观，如慈善等的激励，他们的主要目标是把聋童培养成基督徒，并教会他们一门手艺。在欧洲殖民和传教盛行期间，这些最盛行的聋人教育形式就从欧洲传遍了全球。

自聋人教育开始以来，就一直存在着**方法之争**，延续至今。聋童从单纯的口语教育中获益最多吗？他们就此学会了看懂说话，自己也可说话了吗？还是手语应该在他们的教育中发挥作用？

在 18 世纪，欧洲聋人学校教育的主要特点是使用手势符号，但是手势符号依然主要用于教聋人学会用当地的有声语言去说、去读、去写。大约 1760

年，查尔斯·米歇尔·德莱佩（1712—1789）在巴黎创办了一所聋童学校，他开创的"法式教学法"在大多数聋人学校使用了一个多世纪。他创立了一个把法国手语和自创手势相结合的手势符号系统（另见本书第1章第1.4节），借助这个系统，法语语法的方方面面都变得清晰可视。此外，他还借助法语手指字母。德莱佩接待了许多来自欧洲其他国家甚至来自美国的来访者。他愿意与其他人分享自己的方法，这与其他聋校的教师不同，其他聋校的教师更喜欢将自己的方法保密。亨利·丹尼尔·盖约特（1753—1828）访问巴黎后，于1790年在荷兰建立了第一所聋人学校；托马斯·霍普金斯·加劳德特（1787—1851）也在访问后于1816年在美国建立了第一所聋人学校（见图14-3）。

盖约特和加劳德特都与德莱佩有过接触，这或许可解释为什么荷兰手语和美国手语都与法国手语的那些较古老形式有关联。德莱佩以前的聋人学生路易·洛朗·马里·克莱尔被加劳德特请到了美国，成为聋校校长，因此法国手语的影响是显而易见的（见本书第13章第13.3节）。在那个时代，成年聋人在教育中经常扮演教师或助教的角色，他们是聋童学习语言的榜样。

**图 14-3 托马斯·霍普金斯·加劳德特和爱丽丝·科格斯韦尔**
（此雕塑创作者是美国雕塑家丹尼尔·切斯特·弗伦奇）

通常，欧洲之外的教育机构反映着欧洲的发展。如前所述，欧洲或美国传教士把聋教育传到许多国家。在南非、爱尔兰、荷兰和德国的牧师和传教士们创办聋校，把口语和手势结合起来教学。这不仅将其他地方的教学方法引入到当地，也促成了语言接触（见本书第13章第13.5.3节）。在以色列，聋教育是在德国教师犹太人马库斯·赖希的影响下开始的。1873年，赖希在德国建立了一所犹太聋童学校；1932 年，他学校的老师们在耶路撒冷开办了一所聋童学校。除了将手势符号系统用于教学外，德国手语和其他国家的移民手语也被使用。但是无一例外，这些学校的主要目的是教口语。在中国台湾地区，聋校是 19 世纪末日本侵占时设立的，它使用的是日本手语的手势符号，所以中国台湾地区手语词汇里仍有一些日本手语的影子。

尽管人们热情地采纳和传播了"法式教学法"，但是当时也有人提倡更加口语化、甚至完全口语化的聋人教育。德国的萨穆埃尔·海尼克（1723—1790）与德莱佩交流过聋人教育的最佳方法，两人曾有过密切的书信往来。海尼克和其他德国教师想教会聋人说话，但并不求助于打手语的方法。他们所谓"德式教学法"在整个 19 世纪吸引了越来越多的支持者。第二届国际聋人教师大会（它更为人所知的名称是"1880 年米兰会议"）标志着教学方法之争的暂时结束。大众普遍接受了手势符号会限制话语学习的观念。这次会议之后，大约一百年的时间里，口语法或"纯口语训练法"都在聋童教育中占主导地位。聋童必须学习他们国家的有声语言，会用它来阅读和写字。

一百多年的相对平静之后，欧洲和美国的聋人教育在 20 世纪最后数十年开始发生变化。造成这种变化的原因来自 3 个方面：口语法的聋教育结果令人失望、社会变化和科学发展。在普通语言学研究领域，手语受到越来越多的关注。手语被证明是一门自然语言，而不是哑剧升级版（见本书第 1 章），而且越来越多的证据清晰证明了手语习得与口语习得是相似的（本书第 3 章）。

在教学法和心理学领域，父母和儿童早期沟通互动的作用得到越来越多的关注。正因为此，在父母咨询服务中，关注父母和儿童的沟通质量而不是沟通的语言形式的父母越来越多。为了儿童社会情感健康发展，父母和儿童建立良好关系至关重要，教育者应千方百计地保证这一点。研究表明，大多数儿童从小就学习两种语言毫无问题，所以人们对双语的接受度普遍升高。另外，大多数聋童长大后都是双语者。研究者认为聋童本质上并没有语言问题，他们也有能力成长为双语者（见本书第 14 章第 14.3.2 节）。

与此同时，少数群体的解放运动改变了聋人的残疾观念。聋人越来越认同自身是**文化**上的**少数群体**，把当地手语作为自己的母语。像其他少数群体一样，他们主张自己有权使用更青睐的语言，以手语来接受教育。

这些发展对世界许多地方的聋童教育产生了相当大的影响。在 20 世纪 70

年代，综合交流法作为一种新的聋教育方法在美国出现。这种方法基于这样的理念，即聋童具有正常的发展潜力，成功教育的前提是建立聋童与环境之间强大而自然的互动。为了实现这种互动，良好的沟通必不可少，因此聋教育应该允许所有沟通形式，包括声音、面部表情、指拼、书写、图片、辅助性符号和手势、手势符号系统，以及手语语言。在综合交流法的背景下，手语慢慢地（重新）引入聋人教育中。教育目标是达到本国有声语言的最佳（说和）写的能力，为实现这个目标，教育中主要使用手势符号系统（见本书第1章第1.4节）。人们认为通过这种方式，有声语言的语法结构变得清晰可见，聋童更容易接受和理解。虽然使用了手势符号，但综合交流法指导下的聋人教育，实际上仍然是单语性质的，因为它的教育目标是学会本国有声语言，手势符号系统仅用于辅助有声语言的学习。

尽管人们对聋人教育的这些变化寄予很高期望，但是综合交流法下的学校教育成果仍然令人失望。特别是，聋童的阅读能力并没有提高。虽然它对聋童社会情感发展具有积极的影响，但这也可能是年幼聋童的听人父母当时更加重视父母咨询服务的结果（见本书第3章）。

20世纪80年代前后，更多人支持聋人教育应采用双语的方法，也就是说，有声语言（书面语）和手语应在课程设置中都占有一席之地。此时，瑞典起了主导作用。1981年瑞典政府正式承认聋童有权使用其第一语言（即瑞典手语）接受教育，瑞典语（书面语）可以作为第二语言来学习。丹麦同样也将双语教育作为国家政策。在欧洲，迄今为止很少有国家能够像斯堪的纳维亚国家这样。

事实上，聋教育的国际图景仍然参差不齐。20世纪90年代以来的技术发展使情况更加复杂化，越来越多的聋童在越来越小的年龄开始接受人工耳蜗植入（见本书第3章第3.5.4节）。现在许多国家的讨论集中在人工耳蜗植入后手语所发挥的作用：这些年幼聋童应该在双语环境中接受手语输入，还是他们的成长中应该只使用有声语言？是否应该把手语用作第二语言，给予聋童手语输入？的确，同时提供有声语言和手语语言可以确保聋童得到与其年龄相称的语言能力发展。另外，双语教育还可以为聋童提供接触聋人社群的机会，为聋童将来决定自己的身份认同提供便利条件。这对人工耳蜗植入也不能完全帮助到他们的聋童来说是非常重要的。当然，从另一方面看，虽然归功于人工耳蜗，年幼聋童可以充分接触有声语言，但是这时他们恐怕并不总是有动机去习得手语了。

教育政策的总体趋势和变化对聋人教育也有影响。一些国家认为，所有有特殊需要的儿童都有权接受**融合教育**，即有权进入**主流教育**。因此，以挪威和荷兰为例，父母可以为他们的聋童选择一所受财政支持，或者有特殊教学资源配备的主流普通学校。所有有特殊教育需要的儿童都可以接受主流教育，通常专门人才中心会对他们的教育给予支持。在英国和意大利，主流化教育的结果是几乎所有聋校都关闭了。在希腊，希腊手语在 2000 年得到正式认可，虽然他们只是偶尔有手语翻译员，但是几乎所有的聋童都接受了主流教育，不论他们得到或没得到特殊支持。在主流教育中，往往只有有声语言是交流手段，没人教授手语。

在其他国家，聋校仍然存在，但这些学校采用的语言政策是多样化的。例如，在比利时的佛兰德地区，大多数聋校都是口语教学，仅使用有限的手语。尽管俄罗斯手语在 2012 年已被正式认可，但是仅有一所莫斯科单语口语学校在 1995 年开办了一些双语课程，而其余学校仍然维持口语教学。在南非，甚至在同一省内，既有双语学校，也有口语学校。

由于经济原因，一些国家人工耳蜗植入并不普及，所以这里的聋校提倡发展双语教育。乌干达、坦桑尼亚、巴西等国家也出现了聋人双语教育的情况。通常，这是聋童的父母或聋人社群倡议的结果。

### 14.3.2 双语教育

从前文讨论可见，聋人教育的形式极其多样，变化迅速。虽然聋童多是双语者，但这并不意味着双语教育得到普及。术语**双语教育**是指在课程设置里手语跟该国有声语言的口语和书面语一样，都有自己的位置，都是要学习的科目。听人儿童的双语教育形式多样，但聋童的选择更为复杂。

聋人双语教育中的两种语言其中一种是有声语言，聋童不容易，甚至无法获得对有声语言的无障碍理解与掌握。所以聋人双语教育必须明确的基本决策之一是**有声语言的作用**。对于有声语言，聋童具有说话和看懂口语这类跟口语表现相关的技能就足够了，还是具有娴熟的书面语能力（阅读和写作）就足够？20 世纪 80 年代初，瑞典聋校的决策是强调阅读和写作，因为学习说话和看懂口语要花费大量课程时间，结果却通常很差。而且，瑞典聋人可以借助手语翻译员，瑞典话的感知和流利产出能力并不是聋人融入社会的先决条件，话语流利度的训练只在自愿的基础上进行。然而其他很多地方（如荷兰、美国、南非）的聋校却作出不同的选择和决定。话语流利度在它们的课程设计中占据比例，而且与阅读和写作一样得到重视，这种决策是因为人们认为使用有声语言口语有助于聋人参与社会，也是因为手语翻译员资源有限。此外，更高的话语流利度似乎对学习阅读有积极影响，尽管这并非必要条件。事实上，瑞典近年已改变了政策，它们当前的课程设置中包括了话语流利度。越来越多聋童植入人工耳蜗对此也有重要的影响，因为这些聋童有更好的机会获得有声语言资源，也需要进行话语流利度训练。

一旦决定把有声语言纳入聋人教育，那么我们就有必要决定使用何种**有声语言形式**。当然，这一抉择因聋教育目标而异。理论上讲，没有手语做辅助，使用有声语言也是可能的（见本书第13章第13.5.1节和第13.5.2节），但在实践中，这种情况几乎从未发生。如前所述，有声语言的可及性非常有限，对幼龄聋童也是如此，所以只用"说"的教学方式并不有效。因此，在教学中，教师在说出有声语言口语句子的同时通常借助手势符号，但其句子是遵循有声语言的语法结构，也就是说，它的特点类似于本书第13章表13-3三种接触语形式里的形式1。这种形式的手势符号系统旨在增加聋童学习有声语言口语的机会，特别是那些有残存听力和（或）植入人工耳蜗的聋童。

聋人双语学校的其他决策与听人双语学校类似，如以不同方式使用两种语言。"一人一语制"是指课堂上有两名教师，其中手语教师负责手语的输入和教育，而听人教师负责口语。另一种双语方式是，一名教师会两种语言，这意味着学生在与教师交流时必须决定使用何种语言。当然，双语教师必须能力娴熟，可以将这两种语言既作为教学用语，也作为教学内容来进行传授。

这两种语言也可以在课程的不同时段引入，例如，首先学习手语，后续增加口语。如果有声语言只以书面语形式提供，这种**依序教学法**就更合适。另外，口语可以首先引入课堂，然后才是手语。这种决策是希望把尽可能多的时间用在口语上。有些学校采取这样的做法：只将手语教授给那些口语不过关的学生。至少手语是学生获得一种语言的最后希望。与依序教学法不同，**同时教学法**是指：两种语言从课程开始时就都得以传授。这种方法的优势是聋童能够尽早获得无障碍的（手语形式的）语言输入和教育，而且残余听力能在聋童幼小时期就得到（口语形式的）刺激，从而得以使用与发展。采用同时教学法的形式之一是**共融教育**。在这个系统中，聋人和听人学生在同一个班里上课，同时学习口语和手语。对这个教学系统，中国香港地区在一些小学和中学都进行了试验，并报告了迄今为止良好的结果。

最后，人们也必须在**教学语言**上作出决定。课堂上老师用什么语言教学生？应该在什么时段，是在上午和下午的时候各使用一种语言，或者用一种语言教一种学科而用另一种语言教另一学科？教学语言的选择在多大程度上取决于具体情形、学生情况、教师语言流利度？

可见，聋人双语教育可采取多种形式。无论选择哪种形式，一件事情是不变的：总的教学时长。并不是说双语学校比单语学校有更多的教学时间，这种情况几乎没有。然而双语教育确实给课程增加了另一门学科——手语，因此它留给其他学科的时间变少了。聋人双语教育还需要配备充分的技术娴熟、手语流利的师资。训练有素的聋人教师往往非常罕见：聋人在总人口中比例较小，而且很少能够成功完成高等教育。有时流利的口语表达是聋人教师培训的准入要求，这进一步限制了他们的入职可能。听人教师，除非他们父母是打手语的聋人，如果仅作为手语二语学习者，他们很难达到娴熟手语者水平。而且高水平的手语语言培训非常稀少。

无论选择何种双语教育，我们都需要评价教育效果。那么对照组是谁？在主流学校学习的聋童和在特殊教育学校学习的聋童或许并没有可比性，因为前者是经过筛选的，例如，主流学校里的聋童大多是口语更加流畅的聋童。另外，不同科学研究的目标和研究变量也各不相同，结果难以比较。同理，国家之间的比较或多或少也是不可能的，毕竟教师能力、学时、课程设置等方面的差异都是存在的。

我们将简要概述迄今为止聋人双语教育的趋势与成果。使用手语作为教学语言似乎要比只使用口语，或只使用手势符号更有助于聋童较快掌握一门语言。借助手语，聋童能够更好地彼此交流，互相学习，处理信息。在使用手语的课堂上，聋童的课程参与度更高，而使用手势符号系统的课堂无法与之相比。课程设置中包含口语流利度的聋人双语教育对聋童课堂参与程度的影响尚不清楚。聋童的阅读能力似乎与口语流利度有关，但研究结果也表明，手语技能与阅读和写作能力，甚至与口语流利度都有关联。然而，从目前为止的有限研究中，我们还不清楚阅读课程类型的影响是什么。

聋人（双语）教育显然非常多样化，专业人士仍在努力寻找提高聋童教育效果的最佳方法。

## 小结

世界上有不同类型的**双语社群**。大多数聋人和听人社群都属于第三种类型，即一部分人是单语者（听人使用有声语言），另一部分人是双语者（聋人使用有声语言和手语）。听人和聋人双语者的一个主要区别是：对聋人来说，有声语言的可及性更低些。因为对聋人来说，通常手语是聋人的第一语言或**首选语言**，是他们日常使用和充分掌握的语言。手语在聋人教育中的作用是争论的焦点（聋人教育的**方法之争**）。聋人教育最开始就采用的体系已经从更加口语化转向了更加双语化，双语包括手语（它一时被禁用，一时又重新使用）。使用手语得到重视的原因是口语教育结果令人失望、手语是自然语言的地位得到承认、聋人通常在双语环境中长大这一事实（即使他们接受的是口语教育）、早期互动中顺畅沟通的重要性，以及许多聋人认为自己是**文化少数群体**的一员。人工耳蜗植入等技术发展和**融合教育**等观念改变促使更多聋童进入**主流**学校学习，而特殊教育学校里的聋童数量出现显著下降。

为了有效组织**聋人双语教育**，必须作出好的决定，尤其是要对**有声语言的作用**和**有声语言**的输入**形式**等作出科学决策。学校的语言政策决定了它是以**依序教学法**，还是以**同时教学法**为聋童提供相应的手语及有声语言教育；学校的语言政策还决定了它的**教学语言**究竟是什么。一些国家和地区正在开展**共融教育**，尝试在同一课堂上同时教授聋童和听人儿童。

## 自测

1. 聋人教育中的方法之争是指什么？在方法之争中，产生争议和分歧的两个方法分别是什么？

2. 请说出许多聋校采用双语教育的3个原因。

3. 请问与听人学生的双语学校相比较，聋人双语教育学校不得不在哪些方面作出哪些选择？

## 任务

1. 请问在世界上的某个地方，是否会有一个包括聋人和听人的类型1双语社群？请给出你的答案并说明理由。

2. 在巴厘岛的一个村庄，聋人比例非常高，大多数听人村民都是双语者。聋人不是双语者，他们只使用当地手语。如果岛上更多聋童选择去其他地方的聋校上学，请问岛上会发生什么变化？

3. 请描述你认为的双语教育理想模式。请为你的回答提供论据，并说明你提出的双语教育模式的优点和缺点。

## 参考文献和拓展阅读

一个关于双语制的实用介绍可参考 Grosjean（2010）。巴厘岛双语社群和玛莎葡萄园岛（美国）双语社群分别在 Marsaja（2008）和 Groce（1985）中进行了描述。Plaza-Pust（2012）对双语制和聋人教育进行了更详细的述评。Johnson, Liddell, Erting（1989）评论了综合交流法，简述了实现聋人教育的基本原则。Hansen（2002）简述了手语研究对聋人教育的影响。Moores（2010）概述了聋人教育中的语言历史和沟通问题。有关聋人教育的通用问题可以参阅 Marschark（2007）和 Lang（2011）。Marschark, Tang, Knoors（2014）提供了聋人双语教育各个方面的最新概述。Sacks（1989）和 Lane（1984）很好地描述了聋人的生活和口语教育的结果。聋人教育的不同意识形态（包括方法之争）请参阅 Tellings（1995）。Schauwers, Govaerts, Gillis（2005），Thoutenhoofd（2006）从不同的角度分析了人工耳蜗植入对聋童教育的影响。Skliar, de Quadros（2005）介绍了巴西的双语教育模式。最近发表的关于聋人小学生读写能力的研究可参阅 Wauters, De Klerk（2014）。

关于中国香港地区所进行的聋童和听人儿童共融教育的初步探讨可查阅网址http：//www. cuk.EdUHK/CSLDS/jcSLCO/EngutoSuth.En.HTML。佩德罗·庞塞·德莱昂的照片取自网址http：//www.istc.cnr.it/mostralis/eng/pannello08.htm。加劳德特的照片取自网址http：//pr.gallaudet.edu/GallaudetHistory。

# 参考文献

Aarons, Debra. 1996. Topics and topicalization in American Sign Language. *Stellenbosch Papers in Linguistics* 30, 65–106.

Aboh, Enoch O., Roland Pfau & Ulrike Zeshan. 2005. When a wh-word is not a wh-word: The case of Indian Sign Language. In: T. Bhattacharya (ed.), *The Yearbook of South Asian languages and linguistics 2005*, 11–43. Berlin: Mouton de Gruyter.

Adam, Robert. 2012. Language contact and borrowing. In: R. Pfau, M. Steinbach & B. Woll (eds.), *Sign language. An international handbook*, 841–862. Berlin: De Gruyter Mouton.

Adam, Robert, Eleni Orfanidou, James M. McQueen & Gary Morgan. 2011. Sign language comprehension: Insights from misperceptions of different phonological parameters. In: R. Channon & H. van der Hulst (eds.), *Formational units in sign languages*, 87–106. Berlin & Nijmegen: De Gruyter Mouton & Ishara Press.

Ahlgren, Inger. 1990. Deictic pronouns in Swedish and Swedish Sign Language. In: S. D. Fischer & P. Siple (eds.), *Theoretical issues in sign language research. Vol.1: Linguistics*, 175–190. Chicago: University of Chicago Press.

Aikhenvald, Alexandra Y. 2000. *Classifiers. A typology of noun categorization devices*. Oxford: Oxford University Press.

Akinlabi, Akinbiyi. 1996. Featural affixation. *Journal of Linguistics* 32, 239–289. doi: 10.1017/S0022226700015899.

Alibašić Ciciliani, Tamara & Ronnie B. Wilbur. 2006. Pronominal system in Croatian Sign Language. *Sign Language & Linguistics* 9, 95–132. doi: 10.1075/sll.9.1-2.07ali.

Allsop, Lorna, Bencie Woll & Rachel Sutton-Spence. 1990. Sign language varieties in British television. A historical perspective. In: S. Prillwitz & T. Vollhaber (eds.), *Current trends in European sign language research. Proceedings of the 3rd European Congress on Sign Language Research*, 61–72. Hamburg: Signum.

Anderson, Diane. 2006. Lexical development of deaf children acquiring sign languages. In: B. Schick, M. Marschark & P. E. Spencer (eds.), *Advances in the sign language development of deaf children*, 135–160. Oxford: Oxford University Press.

Ann, Jean. 1993. *A linguistic investigation into the relation between physiology and handshape*. PhD dissertation, University of Arizona.

Ann, Jean. 1998. Contact between a sign language and a written language: Character signs in Taiwan Sign Language. In: C. Lucas (ed.), *Pinky extension and eye gaze: Language use in Deaf communities*, 59–99. Washington, DC: Gallaudet University Press.

Antzakas, Klimis. 2006. The use of negative head movements in Greek Sign Language. In: U. Zeshan (ed.), *Interrogative and negative constructions in sign languages*, 258–269. Nijmegen: Ishara Press.

Armstrong, David F. & Sherman E. Wilcox. 2007. *The gestural origin of language*. Oxford: Oxford University Press. doi: 10.1093/acprof:oso/9780195163483.001.0001.

Aronof, Mark, Irit Meir, Carol Padden & Wendy Sandler. 2005. Morphological universals and the sign language type. *Yearbook of Morphology 2004*, 19–39. doi: 10.1007/1-4020-2900-4_2.

Aronof, Mark, Irit Meir & Wendy Sandler. 2005. The paradox of sign language morphology. *Language* 81, 301–344. doi: 10.1353/lan.2005.0043.

Baddeley, Alan D & Robert H. Logie. 1999. Working memory: the multiple-component model. In: A. Miyake, & P. Shah (eds.), *Models of working memory. Mechanisms of active maintenance and executive control*, 28–61. Cambridge: Cambridge University Press. doi: 10.1017/CBO9781139174909.005.

Bahan, Ben, Judy Kegl, Robert G. Lee, Dawn MacLaughlin & Carol Neidle. 2000. The licensing of null arguments in American Sign Language. *Linguistic Inquiry* 31, 1–27. doi: 10.1162/002438900554271.

Baker, Anne & Beppie van den Bogaerde. 2006. Eyegaze in turn-taking in sign language interaction. Paper presented at *Child Language Seminar*, July 2006, Newcastle, UK.

Baker, Anne & Beppie van den Bogaerde. 2008. Codemixing in signs and words in input to and output from children. In: C. Plaza Pust & E. Morales Lopez (eds.), *Sign bilingualism: Language development, interaction, and maintenance in sign language contact situations*, 1–27. Amsterdam: John Benjamins. doi: 10.1075/sibil.38.04bak.

Baker, Anne & Beppie van den Bogaerde. 2012. Communicative interaction. In: R. Pfau, M. Steinbach & B. Woll (eds.), *Sign language. An international handbook*, 489–512. Berlin: De Gruyter Mouton.

Baker, Anne & Beppie van den Bogaerde. 2014. KODAs: A special form of bilingualism. In: D. Quinto-Pozos (ed.), *Multilingual aspects of signed language communication and disorder*, 211–234. Bristol: Multilingual Matters.

Baker, Anne, Beppie van den Bogaerde & Onno Crasborn (eds.). 2003. *Cross-linguistic perspectives in sign language research. Selected papers from TISLR 2000*. Hamburg: Signum.

Baker, Anne, Beppie van den Bogaerde & Bencie Woll. 2005. Methods and procedures in sign language acquisition studies. *Sign Language & Linguistics* 8, 7–59. doi: 10.1075/sll.8.1-2.03bak.

Baker, Charlotte. 1977. Regulators and turn-taking in ASL discourse. In: L. A. Friedman (ed.), *On the other hand. New perspectives on American Sign Language*, 215–241. New York: Academic Press.

Baker, Charlotte & Dennis Cokely. 1980. *American Sign Language. A teacher's resource text on grammar and culture*. Silver Spring, MD: T. J. Publishers.

Baker, Mark C. 1988. *Incorporation. A theory of grammatical function changing*. Chicago: Chicago University Press.

Bank, Richard. 2014. *The ubiquity of mouthings in NGT. A corpus study*. PhD dissertation, Radboud University Nijmegen. Utrecht: LOT [http://www.lotpublications.nl/Documents/376_fulltext. pdf].

Battison, Robbin. 1974. Phonological deletion in American Sign Language. *Sign Language Studies* 5, 1–19. doi: 10.1353/sls.1974.0005.

Battison, Robbin. 1978. *Lexical borrowing in American Sign Language*. Silver Spring, MD: Linstok Press.

Baus, Cristina, Eva Gutiérrez-Sigut, Josep Quer & Manuel Carreiras. 2008. Lexical access in Catalan Signed Language (LSC) production. *Cognition* 108, 856–865. doi: 10.1016/j.cognition.2008.05.012.

Baus, Cristina, Manuel Carreiras & Karen Emmorey. 2013. When does iconicity in sign language matter? *Language and Cognitive Processes* 28(3), 261–271. doi: 10.1080/01690965.2011.620374.

Bavelier, Daphne, Elissa L. Newport, Matt Hall, Ted Supalla & Mrim Boutla. 2008. Ordered short-term memory differs in signers and speakers: Implications for models of short-term memory. *Cognition* 107, 433–459. doi: 10.1016/j.cognition.2007.10.012.

Becker, Claudia. 2003. *Verfahren der Lexikonerweiterung in der Deutschen Gebärdensprache*. Hamburg: Signum.

Benedicto, Elena & Diane Brentari. 2004. Where did all the arguments go?: Argument-changing properties of classifiers in ASL. *Natural Language & Linguistic Theory* 22, 743–810. doi: 10.1007/s11049-003-4698-2.

Bergman, Brita & Östen Dahl. 1994. Ideophones in sign language? The place of reduplication in the tense-aspect system of Swedish Sign Language. In: C. Bache, H. Basbøll & C.-E. Lindberg (eds.), *Tense, aspect and action: Empirical and theoretical contributions to language typology*, 397–422. Berlin: Mouton de Gruyter.

Bishop, Michelle & Sherry Hicks (eds.). 2009. *Hearing, father mother deaf. Hearing people in deaf families*. Washington, DC: Gallaudet University Press.

Bobaljik, Jonathan D. & Susi Wurmbrand. 2002. Notes on agreement in Itelmen. *Linguistic Discovery* 1(1). doi: 10.1349/PS1.1537-0852.A.21.

Bogaerde, Beppie van den. 2000. *Input and interaction in deaf families*. PhD dissertation, University of Amsterdam. Utrecht: LOT [www.lotpublications.nl/Documents/35_fulltext.pdf].

Bonvillian, John D. & Raymond J. Folven. 1993. Sign language acquisition: Developmental aspects. In: M. Marschark & M. D. Clark (eds.), *Psychological perspectives on deafness*, 229–268. Hillsdale, NJ: Lawrence Erlbaum.

Bonvillian, John D. & meodore Siedlecki. 2000. Young children's acquisition of the formational aspects of American Sign Language. Parental report findings. *Sign Language Studies* 1, 45–64. doi: 10.1353/sls.2000.0002.

Bos, Heleen F. 1993. Agreement and prodrop in Sign Language of the Netherlands. In: K. Hengeveld & F. Drijkoningen (eds.), *Linguistics in the Netherlands*, 37–47. Amsterdam: John Benjamins. doi: 10.1075/avt.10.06bos.

Bos, Heleen F. 1995. Pronoun copy in Sign Language of the Netherlands. In: H. Bos & T. Schermer (eds.), *Sign language research 1994: Proceedings of the Fourth European Congress on Sign Language Research*, 121–147. Hamburg: Signum.

Boudreault, Pierre & Rachel I. Mayberry. 2006. Grammatical processing in American Sign Language: Age of first-language acquisition effects in relation to syntactic structure. *Language and Cognitive Processes* 21(5), 608–635. doi: 10.1080/01690960500139363.

Boyes Braem, Penny. 1990. Acquisition of handshape in American Sign Language: A preliminary analysis. In: V. Volterra & C. J. Erting (eds.), *From gesture to language in hearing and deaf children*, 107–127. Berlin: Springer Verlag. doi: 10.1007/978-3-642-74859-2_10.

Boyes Braem, Penny & Rachel Sutton-Spence (eds.). 2001. *The hands are the head of the mouth: the mouth as articulator in sign languages*. Hamburg: Signum.

Branchini, Chiara, Anna Cardinaletti, Carlo Cecchetto, Caterina Donati & Carlo Geraci. 2013. WH-duplication in Italian Sign Language (LIS). *Sign Language & Linguistics* 16(2), 157–188. doi: 10.1075/sll.16.2.03bra.

Branchini, Chiara & Caterina Donati. 2009. Italian Sign Language relatives: A contribution to the typology of relativization strategies. In: A. Lipták (ed.), *Cor-

*relatives cross-linguistically*, 157–191. Amsterdam: North Holland. doi: 10.1075/lfab.1.07bra.

Brennan, Mary. 1992. The visual world of British Sign Language: an introduction. In: D. Brien (ed.), *Dictionary of British Sign Language/English*. London: Faber and Faber.

Brennan, Mary. 2001. Encoding and capturing productive morphology. *Sign Language & Linguistics* 4, 47–62. doi: 10.1075/sll.4.1-2.06bre.

Brennan, Mary, Martin D. Colville, Lillian K. Lawson & Gerry Hughes. 1984. *Words in hand. A structural analysis of the signs of BSL*. British Deaf Association.

Brentari, Diane. 1998. *A prosodic model of sign language phonology*. Cambridge, MA: MIT Press.

Brentari, Diane (ed.). 2001. *Foreign vocabulary in sign languages. A cross-linguistic investigation of word formation*. Mahwah, NJ: Lawrence Erlbaum.

Brentari, Diane (ed.). 2010. *Sign languages (Cambridge Language Surveys)*. Cambridge: Cambridge University Press. doi: 10.1017/CBO9780511712203.

Brentari, Diane. 2012. Phonology. In: R. Pfau, M. Steinbach & B. Woll (eds.), *Sign language. An international handbook*, 21–54. Berlin: De Gruyter Mouton.

Brentari, Diane, Marie Coppola, Laura Mazzoni & Susan Goldin-Meadow. 2012. When does a system become phonological? Handshape production in gesturers, signers, and homesigners. *Natural Language & Linguistic Theory* 30, 1–31. doi: 10.1007/s11049-011-9145-1.

Brentari, Diane & Laurinda Crossley. 2002. Prosody on the hands and face: Evidence from American Sign Language. *Sign Language & Linguistics* 5(2), 105–130. doi: 10.1075/sll.5.2.03bre.

Brien, David (ed.). 1992. *Dictionary of British Sign Language/English*. London: Faber and Faber.

Brien, David, Mary Brennan, Trude Schermer, Rita Harder & Robert Bakker. 1995. Creating a sign language database: The SIGNBASE project. In: H. Bos & T. Schermer (eds.), *Sign language research 1994. Proceedings of the Fourth European Congress on Sign Language Research, Munich*, 339–346. Hamburg: Signum.

Brunelli, Michele. 2011. *Antisymmetry and sign languages: A comparison between NGT and LIS*. PhD dissertation, University of Amsterdam. Utrecht: LOT [www.lotpublications.nl/Docu-ments/284_fulltext.pdf].

Cabeza Pereiro, Carmen & Ana Fernández Soneira. 2004. The expression of time in Spanish Sign Language (SLE). *Sign Language & Linguistics* 7(1), 63–82. doi: 10.1075/sll.7.1.06cab.

Campbell, Cindy. 2001. *The application of speech act theory to American Sign Language*. PhD dissertation, State University of New York at Albany.

Campbell, Ruth, Mairéad MacSweeney & Dafydd Waters. 2008. Sign language and the brain: A review. *Journal of Deaf Studies and Deaf Education* 13, 4–20.

Capek, Cheryl M., Giordana Grossi, Aaron J. Newman, Susan L. McBurney, David Corina, Brigitte Roeder & Helen J. Neville. 2009. Brain systems mediating semantic and syntactic processing in deaf native signers: Biological invariance and modality specificity. *Proceedings of the National Academy of Sciences of the USA (PNAS)* 106(21), 8784–8789.

Caponigro, Ivano & Kathryn Davidson. 2011. Ask, and tell as well: Clausal question-answer pairs in ASL. *Natural Language Semantics* 19(4), 323–371. doi: 10.1007/s11050-011-9071-0.

Capovilla, Fernando C. & Walkiria D. Raphael (eds.). 2001. *Dicionário enciclopédico ilustrado trilingüe da Lingua de Sinais Brasileira. Vol. I. Sinais de A a L.* São Paulo: Editora da Universidade de São Paulo.

Carmel, Simon J. 1982. *International hand alphabet charts*. Published by author.

Carroll, David W. 2004. *Psychology of language*. Belmont, CA: Wadsworth.

Cecchetto, Carlo. 2012. Sentence types. In: R. Pfau, M. Steinbach & B. Woll, (eds.), *Sign language. An international handbook*, 292–315. Berlin: De Gruyter Mouton.

Cecchetto, Carlo, Alessandra Checchetto, Carlo Geraci, Mirko Santoro & Sandro Zucchi. 2015. The syntax of predicate ellipsis in Italian Sign Language (LIS). *Lingua* 166, 214–235. doi: org/10.1016/j.lingua.2014.12.011.

Cecchetto, Carlo, Carlo Geraci & Sandro Zucchi. 2006. Strategies of relativization in Italian Sign Language. *Natural Language & Linguistic meory* 24, 945–975. doi: 10.1007/s11049-006-9001-x.

Chen Pichler, Deborah. 2008. Views on word order in early ASL: Then and now. In: J. Quer (ed.), *Signs of the time. Selected papers from TISLR* 8, 293–315. Hamburg: Signum.

Chen Pichler, Deborah. 2011. Sources of handshape error in first-time signers of ASL. In: D. J. Napoli & G. Mathur (eds.), *Deaf around the world. The impact of language*, 96–121. Oxford: Oxford University Press.

Chen Pichler, Deborah. 2012. Acquisition. In: R. Pfau, M. Steinbach & B. Woll (eds.), *Sign language. An international handbook*, 647–686. Berlin: De Gruyter Mouton.

Chen Pichler, Deborah & Helen Koulidobrova. 2015. Acquisition of sign language as a second language. In: M. Marschark (ed.), *The Oxford handbook of deaf studies: Research, policy, and practice*, 218–230. Oxford: Oxford University Press.

Chen Pichler, Deborah, James Lee & Diane Lillo-Martin. 2014. Language development in ASL-English bimodal bilinguals. In: D. Quinto-Pozos (ed.), *Multilingual aspects of signed language communication and disorder*, 235–260. Bristol: Multilingual Matters.

Clark, Eve V. 2009. *First language acquisition (2nd edition)*. Cambridge: Cambridge University Press. doi: 10.1017/CBO9780511806698.

Coates, Jennifer & Rachel Sutton-Spence. 2001. Turn-taking patterns in Deaf conversation. *Journal of Sociolinguistics* 5, 507–529. doi: 10.1111/1467-9481.00162.

Coerts, Jane. 1992. *Nonmanual grammatical markers: An analysis of interrogatives, negations and topicalisations in Sign Language of the Netherlands*. PhD dissertation, University of Amsterdam.

Conlin, Kimberley E., Gene R. Mirus, Claude Mauk & Richard P. Meier. 2000. The acquisition of first signs: place, handshape, and movement. In: C. Chamberlain, J. P. Morford & R. I. Mayberry (eds.), *Language acquisition by eye*, 51–69. Mahwah, NJ: Lawrence Erlbaum.

Corina, David P. 1990. Handshape assimilations in hierarchical phonological representation. In: C. Lucas (ed.), *Sign language research. Theoretical issues*, 27–49. Washington, DC: Gallaudet University Press.

Corina, David P. 1999. On the nature of left hemisphere specialization for signed language. *Brain and Language* 69, 230–240. doi: 10.1006/brln.1999.2062.

Corina, David P. & Nicole Spotswood. 2012. Neurolinguistics. In: R. Pfau, M. Steinbach & B. Woll, (eds.), *Sign language. An international handbook*, 739–762. Berlin: De Gruyter Mouton.

Cormier, Kearsy. 2012. Pronouns. In: R. Pfau, M. Steinbach & B. Woll (eds.), *Sign language. An international handbook*, 227–244. Berlin: De Gruyter Mouton.

Costello, Brendan. 2015. *Language and modality: possible effects of the use of space on Spanish Sign Language (LSE)*. PhD dissertation, University of Vitoria (Spain) & University of Amsterdam. Utrecht: LOT.

Coulter, Geofrey R. 1979. *American Sign Language typology*. PhD dissertation, University of California at San Diego.

Crasborn, Onno. 2001. *Phonetic implementation of phonological categories in Sign Language of the Netherlands*. PhD dissertation, University of Leiden. Utrecht: LOT [www.lotpublications.nl/ Documents/48_fulltext.pdf].

Crasborn, Onno. 2012. Phonetics. In: R. Pfau, M. Steinbach & B. Woll (eds.), *Sign language. An international handbook*, 4–20. Berlin: De Gruyter Mouton.

Crasborn, Onno & Els van der Kooij. 1997. Relative orientation in sign language phonology. In: J. Coerts & H. de Hoop (eds.), *Linguistics in the Netherlands* 1997, 37–48. Amsterdam: John Benjamins. doi: 10.1075/avt.14.06cra.

Crasborn, Onno & Els van der Kooij. 2003. Base joint coniguration in Sign Language of the Netherlands: phonetic variation and phonological specification. In: J. van de Weijer, V. J. van Heuven & H. van der Hulst (eds.), *The phonological spectrum. Volume 1: Segmental structure*, 257–287. Amsterdam: John Benjamins. doi: 10.1075/cilt.233.15cra.

Crasborn, Onno & Els van der Kooij. 2013. The phonology of focus in Sign Language of the Netherlands. *Journal of Linguistics* 49(3), 515–565. doi: 10.1017/S0022226713000054.

Crasborn, Onno, Els van der Kooij, Dafydd Waters, Bencie Woll & Johanna Mesch. 2008. Frequency distribution and spreading behavior of different types of mouth actions in three sign languages. *Sign Language & Linguistics* 11(1), 45–67. doi: 10.1075/sll.11.1.04cra.

Cuxac, Christian & Marie-Anne Sallandre. 2007. Iconicity and arbitrariness in French Sign Language (LSF): Highly iconic structures, degenerated iconicity and diagrammatic iconicity. In: E. Pizzuto, P. Pietrandrea & R. Simone (eds.), *Verbal and signed languages. Comparing structures, constructs, and methodologies*, 13–33. Berlin: Mouton de Gruyter.

Dachkovsky, Svetlana. 2008. Facial expression as intonation in Israeli Sign Language: the case of neutral and counterfactual conditionals. In: J. Quer (ed.), *Signs of the time. Selected papers from TISLR* 2004, 61–82. Hamburg: Signum.

Dachkovsky, Svetlana & Wendy Sandler. 2009. Visual intonation in the prosody of a sign language. *Language and Speech* 52 (2/3), 287–314. doi: 10.1177/0023830909103175.

Davidson, Kathryn. 2013. 'And' or 'or': General use coordination in ASL. *Semantics & Pragmatics* 6, 1–44. doi: 10.3765/sp.6.4.

De Weerdt, Kristof, Mieke Van Herreweghe, Katrien Van Mulders & Myriam Vermeerbergen. 2004. *Woordenboek Nederlands–Vlaamse Gebarentaal / Vlaamse Gebarentaal–Nederlands* [http:// gebaren.ugent.be/].

Demey, Eline. 2005. *Fonologie van de Vlaamse Gebarentaal: Distinctiviteit & iconiciteit*. PhD dissertation, Ghent University.

Deuchar, Margaret. 1984. *British Sign Language*. London: Routledge & Kegan Paul.

Đình-Hoà, Nguyễn. 1997. *Vietnamese*. Amsterdam: John Benjamins. doi: 10.1075/loall.9.

Dively, Valerie L. 1998. Conversational repairs in ASL. In: C. Lucas (ed.), *Pinky extension & eye gaze: Language use in deaf communities*, 137–169. Washington, DC: Gallaudet University Press.

Donati, Caterina, Gemma Barberà, Chiara Branchini, Carlo Cecchetto, Carlo

Geraci & Josep Quer. In press. Searching for imperatives in European sign languages. In: S. Heinold & D. Van Olmen (eds.), *Imperatives and other directive strategies*. Amsterdam: John Benjamins.

Duarte, Kyle. 2010. The mechanics of fingerspelling: Analyzing Ethiopian Sign Language. *Sign Language Studies* 11(1), 5–21. doi: 10.1353/sls.2010.0004.

Dye, Matt W. G. 2012. Processing. In: R. Pfau, M. Steinbach & B. Woll (eds.), *Sign language. An international handbook*, 687–711. Berlin: De Gruyter Mouton.

Ekman, Paul, Wallace V. Friesen & Joseph C. Hager. 2002. *Facial action coding system (FACS)*. Salt Lake City, UT: Research Nexus.

Emmorey, Karen. 2002. *Language, cognition, and the brain. Insights from sign language research*. Mahwah, NJ: Lawrence Erlbaum.

Emmorey, Karen. 2007. The psycholinguistics of signed and spoken languages: how biology affects processing. In: M. G. Gaskell & G. Altman (eds.), *The Oxford handbook of psycholinguistics*, 703–722. Oxford: Oxford University Press.

Emmorey, Karen, Helsa B. Borinstein, Robin mompson & Tamar H. Gollan. 2008. Bimodal bilingualism. *Bilingualism: Language and Cognition* 11(1), 43–61. doi: 10.1017/S1366728907003203

Emmorey, Karen & Margaret Wilson. 2004. The puzzle of working memory for sign language, *Trends in Cognitive Sciences* 8, 521–523. doi: 10.1016/j.tics.2004.10.009.

Engberg-Pedersen, Elisabeth. 1995. Point of view expressed through shifters. In: K. Emmorey & J. Reilly (eds.), *Language, gesture, and space*, 133–154. Hillsdale, NJ: Lawrence Erlbaum.

L'Epée, Charles Michel Abbé de. 1784. *La véritable manière d'instruire les sourds et muets*. Paris: Nyon l'aîné.

Fernández Villabrille, Francisco. 1851. *Diccionario usual de mímica y dactilología: útil a los maestros de sordo-mudos, a sus padres y a todas las personas que tengan que entrar en comunicacíon con ellos*. Madrid: Imprenta del Colegio de Sordo-mudos y Ciegos. (full text available at: www.cervantesvirtual.com/nd/ark:/59851/bmc154h5).

Ferreira Brito, Lucinda. 1990. Epistemic, alethic, and deontic modalities in a Brazilian Sign Language. In: S. D. Fischer & P. Siple (eds.), *Theoretical issues in sign language research. Vol.1: Linguistics*, 229–260. Chicago: University of Chicago Press.

Fischer, Susan. 1975. Influences on word order change in American Sign Language. In: C. N. Li (ed.), *Word order and word order change*, 3–25. Austin, TX: University of Texas Press.

Fischer, Susan & Bonnie Gough. 1999[1972]. Some uninished thoughts on finish. *Sign Language & Linguistics* 2, 67–77. doi: 10.1075/sll.2.1.08is.

Foley, William A. 1991. *The Yimas language of New Guinea*. Stanford, CA: Stanford University Press.

Frajzyngier, Zygmunt. 2001. *A grammar of Lele*. Stanford, CA: CSLI.

Frishberg, Nancy. 1975. Arbitrariness and iconicity: historical change in American Sign Language. *Language* 51, 696–719. doi: 10.2307/412894.

Frishberg, Nancy, Nini Hoiting & Dan I. Slobin. 2012. Transcription. In: R. Pfau, M. Steinbach & B. Woll (eds.), *Sign language. An international handbook*, 1045–1075. Berlin: De Gruyter Mouton.

Folven, Raymond J. & John D. Bonvillian. 1991. The transition from nonreferential to referential language in children acquiring American Sign Language. *Developmental Psychology* 27(5), 806–816. doi: 10.1037/0012-1649.27.5.806.

Fromkin, Victoria A. 1971. The non-anomalous nature of anomalous utterances. *Language* 47(1), 27–52. doi: 10.2307/412187.

Fromkin, Victoria A. 1988. Grammatical aspects of speech errors. In: F. J. Newmeyer (ed.), *Linguistics: The Cambridge survey. Vol.II: Linguistic theory: Extensions and implications*, 117–138. Cambridge: Cambridge University Press.

Fundación CNSE. 2003a. *Diccionario normativo de la Lengua de Signos Española*. Madrid: Fundación CNSE.

Fundación CNSE. 2003b. *Glosario temático de la Lengua de Signos Española. Salud: Psicologia*. Madrid: Fundación CNSE.

Geraci, Carlo. 2005. Negation in LIS (Italian Sign Language). In: L. Bateman &

C. Ussery (eds.), *Proceedings of the North East Linguistic Society (NELS 35)*, 217–229. Amherst, MA: GLSA.

Geraci, Carlo & Valentina Aristodemo. 2016. An in-depth tour into sentential complementation in Italian Sign Language. In: R. Pfau, M. Steinbach & A. Herrmann (eds.), *A matter of complexity: Subordination in sign languages*, 95–150. Berlin: De Gruyter Mouton.

Geraci, Carlo, Marta Gozzi, Costanza Papagno & Carlo Cecchetto. 2008. How grammar can cope with limited short-term memory: Simultaneity and seriality in sign languages. *Cognition* 106, 780–804. doi: 10.1016/j.cognition.2007.04.014.

Gijn, Ingeborg van. 2004. *The quest for syntactic dependency. Sentential complementation in Sign Language of the Netherlands*. PhD dissertation, University of Amsterdam. Utrecht: LOT [www. lotpublications.nl/Documents/89_fulltext.pdf].

Glück, Susanne, Daniela Happ, Jörg Keller, Gerald Koblitz, Helen Leuninger & Roland Pfau. 1997. Zur phonologischen Beschreibung von Gebärden: Vergebärdler. *Das Zeichen* 40, 240–257.

Göksel, Aslı & Meltem Kelepir. 2016. Observations on clausal complementation in Turkish Sign Language. In: R. Pfau, M. Steinbach & A. Herrmann (eds.), *A matter of complexity: Subordination in sign languages*, 65–94. Berlin: De Gruyter Mouton.

Goldin-Meadow, Susan. 2003. *The resilience of language. What gesture creation in deaf children can tell us about how all children learn language*. New York: Psychology Press.

Goldin-Meadow, Susan. 2012. Homesign: gesture to language. In: R. Pfau, M. Steinbach & B. Woll (eds.), *Sign language. An international handbook*, 601–625. Berlin: De Gruyter Mouton.

Grice, H. Paul. 1975. Logic and conversation. In: P. Cole & J. Morgan (eds.), *Studies in syntax and semantics III: Speech acts*, 183–198. New York: Academic Press.

Groce, Nora E. 1985. *Everyone here spoke sign language. Hereditary deafness on Martha's Vineyard*. Cambridge, MA: Harvard University Press.

Groeber, Simone & Evelyne Pochon-Berger. 2014. Turns and turn-taking in sign language interaction: A study of turn-final holds. *Journal of Pragmatics* 65, 121–136. doi: 10.1016/j.pragma.2013.08.012.

Grosjean, François. 2010. *Bilingual: life and reality*. Boston: Harvard College. doi: 10.4159/9780674056459

Grosvald, Michael & David Corina. 2012. The perceptibility of long-distance coarticulation in speech and sign: A study of English and American Sign Language. *Sign Language & Linguistics* 15(1), 73–103. doi: 10.1075/sll.15.1.04gro.

Grushkin, Donald A. 1998. Linguistic aspects of metaphorical expressions of anger in ASL. *Sign Language & Linguistics* 1, 143–168. doi: 10.1075/sll.1.2.04gru.

Gutierrez-Sigut, Eva, Brendan Costello, Cristina Baus & Manual Carreiras. 2015. LSE-Sign: a lexical database for Spanish Sign Language. *Behavior Research Methods*, online first. doi: 103758/s13428-014-0560-1.

Hall, Stephanie. 1989. Train-gone-sorry: The etiquette of social conversations in American Sign Language. In: S. Wilcox (ed.), *American Deaf culture. An anthology*, 89–102. Burtonsville, MD: Linstok Press.

Hanke, momas, Reiner Konrad & Arvid Schwarz. 2001. GlossLexer: A multimedia lexical database for sign language dictionary compilation. *Sign Language & Linguistics* 4, 171–189. doi: 10.1075/sll.4.1-2.12han.

Hansen, Britta. 2002. Bilingualism and the impact of sign language research on Deaf education. In: D. F. Armstrong, M. A. Karchmer & J. V. Van Cleve (eds.), *The study of signed languages. Essays in honor of William C. Stokoe*, 172–189. Washington, DC: Gallaudet University Press.

Hansen, Kathryn L. 2011. ASL movement phonemes and allophones. In: R. Channon & H. van der Hulst (eds.), *Formational units in sign languages*, 285–314. Berlin & Nijmegen: De Gruyter Mouton & Ishara Press.

Happ, Daniela & Marc-Oliver Vorköper. 2005. Einige Bemerkungen zur syntaktischen und morphologischen Repräsentation von Numerus in Deutscher Gebärdensprache. In: H. Leuninger & D. Happ (eds.), *Gebärdensprachen: Struktur, Erwerb, Verwendung* (Linguistische Berichte Special Issue 15), 87–110. Hamburg: Buske.

Happ, Daniela & Marc-Oliver Vorköper. 2006. *Deutsche Gebärdensprache. Ein*

*Lehr-und Arbeitsbuch*. Frankfurt: Fachhochschulverlag.

Heine, Bernd & Tania Kuteva. 2002a. On the evolution of grammatical forms. In: A. Wray (ed.), *The transition to language. Studies in the evolution of language*, 376–397. Oxford: Oxford University Press.

Heine, Bernd & Tania Kuteva. 2002b. *World lexicon of grammaticalization*. Cambridge: Cambridge University Press. doi: 10.1017/CBO9780511613463.

Hendriks, Bernadet. 2004. *An introduction to the grammar of Jordanian Sign Language*. Salt (Jordan): Al-Balqa Applied University.

Hendriks, Bernadet. 2008. *Jordanian Sign Language: Aspects of grammar from a cross-linguistic perspective*. PhD dissertation, University of Amsterdam. Utrecht: LOT [www.lot publications.nl/ Documents/193_fulltext.pdf].

Herrmann, Annika. 2007. The expression of modal meaning in German Sign Language and Irish Sign Language. In: P. Perniss, R. Pfau & M. Steinbach (eds.), *Visible variation: Cross-linguistic studies on sign language structure*, 245–278. Berlin: Mouton de Gruyter.

Herrmann, Annika. 2010. The interaction of eye blinks and other prosodic cues in German Sign Language. *Sign Language & Linguistics* 13(1), 3–39. doi: 10.1075/sll.13.1.02her.

Herrmann, Annika & Markus Steinbach. 2012. Quotation in sign languages: A visible context shift. In: I. Buchstaller & I. van Alphen (eds), *Quotatives. Cross-linguistic and cross-disciplinary perspectives*, 203–228. Amsterdam: John Benjamins. doi: 10.1075/celcr.15.12her.

Hickok, Gregory, Ursula Bellugi & Edward S. Klima. 2001. Sign language in the brain. *Scientific American*, June 2001, 42–49.

Hohenberger, Annette, Daniela Happ & Helen Leuninger. 2002. Modality-dependent aspects of sign language production: Evidence from slips of the hands and their repairs in German Sign Language. In: R. P. Meier, K. A. Cormier & D. G. Quinto-Pozos (eds.), *Modality and structure in signed and spoken languages*, 112–142. Cambridge: Cambridge University Press.

Hohenberger, Annette & Helen Leuninger. 2012. Production. In: R. Pfau, M.

Steinbach & B. Woll (eds.), *Sign language. An international handbook*, 711–738. Berlin: De Gruyter Mouton.

Hopper, Paul J. & Elisabeth C. Traugott. 1993. *Grammaticalization*. Cambridge: Cambridge University Press.

Hulst, Harry van der. 1993. Units in the analysis of signs. *Phonology* 10, 209–241. doi: 10.1017/S095267570000004X.

Hulst, Harry van der. 1995. The composition of handshapes. *University of Trondheim Working Papers in Linguistics* 23, 1–17.

Hulst, Harry van der. 1996. On the other hand. *Lingua* 98, 121–143. doi: 10.1016/0024-3841(95)00035-6

Hunger, Barbara. 2006. Noun/verb pairs in Austrian Sign Language (ÖGS). *Sign Language & Linguistics* 9, 71–94. doi: 10.1075/sll.9.1-2.06hun.

Isenhath, John O. 1990. *The linguistics of American Sign Language*. Jefferson, NC: McFarland.

Jantunen, Tommi. 2007. *On topic in Finnish Sign Language*. Manuscript, University of Jyväskylä, Finland. [http://users.jyu.i/~tojantun/articles/JAN_topic_ms.pdf].

Jantunen, Tommi. 2013. Ellipsis in Finnish Sign Language. *Nordic Journal of Linguistics* 36(3), 303–332. doi: 10.1017/S0332586513000292.

Janzen, Terry. 2012. Lexicalization and grammaticalization. In: R. Pfau, M. Steinbach & B. Woll (eds.), *Sign language. An international handbook*, 816–841. Berlin: De Gruyter Mouton.

Janzen, Terry, Barbara O'Shea & Barbara Shafer. 2001. The construal of events: Passives in American Sign Language. *Sign Language Studies* 1, 281–310. doi: 10.1353/sls.2001.0009.

Johnson, Robert E., Scott K. Liddell & Carol J. Erting. 1989. Unlocking the curriculum: Principles for achieving access in deaf education. *Gallaudet Research Institute Working Paper* 89-3. Gallaudet University, Washington, DC.

Johnston, Trevor. 1989. *Auslan dictionary: a dictionary of Australian Sign Language (Auslan)*. Adelaide: TAFE National Centre for Research and Development.

Johnston, Trevor. 2001a. The lexical database of Auslan (Australian Sign Language). *Sign Language & Linguistics* 4, 145–169. doi: 10.1075/sll.4.1-2.11joh.

Johnston, Trevor. 2001b. Nouns and verbs in Australian Sign Language: An open or shut case? *Journal of Deaf Studies and Deaf Education* 6(4), 235–257. doi: 10.1093/deafed/6.4.235.

Johnston, Trevor. 2003a. BSL, Auslan and NZSL: three signed languages or one? In: A. Baker, B. van den Bogaerde & O. Crasborn (eds.), *Cross-linguistic perspectives in sign language research. Selected papers from TISLR 2000*, 47–69. Hamburg: Signum.

Johnston, Trevor. 2003b. Language standardisation and signed language dictionaries. *Sign Language Studies* 3, 431–469. doi: 10.1353/sls.2003.0012.

Johnston, Trevor. 2005. *Auslan Signbank*. Sydney: Catalyst Communications & Training, Pty Ltd. [www.auslan.org.au].

Johnston, Trevor & Adam Schembri. 1999. On defining lexeme in a signed language. *Sign Language & Linguistics* 2, 115–185. doi: 10.1075/sll.2.2.03joh.

Johnston, Trevor & Adam Schembri. 2007. *Australian Sign Language. An introduction to sign language linguistics*. Cambridge: Cambridge University Press. doi: 10.1017/CBO9780511607479.

Johnston, Trevor, Myriam Vermeerbergen, Adam Schembri & Lorraine Lesson. 2007. 'Real data are messy': Considering cross-linguistic analysis of constituent ordering in Auslan, VGT, and ISL. In: P. Perniss, R. Pfau & M. Steinbach (eds.), *Visible variation: Cross-linguistic studies on sign language structure*, 163–205. Berlin: Mouton de Gruyter.

Karnopp, Lodenir. 1999. *Aquisição fonológica na língua brasileira de sinais: estudo longitudinal de uma crainça surda*. PhD dissertation, Porto Alegre Pontifícia: Universidade Católica do Rio Grande do Sul.

Karnopp, Lodenir. 2002. Phonological acquisition in Brazilian Sign Language. In: G. Morgan & B. Woll (eds.), *Directions in sign language acquisition*, 29–53. Amsterdam: John Benjamins. doi: 10.1075/tilar.2.05kar.

Keenan, Edward L. 1985. Relative clauses. In: T. Shopen (ed.), *Language typology and syntactic description. Vol. II: Complex constructions*, 141–170 Cambridge: Cambridge University Press.

Kegl, Judy, Ann Senghas & Marie Coppola. 1999. Creation through contact: sign language emergence and sign language change in Nicaragua. In: M. DeGraf (ed.), *Language creation and language change: creolization, diachrony, and development*, 179–237. Cambridge: MIT Press.

Kimmelman, Vadim. 2009. Parts of speech in Russian Sign Language: the role of iconicity and economy. *Sign Language & Linguistics* 12, 161–186. doi: 10.1075/sll.12.2.03kim.

Kimmelman, Vadim. 2012. Word order in Russian Sign Language: An extended report. *Linguistics in Amsterdam* 5, 1–56 [www.linguisticsinamsterdam.nl/].

Kimmelman, Vadim. 2014. *Information structure in Russian Sign Language and Sign Language of the Netherlands*. PhD dissertation, University of Amsterdam. [http://dare.uva.nl/ record/1/432175]. doi: 10.1093/oxfordhb/9780199642670.013.001.

Kimmelman, Vadim & Roland Pfau. In press. Information structure in sign languages. In: C. Fery & S. Ishihara (eds.), *The Oxford handbook on information structure*. Oxford: Oxford University Press.

Klima, Edward & Ursula Bellugi. 1979. *The signs of language*. Cambridge, MA: Harvard University Press.

Kooij, Els van der. 2001. Weak drop in Sign Language of the Netherlands. In: V. Dively, M. Metzger, S. Taub & A. M. Baer (eds.), *Signed languages: Discoveries from international research*, 27–42. Washington, DC: Gallaudet University Press.

Kooij, Els van der. 2002. *Phonological categories in Sign Language of the Netherlands. The role of phonetic implementation and iconicity*. PhD dissertation, University of Leiden. Utrecht: LOT [www. lotpublications.nl/Documents/55_fulltext.pdf].

Kooij, Els van der, Onno Crasborn & Wim Emmerik. 2006. Explaining prosodic body leans in Sign Language of the Netherlands: Pragmatics required. *Journal of Pragmatics* 38, 1598–1614. doi: 10.1016/j.pragma.2005.07.006.

Kozak, L. Viola & Nozomi Tomita. 2012. On selected phonological patterns in Saudi Arabian Sign Language. *Sign Language Studies* 13(1), 56–78. doi: 10.1353/

sls.2012.0027.

Krausneker, Verena. 2000. Sign languages and the minority language policy of the European Union. In: M. Metzger (ed.), *Bilingualism and identity in deaf communities*, 142–158. Washington, DC: Gallaudet University Press.

Krausneker, Verena. 2001. Sign languages of Europe–future chances. In: L. Leeson (ed.), *Looking forward: EUD in the 3rd millennium–the deaf citizen in the 21st century*, 64–73. Coleford: McLean Publisher.

Ktejik, Mish. 2013. Numeral incorporation in Japanese Sign Language. *Sign Language Studies* 13, 186–210. doi: 10.1353/sls.2013.0003.

Kubus, Okan. 2014. *Relative clause constructions in Turkish Sign Language*. PhD dissertation, University of Hamburg.

Kusters, Annelies. 2010. Deaf utopias? Reviewing the sociocultural literature on the world's "Martha's Vineyard situations". *Journal of Deaf Studies and Deaf Education* 15(1), 3–16.

Kyle, Jim & Bencie Woll. 1985. *Sign language. The study of deaf people and their language*. Cambridge: Cambridge University Press.

Ladefoged, Peter & Ian Maddieson. 1996. *The sounds of the world's languages*. Oxford: Blackwell.

Lakof, George & Mark Johnson. 1980. *Metaphors we live by*. Chicago: University of Chicago Press.

Lane, Harlan. 1984. *When the mind hears: a history of the deaf*. Harmondsworth: Penguin Books.

Lang, Harry G. 2011. Perspectives on the history of deaf education. In: M. Marschark & P. E. Spencer (eds.), *Oxford handbook of deaf studies, language, and education (2nd edition)*, 7–17. Oxford: Oxford University Press.

Leeson, Lorraine & Carmel Grehan. 2004. To the lexicon and beyond: The effect of gender on variation in Irish Sign Language. In: M. Van Herreweghe & M. Vermeerbergen (eds.), *To the lexicon and beyond. Sociolinguistics in European deaf communities*, 39–73. Washington, DC: Gallaudet University Press.

Leeson, Lorraine & John I. Saeed. 2012a. *Irish Sign Language. A cognitive lin-

*guistic account*. Edinburgh: Edinburgh University Press.

Leeson, Lorraine & John I. Saeed. 2012b. Word order. In: R. Pfau, M. Steinbach & B. Woll (eds.), *Sign language. An international handbook*, 245–265. Berlin: De Gruyter Mouton.

Leuninger, Helen. 1989. *Neurolinguistik. Probleme, Paradigmen, Perspektiven*. Opladen: Westdeutscher Verlag.

Leuninger, Helen. 2001. Das Projekt RELEX: Ein ökumenisches Lexikon religiöser Gebärden. In: H. Leuninger & K. Wempe (eds.), *Gebärdensprachlinguistik 2000: Theorie und Anwendung*, 171–192. Hamburg: Signum.

Leuninger, Helen, Annette Hohenberger, Eva Waleschkowski, Elke Menges & Daniela Happ. 2004. The impact of modality on language production: Evidence from slips of the tongue and hand. In: T. Pechmann & C. Habel (eds.), *Multidisciplinary approaches to language production*, 219–277. Berlin: Mouton de Gruyter.

Li, Charles N. & Sandra A. mompson. 1987. Chinese. In: B. Comrie (ed.), *The world's major languages*, 811–833. New York: Oxford University Press.

Liddell, Scott K. 1978. Nonmanual signals and relative clauses in American Sign Language. In: P. Siple (ed.), *Understanding language through sign language research*, 59–90. New York: Academic Press.

Liddell, Scott K. 1980. *American Sign Language syntax*. Den Haag: Mouton.

Liddell, Scott K. 1986. Head thrust in ASL conditional sentences. *Sign Language Studies* 52, 243–262.

Liddell, Scott K. 1997. Numeral incorporating roots & non-incorporating prefixes in American Sign Language. *Sign Language Studies* 92, 201–225.

Liddell, Scott K. & Robert E. Johnson. 1986. American Sign Language compound formation processes, lexicalization, and phonological remnants. *Natural Language and Linguistic Theory* 4, 445–513. doi: 10.1007/BF00134470.

Lieberman, Amy M. & Rachel I. Mayberry. 2015. Studying sign language acquisition. In: E. Orfanidou, B. Woll & G. Morgan (eds.), *Research methods in sign language studies: A practical guide*, 281–299. Oxford: Wiley-Blackwell.

Lillo-Martin Diane. 1986. Two kinds of null arguments in American Sign

Language. *Natural Lan-guage and Linguistic meory* 4, 415–444. doi: 10.1007/BF00134469.

Lillo-Martin, Diane. 1995. The point of view predicate in American Sign Language. In: K. Emmorey & J. Reilly (eds.), *Language, gesture, and space*, 155–170. Hillsdale, NJ: Lawrence Erlbaum.

Lillo-Martin, Diane. 2012. Utterance reports and constructed action. In: R. Pfau, M. Steinbach & B. Woll (eds.), *Sign language. An international handbook*, 365–387. Berlin: De Gruyter Mouton.

Lillo-Martin, Diane & Deborah Chen Pichler. 2006. Acquisition of syntax in sign languages. In: B. Schick, M. Marschark & P. E. Spencer (eds.), *Advances in the sign language development of deaf children*, 231–261. Oxford: Oxford University Press.

Lillo-Martin, Diane & Richard P. Meier. 2011. On the linguistic status of 'agreement' in sign languages. *Theoretical Linguistics* 37, 95–141.

Lillo-Martin, Diane & Ronice M. de Quadros. 2008. Focus constructions in American Sign Language and Lingua de Sinais Brasileira. In: J. Quer (ed.), *Signs of the time. Selected papers from TISLR 8*, 161–176. Hamburg: Signum.

Lindblom, Björn. 1990. Explaining phonetic variation: a sketch of the H&H theory. In: W. J. Hardcastle & A. Marchal (eds.), *Speech production and speech modeling*, 403–439. Dordrecht: Kluwer Publishers. doi: 10.1007/978-94-009-2037-8_16.

Loon, Esther van, Roland Pfau & Markus Steinbach. 2014. The grammaticalization of gestures in sign languages. In: C. Müller, A. Cienki, E. Fricke, S. H. Ladewig, D. McNeill & S. Tessendorf (eds.), *Body–language–communication: An international handbook on multimodality in human interaction*. Berlin: De Gruyter Mouton, 2133–2149.

Lucas, Ceil (ed.). 1989. *The sociolinguistics of the Deaf community*. San Diego, CA: Academic.

Lucas, Ceil (ed.). 1995. *Sociolinguistics in Deaf communities*. Washington, DC: Gallaudet University Press.

Lucas, Ceil. 2003. The role of variation in lexicography. *Sign Language Studies* 3,

322–340. doi: 10.1353/sls.2003.0009.

Lucas, Ceil. 2013. Methodological issues in studying sign language variation. In L. Meurant, A. Sinte, M. Van Herreweghe & M. Vermeerbergen (eds.), *Sign language research, uses andpractices: Crossing the views on theoretical and applied sign language linguistics*, 285–307. Berlin & Nijmegen: De Gruyter Mouton & Ishara Press.

Lucas, Ceil & Robert Bayley. 2010. Variation in American Sign Language. In: D. Brentari (ed.), *Sign languages (Cambridge Language Surveys)*, 451–476. Cambridge: Cambridge University Press. doi: 10.1017/CBO9780511712203.021.

Lucas, Ceil, Robert Bayley, Ruth Reed & Alyssa Wulf. 2001a. Lexical variation in African American and white signing. *American Speech* 76, 339–360. doi: 10.1215/00031283-76-4-339.

Lucas, Ceil, Robert Bayley, Clayton Valli, Mary Rose & Alyssa Wulf. 2001b. Sociolinguistic variation. In: C. Lucas (ed.), *The sociolinguistics of sign languages*, 61–111. Cambridge: Cambridge University Press. doi: 10.1017/CBO9780511612824.006.

Lucas, Ceil & Clayton Valli. 1989. Language contact in the American Deaf community. In: C. Lucas (ed.), *The sociolinguistics of the Deaf community*, 11–40. San Diego: Academic Press.

Luttgens, Kathryn, Helga Deutsch & Nancy Hamilton. 1992. *Kinesiology: scientipc basis of human motion*. Madison, WI: Brown & Benchmark.

MacLaughlin, Dawn. 1997. *The structure of determiner phrases: Evidence from American Sign Language*. PhD dissertation, Boston University.

MacSweeney, Mairéad, Bencie Woll, Ruth Campbell, Philip K. McGuire, Anthony S. David, Steven C. R. Williams, John Suckling, Gemma A. Calvert & Michael J. Brammer. 2002. Neural systems underlying British Sign Language and audio-visual English processing in native users. *Brain* 125(7), 1583–1593. doi: 10.1093/brain/awf153.

Makharoblidze, Tamar. 2015. Indirect object markers in Georgian Sign Language. *Sign Language & Linguistics* 18(2), 238–250.

Malm, Amja (ed.). 1998. *Suomalaisen viitomakielen perussankirja*. Helsinki: Libris Oy.

Mandel, Mark. 1977. Iconic devices in American Sign Language. In: L. A. Friedman (ed.), *On the other hand: New perspectives on American Sign Language*, 57–107. New York: Academic Press.

Mandel, Mark A. 1979. Natural constraints in sign language phonology: data from anatomy. *Sign Language Studies* 24, 215–229. doi: 10.1353/sls.1979.0006.

Marsaja, I Gede. 2008. *Desa Kolok–A deaf village and its sign language in Bali, Indonesia*. Nijmegen: Ishara Press.

Marschark, Marc. 2007. *Raising and educating a deaf child (2nd edition)*. New York: Oxford University Press.

Marschark, Marc, Gladys Tang & Harry Knoors. 2014. *Bilingualism and bilingual deaf education*. Oxford: Oxford University Press. doi: 10.1093/acprof:oso/9780199371815.001.0001.

Martinez, Liza B. 1995. Turn taking and eye gaze in sign conversation between deaf Filipinos. In: C. Lucas (ed.), *Sociolinguistics in deaf communities*, 272–306. Washington, DC: Gallaudet University Press.

Mather, Susan M. 1987. Eye gaze and communication in a deaf classroom. *Sign Language Studies* 54, 11–30. doi: 10.1353/sls.1987.0008.

Mather, Susan M. 1994. Classroom turn-taking mechanism: effective strategies for using eye gaze as a regulator. In: C. Erting (ed.), *The deaf way: perspectives from the International Conference on Deaf Culture*, 627–632. Washington, DC: Gallaudet University Press.

Mathur, Gaurav & Christian Rathmann. 2010. Verb agreement in sign language morphology. In: D. Brentari (ed.), *Sign languages (Cambridge Language Surveys)*, 173–224. Cambridge: Cambridge University Press. doi: 10.1017/CBO9780511712203.010.

Mathur, Gaurav & Christian Rathmann. 2012. Verb agreement. In: R. Pfau, M. Steinbach & B. Woll (eds.), *Sign language. An international handbook*, 136–157. Berlin: De Gruyter Mouton.

Mauk, Claude & Martha E. Tyrone. 2012. Location in ASL: Insights from phonetic variation. *Sign Language & Linguistics* 15(1), 128–164. doi: 10.1075/

sll.15.1.06mau.

Mayberry, Rachel I. 1993. First language acquisition after childhood differs from second language acquisition: The case of American Sign Language. *Journal of Speech and Hearing Research* 36, 1258–1270. doi: 10.1044/jshr.3606.1258.

McBurney, Susan. 2002. Pronominal reference in signed and spoken language: Are grammatical categories modality-dependent? In: R. P. Meier, K. A. Cormier & D. G. Quinto-Pozos (eds.), *Modality and structure in signed and spoken languages*, 329–369. Cambridge: Cambridge University Press.

McBurney, Susan. 2012. History of sign languages and sign language linguistics. In: R. Pfau, M. Steinbach & B. Woll (eds.), *Sign language. An international handbook*, 909–948. Berlin: De Gruyter Mouton.

McCaskill, Carolyn, Ceil Lucas, Robert Bayley & Joseph Hill. 2011. *The hidden treasure of black ASL–its history and structure*. Washington, DC: Gallaudet University Press.

McKee, David & Graeme Kennedy. 2000. Lexical comparison of signs from American, Australian, British, and New Zealand Sign Languages. In: K. Emmorey & H. Lane (eds.), *The signs of language revisited: An anthology to honor Ursula Bellugi and Edward Klima*, 49–76. Mahwah, NJ: Lawrence Erlbaum.

McKee, Rachel L. & Sophia Wallingford. 2011. 'So, well, whatever': Discourse functions of *palm-up* in New Zealand Sign Language. *Sign Language & Linguistics* 14(2), 213–247. doi: 10.1075/sll.14.2.01mck.

Meier, Richard P. 1990. Person deixis in American Sign Language. In: S. D. Fischer & P. Siple (eds.), *Theoretical issues in sign language research. Vol.1: Linguistics*, 175–190. Chicago: University of Chicago Press.

Meier, Richard P. 2000. Shared motoric factors in the acquisition of sign and speech. In: K. Emmorey & H. Lane (eds.), *The signs of language revisited: An anthology to honor Ursula Bellugi and Edward Klima*, 333–356. Mahwah, NJ: Lawrence Erlbaum.

Meier, Richard P. 2002. The acquisition of verb agreement: Pointing out arguments for the linguistic status of agreement in signed languages. In: G. Morgan & B.

Woll (eds.), *Directions in sign language acquisition*, 115–141. Amsterdam: John Benjamins. doi: 10.1075/tilar.2.08mei.

Meier, Richard P. & Diane Lillo-Martin. 2013. The points of language. *Humana. Mente–Journal of Philosophical Studies* 24, 151–176.

Meir, Irit. 1999. A perfect marker in Israeli Sign Language. *Sign Language & Linguistics* 2, 43–62. doi: 10.1075/sll.2.1.04mei.

Meir, Irit. 2002. A cross-modality perspective on verb agreement. *Natural Language & Linguistic Theory* 20, 413–450. doi: 10.1023/A:1015041113514.

Meir, Irit. 2010. Iconicity and metaphor: Constraints on metaphorical extension of iconic forms. *Language* 86(4), 865–896.

Meir, Irit. 2012. Word classes and word formation. In: R. Pfau, M. Steinbach & B. Woll (eds.), *Sign language. An international handbook*, 77–112. Berlin: De Gruyter Mouton.

Meir, Irit, Mark Aronooff, Wendy Sandler & Carol Padden. 2010a. Sign languages and compounding. In: S. Scalise & I. Vogel (eds.), *Cross-disciplinary issues in compounding*, 301–322. Amsterdam: John Benjamins. doi: 10.1075/cilt.311.23mei.

Meir, Irit & Wendy Sandler. 2008. *A language in space. The story of Israeli Sign Language*. New York: Lawrence Erlbaum.

Meir, Irit, Wendy Sandler, Carol Padden & Mark Aronoff. 2010b. Emerging sign languages. In: M. Marschark & P. E. Spencer (eds.), *Oxford handbook of deaf studies, language, and education*. Volume 2, 267–280. Oxford: Oxford University Press.

Miles, Michael. 2000. Signing in the Seraglio: mutes, dwarfs and jestures at the Ottoman court 1500–1700. *Disability & Society* 15(1), 115–134. doi: 10.1080/09687590025801.

Mindess, Anna. 2006. *Reading between the signs: intercultural communication for sign language interpreters (2nd edition)*. Yarmouth, ME: Intercultural Press.

Minguet Soto, Amparo (coordinator). 2001. *Signolingüística: introducción a la linguistica de la LSE*. Valencia: FESORD.

Morford, Jill P., Angus B. Grieve-Smith, James MacFarlane, Joshua Staley & Gabriel Waters. 2008. Effects of language experience on the perception of American

Sign Language. *Cognition* 109, 41–53. doi: 10.1016/j.cognition.2008.07.016.

Moores, Donald F. 2010. The history of language and communication issues in deaf education. In: M. Marschark & P. E. Spencer (eds.), *Oxford handbook of deaf studies, language, and education*. Volume 2, 17–30. Oxford: Oxford University Press.

Morgan, Gary. 2006. The development of narrative skills in British Sign Language. In: B. Schick, M. Marschark & P. E. Spencer (eds.), *Advances in the sign language development of deaf children*, 314–343. Oxford: Oxford University Press.

Morgan, Gary, Sarah Barrett-Jones & Helen Stoneham. 2007. The first signs of language: phonological development in British Sign Language. *Applied Psycholinguistics* 28, 3–22. doi: 10.1017/S0142716407070014.

Morgan, Hope E. & Rachel I. Mayberry. 2012. Complexity in two-handed signs in Kenyan Sign Language: Evidence for sublexical structure in a young sign language. *Sign Language & Linguistics* 15(1), 147–174. doi: 10.1075/sll.15.1.07mor.

Mosel, Ulrike & Even Hovdhaugen. 1992. *Samoan reference grammar*. Oslo: Scandinavian University Press.

Nadolske, Marie & Rachel Rosenstock. 2007. Occurrence of mouthings in American Sign Language: A preliminary study. In: P. Perniss, R. Pfau & M. Steinbach (eds.), *Visible variation: Comparative studies on sign language structure*, 35–61. Berlin: Mouton de Gruyter.

Napoli, Donna Jo & Rachel Sutton-Spence. 2014. Order of the major constituents in sign languages: implications for all language. *Frontiers in Psychology* 5, Article 376. doi: 10.3389/fpsyg.2014.00376

National Institute of the Deaf. 2011. *South African Sign Language dictionary on DVD*. Worcester, Western Cape, SA: National Institute of the Deaf.

Neidle, Carol, Judy Kegl, Dawn MacLaughlin, Ben Bahan & Robert G. Lee. 2000. *The syntax of American Sign Language. Functional categories and hierarchical structure*. Cambridge, MA: MIT Press.

Newkirk, Don, Edward S. Klima, Carlene C. Pedersen & Ursula Bellugi. 1980. Linguistic evidence from slips of the hand. In: V. A. Fromkin (ed.), *Errors in linguistic performance: Slips of the tongue, ear, pen and hand*, 165–197. New York: Academic.

Newport, Elissa L. & Richard P. Meier. 1985. The acquisition of American Sign Language. In: D. I. Slobin (ed.), *The cross-linguistic study of language acquisition*, 881–933. Hillsdale, NJ: Lawrence Erlbaum.

Nijen Twilhaar, Jan & Beppie van den Bogaerde. 2016. *Concise lexicon for sign linguistics*. Amsterdam: John Benjamins.

Nonhebel, Annika. 2002. *Indirecte taalhandelingen in Nederlandse Gebarentaal. Een kwalitatieve studie naar de non-manuele markering van indirecte verzoeken in NGT*. MA thesis, University of Amsterdam.

Noonan, Michael. 1985. Complementation. In: T. Shopen (ed.), *Language typology and syntactic description. Vol. II: Complex constructions*, 42–140. Cambridge: Cambridge University Press.

Nyst, Victoria. 2007. *A descriptive analysis of Adomorobe Sign Language*. PhD dissertation, University of Amsterdam. Utrecht: LOT [www.lotpublications.nl/Documents/151_fulltext.pdf].

Nyst, Victoria. 2012. Shared sign languages. In: R. Pfau, M. Steinbach & B. Woll (eds.), *Sign language. An international handbook*, 552–574. Berlin: De Gruyter Mouton.

Olsen, Susan. 2014. Delineating derivation and compounding. In: R. Lieber & P. Štekauer (eds.), *The Oxford handbook of derivational morphology*, 26–49. Oxford: Oxford University Press.

Ormel, Ellen, Daan Hermans, Harry Knoors & Ludo Verhoeven. 2009. The role of sign phonology and iconicity during sign processing: the case of deaf children. *Journal of Deaf Studies and Deaf Education* 14(4), 436–448. doi: 10.1093/deafed/enp021.

Ortega, Gerardo. 2013. *Acquisition of a signed phonological system by hearing adults: the role of sign structure and iconicity*. PhD dissertation, University College London. Available at: http:// discovery.ucl.ac.uk/1416826/.

Padden, Carol A. 1988. *Interaction of morphology and syntax in American Sign Language*. New York: Garland Publishing.

Padden, Carol, Irit Meir, So-One Hwang, Ryan Lepic, Sharon Seegers & Tory Sampson. 2013. Patterned iconicity in sign language lexicons. *Gesture* 13(3), 287–308.

doi: 10.1075/gest.13.3.03pad.

Park, Young-Me. 1997. Topikalisierung im Koreanischen: Eine Folge von Basisgenerierung oder Move-alpha? *Frankfurter Linguistische Forschungen* 21, 34–44.

Perniss, Pamela, Roland Pfau & Markus Steinbach (eds.). 2007. *Visible variation: Cross-linguistic studies on sign language structure*. Berlin: Mouton de Gruyter. doi: 10.1515/9783110198850.

Perniss, Pamela, Robin L. mompson & Gabriella Vigliocco. 2010. Iconicity as a general property of language: evidence from spoken and signed languages. *Frontiers in Psychology* 1:227. doi: 10.3389/fpsyg.2010.00227.

Petitto, Laura A. & Paula F. Marentette. 1991. Babbling in the manual mode: Evidence for the ontogeny of language. *Science* 251, 1493–1496. doi: 10.1126/science.2006424.

Petronio, Karen. 1993. *Clause structure in American Sign Language*. PhD dissertation, University of Washington.

Petronio, Karen & Diane Lillo-Martin. 1997. WH-movement and the position of Spec-CP: Evidence from American Sign Language. *Language* 73, 18–57. doi: 10.2307/416592.

Pfau, Roland. 2002. Applying morphosyntactic and phonological readjustment rules in natural language negation. In: R. P. Meier, K. A. Cormier & D. G. QuintoPozos (eds.), *Modality and structure in signed and spoken languages*, 263–295. Cambridge: Cambridge University Press.

Pfau, Roland. 2008. The grammar of headshake: A typological perspective on German Sign Language negation. *Linguistics in Amsterdam* 2008(1), 37–74.

Pfau, Roland. 2011. A point well taken: On the typology and diachrony of pointing. In: D. J. Napoli & G. Mathur (eds.), *Deaf around the world. The impact of language*, 144–163. Oxford: Oxford University Press.

Pfau, Roland. 2012. Manual communication systems: evolution and variation. In: R. Pfau, M. Steinbach & B. Woll (eds.), *Sign language. An international handbook*, 513–551. Berlin: De Gruyter Mouton. doi: 10.1515/9783110261325.

Pfau, Roland. 2015. The grammaticalization of headshakes: From head movement to negative head. In: A. D. M. Smith, G. Trousdale & R. Waltereit (eds.), *New directions in grammaticalization research*, 9–50. Amsterdam: John Benjamins. doi: 10.1075/slcs.166.02pfa.

Pfau, Roland & Josep Quer. 2007. On the syntax of negation and modals in Catalan Sign Language and German Sign Language. In: P. Perniss, R. Pfau & M. Steinbach (eds.), *Visible variation: Cross-linguistic studies on sign language structure*, 129–161. Berlin: Mouton de Gruyter. doi: 10.1515/9783110198850.

Pfau, Roland & Markus Steinbach. 2003. Optimal reciprocals in German Sign Language. *Sign Language & Linguistics* 6, 3–42. doi: 10.1075/sll.6.1.03pfa.

Pfau, Roland & Markus Steinbach. 2005. Relative clauses in German Sign Language: Extraposition and reconstruction. In: L. Bateman & C. Ussery (eds.), *Proceedings of the North East Linguistic Society (NELS 35), Vol. 2*, 507–521. Amherst, MA: GLSA.

Pfau, Roland & Markus Steinbach. 2006a. *Modality-independent and modality-specific aspects of grammaticalization in sign languages* (Linguistics in Potsdam 24). Potsdam: Universitäts-Verlag. [http://opus.kobv.de/ubp/volltexte/2006/1088/].

Pfau, Roland & Markus Steinbach. 2006b. Pluralization in sign and in speech: A cross-modal typological study. *Linguistic Typology* 10, 135–182. doi: 10.1515/LINGTY.2006.006.

Pfau, Roland & Markus Steinbach. 2011. Grammaticalization in sign languages. In: H. Narrog & B. Heine (eds.), *The Oxford handbook of grammaticalization*, 683–695. Oxford: Oxford Univer-sity Press.

Pfau, Roland & Markus Steinbach. 2016. Complex sentences in sign languages: Modality–typology–discourse. In: R. Pfau, M. Steinbach & A. Herrmann (eds.), *A matter of complexity: Subordination in sign languages*, 1–35. Berlin: De Gruyter Mouton.

Pfau, Roland, Markus Steinbach & Bencie Woll (eds.). 2012a. *Sign language. An international handbook (HSK–Handbooks of Linguistics and Communication Science)*. Berlin: De Gruyter Mouton. doi: 10.1515/9783110261325.

Pfau, Roland, Markus Steinbach & Bencie Woll. 2012b. Tense, aspect, and modality. In: R. Pfau, M. Steinbach & B. Woll (eds.), *Sign language. An international handbook*, 186–204. Berlin: De Gruyter Mouton. doi: 10.1515/9783110261325.

Pietrandrea, Paola. 2002. Iconicity and arbitrariness in Italian Sign Language. *Sign Language Studies* 2(3), 296–321. doi: 10.1353/sls.2002.0012.

Pizzuto Elena & Virginia Volterra. 2000. Iconicity and transparency in sign languages: A cross-linguistic cross-cultural view. In: K. Emmorey & H. Lane (eds.), *The signs of language revisited: an anthology to honor Ursula Bellugi and Edward Klima*, 261–286. Mahwah, NJ: Lawrence Erlbaum.

Plaza Pust, Carolina. 2012. Deaf education and bilingualism. In: R. Pfau, M. Steinbach & B. Woll (eds.), *Sign language. An international handbook*, 949–979. Berlin: De Gruyter Mouton.

Poizner, Howard & Judy Kegl. 1992. Neural basis of language and motor behaviour: Perspectives from American Sign Language. *Aphasiology* 6, 219–256. doi: 10.1080/02687039208248595.

Poizner, Howard, Edward S. Klima & Ursula Bellugi. 1987. *What the hands reveal about the brain*. Cambridge, MA: MIT Press.

Prentice, David John. 1987. Malay (Indonesian and Malaysian). In: B. Comrie (ed.), *The world's major languages*, 913–935. London: Croom Helm.

Prillwitz, Siegmund, Regina Leven, Heiko Zienert, Eomas Hanke, Jan Henning, et al. 1989. *HamNoSys version 2.0. Hamburg notation system for sign languages: an introductory guide*. Hamburg: Signum.

Quadros, Ronice M. de. 1999. *Phrase structure in Brazilian Sign Language*. PhD dissertation, Pontifica Universidade Católica do Rio Grande do Sul, Porto Alegre.

Quadros, Ronice M. de, Deborah Chen Pichler, Diane Lillo-Martin, Carina Rebello Cruz, L. Viola Kozak, Jeffrey Levi Palmer, Aline Lemos Pizzio & Wanette Reynolds. 2015. Methods in bimodal bilingualism research: Experimental studies. In: E.. Orfanidou, B. Woll & G. Morgan (eds.), *Research methods in sign language studies*: *A practical guide*, 250–281. Oxford: Wiley-Blackwell.

Quer, Josep. 2005. Context shift and indexical variables in sign languages. In: E. Georgala & J. Howell (eds.), *Proceedings from Semantics and Linguistic Theory* 15, 152–168. Ithaca, NY: CLC Publications.

Quinto-Pozos, David (ed.). 2014. *Multilingual aspects of signed language com-*

*munication and disorder*. Bristol: Multilingual Matters.

Rankin, Miako N. P. 2013. *Form, meaning, and focus in American Sign Language*. Washington, DC: Gallaudet University Press.

Rathmann, Christian. 2005. *Event structure in American Sign Language*. PhD dissertation, University of Texas at Austin.

Reilly, Judy. 2006. How faces come to serve grammar: The development of non-manual morphology in American Sign Language. In: B. Schick, M. Marschark & P. E. Spencer (eds.), *Advances in the sign language development of deaf children*, 262–290. Oxford: Oxford University Press.

Richmond-Welty, E. Daylene & Patricia Siple. 1999. Differentiating the use of gaze in bilingual-bimodal language acquisition: A comparison of two sets of twins with deaf parents. *Journal of Child Language* 26, 321–328. doi: 10.1017/S0305000999003803.

Rimor, Mordechai, Judy Kegl, Harlan Lane & Trude Schermer. 1984. Natural phonetic processes underlie historical change and register variation in American Sign Language. *Sign Language Studies* 13, 97–119. doi: 10.1353/sls.1984.0014.

Rosen, Russell S. 2004. Beginning L2 production errors in ASL lexical phonology: A cognitive phonology model. *Sign Language & Linguistics* 7(1), 31–61. doi: 10.1075/sll.7.1.04beg.

Rudner, William A. & Rochelle Butowsky. 1981. Signs used in the deaf gay community. *Sign Language Studies* 30, 36–48. doi: 10.1353/sls.1981.0009.

Sacks, Oliver. 1989. *Seeing voices: A journey into the world of the deaf*. Oakland, CA: University of California Press.

Sandler, Wendy. 1989. *Phonological representation of the sign. Linearity and nonlinearity in American Sign Language*. Dordrecht: Foris.

Sandler, Wendy. 1993. Hand in hand: The roles of the nondominant hand in sign language phonology. *The Linguistic Review* 10, 337–390. doi: 10.1515/tlir.1993.10.4.337.

Sandler, Wendy. 1996a. Representing handshapes. In: W. H. Edmondson & R. B. Wilbur (eds.), *International review of sign linguistics*, 115–158. Mahwah, NJ: Lawrence Erlbaum.

Sandler, Wendy. 1996b. Phonological features and feature classes: The case of movements in sign language. *Lingua* 98, 197–220. doi: 10.1016/0024-3841(95)00038-0.

Sandler, Wendy. 1999. The medium and the message: Prosodic interpretation of linguistic content in Israeli Sign Language. *Sign Language & Linguistics* 2(2), 187–215. doi: 10.1075/sll.2.2.04san.

Sandler, Wendy. 2012. Visual prosody. In: R. Pfau, M. Steinbach & B. Woll (eds.), *Sign language. An international handbook*, 55–76. Berlin: De Gruyter Mouton.

Sandler, Wendy, Mark Aronof, Irit Meir & Carol Padden. 2011. The gradual emergence of phonological form in a new language. *Natural Language and Linguistic Theory* 29(2), 503–543. doi: 10.1007/s11049-011-9128-2.

Sandler, Wendy & Diane Lillo-Martin. 2006. *Sign language and linguistic universals*. Cambridge: Cambridge University Press. doi: 10.1017/CBO9781139163910.

Sandler, Wendy, Irit Meir, Carol Padden & Mark Aronof. 2005. The emergence of grammar: systematic structure in a new language. *Proceedings of the National Academy of Sciences* 102(7), 2661–2665. doi: 10.1073/pnas.0405448102.

Sapountzaki, Galini. 2012. Agreement auxiliaries. In: R. Pfau, M. Steinbach & B. Woll (eds.), *Sign language. An international handbook*, 204–227. Berlin: De Gruyter Mouton.

Sasaki, Daisuke. 2007. Comparing the lexicons of Japanese Sign Language and Taiwan Sign Language: A preliminary study focusing on the difference in the handshape parameter. In: D. Quinto-Pozos (ed.), *Sign languages in contact*, 123–150. Washington, DC: Gallaudet University Press.

Schauwers, Karen, Paul Govaerts & Steven Gillis. 2005. Language acquisition in deaf children with a cochlear implant. In: P. Fletcher & J. F. Miller (ed.), *Developmental theory and language disorders*, 95–119. Amsterdam: John Benjamins. doi: 10.1075/tilar.4.07sch.

Schembri, Adam. 2003. Rethinking 'classifiers' in signed languages. In: K. Emmorey (ed.), *Perspectives on classifier constructions in sign languages*, 3–34. Mahwah, NJ: Lawrence Erlbaum.

Schembri, Adam, Kearsy Cormier, Trevor Johnston, David McKee, Rachel

McKee & Bencie Woll. 2010. Sociolinguistic variation in British, Australian and New Zealand Sign Languages. In: D. Brentari (ed.), *Sign languages (Cambridge Language Surveys)*, 476–498. Cambridge: Cambridge University Press. doi: 10.1017/CBO9780511712203.022.

Schembri, Adam & Trevor Johnston. 2012. Sociolinguistic aspects of variation and change. In: R. Pfau, M. Steinbach & B. Woll (eds.), *Sign language. An international handbook*, 788–816. Berlin: De Gruyter Mouton.

Schermer, Trude. 1990. *In search of a language. Influences from spoken Dutch on Sign Language of the Netherlands*. PhD dissertation, University of Amsterdam.

Schermer, Trude 2003. From variant to standard: An overview of the standardization process of the lexicon of Sign Language of the Netherlands (SLN) over two decades. *Sign Language Studies* 3, 469–486. doi: 10.1353/sls.2003.0017.

Schermer, Trude. 2004. Lexical variation in Sign Language of the Netherlands. In: M. Van Herreweghe & M. Vermeerbergen (eds.), *To the lexicon and beyond. Sociolinguistics in European deaf communities*, 91–110. Washington, DC: Gallaudet University Press.

Schermer, Trude. 2006. Sign language lexicography. In: K. Brown (ed.), *Encyclopedia of Language and Linguistics* (2nd ed.), 321–324. Amsterdam: Elsevier. doi: 10.1016/B0-08-044854-2/00231-5.

Schermer, Trude. 2012. Language planning. In: R. Pfau, M. Steinbach & B. Woll (eds.), *Sign language. An international handbook*, 889–908. Berlin: De Gruyter Mouton.

Schermer, Trude, David Brien & Mary Brennan. 2001. Developing linguistic specifications for a sign language database: The development of SignBase. *Sign Language & Linguistics* 4, 253–274. doi: 10.1075/sll.4.1-2.18sch.

Schermer, Trude, Jacobien Geuze, Corline Koolhof, Elly Meijer & Sarah Muller. 2006. *Standaard lexicon Nederlandse Gebarentaal, deel 1 en 2 (DVD-ROM)*. Bunnik: Nederlands Gebarencentrum.

Schermer, Trude, Rita Harder & Heleen Bos. 1988. *Handen uit de mouwen: Gebaren uit de Nederlandse Gebarentaal in kaart gebracht*. Amsterdam: NSDSK/Dovenraad.

Schermer, Trude & Corline Koolhof. 1990. The reality of time-lines: Aspects of tense in Sign Language of the Netherlands (SLN). In: S. Prillwitz & T. Vollhaber (eds.), *Proceedings of the Fourth International Symposium on Sign Language Research*, 295–305. Hamburg: Signum.

Schermer, Trude & Corline Koolhof (eds.). 2009. *Van Dale basiswoordenboek Nederlandse Gebarentaal* [Basic dictionary NGT]. Utrecht: Van Dale.

Schermer, Trude, Corline Koolhof, Sarah Muller & Richard Cokart. 2014. *Online gebarenwoordenboek* [Online dictionary NGT]. Bunnik: Nederlands Gebarencentrum.

Schermer, Trude & Myriam Vermeerbergen. 2004. Nederlandse Gebarentaal en Vlaamse Gebarentaal: zussen of verre nichtjes? *Ons Erfdeel, Vlaams-Nederlands Cultureel Tijdschrif* 47, 569–575.

Schick, Brenda S. 1990. The efects of morphosyntactic structure on the acquisition of classifier predicates in ASL. In: C. Lucas (ed.), *Sign language research: theoretical issues*, 358–374. Washington, DC: Gallaudet University Press.

Schick, Brenda, Marc Marschark & Patricia E. Spencer (eds.). 2006. *Advances in the sign language development of deaf children*. Oxford: Oxford University Press.

Schmaling, Constanze. 2000. *Maganar hannu: Language of the hands. A descriptive analysis of Hausa Sign Language*. Hamburg: Signum.

Schuit, Joke. 2013. *Typological aspects of Inuit Sign Language*. PhD dissertation, University of Amsterdam [http://dare.uva.nl/record/463559].

Schwager, Waldemar & Ulrike Zeshan. 2008. Word classes in sign languages: criteria and classifications. *Studies in Language* 32, 509–545. doi: 10.1075/sl.32.3.03sch.

Senghas, Ann. 1995. *Children's contribution to the birth of Nicaraguan Sign Language*. PhD dissertation, MIT, Cambridge, MA.

Senghas, Ann. 2005. Language emergence: clues from a new Bedouin Sign Language. *Current Biology* 15(12), R463–R465. doi: 10.1016/j.cub.2005.06.018.

Sexton, Amy L. 1999. Grammaticalization in American Sign Language. *Language Sciences* 21, 105–141. doi: 10.1016/S0388-0001(98)00017-5.

Shafer, Barbara. 2002. CAN'T: The negation of modal notions in ASL. *Sign Language Studies* 3, 34–53. doi: 10.1353/sls.2002.0026.

Siple, Patricia. 1978. Visual constraints for sign language communication. *Sign*

*Language Studies* 19, 95–110. doi: 10.1353/sls.1978.0010.

Skliar, Carlos & Ronice M. de Quadros. 2005. Bilingual deaf education in the south of Brazil. In: A. M. de Méjia (ed.), *Bilingual education in South America*, 35–47. Clevedon: Multilingual Matters.

Smith, Wayne H. 1990. Evidence for auxiliaries in Taiwan Sign Language. In: S. D. Fischer & P. Siple (eds.), *Theoretical issues in sign language research. Vol.1: Linguistics*, 211–228. Chicago: University of Chicago Press.

Smith, Wayne H. 2005. Taiwan Sign Language research: an historical overview. *Language and Linguistics* 6(2), 187–215.

Spencer, Patricia E. & Marc Marschark (eds.). 2006. *Advances in the spoken language development of deaf and hard-of-hearing children.* Oxford: Oxford University Press.

Stamp, Rose, Adam Schembri, Jordan Fenlon, Ramas Rentelis, Bencie Woll & Kearsy Cormier. 2014.Lexical variation and change in British Sign Language. *PLoS ONE* 9(4), e94053. doi: 10.1371/journal.pone.0094053.

Steinbach, Markus & Roland Pfau. 2007. Grammaticalization of auxiliaries in sign languages. In: P. Perniss, R. Pfau & M. Steinbach (eds.), *Visible variation: Cross-linguistic studies on sign language structure*, 303–339. Berlin: Mouton de Gruyter. doi: 10.1515/9783110198850.

Stokoe, William C. 1960. Sign language structure. An outline of the visual communication system of the American deaf. *Studies in Linguistics Occasional Papers 8.* Bufalo: University of Bufalo Press [Re-issued 2005, *Journal of Deaf Studies and Deaf Education* 10, 3–37].

Stokoe William C. 1970. Sign language diglossia. *Studies in Linguistics* 21, 27–41.

Stokoe, William C., Dorothy C. Casterline & Carl G. Cronenberg. 1965. *A dictionary of American Sign Language.* Silver Spring, MD: Linstok Press.

Stone, Christopher. 2012. Interpreting. In: R. Pfau, M. Steinbach & B. Woll (eds.), *Sign language. An international handbook*, 980–998. Berlin: De Gruyter Mouton.

Stroombergen, Marianne & Trude Schermer. 1988. *KOMVA Notatiesysteem voor*

*Nederlandse gebaren*. Amsterdam: NSDSK.

Supalla, Ted. 1986. The classifier system in American Sign Language. In: Craig, C. (ed.), *Noun classes and categorization*, 181–214. Amsterdam: John Benjamins. doi: 10.1075/tsl.7.13sup.

Supalla, Ted & Elissa L. Newport. 1978. How many seats in a chair? The derivation of nouns and verbs in American Sign Language. In: P. Siple (ed.), *Understanding language through sign language research*, 91–132. New York: Academic Press.

Sutton-Spence, Rachel & Bencie Woll. 1999. *The linguistics of British Sign Language. An introduction*. Cambridge: Cambridge University Press. doi: 10.1017/CBO9781139167048.

Takkinen, Ritva. 1994. Sign articulation of a deaf boy at the age of 2–3 years, 6 years and 8 years. In: I. Ahlgren, B. Bergman & M. Brennan (eds.), *Perspectives on sign language usage. Papers from the Fifth International Symposium on Sign Language Research*, 357–368. Durham: ISLA.

Tang, Gladys. 2006. Questions and negation in Hong Kong Sign Language. In: U. Zeshan (ed.), *Interrogative and negative constructions in sign languages*, 198–224. Nijmegen: Ishara Press.

Tang, Gladys (ed.). 2007. *Hong Kong Sign Language. A trilingual dictionary with linguistic descriptions*. Hong Kong: Chinese University Press.

Tang, Gladys & Prudence Lau. 2012. Coordination and subordination. In: R. Pfau, M. Steinbach & B. Woll (eds.), *Sign language. An international handbook*, 340–365. Berlin: De Gruyter Mouton.

Taşçı, Süleyman S. 2013. Hand reversal and assimilation in TİD lexicalized fingerspelling. In: E. Arık (ed.), *Current directions in Turkish Sign Language research*, 71–100. Newcastle upon Tyne: Cambridge Scholars Publishing.

Taub, Sarah F. 2001. *Language from the body. Iconicity and metaphor in American Sign Language*. Cambridge: Cambridge University Press. doi: 10.1017/CBO9780511509629.

Taub, Sarah F. 2012. Iconicity and metaphor. In: R. Pfau, M. Steinbach & B. Woll (eds.), *Sign language. An international handbook*, 388–412. Berlin: De Gruyter Mouton.

Tellings, Agnes. 1995. *The two hundred years' war in deaf education. A reconstruction of the methods controversy*. PhD dissertation, Radboud University Nijmegen.

Thompson, Henry. 1977. The lack of subordination in American Sign Language. In: L. A. Friedman (ed.), *On the other hand: New perspectives on American Sign Language*, 181–195. New York: Academic Press.

Thompson, Robin, Karen Emmorey & Tamar H. Gollan. 2005. "Tip of the fingers" experiences by deaf signers. *Psychological Science* 16(11), 856–860. doi: 10.1111/j.1467-9280.2005.01626.x.

Thompson, Sandra A. & Robert E. Longacre. 1985. Adverbial clauses. In: T. Shopen (ed.), *Language typology and syntactic description. Vol. II: Complex constructions*, 171–234. Cambridge: Cambridge University Press.

Thoutenhoofd, Ernst. 2006. Cochlear implanted pupils in Scottish schools: 4-year school attainment data (2000–2004). *The Journal of Deaf Studies and Deaf Education* 11, 171–188. doi: 10.1093/deafed/enj029.

Tyrone, Martha E. & Claude Mauk. 2010. Sign lowering and phonetic reduction in American Sign Language. *Journal of Phonetics* 38, 317–328. doi: 10.1016/j.wocn.2010.02.003.

Valli, Clayton (ed.). 2005. *The Gallaudet dictionary of American Sign Language*. Washington, DC: Gallaudet University Press.

Valli, Clayton & Ceil Lucas. 1992/1995. *Linguistics of American Sign Language: An introduction*. Washington, DC: Gallaudet University Press.

Vallverdú, Rosa. 2001. The sign language communities. In: M. T. Turell (ed.), *Multilingualism in Spain: Sociolinguistic and psycholinguistic aspects of linguistic minority groups*, 183–214. Clevedon: Multilingual Matters.

Van Herreweghe, Mieke. 2002. Turn-taking mechanisms and active participation in meetings with deaf and hearing participants in Flanders. In: C. Lucas (ed.), *Turntaking, fingerspelling and contact in signed languages*, 73–106. Washington, DC: Gallaudet University Press.

Vanhecke, Eline & Kristof De Weerdt. 2004. Regional variation in Flemish Sign Language. In: M. Van Herreweghe & M. Vermeerbergen (eds.), *To the lexicon and beyond. Sociolinguistics in European Deaf communities*, 27–38. Washington, DC: Gallaudet University Press.

Vercellotti, Mary Lou & David R. Mortensen. 2012. A classification of compounds in American Sign Language: an evaluation of the Bisetto and Scalise framework. *Morphology* 22, 545–579. doi: 10.1007/s11525-012-9205-1.

Vermeerbergen, Myriam, Mieke Van Herreweghe, Philemon Akach & Emily Matabane. 2007. Constituent order in Flemish Sign Language (VGT) and South African Sign Language (SASL). A cross-linguistic study. *Sign Language & Linguistics* 10, 25–54. doi: 10.1075/sll.10.1.04ver.

Vinson, David P., Kearsy Cormier, Tanya Denmark, Adam Schembri & Gabriella Vigliocco. 2008. The British Sign Language (BSL) norms for age of acquisition, familiarity, and iconicity. *Behavior Research Methods* 40(4), 1079–1087. doi: 10.3758/BRM.40.4.1079.

Vivolin-Karén, Riitta & Kaisa Alanne. 2003. *Draft curriculum and the structure of Finnish Sign Language*. The Finnish Association of the Deaf.

Vos, Connie de & Roland Pfau. 2015. Sign language typology: The contribution of rural sign languages. *Annual Review of Linguistics* 1, 265–288. doi: 10.1146/annurev-linguist-030514-124958.

Walker, Elizabeth A. & J. Bruce Tomblin. 2014. The influence of communication mode on language development in children with cochlear implants. In: M. Marschark, G. Tang & H. Knoors (eds.), *Bilingualism and bilingual deaf education*, 134–151. New York: Oxford University Press. doi: 10.1093/acprof:oso/9780199371815.003.0006.

Wallin, Lars. 1983. Compounds in Swedish Sign Language. In: J. Kyle & B. Woll (eds.), *Language in sign*, 56–68. London: Croom Helm.

Waters, Dafydd & Rachel Sutton-Spence. 2005. Connectives in British Sign Language. *Deaf Worlds* 21, 1–29.

Wauters, Loes & Annet de Klerk. 2014. Improving reading instruction to deaf and hard-of-hearing students. In: M. Marschark, G. Tang & H. Knoors (eds.), *Bilingualism and bilingual deaf education*, 242–271. Oxford: Oxford University Press. doi: 10.1093/acprof:oso/9780199371815.003.0010.

Whitebread, Geoff. 2014. A review of stuttering in signed languages. In: D. Quinto-Pozos (ed.), *Multilingual aspects of sign language communication and disorder*, 143–161. Bristol: Multilingual Matters.

Wilbur, Ronnie B. 1990. Metaphors in American Sign Language and English. In: W. H. Edmondson & F. Karlsson (eds.), *SLR '87: Papers from the Fourth International Symposium on Sign Language Research*, 163–170. Hamburg: Signum.

Wilbur, Ronnie B. 1996. Evidence for the function and structure of wh-cleft in American Sign Language. In: W. H. Edmondson & R. B. Wilbur (eds.), *International review of sign linguistics*, 209–256. Mahwah, NJ: Lawrence Erlbaum.

Wilbur, Ronnie B. 2012. Information structure. In: R. Pfau, M. Steinbach & B. Woll (eds.), *Sign language. An international handbook*, 462–489. Berlin: De Gruyter Mouton.

Wilbur, Ronnie B. 2013. The point of agreement: Changing how we think about sign language, gesture, and agreement. *Sign Language & Linguistics* 16(2), 221–258. doi: 10.1075/sll.16.2.05wil.

Wilbur, Ronnie B. 2016. Preference for clause order in complex sentences with adverbial clauses in American Sign Language. In: R. Pfau, M. Steinbach & A. Herrmann (eds.), *A matter of complexity: Subordination in sign languages*, 36–64. Berlin: De Gruyter Mouton.

Wilbur, Ronnie B. & Cynthia G. Patschke. 1998. Body leans and the marking of contrast in American Sign Language. *Journal of Pragmatics* 30, 275–303. doi: 10.1016/S0378-2166(98)00003-4.

Wilbur, Ronnie B. & Brenda S. Schick. 1987. The effects of linguistic stress on ASL signs. *Language and Speech* 30(4), 301–323.

Wilcox, Phyllis P. 2000. *Metaphor in American Sign Language*. Washington, DC: Gallaudet University Press.

Wilcox, Phyllis P. (ed.). 2005. *Metaphor in signed languages*. Special issue of *Sign Language Studies* 5(3).

Wilcox, Sherman. 2004. Gesture and language. Cross-linguistic and historical data from signed languages. *Gesture* 4(1), 43–73. doi: 10.1075/gest.4.1.04wil.

Wilcox, Sherman & Phyllis Wilcox. 1995. The gestural expression of modality in ASL. In: J. Bybee & S. Fleischman (eds.), *Modality in grammar and discourse*, 135–162. Amsterdam: John Benjamins. doi: 10.1075/tsl.32.07wil.

Wilson, Margaret & Karen Emmorey. 1997. Working memory for sign language: A window into the architecture of the working memory system. *Journal of Deaf Studies and Deaf Education* 2(3), 121–130. doi: 10.1093/oxfordjournals.deafed.a014318.

Woll, Bencie. 1987. Historical and comparative aspects of British Sign Language. In: J. Kyle (ed.), *Sign and school: Using signs in deaf children's development*, 12–34. Clevedon: Multilingual Matters Ltd.

Woll, Bencie. 2012a. Atypical signing. In: R. Pfau, M. Steinbach & B. Woll (eds.), *Sign language. An international handbook*, 762–787. Berlin: De Gruyter Mouton. doi: 10.1515/9783110261325.

Woll, Bencie. 2012b. Second language acquisition of sign language. In: C. A. Chapelle (ed.), *The encyclopedia of applied linguistics*. Oxford: Wiley-Blackwell.

Woll, Bencie. 2013. The history of sign language linguistics. In: K. Allan (ed.), *The Oxford handbook of the history of linguistics*, 91–104. Oxford: Oxford University Press.

Woll, Bencie & Paddy Ladd. 2003. Deaf communities. In: M. Marschark & P. E. Spencer (eds.), *Oxford handbook of deaf studies, language, and education*, 151–163. Oxford: Oxford University Press.

Woodward, James. 1973a. Language continuum: A different point of view. *Sign Language Studies* 2, 81–83. doi: 10.1353/sls.1973.0007.

Woodward, James. 1973b. Some characteristics of Pidgin Sign English. *Sign Language Studies* 3, 39–46. doi: 10.1353/sls.1973.0006.

Woodward, James. 2000. Sign languages and sign language families in Thailand and Viet Nam. In: K. Emmorey & H. Lane (eds.), *The signs of language revisited: An anthology to honor Ursula Bellugi and Edward Klima*, 23–47. Mahwah, NJ: Lawrence Erlbaum.

Wrigley, Owen, et al. (eds.). 1990. *The Thai Sign Language dictionary (Revised and expanded edition)*. Bangkok: NAD in mailand (NADT).

Yau, Shun-Chiu. 1977. *The Chinese signs: Lexicon of the standard sign language for the deaf in China*. Paris: Ed. Lang. Croisés.

Zeshan, Ulrike. 2000. *Sign language in Indo-Pakistan. A description of a signed language*. Amsterdam: John Benjamins. doi: 10.1075/z.101.

Zeshan, Ulrike. 2003a. 'Classificatory' constructions in Indo-Pakistani Sign Language: Grammaticalization and lexicalization processes. In: K. Emmorey (ed.), *Perspectives on classiper constructions in sign languages*, 113–141. Mahwah, NJ: Lawrence Erlbaum.

Zeshan, Ulrike. 2003b. Indo-Pakistani Sign Language grammar: A typological outline. *Sign Language Studies* 3(2), 157–212. doi: 10.1353/sls.2003.0005.

Zeshan, Ulrike. 2004a. Hand, head, and face: Negative constructions in sign languages. *Linguistic Typology* 8, 1–58. doi: 10.1515/lity.2004.003.

Zeshan, Ulrike. 2004b. Interrogative constructions in signed languages: cross-linguistic perspectives. *Language* 80, 7–39. doi: 10.1353/lan.2004.0050.

Zeshan, Ulrike (ed.). 2006a. *Interrogative and negative constructions in sign languages*. Nijmegen: Ishara Press.

Zeshan, Ulrike. 2006b. Negative and interrogative structures in Turkish Sign Language (TİD). In: U. Zeshan (ed.), *Interrogative and negative constructions in sign languages*, 128–164. Nijmegen: Ishara Press.

Zeshan, Ulrike. 2008. Roots, leaves and branches–The typology of sign languages. In: R. M. de Quadros (ed.), *Sign languages: spinning and unraveling the past, present and future*, 671–695. Petrópolis (Brazil): Editora Arara Azul.

Zimmer, June & Cynthia Patschke. 1990. A class of determiners in ASL. In: C. Lucas (ed.), *Sign language research: theoretical issues*, 201–210. Washington, DC: Gallaudet University Press.

Zucchi, Sandro. 2009. Along the time line: Tense and time adverbs in Italian Sign Language. *Natural Language Semantics* 17, 99–139. doi: 10.1007/s11050-008-9032-4.

Zwitserlood, Inge. 2003. *Classifying hand configurations in Nederlandse Gebarentaal*. PhD dissertation, University of Utrecht. Utrecht: LOT [www.lotpublications.nl/Documents/78_fulltext.pdf].

Zwitserlood, Inge. 2012. Classiiers. In: R. Pfau, M. Steinbach & B. Woll (eds.), *Sign language. An international handbook*, 158–186. Berlin: De Gruyter Mouton.

Zwitserlood, Inge & Ingeborg van Gijn. 2006. Agreement phenomena in Sign

Language of the Netherlands. In: P. Ackema, et al. (eds.), *Arguments and agreement*, 195–229. Oxford: Oxford Uni-versity Press.

Zwitserlood, Inge & Sibylla Nijhof. 1999. Pluralization in Sign Language of the Netherlands. In: J. Don & T. Sanders (eds.), *OTS Yearbook 1998–1999*, 58–78. Utrecht: UiL OTS.

Zwitserlood, Inge, Pamela Perniss & Aslı Özyürek. 2012. An empirical investigation of expression of multiple entities in Turkish Sign Language (TİD): Considering the effects of modality. *Lingua* 122, 1636–1667. doi: 10.1016/j.lingua.2012.08.010.

# Websites

### *Of general interest*

ENDANGERED LANGUAGES DOCUMENTATION PROGRAM (including some sign languages):
http://www.eldp.net/
ETHNOLOGUE                      www.ethnologue.com/
DEAF CULTURE                    www.deafculture.com/
DEAF RESOURCE LIBRARY (by Karen Nakamura) with many links:
www.deaflibrary.org/
SIGN LANGUAGE LINGUISTICS SOCIETY (SLLS):     http://slls.eu/
WORLD ATLAS OF LANGUAGE STRUCTURES (WALS):
http://wals.info/

### *Sign language dictionaries*

GENERAL               www.yourdictionary.com/languages/sign.html

AMERICAN SL           www.lifeprint.com

ASL–WITH AVATAR:      http://signsci.terc.edu/SSD/about/animation.htm

AUSTRALIAN SL         www.auslan.org.au

BRITISH SL            www.signbsl.com/

| | |
|---|---|
| FINNISH SL | http://suvi.viittomat.net |
| FLEMISH SL | http://gebaren.ugent.be/ |
| FRENCH SL | www.lsfdico-injsmetz.fr/ |
| GERMAN SL | www.sign-lang.uni-hamburg.de/ALex/Start.htm |
| NGT | www.gebarencentrum.nl/gebaren/mini-gebaren-woordenboek/ (sample dictionary) |
| | www.gebarencentrum.nl/gebaren/van-dale-ngt-uitgebreid/ (15.000 signs accessible via subscription) |
| SOUTH AFRICAN SL | www.youtube.com/watch?v=ufRlTMcYxbA |
| TURKISH SL | http://turkisaretdili.ku.edu.tr/ |

## *Sign language transcription and spoken language glossing conventions*

| | |
|---|---|
| BERKELEY TRANSCRIPTION SYSTEM: | |
| | http://ihd.berkeley.edu/Slobin-Sign%20Language/(2001)%20Berkeley%20Transcription%20System%20(BTS)%20-%20Manual.pdf |
| ELAN SOFTWARE | https://tla.mpi.nl/tools/tla-tools/elan/ |
| HAMNOSYS | www.sign-lang.uni-hamburg.de/dgs-korpus/index.php/hamnosys-97.html |
| LEIPZIG GLOSSING RULES (MPI): | |
| | www.eva.mpg.de/lingua/resources/glossing-rules.php |
| SIGNWRITING | www.signwriting.org |

## *Sign language research, journals, language technology, and corpora*

| | |
|---|---|
| ASIAN SIGNBANK | http://cslds.org/asiansignbank/ |
| ASL LINGUISTIC RESEARCH PROJECT (ASLLRP): | |
| | www.bu.edu/asllrp/ |
| AUSLAN CORPUS | http://elar.soas.ac.uk/deposit/0001 |

AUTOMATIC TRANSLATION:
    www.babelish.org

BSL CORPUS     www.bslcorpusproject.org/

CATALAN SL LAB     http://parles.upf.edu/en/content/catalan-signs-language-laboratory

DEAFNESS, COGNITION, AND LANGUAGE RESEARCH CENTRE (London):
    www.ucl.ac.uk/dcal

DGS CORPUS     www.sign-lang.uni-hamburg.de/dgs-korpus/

ECHO-PROJECT     sign-lang.ruhosting.nl/echo/

NGT CORPUS     www.ru.nl/corpusngten/

JOURNAL OF DEAF STUDIES AND DEAF EDUCATION:
    http://jdsde.oxfordjournals.org/

SIGN LANGUAGE & LINGUISTICS (journal):
    https://benjamins.com/#catalog/journals/sll/main

SIGN LANGUAGE STUDIES (journal):
    http://gupress.gallaudet.edu/SLS.html

SPREAD THE SIGN     www.spreadthesign.com/

VISICAST-PROJECT     www.visicast.co.uk

## *Manual alphabets from various sign languages*

| | |
|---|---|
| ASL | www.lifeprint.com/asl101/ingerspelling/ |
| BSL | www.british-sign.co.uk/ingerspelling-alphabet-charts |
| Chinese SL | www.sinosplice.com/life/archives/2007/04/02/chinese-sign-language-ingerspelling |
| SASL | https://commons.wikimedia.org/wiki/File:SASL-Fingerspelled-Alphabet.png |
| Various SLs | http://www.deafblind.com/worldsig.html (includes Lorm alphabet for the deafblind) |

# 附录一 标音与转写规则

附录一将解释本书全部手语和有声语言例子所使用的标音与转写规则。一是对手语例词和例句的标音转写及标注规则进行介绍和说明。本书手语例子既采用了软件简笔画的标音转写形式，也采用了有声语言转写及标注等形式。二是对本书的缩略语进行解释。首先列出本书谈到的手语名称的首字母缩略形式，然后列出并说明本书有声语言例句在进行转写和行间标注时所使用的语法标记的缩略形式。

## 1. 手语例子的标音转写及标注

### 1.1 用 Salute 软件标音和转写手语例词

许多例词的标音和转写都采用了由 Salute 绘画程序软件导出的手势词简笔画，遗憾的是，该软件目前停止使用了。附表 1 所示的符号来自 Salute 软件，用来描写和限定不同手势词的运动参数特征。

附表 1　手势词的运动参数特征

| 手势词的标音符号 | 运动参数特征 |
| --- | --- |
| ⇐ | 向右移动（打手语者的视角）——箭头表示运动的方向和运动幅度 |
| ⤴ | 弧线运动——箭头表示运动的方向和运动幅度 |
| ⇚ | 运动被重复一次或多次 |
| ↻ | 圆周运动——箭头表示运动的方向和运动幅度 |
| ✕ | 手与头部、手臂或躯干等部位接触了一次；或双手相互接触了一次 |
| ✸ | 手与头部、手臂或躯干等反复接触；或双手反复接触 |
| ﹋ | 所有手指都在晃动 |
| ▭ | 运动以突然停止的方式结束，手在最后位置保持不动，停留片刻 |
| ①② | 手势词的第一部分和第二部分 |

有时为了清晰起见，Salute 软件会在手势词简笔画的右上角单独画出手型。

本书采用了专门的手型电脑字体来标明相关手型。在其他出版物中，通常是用手指字母（如 T 手型）来记录手型。然而，这种方法是存在问题的。第一，不同手语的手指字母表并不相同，同一个字母的手型在不同手语中可能非常不同（例如，字母 T 的手型在美国手语、德国手语和荷兰手语中就各不相同，这只是其中一个例子）；第二，手指字母表里的手型非常有限，手语中有些手型是手指字母表之外的手型。

## 1.2　用有声语言转写和标注手语例句

当标注语言是英语时，手势词或手语句子通常以缩小版的英语大写字母来表示（请注意：本译著是用汉语翻译出原书的所有手语例子，所以是用【】表示其内是手语数据，如手势词或手语句子）。这些释义类型的转写和标注并不提供一个手势词的语音信息。下文例（1）将用两个手语例句来说明本书的标注规则。在解释非手控成分的标注规则之前,我们首先解释手控成分的释义和标注规则(见附表2)。

例(1)a.【二-日-以前 指代词$_2$ s-u-e 指代词$_{3a}$ 花 $_2$给-类标记:✋$_{3a}$?】是非疑问
　　'两天前你是不是送给了苏一枝花?'

b.【属格$_1$　父亲^母亲　书++　阅读。】否定
　　'我的父母不阅读书籍。'

**附表2　手控成分的释义和标注规则**

| 手控成分 | 释义和规则 |
|---|---|
| 【手势词】 | "【 】"表示其框起来的部分是一个标注,此处专指对一个手势词进行"释义"标注(如用有声语言来解释说明一个手势词)。本译著用汉语来标注手势词的意义,请见例(1)a中的例词【花】。全书所有手势词都采用汉语来释义 |
| 【手势词++】 | "+"加号表示重复,用来标注手势词的复数意义。在手中,手势词的重复(用来表达复数或特定"体"语法意义)是用加号(+)来标注的,例如例(1)b【书++】 |
| 【手势词-----】 | "-----"符号表示该手势词与会话对象所打的手势词有重叠,或者表示该手势词在手势空间打出且维持打出状态,此时另一只手已经开始打新的手势词 |
| 【手势词^手势词】 | "^"符号表示将两个手势词接连打出构成一个复合词,例如,例(1)b中的复合词【父亲^母亲】,意思是"父母"。数词并入也使用这一规则 |
| 【手势词-手势词】 | 连字符"-"表示将几个单独的手势词接连打出,组合在一起构成一个手势短语,例如,例(1)a中的【二-日-以前】,意思是"两天前" |
| 【类标记××】,【类标记:×】 | 如果使用了类标记手型,可使用缩略形式"CL",并在下标处注明所指(请注意CL仅用于英语文献,本书用"类标记"代替"CL"),如【类标记$_{汽车}$】和【类标记$_书$】,或者用手型的电脑字体来为手型标音,如例(1)a中的【类标记:✋】 |

续表

| 手控成分 | 释义和规则 |
|---|---|
| 【指代词$_x$】<br>（有两个英语形式：INDEX$_x$/IX$_x$） | 【指代词$_x$】表示该手势词是一个指点手势（通常用 ☝ 手型），它可以完成不同的功能。例如，它可以是人称代词，像例（1）a 中的【指代词$_2$】就是人称代词"你"；它也可以在手势空间中利用定位来指代一个不在场的所指，如例（1）a 中的【指代词$_{3a}$】。下标所用的数字表示手势空间中的具体位置：1 = 贴近手语者的胸膛；2 = 指向会话对象；3a/3b = 指向手势空间中的左或右。有时指点手势会指向一个特定的位置（如为了指称一个在现场的所指对象），如【指代词$_{母亲}$】。 |
| 【属格$_x$】 | 【属格$_x$】表示该手势词是一个属格代词，它在许多手语中是用 ✋ 手型打出来的，它指向空间中的一个位置，例如，例（1）b 中的【属格$_1$】的发音位置就是在打手语者的胸膛。 |
| 【$_x$手势词$_y$】 | 【$_x$手势词$_y$】表示该手势词是一个方向动词，它从一个位置向另一个位置运动，以表明动词、主语，以及（或）宾语之间的一致关系；下标表示的是方位（见以上【指代词$_x$】）。例如，例（1）a 中，动词从会话对象的位置（2）移动到本句给【苏】分配的空间句法位置（3a）。 |
| 【掌心向上】 | 【掌心向上】表示掌心向上手势，它有许多不同的语法和话语语篇功能 |
| 【s-i-g-n】 | 指拼成分用小写字母表示，它用连字符（-）把手指字母彼此连接起来，如，例（1）a 中的指拼手势词【s-u-e】，表示人名"苏"；或者把手指字母与一个单词连接起来，如【制造-s】（s 表示动词后第三人称单数） |
| 【手势词。】 | "。"表示手势句子的结尾 |
| 【手势词,】 | ","表示手势句子成分的结尾（如话题结束处）。手语可使用停顿或者延长手势词等方法来表示这是一个成分，在成分的结尾可以加逗号 |
| "××××" | 双引号""表示括起来的部分是非语言的手势性成分，其进行释义标注的语言是采用单词的小写字母（仅限字母语言），如非语言手势成分"away"（走开） |

在手语句子释义标注之上的那一行，是用来转写和标注打手语时手语者伴随手势词的表情体态。也就是说，它表示非手控成分可延展的区间（即从表情开始到表情结束所覆盖的那些手势词）——它也可以称为表情体态标记的使用范围。在例（1）a 中，非手控疑问标记扩展到整个句子，而例（1）b 中表示否定的表情体态标记的覆盖范围仅限于动词短语（宾语【书 ++】和动词【阅

读】)。表情体态标记可以在音系、形态、句法和语用等不同层面上发挥不同的语言学功能。我们使用如附表 3 的标注用语和符号来说明这些功能（一些特定标注用语和符号也将在本书行文中做进一步介绍）。

附表 3　表情体态标记

| 标注用语及符号 | 表情体态的语法意义 |
|---|---|
| ＿＿＿肯定句 | 肯定标记：反复点头 |
| ＿＿＿身体倾斜 | 身体向具体方向倾斜，例如，"身体倾斜 –3a" 或者 "身体倾斜 – 左" |
| ＿＿＿点头 | 头轻点一下，表示肯定或者用于祈使句 |
| ＿＿＿否定 | 否定标记：通常是摇头，常伴有否定面部表情，见例（1）b |
| ＿＿＿扬眉 | 眉毛上扬的表情，可以伴随不同的从句 |
| ＿＿＿话题 | 标记该成分是句子的话题：通常是眉毛扬起，同时头略微向前倾斜 |
| ＿＿＿特殊疑问 | 就实义内容进行提问时的伴随性表情体态标记（特殊疑问句）：表情通常是眉毛压低，伴随疑问表情 |
| ＿＿＿是非疑问 | 是非疑问句的伴随表情：通常是扬眉，有时伴有头前伸，见例（1）a |
| ＿＿＿/×××/ | "/ /" 表示其内是韵律标记：它可以是一个自然口动，如打英国手势词【出现】时所伴随的口动 /shhhh/。也可以是一个仿话口型（如作出对应的有声语言中该词的全部或部分口型），如打美国手语例词 HOLIDAY（假期）时，作出英语单词的仿话口型 /vava/ |
| ＿＿＿)(　或者 () | 符号 ")(" 表示倒吸气使腮帮内凹，它为所修饰的手势词增添 "很小" 的含义；符号 "( )" 表示呼气使腮帮鼓起，它为所修饰的手势词增添 "很大" 的含义，为意义明晰，本书使用 "腮帮内凹" 和 "腮帮鼓起" |

## 2. 缩略语

### 2.1　不同手语名称的首字母缩写形式

当谈及一门手语时，我们经常使用它在国际文献中已经约定俗成的首字母缩写形式。一些首字母缩写是基于该手语的英文名称（如用 CSL 表示中国手语），而另一些首字母缩写形式则是基于该手语在各自国家中的名称（使用当地语言，如用 DGS 表示德国手语）。对属于后一种情况的手语，我们既给出其名称的缩写形式，还将它们当地语言名称的全拼形式列在括号内（见附表 4）。

附表 4  手语名称的缩写

| 缩写 | 中文名称（名称全拼——使用当地语言） |
|---|---|
| ABSL | 艾尔赛义德贝都因手语 |
| AdaSL | 阿达莫罗贝手语（加纳） |
| ASL | 美国手语 |
| Auslan | 澳大利亚手语 |
| BSL | 英国手语 |
| CSL | 中国手语 |
| DGS | 德国手语（Deutsche Gebärdensprache） |
| FinSL | 芬兰手语 |
| GSL | 希腊手语 |
| HKSL | 中国香港地区手语 |
| IPSL | 印度巴基斯坦手语 |
| ISL | 以色列手语 |
| ISN | 尼加拉瓜手语（Idioma de Señas Nicaragüense） |
| IUR | 因纽特手语（Inuit Uukturausingit） |
| Libras | 巴西手语（Língua de Sinais Brasileira） |
| LIS | 意大利手语（Lingua Italiana dei Segni） |
| LIU | 约旦手语（Lughat il-Ishaara il-Urdunia） |
| LSC | 西班牙加泰罗尼亚手语（Llengua de Signes Catalana） |
| LSE | 西班牙手语（Lengua de Signos española） |
| LSF | 法国手语（Langue des Signes Française） |
| LSQ | 加拿大魁北克手语（Langue des Signes Québécoise） |

续表

| 缩写 | 中文名称（名称全拼——使用当地语言） |
|---|---|
| NGT | 荷兰手语 （Nederlandse Gebarentaal） |
| NS | 日本手语 （Nihon Syuwa） |
| NZSL | 新西兰手语 |
| ÖGS | 奥地利手语 （Österreichische Gebärdensprache） |
| RSL | 俄罗斯手语 |
| SASL | 南非手语 |
| SaudiSL | 沙特阿拉伯手语 |
| SSL | 瑞典手语 |
| ThaiSL | 泰国手语 |
| TİD | 土耳其手语 （Türk İşaret Dili） |
| TSL | 中国台湾地区手语 |
| VGT | 佛兰芒手语 （Vlaamse Gebarentaal） |

## 2.2 行间标注中语法标记的缩略形式

对有声语言例子进行翻译和语言学行间标注时，我们遵循《莱比锡标注规则》，对例句中所涉及的语法标记使用如附表 5 所示的缩略形式。

附表 5　行间标注中语法标记的缩略形式

| 缩略形式 | 语法标记 |
|---|---|
| ACC | 宾格 |
| ASP | 体标记 |
| CL | 类标记 |
| COMPL | 完成体 |
| COND | 条件句 |

续表

| 缩略形式 | 语法标记 |
|---|---|
| DAT | 与格 |
| F | 阴性 |
| FUT | 将来时 |
| HAB | 惯常体 |
| ITE | 反复体 |
| LOC | 方位格 |
| M | 阳性 |
| NOM | 主格 |
| OBJ | 宾语 |
| PL | 复数 |
| POSS | 属格 |
| PRS | 现在时 |
| PST | 过去时 |
| Q | 疑问小品词 |
| REC | 相互标记 |
| REL | 关系从句标记 |
| SG | 单数 |
| TNS | 时标记 |
| TOP | 话题标记 |

# 附录二 手指字母举例

## 1. 荷兰手语：单手打出的《荷兰语手指字母表》

请注意，一些国家的手指字母非常相似，如美国手语和德国手语。而另一些国家的手指字母尽管都是单手打出的，但区别很大，如俄罗斯手语和埃塞俄比亚手语［Carmel（1982）；Duarte（2010）］。附图1是用单手打出的荷兰手语中的《荷兰语手指字母表》。

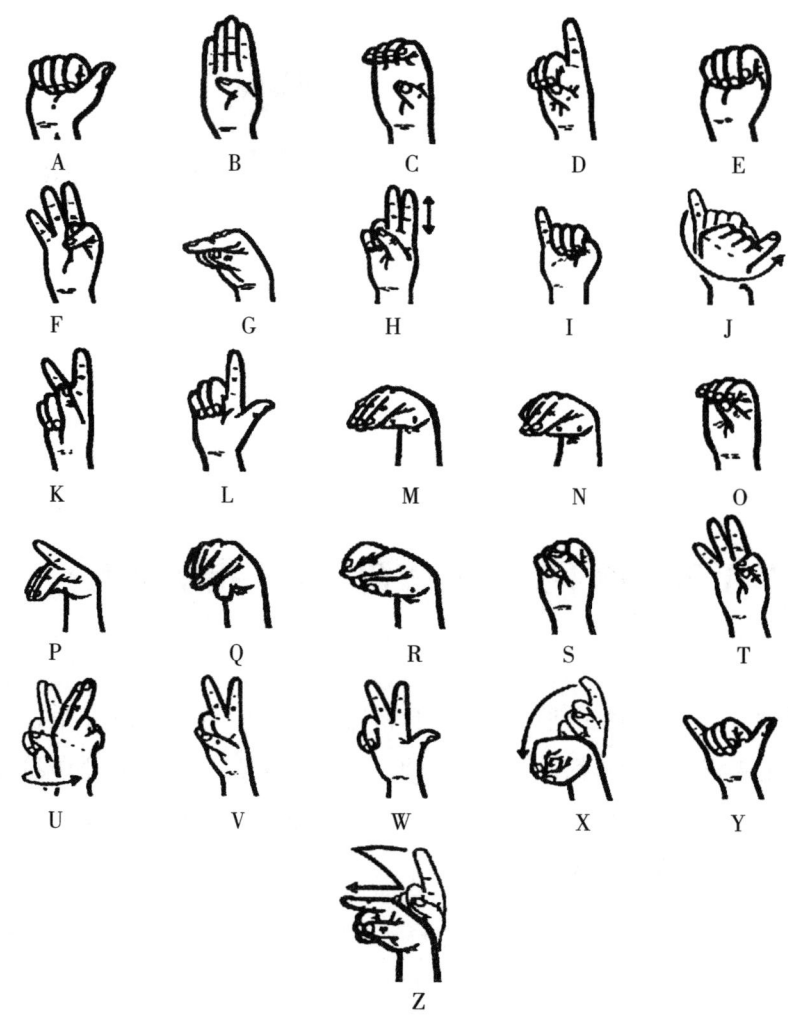

**附图 1 《荷兰语手指字母表》**

来源：www.effathaguyot.nl.

## 2. 英国手语：双手打出的《英语手指字母表》

附图 2 是英国手语中的《英语手指字母表》，它用双手打出。请注意，澳大利亚手语和新西兰手语的手指字母与英国手语相同。土耳其手语（TİD）

的手指字母虽然也是用双手打出，但是其手指字母打法非常不同［Taşcı（2013）］。

附图2　英语手指字母表

来源：http://www.deafblind.com/deafsign.html。

# 译者后记

这本《手语语言学引论》凝聚着我们由衷的期待。四年前我在伦敦大学学院 DCAL 研究中心学习和工作时,我的导师本西·沃尔(Bencie Woll)院士向我们推荐了这本书。当时我和导师提到中国国内并无特别深入浅出、涵盖手语语言学全方面内容的专业书籍,而中国学者对手语和手语语言学研究的热情,已经令我们觉得引介国际上优秀学者的论著是迫在眉睫的事。

我们的初衷是将导师和她同事蕾切尔·萨腾斯彭斯(Rachel Sutton-Spence)教授 1999 年在剑桥大学出版且获奖的专著《英国手语语言学》引介到中国,然而导师本西·沃尔院士却推荐了这本当时最新的论著。我们为导师对学术的无私与真挚佩服不已,她的远见卓识影响着我,也坚定了我们要啃下和做好这部专著的决心。

还要感谢我的博士生导师复旦大学龚群虎教授,他一直相信我和鼓励我,期待我到达我学术生涯应有的高度。无论是在复旦求学期间,还是我毕业返回工作岗位,导师龚群虎教授都是我人生中最敬佩和最敬爱的人。他专业的指导和科学的视角让我获益终生。导师的严谨与求实、睿智与豁达、善良与真诚,照亮我走过的每一段路。

我们还特别感谢国家社科基金为此项研究提供鼎力支持。感谢我们教育和工作领域中遇到的所有良师益友。特别是 2018 年我在中国语言学书院语言类型学高级研修班学习时指导我的刘丹青教授、张洪明教授、张敏教授、陈前瑞教授、洪波教授和唐正大教授。师从诸位尊长,令我倍感幸运,终生获益。还有香港中文大学的邓慧兰教授、北京师范大学的顾定倩教授、华东师范大学的张吉生教授、辽宁师范大学的张宁生教授、北京联合大学的吴铃教授，几位师长和前辈在聋人教育和手语研究方面的卓越贡献为我们指引了航向。

专门的致谢还必须给予所有帮助过我们的聋人师长和聋人朋友，英国中央兰开夏大学的杨军辉博士，上海的徐剑平老师、沈承香老师、杨在申老师等，以及我们的聋人助教马新蕊老师和高朝兵老师。他们的温暖和善良让我们越来越理解聋人群体，越来越希望做好聋人和手语相关的事情，使未来的人从我们的努力中获益。

最后，我们感谢参与我们译著翻译工作的研究生，以及分别选修我们"走近手语"和"手语语言学"课程的本科生和研究生们。我曾指导的学生：目前就读于西南大学的曹阳博士生，以及硕士马子尚、宋萌萌、吕宏薇、周佳玮、陈静、王合一，他们为本书的翻译作出很多贡献，是不可或缺的年轻力量。他们的工作反馈，让我们更加了解学习者和读者的阅读困难。我们努力使这部书的语言和内容更加准确无误，贴近读者，通俗易懂。

我们最终呕心沥血地完成了本书，希望读者同行喜欢。同时，鉴于每个人的能力和水平有限，尽管我们努力避免，仍有不足和疏忽之处，期待大家的指教！

燕山大学/燕山大学手语语言及应用研究中心

负责人：刘鸿宇

2022 年 5 月